WEICHENGNIANREN
XINGSHI JIANCHA
DE
LINYI MOSHI

未成年人刑事检察的临沂模式

谭长志　郭华　王纪起／主编

中国检察出版社

《未成年人刑事检察的临沂模式》

主　编　谭长志　郭　华　王纪起

撰稿人（以姓氏笔画为序）：

于丰源　王纪起　冯　康　刘　琛　刘义军

刘学晨　杜文戈　孙德茜　陈　娜　陆佳慧

宋炎炎　杨　茜　杨玮玮　张　蕊　高　寒

郭　华　郭太平　韩　笑　曾　薇　谭长志

山东省人民检察院吴鹏飞检察长莅临兰陵县人民检察院视察未检工作

最高人民检察院公诉厅未检处张寒玉处长莅临兰陵县人民检察院考察未检工作

　　2013年9月14日至15日，由检察日报社、正义网、公诉人杂志社与临沂市人民检察院主办，兰陵县人民检察院承办的未成年人刑事司法保护研讨会在兰陵县召开。最高人民检察院检察理论研究所所长王守安，最高人民检察院公诉厅未检处处长张寒玉等人出席

　　2014年5月，临沂市人民检察院被授予"全国青少年维权岗"称号

编者的话

　　山东省临沂市现辖9县3区和2个国家级开发区、1个省级开发区，面积1.72万平方公里，人口1083万，是山东省人口最多、面积最大的地级市。临沂市历史悠久，文化灿烂，名人辈出，沂蒙精神感天动地。

　　多年来，临沂市检察机关继承和发扬沂蒙精神，始终坚持"单项工作争第一，整体工作创一流，努力争创人民满意检察院"的奋斗目标，紧紧围绕上级检察机关工作部署和全市经济社会发展大局谋划和推进工作，不断强化法律监督、强化内部监督、强化队伍专业化建设、强化工作创新，检察工作呈现出科学发展、率先发展的生动局面，并涌现出了全国"模范检察院"——兰山区人民检察院、全国"先进基层检察院"——兰陵县人民检察院、全国"模范检察官"——李树德等一大批先进集体和个人。

　　近年来，临沂市检察机关以司法保护未成年人为己任，在市、县两级院成立了未检专门工作机构，按照"捕、诉、帮、教、救""五位一体"的未检工作思路，立足司法实践探索出了以构筑"四个体系"为着力点的未检工作新机制，即构筑以最大限度保护未成年人合法权益的司法保护体系、以最大限度挽救涉罪未成年人的合力帮教体系、以最大限度促进未成年人内心和谐的抚慰救助体系、以最大限度预防未成年人犯罪的有效防范体系。此后，根据本地的情况，围绕着构筑的"四个体系"将《刑事诉讼法》中"特别程序"的规定进行细化，将司法实践中有效的做法进行固化，建构了相对较为成熟的、具有可复制性的"未成年人刑事检察的临沂模式"。

　　2013年9月14日，检察日报社、正义网、公诉人杂志社与山东省临沂市人民检察院主办，最高人民检察院、福建、河南、浙江、天津、江苏、山西等省市人民检察院未检部门检察官以及清华大学、中国政法大学、中央财经大学等部分高等院校的专家学者在兰陵县人民检察院就未成年人刑事司法保护中的热点、难点问题进行了研讨。2014年5月29日，最高人民检察院召开新闻发布会，通报了全国检察机关近年来开展未成年人刑事检察工作、加强对未成年人司法保护的有关情况，发布了"15个未成年人刑事检察工作创新事例"，而山东临沂市检察系统的兰陵县人民检察院的"女检察官春蕾团队"关爱农村留守儿童和罗庄区人民检察院的"派驻检察室协助开展未检工作"名列其中。这些事例彰显出来的先进经验与办案模式作为创新工作方法和工作机制的事例得到了肯定与表彰。

为了进一步获得上级领导、专家学者、法律同行和关注未成年人健康成长爱心人士的指导与帮助，我们将临沂市检察机关构筑的未检工作"四个体系"的相关做法与经验以及未成年人刑事诉讼程序实施中的疑难问题解读汇编成书，真诚地期望得到专家学者、检察同仁的指正与赐教！

目　　录

导论　未成年人刑事检察的临沂模式

2012 年修改的《刑事诉讼法》专设第五编规定了具有中国特色的刑事诉讼"特别程序"。为了更好地保障未成年人的诉讼权利和其他合法权益，在总结实践经验的基础上，针对未成年人刑事案件的特点，对办案方针、原则、诉讼程序等问题作出了特别的规定，确立了颇具中国特色的未成年人刑事诉讼程序。由于《刑事诉讼法》在法典中共有 7 个条款，相对未成年人诉讼程序而言还相对简单，甚至还存在一些不甚明确的内容。即使 2012 年最高人民法院《关于适用〈中华人民共和国刑事诉讼法〉的解释》（法释［2012］21 号）对其规定了 37 条、最高人民检察院《人民检察院刑事诉讼规则（试行）》（高检发释字［2012］2 号）规定了 26 条、公安部《公安机关办理刑事案件程序规定》（公安部令第 127 号）规定了 16 条，特别是 2013 年最高人民检察院修订的《人民检察院办理未成年人刑事案件的规定》（高检发研字［2013］7 号）规定了 83 条，在此程序中仍有些问题需要探讨并需要在办案实践中予以填补与充实，尤其是在理论性研究不充分的情况下，检察机关更应当积极应对各种实践中的挑战，探索一些有效解决问题的方法，全面履行《刑事诉讼法》赋予的职责。

山东省临沂市人民检察院正是在此种背景下根据《刑事诉讼法》有关未成年人刑事诉讼程序的规定，积极开展与探索未成年人诉讼案件的检察工作，并取得了良好的法律效果和社会效果。2013 年 9 月 14 日，检察日报社、正义网、公诉人杂志社与山东省临沂市人民检察院在兰陵县人民检察院召开了"未成年人刑事司法保护研讨会"，来自最高人民检察院、高等院校以及山东、福建、河南、浙江、天津、江苏、山西等省市人民检察院的专家学者以及未检部门检察官，对临沂市人民检察院探索的未成人刑事检察工作经验展开了讨论。2014 年 5 月 29 日，最高人民检察院召开"为孩子撑起一片蓝天"的新闻发布会，通报未成年人刑事检察工作开展情况，发布了检察机关加强对未成年人司法保护的 15 个典型事例，其中包括临沂检察系统的兰陵县人民检察院①"检察官春蕾团队关爱农村留守儿童"及罗庄区人民检察院"派驻检察室协助开展未检工作"两个事例。在此，我们主要以兰陵县人民检察院办案经验为视角，尤其是兰陵县人民检察院以实现"四个最大限度"为目标，积极构建司法保护、合力帮教、抚慰救助和有效防范未成年人刑事检察工作的"四个体系"，同时结合临沂市其他检察院的做法，较为全面地介绍未成年人刑事检察的临沂模式。由于此模式作为开展未成年人刑事检察工作、加强对未成年人司法保护的创新工作方法和工作机制的事例被最高人民检察院肯定，也得到了专家学者以及其他检察机关的好评，其借鉴与推广意义相当明显，因此，有必要介绍与推广这种模式，以促进未成年人刑事检察工作水平的不断提升，以便更好地保护未成年人的合法权益。未成年人司法保护的临沂模式主要包括以下方面。

一、构建司法保护体系，最大限度保护未成年人合法权益

为了最大限度保护未成年人合法权益，兰陵县人民检察院构建司法保护体系，其主要内容为：

一是细化司法保护的具体措施。兰陵县人民检察院以学习贯彻 2012 年修改的《刑事诉讼法》"未成年人刑事案件诉讼程序"为契机，会同兰陵县法院、公安、司法行政等部门重点围绕"特别程序"进行联学联研，涉及教育、团委、妇联、关心下一代工作委员会等部门的相关内容，逐个征求意见，系统会签《合适成年人参与未成年人刑事诉讼办法》等 16 个具体保护未成年人诉讼权利的文件。同时，还与兰陵县人民法院会签《对未成年被告人量刑实施细则》，加强对未成年人实体权利的维护，特别是针对检察环节应明确的责任、应细化的措施均逐一进行梳理，推进办理未成年人刑事案件工作体系建设。

二是细化司法保护的部门责任。兰陵县人民检察院主动牵头做好工作，督促政法其他部门达成共识，重点建立了未成年人刑事司法联席会议机制，通过联合研讨、联合制定实施意见等方式，进一步明确未成年人司法保护中的部门责任。多次召开联席会议，针对《刑事诉讼法》"特别程序"中未成年人社会调查未明确由谁启动的问题，从更好地保护未成年人合法权益出发，决定由公

① 山东省临沂市兰陵县在 2013 年前为苍山县，2013 年 12 月经过国务院批准改为兰陵县。基于方便阅读与现有地名的统一，将以前的苍山县人民检察院等涉及苍山县的机关均表述为兰陵县人民检察院等机关。

安机关在立案时同步启动；对司法局未设专门机构开展法律援助的问题，协调其专门成立了"未成年人法律援助中心"；对犯罪记录封存规定过于笼统，不便于操作的问题，明确由公、检、法、司抽调专人组成"犯罪记录封存工作小组"，专门负责对未成年人犯罪记录封存和查询的审核、批准、服务工作。

三是细化司法保护的法律监督。兰陵县人民检察院将监督向前延伸，建立未成年人犯罪案件提前介入制度，通过引导侦查、提出意见等形式，防止和纠正侵犯未成年犯罪嫌疑人合法权益的违法侦查行为；同时向后拓展，建立量刑建议制度，督促审判人员严格执行会签的《对未成年被告人量刑实施细则》，防止和纠正侵犯未成年被告人合法权益的错误判决裁定。慎重作出对未成年人轻微刑事案件的立案监督、追捕、追诉以及对量刑偏轻判决的抗诉，严格控制补充侦查和延长审查起诉的次数和期限，督促快速结案。例如，2013 年 4 月办理的刘某、杜某放火案，审查发现本案系实施盗窃犯罪后，逃匿途中发生撞树事故后为掩盖罪行而实施的放火焚车行为，焚车的地点为坟地，未危及公共安全，符合盗窃罪的构成要件，而非放火罪。鉴于刘某作案时刚满 14 周岁，未达到盗窃罪所要求的刑事责任年龄，遂以不构成犯罪为由作出不批准逮捕决定。

二、构建合力帮教体系，最大限度挽救涉罪未成年人

为了最大限度挽救涉罪未成年人，兰陵县人民检察院构建合力帮教体系，其基本内容包括以下几个方面：

一是社会调查注重全面性。兰陵县人民检察院与公安机关会签"纪要"，要求其在提请批捕未成年人犯罪案件时，须随案移送涉罪未成年人的社会调查报告，逐一列明未成年犯罪嫌疑人的家庭情况、成长经历、性格特点、一贯表现等方面的情况；在案件审查环节，采取讯问未成年犯罪嫌疑人与联系其家长、所在学校相结合，全面审查调查报告的真实性，分析犯罪的病根，以便采取相应挽救措施，确保有的放矢，对症下药。

二是案中帮教注重有效性。兰陵县人民检察院出台了《对涉案未成年人帮教细则》，规定提审时必须保证未成年人法定代理人或合适成年人参与，促使涉案未成年人稳定情绪，认罪服法，进一步认识犯罪行为的危害性；完善《在押未成年犯罪嫌疑人与其法定代理人、近亲属会见制度》，明确会见具体条件，通过会见进一步强化亲情感化的作用；增加庭审内容，在法庭调查阶段，由公诉人、审判人员和其他参与人从"法、理、情"多个角度共同对未成年被告人进行教育，充分阐述犯罪行为对社会的危害和应受的处罚，耐心教育未成年被告人认罪悔罪、接受审判，深入分析犯罪行为发生的原因及应当汲

取的教训，触发其内心的道德良知。2010 年以来，先后安排在押未成年犯罪嫌疑人与家长会见 38 人次，开展法庭教育 21 次，6 名有翻供倾向的未成年被告人认罪悔罪。

三是案后考察注重针对性。兰陵县人民检察院对每一名涉罪未成年人设立帮教档案，实行"一案一档，一人一档"，由承办人对回归社会的未成年人定期回访，同时会同公安、法院、司法行政、学校、社区等部门，根据不同类型的未成年人群体开展多元化的帮教方式。如 2012 年 12 月，未成年人董某、魏某因在网吧实施盗窃被判处有期徒刑 1 年缓刑 1 年，该院承办人在提出量刑建议时建议法院对二被告人适用禁止令，释放后 1 年内不得进入网吧等场所，并组织专门帮教小组，对其实行"多对一"的帮教和考察，从而顺利戒除了他们的网瘾，促其改过自新，顺利回归社会。

三、构建抚慰救助体系，最大限度促进未成年人内心和谐

为了最大限度促进未成年人内心和谐，兰陵县人民检察院构建抚慰救助体系，其主要内容包括：

一是完善刑事和解促进被损害的关系修复。兰陵县人民检察院与法院、公安、司法行政等部门联合制定《适用刑事和解办理未成年人刑事案件规定》，明确刑事和解的原则、条件和审查认定标准，要求办案人员发现符合刑事和解条件而当事人未予和解的要告知当事人可以和解的权利，规定对于达成刑事和解的案件，公安机关可以向人民检察院提出从宽处理的建议。检察机关可以向审判机关提出从宽处罚的建议；对于犯罪情节轻微，不需要判处刑罚的，可以作出不批准逮捕、不起诉的决定。审判机关可以依法对未成年被告人从宽处罚。2012 年以来，兰陵县人民检察院先后引导未成年人刑事案件当事人和解 3件，其中 3 名未成年人被作出不起诉决定，3 人被从轻判处缓刑，双方当事人对案件的处理均表示满意。

二是倾情关爱救助抚平心理创伤。兰陵县人民检察院以未检科为依托，35名女检察官自发成立"检察官春蕾团队"，团队成员均自学了心理学知识，坚持与每名有心理阴影的未成年被害人结成帮扶对子，直到让他（她）们重树生活的信心；对于经济困难的未成年被害人，及时启动刑事案件被害人救助程序，全力解决其生活、就学困难。2011 年 9 月，女童孙某姊妹三人受性侵害后，"春蕾团队"第一时间为这个困难家庭申请了 6000 元刑事被害人救助金，同时帮她们办理了转学手续、代交了生活费与学费，针对姊妹仨中一女童案发后患有抑郁症，该团队联系多家医院为其治疗，目前她们皆走出心理恐惧的阴影，重新背起了书包，其心理创伤得到了良好的平复。

三是善听各方意见赢得更多认同。兰陵县人民检察院在办理未成年人刑事案件过程中，作出不捕、不诉决定和提出从轻处罚被告人的量刑意见时，主动听取被害人的意见；积极听取律师、合适成年人等诉讼参与人对未成年诉讼权利保障的意见，认真受理未成年人及其法定代理人提出的刑事申诉案件和刑事赔偿案件；对于社会关注的重大未成年人刑事案件，积极回应和引导社会舆论。同时充分发挥部门负责人、分管检察长和案件管理部门的职能作用，严格案件的流程管理和质量管理，组织开展案件评查、备案审查等业务活动，严格办案纪律，确保依法公正办理好未成年人犯罪案件。2012 年以来，先后征求未成年人刑事案件当事人意见 32 人次，答疑释惑 41 个，同时对办理的 10 起案件全部进行了评查，达到了案结事了人和的效果。

四、构建有效防范体系，最大限度预防未成年人犯罪

为了最大限度预防未成年人犯罪，兰陵县人民检察院构建有效防范体系，其主要内容为：

一是抓重点人群的犯罪预防。兰陵县人民检察院针对单亲家庭、留守儿童家庭易发未成年人犯罪的问题，该院建议妇联、团委和学校等部门，加强与其家长的联系，共同探讨教育孩子的方法；对于迷恋网吧的孩子，建议老师与家长一起寻找对策，比如让孩子在家里适当上网、转移孩子的兴趣等，从而让孩子逐渐远离网吧，同时主动与文化主管部门联系，要求其加强对不良场所的管理，减少未成年人的进入和接触，从源头上预防犯罪；对于边缘未成年人，建议公安及时对其训诫，避免小缺点发展成大错误。例如，被招募为爱心妈妈的兰陵县人民检察院 35 名女检察官，为配合和指导留守儿童家长教育好不在身边的孩子，利用网络与其持续开展的"两个妈妈面对面"活动，被全县 800余名爱心妈妈效仿学习，先后多次被《人民日报》、中央电视台集中报道，具有良好的社会效果。

二是抓重点问题的调研建议。兰陵县人民检察院安排未检科对 2008 年以来辖区内发生的未成年人刑事案件分专题进行调研，同时深入乡镇（街道）综治办、派出所、司法所了解涉及未成年人治安、刑事案件的发案及处理情况，在综合分析的基础上，撰写《女童受性侵害案多发应引起重视——农村留守女童成侵害重点》等多篇调研文章，并及时向兰陵县委汇报，建议县委、县政府出台了《关于进一步加强农村留守儿童工作的意见》等 6 个规范性文件，并将未成年人犯罪发案率纳入社会治安综合治理考核范围，促进了对未成年人的社会管理，在预防未成年人犯罪方面起到了积极的作用。

三是抓重点时段的法制宣传。兰陵县人民检察院利用春节前后，抓住留守

儿童父母集中返乡的时机，开通了直通基层的"关爱留守儿童法制宣传大篷车"，印发了《致全县留守儿童家长的一封信》、《留守儿童自我防范技巧》等材料，向留守儿童及其家长介绍全县留守女童受性侵害案的发案形势，剖析发案的原因，讲授留守儿童远离侵害防范技巧；农忙期间，她们探索开设了未成年人家长法制夜校和田间法制课堂，每季度挑选 1 ~ 2 件与未成年人合法权益紧密相关的典型案件，改编成生动活泼以及民众喜闻乐见的法制故事或法制漫画、法制动画，免费到各乡镇、村组发放或播放，进一步提升法制宣讲的影响力。2010 年以来，兰陵县人民检察院先后开展未成年人司法保护专题法制宣传和讲座 86 次，发放各类宣传材料 8600 余份，播放法制动画 26 期，其中开办未成年人家长法制夜校相关做法被新华社、《法制日报》等 20 多家国家媒体进行了相关报道。

2012 年修改的《刑事诉讼法》规定了未成年人刑事案件诉讼程序，立法上的规定为检察机关创新未成年人的特别检察工作提供法律依据，全国检察机关在探索未成年人刑事检察工作中形成了不同的经验，这些经验均具有借鉴意义。但是，究其模式而言，山东省临沂市人民检察院，特别是兰陵县人民检察院以及罗庄区人民检察院作为代表形成的经验更具有现实意义。然而这种模式还需要在办案时紧紧围绕未成年人刑事检察工作认真探索，不断创新未成年人刑事检察工作的发展思路，使具有推广价值的未成年人刑事检察工作的临沂模式更加富有意义，为促进、加强和完善未来的未成年人刑事检察工作作出应有的贡献。

第一章　未成年人刑事检察的司法保护模式

刑事检察在未成年人刑事诉讼程序中如何对未成年人进行司法保护以及如何使未成年人在该程序中获得有效的司法保护是需要探索的新问题。临沂市兰陵县人民检察院对犯罪情节轻微、主观恶性较小的未成年犯罪嫌疑人实行特别保护与关爱，不仅在办案过程中积累了一些较为成熟的实例，还建立了司法保护、合力帮教、抚慰救助和有效防范的未成年人刑事检察工作一体化体系，形成了未成年人刑事检察的司法保护模式。

一、未成年人刑事检察的司法保护实例

（一）刘某、杜某放火、盗窃不捕案

【基本案情】

2012 年 10 月，刘某（14 岁）的父亲将自家桑塔纳轿车卖给兰陵县某镇张某，后刘某多次央求父亲将车要回，未得到准许。2013 年 4 月 7 日下午，刘某与杜某（16 岁）到张某家中，采用撬棍撬锁的方式，将张某停放在自家院子的轿车盗走。盗走车辆后，刘某开车不慎撞树，遂将车开到村东部坟地边放火焚烧，车辆损失价值为 6800 元。

【诉讼过程】

2013 年 4 月 10 日，兰陵县公安局以犯罪嫌疑人刘某涉嫌放火罪、杜某涉嫌盗窃罪提请兰陵县人民检察院批准逮捕。在该院未检科的积极工作下，被害方与犯罪嫌疑人亲属达成和解协议，被害人对刘某、杜某的行为表示谅解。在综合分析案件事实及定性的基础上，兰陵县人民检察院于 2013 年 4 月 16 日，以刘某不涉嫌犯罪、杜某无逮捕必要为由作出不捕决定。

【办案经验】

公安机关以刘某涉嫌放火罪、杜某涉嫌盗窃罪提请批准逮捕一案，该院未检科办案人员经审查认为刘某的行为未危及公共安全，不构成放火罪，杜某涉嫌盗窃数额不大，可以作出不捕决定，但如何切实保护两名未成年人的合法权益则是该案的一大难点。其主要经验为：

1. 适用刑事和解化解双方矛盾。该院办案人员认为，两名未成年人情况较为特殊，可运用该院制定的《适用刑事和解办理未成年人刑事案件规定》中的相关规定，启动刑事和解机制。办案人员将杜某的姐姐、双方所在村支部书记、人民调解员等人员请到检察院派驻当地检察室，由乡镇调解中心具体主持，经充分听取当事人和其他有关人员意见，最终以杜某姐姐支付给被害方现金 7000 元的方式达成和解。

2. 合适成年人到场确保讯问合法。经办案人员多次联系，刘某父母仍无法保证讯问时到场，且刘某的其他成年亲属也是避之不及，故邀请刘某居住地村民委员会主任陈某到场，并让其在《合适成年人参与刑事诉讼通知书》、《未成年犯罪嫌疑人合适成年人到场通知书》及讯问笔录中签字捺印。同样，杜某的姐姐作为杜某的其他成年亲属也被列入合适成年人行列，参与了讯问的整个过程。

【未检心得】

检察机关应从三个方面细化司法保护的法律监督职能：向前延伸，应建立未成年人犯罪案件提前介入制度，通过引导侦查、提出意见等形式，防止和纠正侵犯未成年犯罪嫌疑人合法权益的违法侦查行为；向后拓展，建立量刑建议制度，督促审判人员严格执行会签的《对未成年被告人量刑实施细则》，防止和纠正侵犯未成年被告人合法权益的错误判决裁定；自身在坚持从快、轻缓办案的同时，慎重作出对未成年人刑事案件的立案监督、追捕、追诉以及对量刑偏轻判决的抗诉，严格控制补充侦查和延长审查起诉的次数和期限，督促快速结案。

（二）张某寻衅滋事附条件不起诉案

【基本案情】

2012 年 10 月 29 日 15 时许，犯罪嫌疑人张某伙同张某某（另案处理）至临沂市某景区无故滋事，采用脚踹、手晃动等手段，破坏景区大理石护栏约 6 米。经物价部门鉴定，被破坏护栏价值 3300 元。

【诉讼过程】

犯罪嫌疑人张某寻衅滋事一案，临沂市罗庄区公安局某派出所在接到报警后迅速展开初查工作，于 2012 年 10 月 29 日立案侦查，10 月 29 日将犯罪嫌疑人张某抓获归案，10 月 30 日将其拘留，2012 年 11 月 13 日对其取保候审。罗庄区公安局侦查终结后以犯罪嫌疑人张某涉嫌寻衅滋事罪，于 2013 年 6 月 3 日向罗庄区人民检察院移送审查起诉。经审查，该院于 2013 年 7 月 8 日作出附条件不起诉决定，考察期限 6 个月，2014 年 1 月 15 日决定对被附条件不起诉人张某作出不起诉决定。

【办案经验】

张某寻衅滋事案审查起诉的时间恰逢《刑事诉讼法》修改后全面实施之际，如何将特别程序中关于未成年人的规定全面而恰当地运用到本案中，是值得认真思考的问题。其办案经验为：

1. 实行特别告知制度。为保障未成年犯罪嫌疑人的合法权益，案件受理后，除同一般案件一样告知张某所享有的诉讼权利、义务外，还告知张某及其母亲赵某与未成年人犯罪有关的法定从轻、减轻情节等法律内容，使其对相关的法律规定一目了然。

2. 联合派驻检察室开展社会调查。依据《刑事诉讼法》相关规定，对未成年犯罪嫌疑人张某家庭环境、成长经历等情况进行全面调查。办案人员同派驻检察室干警一起到张某所在社区及其家庭了解其性格特点、家庭环境、监管情况、社会交往、成长经历、精神状态、健康状况、知识水平以及实施犯罪行为前后的表现等情况，办案人员走访调查的同时也是一个法制宣传过程。最后，办案人员不仅制作了一份关于张某的社会调查报告，同时邀请张某及其母亲到检察室为他们讲授法律方面的知识，播放家庭教育方面的光盘，并赠送了他们相关书籍，希望张某以后能远离违法犯罪，做一名对社会有用的人。

3. 指定法律援助律师。在案件的审查起诉阶段，办案人员了解到犯罪嫌疑人张某家庭困难无力为其委托辩护人，便通过法律援助"绿色通道"，承办人联系法援中心，为其争取了法律援助律师，听取并采纳了援助律师的相关意见。

4. 贯彻附条件不起诉。通过对案件事实、证据的审查，结合社会调查情况，办案人员提出了对张某附条件不起诉的意见，经汇报决定对张某附条件不起诉，考察期限为半年。办案人员以检察院为考察机关，张某所在社区及某公司为考察小组对张某进行考察、监督。

【未检心得】

在张某寻衅滋事案中，办案机关通过未成年人案件特殊办案制度的运用，既让张某认识到了犯罪的危害后果及法律的威严，又保护了其合法权益，让其能够认罪悔罪，学习技能、参加公益劳动，积极重返社会。

（三）崔某等三人寻衅滋事附条件不起诉案

【基本案情】

2012 年 7 月 13 日 14 时许，犯罪嫌疑人崔某（17 岁）、李某（17 岁）、张某（16 岁）与兰陵县某高级中学高一学生邹某等人在县城某 KTV 给其女同学过生日，与同给该女生过生日的兰陵县实验中学学生宋某发生矛盾，后对宋某拳打脚踢，致其轻微伤，并将 KTV 店内的电梯毁坏，损失价值 11900 元。

【诉讼过程】

本案由兰陵县公安局侦查终结，以犯罪嫌疑人崔某、李某、张某涉嫌寻衅滋事罪，于2013年1月25日向兰陵县人民检察院移送审查起诉。经该院检委会讨论研究认为，犯罪嫌疑人崔某、李某、张某的行为，触犯《中华人民共和国刑法》第293条之规定，犯罪事实清楚，证据确实、充分，可能判处1年有期徒刑以下刑罚，符合起诉条件，但有悔罪表现，依据《中华人民共和国刑事诉讼法》第271条第1款的规定，于同年4月2日对犯罪嫌疑人崔某、李某、张某作出附条件不起诉的决定。

【办案经验】

崔某等三人寻衅滋事案是修改的《刑事诉讼法》实施后，临沂市检察机关作出的首起附条件不起诉案件。兰陵县人民检察院在严格执行《刑事诉讼法》关于未成年人附条件不起诉的相关规定外，结合自身制定的《对未成年犯罪嫌疑人附条件不起诉规定》及三年的实践经验，又细化了如下工作：

1. 实行意见征询书。办案人员制作书面释法说明文书送交崔某等人的父母，给其三天时间考虑。在讯问结束后的当天下午，三人的父母就把《同意检察院处理意见回复函》递交到承办人手中。对于公安局和被害人一方，该院向其发放了《适用附条件不起诉意见征询书》，公安局非常赞同检察院的处理决定，被害人宋某的父亲也认为办案人员以身作则，以宽容的心态对待有轻微过错的孩子。

2. 强化记录封存。兰陵县人民检察院办案人员结合该院制定的《未成年人轻罪犯罪记录封存规定》，在作出附条件不起诉决定之日即向公安局送达《未成年人犯罪记录封存决定书》，保证三名未成年人在新一年度入学、当兵、就业时不受影响，同时检察机关将对相关部门执行情况依法予以法律监督。

【未检心得】

兰陵县人民检察院在对崔某等人作出附条件不起诉决定的同时，督促其他政法部门形成共识，重点建立未成年人刑事司法联席会议机制，通过联合研讨、联合制定实施意见等方式，进一步明确未成年人司法保护中的部门责任。针对犯罪记录封存规定过于笼统，不便于操作的问题，明确由公、检、法、司抽调专人组成"犯罪记录封存工作小组"，专门负责对未成年人犯罪记录封存和查询的审核、批准、服务等工作。

二、未成年人刑事检察的司法保护模式

未成年人刑事检察的司法保护模式，是指检察机关根据《刑法》、《刑事诉讼法》、《未成年人保护法》、《预防未成年人犯罪法》等相关规定，办理涉及未成年人犯罪的案件，同时开展帮教和预防未成年人犯罪、维护未成年人合法权益的特殊司法保护模式，旨在最大限度地教育挽救涉罪未成年人和预防未成年人犯罪。

对犯罪的未成年人实行"教育、感化、挽救"的方针和"教育为主，惩罚为辅"的原则，坚持依法"少捕、慎诉、少监禁"。为实现检察阶段对未成年犯罪嫌疑人的心理及行为矫正，引入心理疏导机制，由取得心理咨询师资格的办案人员对未成年犯罪嫌疑人进行心理疏导。同时，聘请社会调查员对未成年犯罪嫌疑人犯罪原因进行审前调查，形成书面意见，并参与法庭教育，增强教育与个案矫正的针对性。更好地开展未成年人刑事检察工作，临沂市检察系统，特别是兰陵县人民检察院、平邑县人民检察院借助于以下内容建构了未成年人刑事检察的司法保护模式。

（一）打造"检察官春蕾团队"、"一体化工作平台"

临沂市检察系统在严格贯彻执行未成年人法律规定的前提下，进一步发挥能动性，通过打造特色团队、平台，进一步保护未成年人合法权益。如兰陵县人民检察院依托未检科，发动全院 35 名女干警组建"检察官春蕾团队"，吸收县域部分机关单位女同志为团队成员，开展"春蕾行动"，形成"检察机关主动、职能部门联动、社会各界互动"的关爱涉罪、涉案未成年人、关爱农村留守儿童机制，以此探索未成年人检察工作专业化、职业化与未成年人权益保护、犯罪预防帮教社会化相结合的路径。而罗庄区人民检察院则着眼于延伸拓展未检职能触角，探索将未检部门的专业优势与派驻检察室的区位优势相融合，依托乡镇检察室打造一体化工作平台。在各乡镇检察室建立了"办案、预防、观护"一体化未检工作区，建立未检办案大厅、心理疏导室、未成年人帮教考察点、失依儿童之家、亲自约谈室等，为未检工作创造条件。充分利用现有资源，深挖内部潜力并有效整合，探索出派驻检察室协助开展未检工作的有效途径。临沂市检察机关将未成年人工作延伸到百姓身边，用心维护未成年人的合法权益，取得了一定成效。

（二）探索"N 位一体"工作机制

临沂检察系统积极探索"未检工作机制"，形成各具特色的"N 位一体"工作机制。

在工作模式的定位上，兰陵县人民检察院的工作模式定位是"捕诉监预助"五位一体模式，将"监"界定为诉讼监督；莒南县人民检察院的工作模式为"捕诉监预"四位一体；临沭县人民检察院的工作模式为"捕诉监防"四位一体，"监"包含民行监督。在具体程序设计上，"捕诉监防"一体化是一种新的工作模式，要求对未成年犯罪嫌疑人的批捕、起诉、诉讼监督和预防犯罪等工作，由同一部门的办案人员承担。

在具体操作上，兰陵县人民检察院实行"个人负责到底"的做法，案件从批准逮捕、起诉到预防，均由一个检察官承担。在审批程序上，一个科长，一个分管领导审批。在该模式下，承办人经过长时间接触犯罪嫌疑人，能进一步了解其犯罪的有关情况，深刻剖析犯罪原因，做好预防工作。相对于兰陵县检察院的"一人负责"，莒南县人民检察院实行一个案件由"一个办案组，两个人"共同完成的做法，将科室办案人员分为二至三个办案组，每组成员两名，分别负责批准逮捕与审查起诉，二人相互配合，共同完成批捕、起诉等工作；批捕、起诉按现有程序，分别向两个科长和两个分管领导汇报，其优点是便于互相监督。

（三）规范调查报告制作

《刑事诉讼法》第268条虽然设立了调查制度，但是对于调查的方式、文书格式、评价结果等并没有明确，检察机关在实际办案中如何操作，成为亟须解决的问题。在调查报告的制作主体上，河东区、沂南县人民检察院在实践中进行探索，与当地法院、公安局、司法局达成共识，由调查经验丰富的司法局开展未成年人社会调查。罗庄区人民检察院则进一步发挥派驻检察室作用，采取由办案检察官与派驻检察室干警一起进社区、学校、家庭开展社会调查的形式，将走访调查与法制宣传进一步结合。

在调查报告的制作形式上，兰陵县人民检察院以"品行调查18问"制式文书的形式开展未成年犯罪嫌疑人调查工作，通过对涉案未成年人的生活、学习以及心理状况的全面调查，真实反映其社会危险性以及再犯可能性，为决定不起诉、适用非监禁刑及后期跟踪帮教提供参考依据。

（四）创新未成年人权利义务告知机制

未成年人身心较成年人还有很多不成熟的地方，对于未成年人的权利义务告知自然有别于成年人。沂南县人民检察院在办理案件过程中，为保障未成年人合法权利，创新了未成年人权利义务告知机制，专门制作未成年人权利义务告知书，以未成年人更为容易接受的形式，更为亲切的语言，更为形象的表达，对权利义务进行更通俗易懂的解释，便于涉案未成年人更好地了解法律的相关规定，更好地行使法律赋予的权利，更好地履行法律规定的义务。

除了创新告知方式之外，罗庄区人民检察院在办案中，不仅告知未成年人所享有的诉讼权利，还向未成年人及其法定代理人告知与未成年人犯罪有关的法定从轻、减轻情节等法律内容，使其对相关法律规定一目了然，减轻涉罪未成年人到案后的茫然、无助感。

（五）建立"零距离"谈话机制

如何做好对未成年人的讯问、询问工作，临沂市检察系统进行了有效探索。在讯问的形式方面，沂南县人民检察院检察官在办理未成年人案件时，推行"零距离"谈话、"圆桌"谈话等新的讯问方式，努力营造宽松环境，消除未成年犯罪嫌疑人紧张情绪。在讯问、询问人员方面，兰陵县人民检察院进一步规范讯问未成年犯罪嫌疑人，询问未成年被害人、证人制度，要求参与讯问、询问的检察官，必须有一名是通过国家心理咨询师考试，具备心理咨询师资格的人员，以此更好地保障未成年人的合法权益。另外，兰陵县人民检察院与县公安局会签《关于规范询问性侵害未成年被害人同步录音录像会议纪要》，促使公安机关对性侵案件被害人询问时，进行同步录音录像。

（六）选聘"女教师"组成合适成年人团队机制

检察官对未成年犯罪嫌疑人进行讯问或询问时，必须让未成年犯罪嫌疑人的家长或者其他成年亲属，所在学校、单位或者居住的村民委员会、居民委员会、未成人保护组织的代表到场，以此化解未成年犯罪嫌疑人不安的情绪。临沂市检察机关在合适成年人的组成、介入、配套措施等方面进行了有效探索。例如，兰陵县人民检察院在以下方面进行了有益尝试：

一是在兰陵县人民检察院牵头下，由兰陵县关心下一代工作委员会、兰陵县妇女联合会、共青团兰陵县委、兰陵县教育体育局等单位共同推选出 12 名女教师组成合适成年人团队，规范了合适成年人的产生范围、产生流程。

二是确定合适成年人参与案件的双告知制度，即在合适成年人参与案件之前 3 日，不仅告知合适成年人其参与案件的涉案未成年人基本情况，同时告知未成年人相关合适成年人的基本情况，使双方消除陌生感，以便合适成年人更好地维护未成年人犯罪嫌疑人的权利，更利于讯问、询问的进行。

三是形成合适成年人参与案件配套机制，要求合适成年人签订《保密协议》，不得泄露相关案件情况；并与看守所达成共识，由其批准合适成年人进入看守所的讯问场所。

（七）构建专门援助律师团参与机制

对于涉嫌犯罪的未成年人如果没有自行聘请律师，检察官可以协调司法局免费为其聘请一个辩护律师。但是司法局指派什么样的援助律师参与诉讼，检察机关并没有决定权。为了提高未成年人法律援助律师的质量，临沂市检察机关进行了相关探索。如兰陵县人民检察院与县司法局联手组建专门律师团作为未成年人法律援助律师。其主要做法为：

一是通过"自愿报名、书面审核、实地考察"的方式，在全县律师中选拔出法律素养高、精通心理学、了解孩子成长的专业律师，组成未成年人法律援助律师团。

二是细化法律援助工作内容，要求被指派的法律援助律师全程参与。

三是对未成年人法律援助律师的援助跟进监督，保障法律援助取得实际效果。对于不能认真履行职责的律师，取消其未成年人法律援助资格。

（八）制定未成年人案件辩护人阅卷保密制度

未成年人案件辩护人阅卷保密制度事关未成年人的隐私信息，为了更好地关爱未成年人以后的成长，临沂市平邑县人民检察院根据办案的实际情况，制定《未成年人案件辩护人阅卷保密规定》。对于以下内容予以规范：

一是严格的资格审查和登记备案制度。对于辩护律师及其他辩护人参与案件的，依法及时进行相应资格审查，并进行登记，预防对未成年人案件泄露。

二是严格的案件信息保密制度。辩护律师及其他辩护人在进入案管中心电子阅卷室之前需事先签订《案件信息保密书》，承诺不得向无关人员泄露，不得向任何单位和个人提供，不得公开或传播相关资料；查阅被害人、证人为未成年人的案件，对知悉的内容应当保密，不得披露未成年人身份信息资料，不得公开未成年被害人受侵害尤其是受性侵害的细节等内容。

三是建立责任追查制度。对辩护律师违反案件信息保密规定的，由案件管理中心进行备案。尚未造成影响的，由未检部门或公诉部门进行约谈；已造成影响的，由检察机关向该律师所在的律师事务所或司法行政部门发出检察建议，建议严肃处理并予以纠正、整改。

三、未成年人刑事检察司法保护的专家评点

临沂检察系统在未成年人刑事检察司法保护方面作出了有益的尝试，取得了卓有成效的经验，其工作模式具有借鉴与推广的价值，得到新闻媒体的特别关注与专家的好评。

【新闻报道】

检察机关与学者研讨未成年人刑事司法保护[①]

本报讯（记者王义杰　通讯员刘义军）　9 月 14 日，检察日报社《公诉人》杂志与山东省临沂市人民检察院、兰陵县人民检察院联合举办未成年人刑事司法保护研讨会。北京、天津、山西、江苏、浙江、福建、山东、河南等八地检察机关公诉部门、未检部门负责人及清华大学、中国政法大学、中央财经大学教授 40 余人共同研讨了未成年人犯罪记录封存等问题。

山东兰陵："检察官春蕾团队"关爱农村留守儿童[②]

面对本地 16 万的农村留守儿童和留守儿童犯罪、受侵害案件比率"双高"的问题，山东省兰陵县人民检察院发动全院 35 名女干警组成了"检察官春蕾团队"，对困难未成年被害人开展心理抚慰和经济救助，并联合公安、法院、教育、民政等部门，共同开展"春蕾行动"，吸收 210 余名各单位女同志为团队成员，在 32 个村庄设立"亲情联系点"。通过内部挖潜，外部拓展，团结社会各方力量，助力缓解我国在现代化进程中产生的农村留守儿童这一突出社会问题，真正践行了"人民检察为人民"的宗旨。

"护法"留守儿童，让女童远离性侵犯[③]

女检察官自发组成"检察官春蕾团队"，在全国首开留守女童家长夜校，

---

① 参见王义杰、刘义军："检察机关与学者研讨未成年人刑事司法保护"，载《检察日报》2013 年 9 月 16 日。
② 参见高鑫："高检院发布 15 个未成年人刑事检察工作创新事例"，载《检察日报》2014 年 5 月 29 日。
③ 参见刘义军、王洪松、姚建："'护法'留守儿童　让女童远离性侵犯——司法保护留守儿童的兰陵实践"，载《中国妇女报》2012 年 4 月 17 日；相关内容另见《法制日报》2012 年 2 月 11 日、4 月 22 日。

利用"法制宣传大篷车"介绍防范知识；针对失足留守未成年人适用轻缓刑事政策，制定跟踪帮教方案进行心理矫正。

"以往俺外出，最担心乖巧的女儿受到外来伤害，调皮的儿子受社会不良影响学坏了！"山东省兰陵县的李某某今年春节后没有跟丈夫一起去苏州打工，而是选择留在家里。然而，在与丈夫外出时隔两个多月后的 4 月 12 日，李某某再次踏上了前往苏州的班车。说起这个思想上的转变，她脸上透着兴奋："如今，这两块最大的心病都让检察院帮俺解决了，所以又跟丈夫商议趁着年轻再一起出去打拼几年。"

李某某的兴奋，来自于兰陵县人民检察院近年来针对留守儿童健康成长进行的法治尝试和探索。

近日，记者在兰陵县人民检察院采访时，强烈地感受到检察官们对留守儿童司法保护的关注和重视，"司法保护留守儿童是我们每个人义不容辞的责任。"兰陵县人民检察院检察长王纪起说。

为留守儿童送上"法制护身符"

享有"全国大蒜之乡"、"山东南菜园"美誉的山东省兰陵县，外出务工经商人员多达 30 万人，在人口大流动的背景下，出现了数以万计的留守儿童。

为了加强对留守儿童的司法保护，该县检察院于 2010 年 12 月在全国检察系统率先成立了"预防和减少未成年人犯罪检察科"（以下简称"未检科"），并在全院挑选 5 名心细、业务能力强的女检察官到这里工作。机构的专业化促进了工作的精细化，他们一方面加强了对留守儿童犯罪的预防，另一方面加大了对侵害留守儿童犯罪案件的打击力度。

2011 年 5 月，辖区内相继发生了两起不法分子携带管制刀具，趁学生放学回家抢劫学生电动车的严重刑事案件，在全县范围内产生恶劣影响。

该院得知情况后，第一时间派未检科检察官提前介入，使案件及时告破。为更大程度地发挥案件的警示教育作用，该院建议将庭审现场开到全县最大的中学——兰陵县第一中学塑胶大操场上，同时以电视专题片的形式在电视台播放，有效地震慑了犯罪分子，在社会上产生了强烈的反响。

借势而上，该院从保护留守儿童的长效机制建设入手，与公安、法院达成"系统化"联合快速办案机制，商定凡发生侵害留守儿童合法权益的重大刑事犯罪案件，检察机关须派员提前介入，诉讼过程中，侦查、检察、审判三机关要及时沟通、形成合力，分别履行好快立快破、快捕快诉、快审快判的工作职责，体现办案的法律效果和社会效果。对于办案实践中法律适用问题，该院一方面专门召开检委会会议研究决定，对于公安机关提请批捕的涉及侵犯留守儿童合法权益的犯罪案件可适用附条件逮捕，即使证据有所欠缺，但已基本构成犯罪的、认为经过进一步侦查能够取到定罪所必需的证据，就可对犯罪嫌疑人先行批捕；另一方面，会同法院对侵犯留守儿童合法权益犯罪的惩治进行研讨，形成目前对侵犯留守儿童合法权益犯罪在法定量刑幅度内从重处罚的倾向性意见，并经县委政法委确认后，由检法联席会议下发纪要共同执行。

与此同时，该院探索推行了适用轻缓刑事政策办理留守未成年人犯罪案件机制。办案中，他们根据留守未成年犯罪嫌疑人的犯罪事实、主观恶性、有无监护与社会帮教条件等，综合衡量其社会危险性，确定是否逮捕和适用附条件不起诉，最大限度地避免涉案留守未成年人被打上"罪犯的烙印"。

2010 年以来，该院对留守未成年犯罪嫌疑人作出不捕决定 11 人，不捕率达到 18%，比以往同期增长了 3.1 个百分点；对 12 名适用附条件不起诉的留守未成年犯罪嫌疑人实行了跟踪帮教，全部顺利回归社会。

法制夜校传授"留守安全防范真经"

2011 年 10 月，二审法院维持了由该院提起公诉的孙某强奸留守女童小文（化名）案一审判决结果，被害人在该院女检察官的关心帮助下也走出了心理阴影，背起了上学的书包。要说这件事应该是有了一个较为完美的结局，可该院未检科女检察官们怎么也高兴不起来。

承办此案的女检察官说，作为一名母亲，听到看到一些女童遭受性侵害的案件后，总感觉非常痛心，总感觉一定要在预防上下大力气、作大文章。

为了摸清近年来女童遭受性侵害的发案情况和规律，未检科的女检察官王慧翻阅近十年来与此类犯罪相关联的所有案卷和材料，撰写了《女童受性侵害案多发应引起高度关注》的调研报告，及时报送县委、县政府主要领导，并抄送县妇联、县团委等职能部门，引起了他们的高度关注；为了搞好犯罪预防，检察院 21 名女检察官自愿组成"春蕾志愿者团队"，全身心做好此类犯罪预防工作和对遭受性侵害女孩的关爱……

今年春节前后，"春蕾志愿者团队"利用留守女童父母返乡的机会，自发组建了"关爱留守女童法制宣传大篷车"，在全国首开了留守女童家长夜校，印发了《致全县留守女童家长的一封信》、《留守女童自我防范技巧》等材料。赶年集、进乡村，自愿担当起法制宣传员、讲解员和夜校教员，向留守女童及其家长介绍全县留守女童受性侵害案的发案形势，剖析发案的特点和原因，一遍遍讲授着如何才能让留守女童远离侵害的知识。

"以前我们只顾着出去打拼挣钱，对放在家里的孩子关心得少，也不太知道如何去关心。现在看了这封信，听了女检察官们的讲解，觉得真应该更加关心一下孩子。"留守女童母亲刘某某对"大篷车"的宣传员这样说道。

今年以来，兰陵县人民检察院关爱留守儿童"法治宣传大篷车"走遍了全县 21 个乡镇农村大集，法制夜校也已按计划开办了 8 期，所到之处均赢得了现场经久不息的掌声。

"法制夜校"牵头组织人、该院反渎局局长刘学晨告诉记者，当前，他们正与县电视台协商，准备近期将预防女童受性侵害案授课内容经适当处理拍成专题片，然后刻成光碟免费发放到各乡镇、村组，进一步提升预防宣传的影响力。同时，该院还把印有民生检察服务热线电话、邮箱和 QQ 号的便民联系卡发放给全县外出务工人员，搭建起与留守儿童家长随时互动的平台。

对于下一步工作，刘学晨对记者说："预防女童受性侵害宣讲专题结束后，我们将迅速转入预防网络引发留守儿童犯罪的专题宣讲，目前调研报告和宣讲初稿均已形成，在全院选拔宣讲人的工作也正在紧张地进行中……"

给予特别留守儿童特别的爱

采访时，该院"春蕾志愿者团队"参与人、监察室主任宋艳慧，回忆起日前发生在山东省枣庄监狱里的一场特殊会见：当天上午 9 时许，当服刑人员陶某在会见室里见到朝思暮想的一双儿女时，急忙走上前去，紧紧地把两个孩子抱在怀里，尽情地流着眼泪，半天说不出一句话。

过了一会儿，专程陪护孩子前来的女检察官说："孩子的事你放心，我们会把他们当作自己的孩子照看，不管是上学还是其他，我们都将一帮到底，直到你出狱……"

检察官告诉记者，2010 年初秋的一天，陶某因家庭纠纷犯罪，留下两个孩子没人抚养。该案承办人、未检科女检察官刘琛了解这一情况后，想方设法与两个孩子取得联系，得知虽然陶某的姐姐已将孩子领回家照顾，但因为自身生活并不富裕，家人并不愿意接受。女检察官们当即承诺："有困难就找我们。"

2011 年 3 月，该院"春蕾志愿者团队"组织开展了帮扶陶某两个孩子的

"爱心点燃成才希望，共同拥抱美好明天"活动。女检察官与陶某的一双儿女结成帮扶对子，每隔一个月就走访小姐弟俩一次；天气冷了，女检察官们精心挑选棉衣、棉鞋给小姐弟俩送去；今年1月16日农历小年，她们把小姐弟俩接到县城，让两个孩子与自己的孩子一起学习、玩耍……

龙年正月初五，女检察官们将2000元捐助款和小姐弟俩喜欢的学习用品一同送到他们的姑姑家，还驱车150多公里陪同俩孩子见到了日思夜想的爸爸。回家的路上，小姐弟俩脸上泛出久违的笑容。

"检察官们与孩子们素不相识都能给予这样的帮助，不仅感动了俺，也感动了俺的家人。"陶某的姐姐对记者说。

据了解，2010年以来，全院21名女检察官通过主动捐款、申请慈善总会支持等方式，已募集"春蕾志愿者团队救助基金"6.2万元，先后开展救助留守未成年刑事被害人和被告人、未成年留守子女、农村贫困留守儿童活动11次，拨付2.3万元对6名未成年人进行了救助。

山东兰陵县人民检察院组建"春蕾志愿者团队"①

正义网山东1月13日电（通讯员　郭万永　刘琛）　为切实发挥女干警优势作用，近日，山东省兰陵县人民检察院组建了由21名女干警组成的"春蕾志愿者团队"。

该团队的主要职责是：立足兰陵县未成年人犯罪特点，坚持教育、感化和帮教的原则，对所有涉及未成年人犯罪的刑事案件集中开展审查批捕、提起公诉等工作，并对办案中涉及的未成年人相关权益依法进行维护；积极开展针对未成年犯罪嫌疑人的后期跟踪帮教工作；对刑事案件中被害人或困难被告人的子女为未成年人的进行重点救助；积极开展献爱心活动，定期组织资助品学兼优的农村贫困学生。

该院还为"春蕾志愿者团队"提供了专用办公场所，配备了高配置的电脑、打印机、办公桌椅等办公设备，在经费保障、车辆使用等方面也给予优先考虑，保障了团队各项工作运行。目前，该团队已经办理涉及未成人犯罪案件10件16人，开展救助未成年人活动5次，对刑事案件中的6名未成年被害人进行了帮扶救助。

---

① 参见郭万永、刘琛："山东兰陵县人民检察院组建'春蕾志愿者团队'"，载正义网2012年1月13日。

【专家评点】

未成年人司法保护，是指在刑事诉讼过程中对涉嫌犯罪的未成年人的一种特殊保护措施。这种保护之所以特殊，不仅是其与刑事诉讼中成年人存在差别，更为重要的是未成年人刑事诉讼程序本身就存在特殊性，其特殊性既是理论问题，也是实践问题。[①] 临沂检察系统对未成年人司法保护则是实践问题的一种有益尝试，其经验值得理论予以总结，其做法也值得理论予以提炼。

一是对未成年人予以"特别帮助和保护原则"作为未成年人刑事诉讼程序的基本原则。所谓对未成年人予以"特别帮助和保护"，是指对其提供超过成年人的、适合未成年人需要的特殊帮助和保护。需要进一步说明的是，之所以对未成年人予以"特别帮助和保护"，一方面是基于未成年人刑事诉讼同样会出现冤假错案，另一方面则是因为未成年人在刑事诉讼中更易于受到不法侵害且在现行刑事诉讼制度中难以得到有效保护。对未成年人予以"特别帮助和保护原则"的含义是个需要进一步探讨的问题。在我看来，该原则的宗旨应是有效保障刑事诉讼中的未成年人的合法权益，尤其是被刑事追诉的未成年人的合法权益；该原则应适用于刑事诉讼的全过程；该原则要求对未成年人提供适合其需要的特别帮助和保护，主要是关于辩护律师的特别帮助、合适成年人的帮助以及从程序上对其提供的特别保护。因此，在对未成年人特殊司法保护中，不能将未成年犯罪嫌疑人作为教育工具，违背无罪推定原则，侵犯未成年犯罪嫌疑人的人权。特别是不能在没有证明未成年人负有刑事责任时，就对其进行帮教矫治，以免造成错案。

二是对未成年人特别司法保护，还需要引入辩护律师在场。这项权利实际属于被刑事追诉之人的基本诉讼权利。主要法治发达国家的刑事诉讼法大都对此予以肯定，并形成了较为完整的制度。临沂检察院对未成年人案件实行专业律师以保证未成年人合法权益具有积极意义，但仍有再向前推进的空间，实行辩护律师在场制度。讯问时辩护律师在场制度，在未成年人刑事诉讼程序中具有极为重要的作用。这项制度有助于使被刑事追诉的未成年人获得及时、有效的法律帮助。相对于成年人，被刑事追诉的未成年人更不知道如何维护自己的合法权益、如何行使诉讼权利，因此，讯问时辩护律师在场，可以为未成年人提供特别需要的法律帮助。讯问时辩护律师在场，有助于增强讯问程序的规范化和透明度，对维护讯问程序的正当性和权威性，也有积极的意义。

---

① 参见王敏远："论未成年人刑事诉讼程序"，载《中国法学》2011 年第 6 期。

　　三是合适成年人在场制度是未成年人刑事诉讼程序的重要组成部分，该项制度对于保障未成年人的合法权益具有特殊的积极意义。合适成年人是指未成年人所能信赖的人。到场的法定代理人的职责不应仅限于"可以代为行使犯罪嫌疑人的诉讼权利"，合适成年人审讯时在场的作用主要应包括两个方面：一是为被讯问的未成年人提供意见并观察审讯是否合法、适当；二是协助该未成年人与审讯人员沟通。因此，合适成年人在检察人员审讯过程中应当充当积极和重要的角色，而不是仅仅作为旁观者。由于未成年人与成年人相比，在刑事诉讼过程中更容易受到侵害，在未成年人接受讯问时，合适成年人在场有助于使其免遭侵害。临沂检察院选聘"女教师"组成合适成年人在场值得赞扬。

　　四是鉴于羁押对未成年人可能造成的种种不利影响，对未成年人适用羁押措施应特别慎重。因此，《联合国少年司法最低限度标准规则》（以下简称《北京规则》）第13条规定："审前拘留应仅作为万不得已的手段使用，而且时间尽可能短；如有可能，应采取其他替代办法，诸如密切监视、加强看管或安置在一个家庭或一个教育机关等环境内。"未成年犯罪嫌疑人的高捕率是我国刑事司法中的突出现象。为解决这个问题，最高人民检察院对于未成年人的批捕工作作出了一些特殊规定，但由于《刑事诉讼法》对于未成年人逮捕条件并无特殊的规定，而是套用与成年人相同的标准，使得对未成年人的"慎捕"难以落实。最高人民检察院于2006年颁布2013年修改的《人民检察院办理未成年人刑事案件的规定》（高检发研字〔2013〕7号）第13条规定，人民检察院审查批准逮捕未成年犯罪嫌疑人，应当根据未成年犯罪嫌疑人涉嫌犯罪的事实、主观恶性、有无监护与社会帮教条件等，综合衡量其社会危险性，确定是否有逮捕必要，慎用逮捕措施，可捕可不捕的不捕；该规定的第19条还列举了一些具体的不捕标准，例如初次犯罪、犯罪预备、有自首或者立功表现、属于已满14周岁不满16周岁的未成年人或者系在校学生的等，但这些规定对于减少未成年人的逮捕实际作用十分有限，因为这些条件所导致的只是"可以"依法不予批准逮捕，而非"应当"依法不予批准逮捕。经验教训表明，如果只有法律的原则性规定，而无具有实质意义的具体条件的设计，如果只是规定了减少适用逮捕的条件，而未规定必须适用的要求，对未成年人慎用逮捕的目的将很难实现。鉴于我国的刑事拘留期限如此之长，对未成年人来说，完全有必要设置特别的程序以减少适用。临沂检察院对刘某、杜某放火、盗窃不捕案件体现了立法的意图。

　　临沂检察系统尤其是兰陵县人民检察院、平邑县人民检察院对于理论上探讨问题给予足够的关注，并在实践中践行了这些理念，尽管在有些地方还需要进一步完善，但其做法与经验对其他检察机关而言，不失为一种可借鉴和推荐的实践模式，同时理论研究也需要对其实践经验予以关注并进行适时总结。

（评点专家王敏远，系中国社会科学院法学所研究员、博士生导师，中国刑事诉讼法学研究会副会长）

四、未成年人刑事案件诉讼原则的理论探索

未成年人刑事诉讼作为特别程序，其程序不仅受制于特别程序的规制，也受制于《刑事诉讼法》基本程序的约束。也就是说，未成年当事人在此程序中不仅享有特别程序原则的特别保护，如分离处理原则、社会参与原则；同时也享有一般程序原则的一般保护，如无罪推定原则。然而，我国《刑事诉讼法》在特别程序中有关原则的规定不仅规定内容简单，而且主要是移植其他法律的实体性的规定，有关程序性的原则明显不足，再加上理论与司法实践对这些原则未能放置在整个刑事诉讼框架中予以阐述与认识，致使其有关规定与特别程序的原理存在一定的冲突，对未成年人在此程序中的特别保护难以有效地全面获得，因此，需要将其原则置于整个刑事诉讼中进行理论解读，以保障其原则全面、有效地得以贯彻。

（一）未成年人刑事案件诉讼原则设立的背景与意义

1. 未成年人刑事案件诉讼原则设立的背景

未成年人刑事案件诉讼程序原则作为一项原则，是立法者在构建未成年人刑事诉讼程序以及办案人员在运行未成年人刑事诉讼程序时所必须遵循的基本行为准则。之所以要在未成年人刑事诉讼中专门规定未成年人刑事案件诉讼程序原则，有其深刻的理论与制度基础。其基础为：（1）未成年人具有不同于成年人的生理、心理特点。在生理上，他们还处于生长发育阶段，尚未达到成熟状态；在心理上，未成年人的人生阅历远低于成年人，心理状态极不成熟，人格尚未定型，可塑性较大。相应地，其犯罪的主观恶性程度远低于成年人。作为直接针对未成年人的刑事诉讼基本原则，必须要立足其身心特点。（2）从社会学的角度看未成年人犯罪除了个人因素外，更有社会的原因。其生长的环境、网络、朋友圈子以及学校环境等，都会对未成年人产生影响，因此，未成年人犯罪是家庭、学校、社会各种因素共同作用的结果。（3）未成年人的人生道路还很长，在受到处罚后还存在回归社会的问题。由于犯罪受到刑事追诉必然会使他们在社会评价方面受到负面影响，因此在制定未成年人刑事案件诉讼程序原则时，必须考虑到这一点，力争在追究其刑事责任的同时将社会影响降到最低。（4）从权利保障的角度看，也有必要在刑事程序上给予未成年人特别对待。未成年人在面对国家专门机关追诉时，其心理状态往往弱于成年人，在诉讼能力上较之成年人无疑要欠缺许多。因此，《刑事诉讼法》专门设立未成年人刑事案件诉讼程序原则给予未成年人特别对待，也是保障权利和程

序正义的具体体现和要求。[①]

　　未成年人刑事检察司法保护作为未成年人刑事案件诉讼程序，是基于未成年人的特点和应予特殊保护的需要而形成的，现代刑事诉讼法律制度皆在保障权益、规范职权的基本原则，同样也应适用于未成年人诉讼程序，[②] 基于此，未成年人刑事诉讼程序首先应当遵守刑事诉讼的基本原则，如以事实为根据，以法律为准绳原则；在适用法律面前人人平等原则；检察机关实行法律监督原则；各民族公民有权使用本民族语言文字进行诉讼的原则；侦查权、检察权、审判权由法定机关行使原则；公、检、法三机关分工负责，相互配合，相互制约的原则；审判权、检察权独立行使原则；被告人有权获得辩护原则；未经审判，不得确定有罪原则；保障诉讼参与人诉讼权利原则；具有法定情节不予追究刑事责任原则；追究外国人刑事责任适用我国刑事诉讼原则以及司法协助原则等。由于未成年人自身的生理和心理状况以及未成年人犯罪案件的特殊性，使未成年人刑事诉讼除了应遵循刑事诉讼法的基本原则之外，还应根据未成年人案件诉讼程序的特点，遵循一些特殊原则。而这些原则与刑事诉讼基本原则相比，有以下几点不同：

　　（1）刑事诉讼的基本原则体现了我国刑事诉讼的立法精神，是立法对刑事诉讼活动的性质、特点和规律的全面反映。而未成年人刑事案件诉讼程序原则是对未成年人刑事诉讼活动的性质、特点和规律的反映，因此无论在立法上还是诉讼过程中坚持的未成年人刑事诉讼原则都必须符合未成年人案件的特点，体现未成年人案件的特殊性，使其权利得以充分、有效地保障。

　　（2）未成年人刑事诉讼原则能够反映未成年人刑事诉讼的目的，实现未成年人刑事诉讼的任务。刑事诉讼的目的在于惩罚犯罪和保障人权，未成年人刑事诉讼与之相比更注重未成年人人权的保障，注重对未成年人的特别保护，确保未成年人的实体权利和程序权利免受非法侵害，因而对于未成年人刑事诉讼，应当在刑事诉讼基本原则的基础上，增加有利于未成年人刑事诉讼的原则。从以往的经验教训来看，刑事诉讼中的职权机关应当将被追诉的未成年人作为权利主体来看待和对待，切忌将其作为"刑事诉讼的对象"、"教育的工具"。例如，绝不能对未成年人刑讯逼供；又如，让刑事诉讼中的未成年被告人到学校去宣读"悔过书"等做法，今后应严厉禁止。因此，《刑事诉讼法》规定的未成年人刑事诉讼特别程序的价值和意义，如果仅仅停留于立法层面是

---

① 参见梁玉霞主编：《刑事诉讼法》，厦门大学出版社 2011 年版，第 352 页。

② 参见王永杰："论我国未成年人刑事案件诉讼程序的不足与完善——兼评《刑事诉讼法修正案》的相关规定"，载《时代法学》2012 年第 3 期。

不够的，如何将其准确、完整地予以贯彻落实，才是法治进步的关键。[①] 未成年人刑事案件诉讼程序原则贯穿于未成年人刑事诉讼的全过程，体现了未成年人刑事诉讼的立法精神，反映了未成年人刑事诉讼的目的和任务，对人民法院、人民检察院和公安机关办理未成年人案件具有指导作用。因此，只有在科学、完善的原则指导下，才能有效控制未成年人犯罪，保护未成年人合法权益，使诉讼程序顺利进行。

2. 未成年人刑事案件诉讼原则的意义

研究未成年人刑事案件诉讼程序原则的意义，具体包括以下几个方面：

（1）为进一步完善未成年人刑事案件诉讼程序对未成年人的特别保障提供指导思想。未成年人刑事案件诉讼程序原则是未成年人刑事诉讼立法精神的具体体现，未成年人刑事案件诉讼程序的具体制度和程序均是在围绕未成年人刑事诉讼原则的精神而设计与安排的，因此，在贯彻实施未成年人刑事诉讼制度和程序中均需要体现这些原则，凡是与未成年人刑事案件诉讼程序原则有冲突的制度和程序均应以原则作为指导思想予以完善。例如，我国《刑事诉讼法》第268条规定："公安机关、人民检察院、人民法院办理未成年人刑事案件，根据情况可以对未成年犯罪嫌疑人、被告人的成长经历、犯罪原因、监护教育等情况进行调查。"这一制度不仅是建立在全面调查原则上的一项具体制度，而且还需要在制度贯彻中不折不扣地以全面调查原则作为指导，保障调查制度更有利于维护未成年人的合法利益。

（2）为进一步保障未成年人特有的合法权益提供建设性意见。人民法院、人民检察院和公安机关在办理未成年人案件时，必须按照未成年人刑事案件诉讼程序基本原则进行，而且还需要在该原则下保障未成年人合法利益最大化。仅就目前我国特别程序的规定来看，未成年人刑事案件诉讼程序原则已经基本形成，但仍存在一些不完善甚至缺陷的地方，如果不能把握其原则，在实践中就有可能阻碍未成年人合法权益的顺利实现，不能真正实现刑事诉讼立法的目的。因此，不仅需要我国对未成年人刑事诉讼原则进行研究，为准确解读原则含义提供清晰的内容，而且还需要通过研究发现缺点，以完善相应的原则，确保最大程度地维护未成年人的实体性利益和程序性权利。

（3）为人民法院、人民检察院和公安机关创新办理未成年人刑事案件机制提供指引。未成年人刑事案件诉讼程序原则，对人民法院、人民检察院和公安机关办理未成年人刑事诉讼活动提出了更高的要求，如人民法院、人民检察

---

① 参见王敏远："《刑事诉讼法》修改后的未成年人权利保护问题探讨"，载《中国青年报》2012年6月8日。

院和公安机关办理未成年人刑事案件时，不仅要体现未成年人的特点，更需要由熟悉未成年人身心特点的审判人员、检察人员和侦查人员承办。研究未成年人刑事诉讼程序原则，有助于进一步规范人民法院、人民检察院和公安机关办理未成年人案件的行为，使其严格遵循程序办理案件，有责任心地履行应尽的特殊保护之责，保证案件的质量与社会效果，充分体现国家对未成年人的关怀与体贴，尤其是可为人民法院、人民检察院和公安机关创新办理未成年人刑事案件机制提供指引。如有学者认为，应当在《刑事诉讼法》修改的基础上，进一步研究有利于推进刑事诉讼中的未成年人权利保护的问题。以被逮捕后通知家属的规定为例。《刑事诉讼法》将通知家属作为职权机关的职责，这是很有必要的，然而，也应当将其作为权利予以规定。即对被逮捕的未成年人，是否可以考虑由其自己通知家属并予以特别的权利设置。又如，应进一步探索有助于推进刑事诉讼中的未成年人权利保护的实践。以讯问时律师在场制度为例，可以考虑在实践中展开试点。①

（二）我国未成年人刑事案件诉讼原则

2012 年修改的《刑事诉讼法》凝聚了我国未成年人保护事业多年来的多方努力，对稳固和推进刑事诉讼中的未成年人权利保护，具有十分重要的作用，② 也为我国未成年人刑事案件诉讼程序原则的确立奠定了基础。根据"原则"一词基本含义以及法学界的通常理解，能够作为未成年人案件诉讼程序的特有原则，应当具备三个方面的基本属性：一是高度概括与特殊性。作为未成年人案件诉讼程序的原则，应当是对整个未成年人刑事诉讼根本性问题的高度概括，并能在一定程度上反映我国未成年人刑事诉讼的特殊性，体现我国未成年人刑事诉讼的性质与目的。二是普遍指导性。普遍指导性是指作为未成年人案件诉讼程序的原则，必须能够贯穿未成年人刑事诉讼程序的始终，是未成年人刑事诉讼进行的各个阶段都要遵循的基本原则，它是整个未成年人刑事诉讼的总原则，因此不能把只在某一阶段应遵循的原则视为未成年人刑事案件诉讼程序的原则。三是法律规定性或者实践认同性。法律规定性要求未成年人刑事案件诉讼程序原则，必须有与之相应的法律依据，这种法律依据既可以是国内法，也可以是我国加入或承认的国际公约，即使没有直接法律依据，也应该

---

① 参见王敏远："《刑事诉讼法》修改后的未成年人权利保护问题探讨"，载《中国青年报》2012 年 6 月 8 日第 7 版。

② 参见王敏远："《刑事诉讼法》修改之后的未成年人权利保护问题探讨"，载《预防青少年犯罪研究》2012 年第 5 期。

为我国或世界未成年人司法实践所认同，也即应该具备习惯法的性质。① 基于以上对原则的基本要求，立足于我国未成年人刑事案件诉讼程序发展现状，参照我国已经加入或承认的国际公约和其他发达国家的法制理论，并结合我国未成年人刑事案件诉讼的实践，对我国现有学说进行梳理分析，为进一步解读我国未成年人刑事案件诉讼程序原则奠定理论基础。

理论界在我国未成年人刑事案件诉讼程序原则问题上的研究主要集中在以下几个方面：

1. 教育、感化、挽救原则。2008 年 12 月，党中央转发了《中央政法委员会关于深化司法体制和工作机制改革若干问题的意见》。该意见要求按照"教育为主、惩罚为辅"的原则，探索处理未成年人犯罪的司法制度。我国相关法律对此作了相应规定，如《未成年人保护法》第 54 条第 1 款规定："对违法犯罪的未成年人，实行教育、感化、挽救的方针，坚持教育为主、惩罚为辅的原则。"《预防未成年人犯罪法》第 44 条第 1 款规定："对犯罪的未成年人追究刑事责任，实行教育、感化、挽救方针，坚持教育为主、惩罚为辅的原则。"司法机关按照中央的规定完善办理未成年人犯罪案件的工作机制，确立了适合未成年人生理特点和心理特征的案件处理方式。2012 年修改的《刑事诉讼法》吸收了这一规定，其第 266 条第 1 款规定："对犯罪的未成年人实行教育、感化、挽救的方针，坚持教育为主、惩罚为辅的原则。"《公安机关办理刑事案件程序规定》第 306 条规定："公安机关办理未成年人刑事案件，实行教育、感化、挽救的方针，坚持教育为主、惩罚为辅的原则。"《人民检察院办理未成年人刑事案件的规定》第 2 条规定："人民检察院办理未成年人刑事案件，实行教育、感化、挽救的方针，坚持教育为主、惩罚为辅和特殊保护的原则。"最高人民法院《关于适用〈中华人民共和国刑事诉讼法〉的解释》（以下简称《法院刑诉法解释》）第 459 条规定："人民法院审理未成年人刑事案件，应当贯彻教育、感化、挽救的方针，坚持教育为主、惩罚为辅的原则，加强对未成年人的特殊保护。"另外，国际少年司法也对教育、感化、挽救原则有明确规定。如《北京规则》第一部分第 1.2 条和第 1.3 条指出："会员国应尽力创造条件确保少年能在社会上过有意义的生活，并在其一生中最易沾染不良行为的时期使其成长和受教育的过程尽可能不受犯罪和不法行为的影响。应充分注意采取积极措施，这些措施涉及充分调动所有可能的资源，包括家庭、志愿人员及其他社区团体以及学校和其他社区机构，以便促进少年的幸福，减少根据法律进行干预的必要，并在他们触犯法律时对他们加以有效、公

---

① 参见姚建龙："少年司法制度基本原则论"，载《青年探索》2003 年第 1 期。

平及合乎人道的处理。"《联合国保护被剥夺自由少年规则》指出："少年司法系统应维护少年的权利和安全，增进少年的身心福祉，监禁办法只应作为最后的手段加以采用。"

尽管法律、法规确定了教育、感化、挽救原则的法律地位，同时无论是"三原则说"还是"五原则说"抑或"六原则说"也都存在有关教育、感化、挽救原则的表述，这表明其作为原则所具备的共识性。因为在未成年人刑事诉讼过程中，对未成年人强调教育、感化和挽救是十分必要的，这主要是由于未成年人的身心和智力发育尚不成熟，还没有形成完整的世界观、人生观和价值观，可塑性较大，及时对未成年人进行教育、感化和挽救，不仅可以唤醒未成年人的悔罪意识，使其认罪伏法，同时也有利于未成年人顺利回归社会，减少司法对其产生的不利影响，但将其确定为未成年人刑事诉讼基本原则是否妥当有争议，主要存在以下两种不同的观点：

一种观点认为，未成年人刑事案件诉讼程序原则既可以包括程序法原则，也可以包括实体法原则；另一种观点则认为，能够作为未成年人案件诉讼程序的原则只能是程序法原则，即未成年人刑事诉讼程序的特殊性原则。未成年人刑事案件诉讼程序原则应为未成年人在进行刑事诉讼的过程中所应遵循的特殊性原则，它是《刑事诉讼法》对于办理未成年人刑事诉讼的特殊规定，因而为程序法原则。因为从这个原则本身来看，教育、感化、挽救原则是一个实体法原则，而未成年人刑事诉讼是刑事诉讼的一部分，属于程序法律规范，那么在程序法中加入实体法原则似乎就有些不妥。因此，有学者称，"将教育为主、惩罚为辅原则作为刑事诉讼程序的原则明显不完整，并且因为针对的是'对犯罪的未成年人'，而不是未成年的刑事被告人，因此主要是实体法意义上的原则。需要明确的是，《刑事诉讼法》虽然也可以规定实体法的内容，但就原则而言，应当确定的是未成年人刑事诉讼程序的原则。"因而，我国现行法律将教育为主、惩罚为辅作为未成年人刑事诉讼程序的一项基本原则，显然存在不妥之处。不仅如此，无论是《刑事诉讼法》中的基本原则，还是未成年人刑事案件诉讼程序原则，作为原则，都应当能够贯穿于整个刑事诉讼的始终。教育、感化和挽救是对有罪的未成年人进行的一项措施，如果未成年人没有犯罪，又何须教育、感化甚至是挽救呢？因此如果在未成年人刑事诉讼的一开始就运用教育、感化、挽救原则，便是在一开始就认定了未成年人有罪，而《刑事诉讼法》第12条明确规定"未经人民法院依法判决，对任何人都不得确定有罪"。那么，还未经人民法院审判，就先行对未成年人进行教育、感化和挽救，显然是与无罪推定原则相违背的。同时，由于未成年人刑事诉讼案件程序原则大都是用于未成年人刑事诉讼程序的全过程，而将针对犯罪的未成年人的实体法原则，即"教育、感化、挽救原则"作为未成年人刑事诉讼程序的基本原则，在有罪认定尚未经依法确定前就予以适用，将易于导致刑事诉讼中的有罪推定，因而并不适宜。因此，即使"教育、感化、挽救原则"可以作为未成年人刑事诉讼程序的原则，也需要予以严格的限制（如仅适用于依法确定有罪之后的程序），不宜将其作为基本原则予以规定。[①] 虽然法律明确规定了教育为主、惩罚为辅作为未成年人刑事案件诉讼程序原则的地位，但从能够作为原则的基本理论来看，如果将这一原则作为未成年人刑事案件诉讼程序原则，还是存在诸多不妥之处，有待立法将其完善。然而，在我国立法有空白的情况下，更应注重对此原则的理解与认识，使之不因不足的规定而使未成年人在诉讼中的权利有所损害。

2. 分案处理原则。分案处理原则是指公安、司法机关在办理未成年人刑事诉讼的过程中，应当将未成年人犯罪案件与成年人犯罪案件，实行诉讼程序分离，对未成年人和成年人实行分案侦查、分案起诉、分案审判和分押看管。我国法律法规和国际刑事司法准则对于这一原则都有明确的规定。具体说来，我国的法律法规有关这一原则的规定，主要包括：我国《未成年人保护法》第55条规定："公安机关、人民检察院、人民法院办理未成年人犯罪案件和涉及未成年人权益保护案件，应当照顾未成年人身心发展特点，尊重他们的人格尊严、保障他们的合法权益，并根据需要设立专门机构或者指定专人办理。"《预防未成年人犯罪法》第46条规定："对被拘留、逮捕和执行刑罚的未成年人与成年人应当分别关押、分别管理、分别教育。"《刑事诉讼法》第266条第2款规定："人民法院、人民检察院和公安机关办理未成年人刑事案件，应当保障未成年人行使其诉讼权利，保障未成年人得到法律帮助，并由熟悉未成年人身心特点的审判人员、检察人员、侦查人员承办。"第269条第2款规定："对被拘留、逮捕和执行刑罚的未成年人与成年人应当分别关押、分别管理、分别教育。"《公安机关办理刑事案件程序规定》第317规定："对被羁押的未成年人应当与成年人分别关押、分别管理、分别教育，并根据其生理和心理特点在生活和学习方面给予照顾。"最高人民法院《关于适用〈中华人民共和国刑事诉讼法〉的解释》第464条第1款规定："对分案起诉至同一人民法院的未成年人与成年人共同犯罪案件，可以由同一个审判组织审理；不宜由同一个审判组织审理的，可以分别由少年法庭、刑事审判庭审理。"国际刑事司法准则对于这一原则的规定主要体现在《北京规则》和《联合国保护被剥夺自由少年规则》中，其中《北京规则》第13.4条规定："审前拘留的少

---

① 参见王敏远："论未成年人刑事诉讼程序"，载《中国法学》2011年第6期。

年应与成年人分开看管，应拘留在一个单独的监所或一个也拘留成年人的监所的单独部分。"《联合国保护被剥夺自由少年规则》第29条规定："在各种拘留机构内，少年应与成人隔离，除非他们属于同一家庭的成员。作为确经证明有益于所涉少年的特别管教方案内容的一部分，可在管制情况下让少年与经过慎重挑选的成人在一起。"

我国和世界各国都如此重视分案原则在未成年人刑事案件诉讼程序中的运用，主要有两方面的原因：（1）未成年人的思想还不够成熟，如果将其与成年人一案审理，有可能导致未成年人与成年人之间的串供，进而影响案件审理效果；同时，也容易使未成年人受到法庭审理的"二次污染"，这样不仅不利于对未成年人的身心健康进行保护，同时也不利于未成年人回归社会。（2）实行分案审理更有利于打击成年人犯罪。我国刑事诉讼强调对未成年人犯罪，一律从轻或减轻处罚，而对成年人犯罪，特别是罪行严重的犯罪，要进行严厉打击，而对于未成年人与成年人共同犯罪案件，如果一案审理，就会在刑罚适用上出现偏差，因而只有分案审理，才能平衡罪责刑相适应的问题，实现对成年罪犯的有效打击。

通过对司法界和理论界学者对分案处理原则的分析，可以看出，目前学界普遍赞同的分案处理原则包括以下三个方面的内容：一是对未成年犯罪嫌疑人、被告人适用拘留、逮捕等强制措施时，要将未成年人与成年人分开关押看管；二是在处理未成年人与成年人系共犯或者有牵连关系的案件时，要对其使用不同的诉讼程序，要设立专门的办案机构或人员办理未成年人案件；三是对未成年人案件的生效裁决、裁定的执行，要同成年人分开，不能在同一场所执行。① 对于以上三方面的内容，学者基本上持统一观点，实践也未有不同之处，但就分案处理的开始阶段，却存在不同的看法。

从世界各国法律来看，实行分案处理原则的国家对于分案处理的起始阶段也不尽相同。如俄罗斯认为应当从侦查阶段就开始分案，《俄罗斯联邦刑事诉讼法典》第369条第1款规定："如果未成年人与成年人一起参与实施犯罪，则在侦查阶段应尽可能地分案处理。"但也有一些国家将分案处理原则引入起诉审判阶段，如日本、英国等。日本《少年法》第49条规定："必须把少年嫌疑犯或少年被告人与其他嫌疑犯或被告人分开，尽量避免接触。少年被告案件即使同其他被告案件有牵连，只要不妨碍审理，就必须将他们从程序上分开。"英国关于对在普通刑事法院内接受审判的重罪少年刑事被告人的办案程

---

① 参见温小洁：《我国未成年人刑事案件诉讼程序研究》，中国人民公安大学出版社2003年版，第86页。

序规则第 4 条规定:"如果少年被告人与成年被告人(因共同犯罪)被同时指控,法院应在辩诉及指示审讯阶段考虑是否将少年被告人单独审判。法院通常应当决定将少年被告人单独审判,除非有理由说明合并审判有利于司法公正,以及能够避免过分的偏向于少年被告人之福利。"基于以上考虑,对于未成年人和成年人的分案处理,原则上应自侦查阶段就进行分离,这样不仅有利于保证程序的完整性和连贯性,同时也是基本原则贯穿未成年人刑事诉讼全过程的要求和体现,因此,除非分案审理严重影响到案件的正常进行,一般都应分案侦查、分案起诉、分案羁押、分案审判、分押看管与分案执行。

3. 全面调查原则。《刑事诉讼法》第 268 条规定:"公安机关、人民检察院、人民法院办理未成年人刑事案件,根据情况可以对未成年犯罪嫌疑人、被告人的成长经历、犯罪原因、监护教育等情况进行调查。"这一规定不仅将全面调查原则予以法定化,同时也明确了全面调查原则的主体和内容。所谓全面调查原则,是指公安机关、人民检察院和人民法院在办理未成年人刑事案件的过程中,在查清案件事实的基础上,还应对未成年人的性格特点、生活和学习环境,以及导致未成年人犯罪的主客观因素进行调查,必要时还要对未成年人进行医疗检查以及心理学、精神病学的调查分析,并根据调查结果对未成年人做出最合理恰当的处理。

全面调查的主体为公安机关、人民检察院和人民法院,该原则要求公安机关、人民检察院和人民法院在办理案件时,不仅要查明犯罪案件的事实和证据,还应对未成年犯罪嫌疑人、被告人的成长经历、犯罪原因、监护教育等情况进行全面调查。针对此原则,相关规定与解释也都作了基本相同的规定。《公安机关办理刑事案件程序规定》第 311 条第 1 款规定:"公安机关办理未成年人刑事案件,根据情况可以对未成年犯罪嫌疑人的成长经历、犯罪原因、监护教育等情况进行调查并制作调查报告。"《人民检察院刑事诉讼规则(试行)》第 486 条第 1 款规定:"人民检察院根据情况可以对未成年犯罪嫌疑人的成长经历、犯罪原因、监护教育等情况进行调查,并制作社会调查报告,作为办案和教育的参考。"《人民检察院办理未成年人刑事案件的规定》第 9 条第 1 款规定:"人民检察院根据情况可以对未成年犯罪嫌疑人的成长经历、犯罪原因、监护教育等情况进行调查,并制作社会调查报告,作为办案和教育的参考。"最高人民法院《关于适用〈中华人民共和国刑事诉讼法〉的解释》第 460 条规定:"人民法院应当加强同政府有关部门以及共青团、妇联、工会、未成年人保护组织等团体的联系,推动未成年人刑事案件人民陪审、情况调查、安置帮教等工作的开展,充分保障未成年人的合法利益,积极参与社会管理综合治理。"

全面调查原则作为未成年人刑事案件诉讼程序原则之一具有特别重要的意义。其意义主要有以下两方面：（1）未成年人的心理和生理发育还不成熟，尚未完全形成明辨是非的能力，对于犯罪行为，大多是一时冲动，具有很大程度的盲目性和突发性。通过对未成年人家庭、学校和所处社会进行调查，有助于全面了解未成年人犯罪目的与动机，同时家庭、学校、社会都是与未成年人具有最密切联系的地点，未成年人的心理和性格特征的形成都与这些环境具有直接关系。只有对未成年人的各种情形进行调查，才能确保公安、司法机关找准对未成年人进行教育的感化点，对症下药，从根本上对未成年人进行教育，确保他们不再犯罪。（2）对个案的未成年人案件进行调查，虽然有助于处理好这一个案例，但如果对众多的未成年案例进行调查分析，就可以找到未成年犯罪的共通点，有关机关便可根据这些共通点，对一定时期或一定地域的未成年犯罪进行调查分析，从而采取相应措施，做好未成年犯罪工作的预防，抑制未成年人犯罪现象的发生。

全面调查原则在国际司法准则和世界许多国家的少年司法制度中都有所体现。如《北京规则》第16.1条规定："所有案件除涉及轻微违法行为的案件外，在主管当局作出判决前的最后处理之前，应对少年生活背景和环境或犯罪的条件进行适当的调查，以便主管当局对案件作出明智的审判。"在说明中，《北京规则》强调，"在大多数少年法律诉讼案中，必须借助社会调查报告（社会报告或判决前调查报告）。应使主管当局了解少年的社会和家庭背景、学历、教育经历等有关事实。为此，有些司法制度利用法院或委员会附设的专门社会机构和人员来达到这一目的。其他人员包括执行缓刑的人员，也可起到这一作用。因此，本规则要求提供足够的社会服务，以便提出合乎要求的社会调查报告"。西方国家关于全面调查原则的规定较为普遍，在俄罗斯、日本、英国、前联邦德国等都有关于这项原则的规定。《俄罗斯联邦刑事诉讼法典》第392条规定："对于未成年人案件进行侦查和法庭审理时，必须特别注意查明下列情况：（1）未成年人的年龄（出生的年月日）；（2）生活和教育的条件；（3）促成未成年人犯罪的原因和条件；（4）有无成年的教唆犯或其他共犯。在具有说明未成年人由于精神病无关的智力落后的情形时，也应当查明他是否能够完全了解自己行为的意义。"日本《少年法》在其第9条规定："家庭裁判所考虑对该少年应当审判时，应对案件进行调查，在调查时，务必调查少年、监护人或者有关人员的人格、经历、素质、环境，特别要有效地运用少年鉴别所提供的关于医学、心理学、教育学、社会学以及其他专门知识的鉴定结果。"此外，英国在其《治安法院（少年儿童）规则》第10条中规定："法院必须考虑有关儿童或少年的平常行为、家庭环境、学校档案和病史的资料，以便对案件作出最符合其利益的处理。"前联邦德国《青少年刑法》第 43 条规定，在未成年人刑事案件诉讼程序开始之后，"应当尽快地对有助于判断被告人道德、思想和个人特点的被告人的生活和家庭情况、成长过程、至今为止的行为以及所有其他情况进行调查。如有可能，应当听取家长、法定代理人、学校、师傅或者培训领导人的意见。如果该犯担心听取他的师傅或者培训领导人的意见，会给他带来不合心愿的不利，尤其是可能使他失掉工作岗位，就可以不去听取他们的意见。"①

尽管我国《刑事诉讼法》对全面调查原则予以明确规定，但从司法实践来看，这一原则的可操作性并不强，还有许多需要进一步研究解决的问题。

一是将全面调查的主体限定为公安机关、人民检察院和人民法院似乎并不合理。全面调查强调的是对未成年人的心理、生理、性格特征以及其生活、学习和所处的社会环境进行调查，并不涉及案件事实本身，而公安机关和检察机关的主要职责是追诉犯罪，证实犯罪的成立，并严厉打击犯罪，因此如果由公安、司法机关进行调查，就会影响案件调查结果的真实性和客观性，同时调查的性质也就转变为追诉犯罪；对于法院来说，由于法院的职责在于居中审理案件，作出公正判决，若由他们进行调查，就会使他们在审理案件时带有先入为主的印象，以影响案件判决的客观公正。同时，我国《刑事诉讼法》规定的调查主体，只限定于公安、司法机关，完全忽略辩方的观点，辩方无法提供调查结论，就会使双方的诉讼地位不平等，从而产生不利于犯罪嫌疑人、被告人的现象。那么，到底由哪个机关对未成年人进行调查才能最大程度地发挥全面调查的作用呢？进行全面调查的主体应是具有一定专业素质的独立的中立机构。这也与世界各国进行调查的主体相适应。美国社会调查工作就由缓刑官负责，调查一名未成年人一般就要花费 1 个月到 2 个月的时间，调查的内容包括未成年人的学习、工作和生活环境，会见未成年人的父母、老师以及邻居等，然后根据调查事项制作调查报告。而英国，对未成年人的社会调查工作都由缓刑局负责，缓刑局的职能之一就是为法院提出报告，以帮助法院在审理少年犯罪案件时，保持公平、公正。缓刑局必须要用足够的时间去准备这些报告，如对少年犯罪人背景的认识。报告中必须有犯罪行为的分析，还要谈到犯罪活动中有关情况，例如，青少年犯的家庭情况、住址、父母情况、学校教育的情况。同时，对少年犯所实施的行为的危害性也要进行评估。在通常情况下，缓刑局是用心理学的方式对其犯罪行为和社会危害性进行评估，然后对法官提出

---

① 参见温小洁：《我国未成年人刑事案件诉讼程序研究》，中国人民公安大学出版社 2003 年版，第 76~77 页。

建议。① 因此，对于我国的调查主体设计需要考虑，保证调查的公正性和客观性，既避免了公安、司法机关带着追溯犯罪的心态进行调查，也防止了法院在审判时先入为主现象的发生。同时调查结果关系到案件的审判结果，因此，进行调查的机构，必须要具备一定的专业知识，以确保调查结果的合理性和实用性，调查结果的中立性和平等性就要求调查的主体必须独立于控辩双方，以保证未成年人及其辩护律师可以充分表达自己的观点，而不受公安、司法机关的干涉。除了调查主体的不合理之外，我国《刑事诉讼法》也没有对调查的程序作出明确的规定。

二是对于全面调查的具体操作，由于法律并没有做统一的规定，就使得不同地区采取不同的方式。如对于调查程序来说，有的采取书面调查的形式，有的采取电话通知的形式，还有的采取面对面谈话的形式。不仅如此，进行社会调查的方式也都存在很大的不同，如有的地区采取指定填写表格的方式，有的地区采取日常公文报告的方式，还有的地区采取调查笔录的方式，这些不同的调查程序和方式，严重削弱了调查结果的意义，同时也影响了调查结论的权威性。

三是对于调查报告的法律性质，《刑事诉讼法》没有给出明确的定论，以至于在执行中存在不同的做法，理论上也有不同的观点。有论者认为，调查报告应当作为证据使用，因为根据《刑事诉讼法》第41、52条的规定，享有取证权的有审判人员、检察人员、侦查人员和辩护律师。根据《刑事诉讼法》的规定，对未成年人进行全面调查的主体是公安机关、人民法院和人民检察院，因此，由他们作出的调查报告，理应具有证据的形式。但也有学者认为，证据必须是与案件事实本身有着客观、必然的联系，而对未成年人的调查结果，与犯罪事实是否存在，未成年人是否有罪并没有直接联系，因此不能作为证据，只能作为法庭在审理未成年人刑事案件在量刑时的参考。确定调查结论的证据应建立在对调查主体的完善之上，只有明确了调查主体，才能明确调查结论的法律地位，这些都需要立法部门对其不断修改完善。以上问题将在以后相关制度解读中予以阐述。

4. 保障未成年犯罪嫌疑人、被告人诉讼权利原则。《刑事诉讼法》第266条第2款规定："人民法院、人民检察院、公安机关办理未成年人刑事案件，应当保障未成年人行使其诉讼权利。"《人民检察院办理未成年人刑事案件的规定》第3款规定："人民检察院办理未成年人刑事案件，应当保障未成年人依法行使其诉讼权利，保障未成年人得到法律帮助。"保障未成年犯罪嫌疑

---

① 参见王运生、严军兴：《英国刑事司法与替刑制度》，中国法制出版社1999年版，第86页。

人、被告人诉讼权利原则，是指公安机关、人民检察院和人民法院在办理未成年案件的过程中，除了要保障未成年人享有的与成年人相同的诉讼权利之外，还应给予未成年人更多的特殊保护。这种特殊保护主要包括：

一是要正确理解保障未成年犯罪嫌疑人、被告人诉讼权利原则，明确未成年人享有哪些特有权利。例如，《北京规则》第7.1条规定："在诉讼的各个阶段，应保证基本程序方面的保障措施，诸如假定无罪指控罪状通知本人的权利、保持沉默的权利、情况、要求父亲或母亲或监护人在场的权利、与证人对质的权利和向上级机关上诉的权利。"《联合国保护被剥夺自由少年规则》规定，对被逮捕扣押的少年或待审讯的少年应给予特殊的诉讼权利，包括假定少年无罪权、尽可能避免审讯前拘留权，以及得到法律顾问并可申请免费法律援助的权利等。同时《儿童权利公约》第40条第1款也指出，缔约国确认被指称、指控或认为触犯刑罚的儿童有权得到符合以下情况方式的待遇，促进其尊严和价值感并增强其对他人的人权和基本自由的尊重。具体说来这些待遇包括迅速直接地被告知其被指控罪名权、获得独立公正的主管当局或司法机关的迅速审理权、要求其父母或法定监护人在场权、不得被迫作口供或认罪权以及得到口译人员协助权等。从以上少年法规可以看出，未成年人在诉讼时除了应当获得成年人享有的诉讼权利以外，基于其自身的特殊性，还应享有更多的诉讼权利，包括父母或监护人在场权，以及得到法律顾问并申请免费法律援助权等。

二是我国《刑事诉讼法》在我国现行司法实践的基础上借鉴并吸收了国际少年法规先进理论，规定了未成年人在刑事诉讼中所享有的特有诉讼权利保障，如合适成年人在场制度、指定辩护制度以及不公开审理制度。

但是，在某些方面还需要进一步完善。例如，确立讯问时辩护律师在场，有助于增强讯问程序的规范化和透明度，对维护讯问程序的正当性和权威性，也有积极的意义。[①] 这些问题将会在此后章节详细论述。

5. 迅速简化原则。迅速、简约原则是联合国少年刑事诉讼法准则所确立的少年刑事司法基本原则。[②]《人民检察院办理未成年人刑事案件的规定》第4条规定："人民检察院办理未成年人刑事案件，应当在依照法定程序和保证办案质量的前提下，快速办理，减少刑事诉讼对未成年人的不利影响。"该原则是指对未成年人案件的立案、侦查、起诉、审判都应当迅速进行，并且简化诉讼程序。其中的迅速，是指在诉讼进行的每个阶段，都尽可能地争取时间，

---

① 参见王敏远："论未成年人刑事诉讼程序"，载《中国法学》2011年第6期。

② 参见刘金霞：《未成年人法律制度研究》，群众出版社2007年版，第333页。

缩短诉讼期限，尽早结案。简化，是指简化公安、司法机关的内部报批手续，整个诉讼程序应当尽可能地从简。未成年人案件在具备适用简易程序的条件时，应尽量适用简易程序，迅速和简化是相互关联的，简化是迅速的前提，迅速是简化所要达到的目的和效果，两者相辅相成。①

在办理未成年人刑事案件过程中应当正确理解迅速简化原则。

一是从特殊预防的角度看，有利于及时惩罚犯罪，实现刑罚对未成年人的教育、挽救和及时改造效应。由于未成年人辨别是非的能力较差，不能有效抵御社会的不良影响，在处理未成年人刑事诉讼的过程中，冗长的诉讼程序会使未成年人产生认识或判断上的错误，强化其观念中的副作用，加大其转化和改造的难度。

二是从刑事诉讼的价值和目的角度看，有利于实现诉讼的公正，保护未成年人的合法权益。司法实践表明，未成年人在诉讼中停留时间的长短与其矫正的难易程度成正比，停留时间越长，矫正起来就越困难。未成年人大都是初犯，对法律知识了解甚少，精神容易紧张，过长的诉讼时间，容易使未成年人出现思想障碍，产生抵触心理。而迅速简化原则恰恰能避免诉讼给未成年人身心带来的"负面效应"，排除其思想障碍，减少司法干预给未成年人造成的不必要的伤害。从提高诉讼效率的角度看，有利于促使司法机关集中力量迅速办理未成年人司法案件。② 通过诉讼解决纠纷必然要投入一定的司法资源，而诉讼效率意味着以最少的投入取得最大的收益。未成年人案件相对于成年人案件来说，事实比较清楚，案情相对简单，适用法律争议较少，因而应当采取迅速、简易的程序，以减少司法资源的浪费，提高诉讼效率。

三是从国际司法和世界各国未成年人诉讼的角度来看，采取迅速简化原则是大势所趋。《北京规则》第 20.1 条规定："每一案件从一开始就应迅速处理，不应有任何不必要的拖延。"在说明中对此解释为："在少年案件中迅速办理正式程序是首要的问题。否则，会妨碍法律程序和处置可能会达到的任何好效果。随着时间的推移，少年在理智和心理上就越来越难以（如果不是不可能）把法律程序和处置同违法行为联系起来。"同时，世界各国也将迅速简化原则作为其少年刑事诉讼的重要准则。如美国伊利诺伊州通过的《少年法院法》第 5 条规定："少年法院应当以简易的方式审理和处理案件。"在德国

---

① 参见温小洁：《我国未成年人刑事案件诉讼程序研究》，中国人民公安大学出版社 2003 年版，第 86~87 页。

② 参见吴翔义、司左军："未成年人刑事快速简易程序探讨"，载《河北公安警察职业学院学报》2013 年第 3 期。

也规定，检察官可以向少年法庭建议用简易方式对少年进行审理，且在审理时，检察官不用出庭。① 由于我国《刑事诉讼法》未将迅速简化原则明确规定，在贯彻这一原则时需要注意以下两个方面。

第一，在办理案件过程中尽可能缩短诉讼期限。例如，我国《刑事诉讼法》仅在第 117 条规定："传唤、拘传持续的时间不得超过十二小时；案情特别重大、复杂、需要采取保留、逮捕措施的，传唤、拘传持续时间不得超过二十四小时。"而未针对未成年人作其他的规定，对其传唤、拘传"持续"的时间不能仅仅理解在 12 小时或者 24 小时"不间断"也属于合法。在未成年刑事诉讼中，无论在侦查、起诉还是在审理中，都应当本着迅速简化的原则，减少长时间诉讼给他们带来的负面影响。

第二，在法庭审理过程中，应尽量使用简易程序进行审理。适用简易程序审理未成年人案件，无论是从法律的角度还是从学理的角度都没有冲突，同时简易程序的快速简便正是和迅速简化原则相一致的，因而，对于犯罪事实清楚、证据确实充分、案件案情简单、罪名单一、适用法律无争议的未成年人案件都应当适用简易程序进行审理。对未成年人犯罪后应当采取各种司法分流措施，尽力避免进入诉讼程序，即使进入审判程序且应当判处刑罚的，也应当在需要的最低限度内量刑，并积极扩大非监禁刑的适用，其根本目的在于教育未成年罪犯，体现《北京规则》第 19.1 条"把少年投入监禁机关始终应是万不得已的处置办法，其期限应是尽可能短的必要时间"的意蕴。

就以上论述来看，仅对有些原则而言也可以作为制度，但是作为一个次级原则对保障未成年人诉讼权利还是有意义的，需要建立层级不同的原则体系。衡量一个国家是否有完善的未成年人司法制度，最核心的标准就在于是否有完备的不同于成年人案件处理的未成年人法律体系，而法律原则具有指导、评价和弥补法律漏洞等作用，② 是任何一项法律体系最核心的组成部分，因而确立未成年人刑事案件诉讼程序原则，对于未成年人法律体系乃至未成年人司法制度都具有十分重要的作用。通过以上分析梳理，在总结我国司法界和理论界关于未成年人刑事案件诉讼程序原则的研究成果的前提下，根据我国现行的司法体制，并参照我国已经认同的联合国少年刑事司法的基本准则，保障遵循的基本原则，能够最大限度地保障未成年人合法权益，充分体现教育、感化和挽救的方针，最终成为帮助未成年人能够顺利、有效回归社会的重要依据。

---

① 参见卢琦：《中外少年司法制度研究》，中国检察出版社 2008 年版，第 85 页。
② 参见王永杰："论我国未成年人刑事案件诉讼程序的不足与完善——兼评《刑事诉讼法修正案》的相关规定"，载《时代法学》2012 年第 3 期。

（三）我国未成年人刑事案件诉讼原则的理论解读

我国有学者对我国未成年人案件诉讼原则进行理论梳理与分析后提出，除了应确定现代刑事诉讼的基本原则，未成年人刑事诉讼程序还应根据其特殊的需要确定特殊的原则。从理论研究的角度来看，将未成年人犯罪相关的实体法原则和程序法原则统一研究，与"刑事一体化"的研究思路相契合，具有积极意义。然而，《刑事诉讼法》所规定的未成年人刑事诉讼程序的基本原则，应着眼于程序法的原则，除了"全面调查原则"、"分案处理原则"、"保障未成年犯罪嫌疑人、被告人诉讼权利原则"、"迅速简易原则"外，应当将对未成年人予以"特别帮助和保护原则"作为未成年人刑事诉讼程序的基本原则。所谓对未成年人予以"特别帮助和保护"，是指对其提供超过成年人的、适合未成年人需要的特殊帮助和保护。需要进一步说明的是，之所以对未成年人予以"特别帮助和保护"，一方面是基于未成年人刑事诉讼同样会出现冤假错案；另一方面，则是因为未成年人在刑事诉讼中更易受到不法侵害且在现行刑事诉讼制度中难以得到有效保护。对未成年人予以"特别帮助和保护原则"的含义是个需要进一步探讨的问题。该原则的宗旨应是有效保障刑事诉讼中的未成年人的合法权益，尤其是被刑事追诉的未成年人的合法权益；该原则应适用于刑事诉讼的全过程；该原则要求对未成年人提供适合其需要的特别帮助和保护，主要是关于辩护律师的特别帮助、合适成年人的帮助以及从程序上对其提供的特别保护。①

我们认为，在从程序的视角对未成年人案件诉讼程序原则予以考虑的同时，还需要厘清以下关系，甚至对以下问题予以重新解读：

1. "教育为主、惩罚为辅原则"与"无罪推定原则"之关系。《刑事诉讼法》将"教育、感化、挽救"作为公安机关、人民检察院、人民法院办理未成年人刑事案件的方针。这一方针，是指在依法追究未成年人刑事责任时，必须立足于教育、感化、挽救，通过教育、感化、增强法制观念，认识错误改过自新，重新回归社会。② 然而，方针作为"指引事业前进的方向和目标"，将其作为原则并无不可，但是立法已经明确其方针的法律地位，再作为原则来讨论似乎有点不合时宜。

"教育为主、惩罚为辅的原则"，主要是指在处理教育与惩罚的关系时，要以教育为主要目的，而不能以刑罚作为目的，刑罚也是对其教育的一种手段，服从于教育、感化、挽救的目的。这就要求在办理未成年人犯罪案件过程

---

① 参见王敏远："论未成年人刑事诉讼程序"，载《中国法学》2011年第6期。
② 参见郎胜主编：《中华人民共和国刑事诉讼法释义》，法律出版社2012年版，第582页。

中应当查清犯罪事实，确保法律正确适用，保护其合法权利，同时根据犯罪原因有针对性地对其进行法制教育，以矫正其犯罪心理和不良行为习惯，促使其改过自新，重新融入社会。① 在刑事诉讼中应坚持教育为主、惩罚为辅的原则，既要收集证据查明案件事实，又要以案说法，以情动人，帮助未成年人认识到其罪行的严重性，唤醒他们的悔罪意识，使其认罪伏法，重新做人。但是，对这一原则解释有可能导致一些误解，在办理未成年人案件一开始就认定其犯罪，进而认定其有罪，致使在普通案件中需要遵循的"无罪推定原则"被忽视，而在有罪推定的基础上进行不断地教育，使其程序上保障不到位。

基于以上分析，我们认为，在办理未成年人刑事案件时应当在坚持"无罪推定原则"的框架下进行"教育"，即使采用所谓的带有"惩罚性的措施"也是为了更好地发挥教育效果，而非教育不能达到目的，或者教育的同时，辅之以惩罚作为教育的补充。同时，也应当正确理解我国理论关于教育刑的认识。根据教育刑理论，刑罚同时具有惩罚性和教育性，"教育为主、惩罚为辅"原则是现代教育刑思想在少年司法中的切实体现。这种体现应当弱化甚至摒弃教育刑的惩罚性，充分体现其教育性。

2. 保障未成年人最大利益原则与权利优先保护原则之探讨。法国中世纪史、社会史名家菲力浦·阿利埃斯在其被称为儿童史和家庭史的奠基之作《儿童的世纪——旧制度下的儿童和家庭生活》中言之："对于生活儿童还不够成熟。在让他们进入成人世界之前，儿童必须受到一种特殊的对待，一种保护性的隔离。"我们认为，对于未成年人刑事案件诉讼程序原则的归纳与提炼不应仅仅局限于我国立法的规定，还应当放置于能够指导未成年人刑事案件诉讼程序立法的框架下进行总结与提升，需要将保障未成年人最大利益作为一项基本原则。如《儿童权利公约》第3条第1款规定："关于儿童的一切行动，不论是由公私社会福利机构、法院、行政当局或立法机构执行，均应以儿童的最大利益为一种首要考虑。"《儿童权利宣言》规定："儿童应受到特别保护，并应通过法律和其他方法而获得各种机会与便利，使其能在健康而正常的状态和自由与尊严的条件下，得到身体、心智、道德、精神和社会等方面的发展。在为此目的而制定法律时，应以儿童的最大利益为首要考虑。"澳大利亚学者菲利浦·敖思通指出"最大利益原则"开辟了新的儿童权利发展方向和法理解释，即儿童作为权利个体的权利理念。② 可以说，公约为儿童权利保护相关立法及司法实践指明了价值取向。因此，确立保障未成年人最大利益原则不仅

---

① 参见郎胜主编：《中华人民共和国刑事诉讼法释义》，法律出版社2012年版，第582～583页。
② 参见王雪梅：《儿童权利论：一个初步的比较研究》，社会科学文献出版社2005年版，第64页。

是未成年人刑事案件诉讼程序立法与司法的需要，也是履行国际义务的需要。

我国《未成年人保护法》第 3 条规定："未成年人享有生存权、发展权、受保护权、参与权等权利，国家根据未成年人身心发展特点给予特殊、优先保护，保障未成年人的合法权益不受侵犯。"该规定明确了"未成年人权益保护优先的原则"，是国际社会保护儿童先进理念在国内法中的集中体现，与《联合国儿童权利公约》中的"儿童最大利益原则"是一致的。确立特殊、优先保护未成年人的原则有利于在全社会树立起未成年人利益优先的观念，以在最大程度上保障和维护未成年人的利益。

因此，我们对未成年人刑事案件诉讼程序原则的解读仅仅指明了理解的思路，尽管《刑事诉讼法》对未成年人刑事案件诉讼程序原则的相关规定有很多进步之处，体现了我国对未成年人合法权益的特殊保护。如 2012 年修改的《刑事诉讼法》和其他法律的相关规定进行了整合，有效解决了刑事案件中对于未成年犯罪嫌疑人保护的法律依据较为松散、不系统、不统一等诸多弊端，规定了对未成年犯罪嫌疑人、被告人应当严格限制适用逮捕措施；应当保密、封存不满 18 周岁且被判处 5 年以下有期徒刑未成年人的犯罪记录。① 但同时应该指出，我国《刑事诉讼法》通过专章设定的未成年人特别程序仅有 11 个条款，有些制度和程序的规定还相当宏观和粗放，未能体现原则所有的内涵，甚至与《北京规则》所确立的国际最低标准以及其他国家关于未成年人诉讼程序存在一定的差距，在实践操作中仍存在许多亟须丰富和完善的地方。

另外，对于贯彻未成年人最大利益原则与权利优先保护原则还应当特别注意的问题是：

一是对未成年人与成年人实行区别保护，相对于成年人而言，实行的是一种区别或者差别保护。例如，未成年人与成年人分别羁押、附条件不起诉、分别审判等制度。

二是对未成年犯罪嫌疑人、被告人权利保障的同时，不可忽视对"未成年被害人"权利的特别保障，实行一视同仁的优先保护。

三是需要关注"特殊未成年人"要优先于"普通未成年人"保护的问题，实行最大利益保护。

基于此，无论是立法还是司法更需要原则予以填补与推进，对于未成年人刑事案件诉讼程序原则的认识、理解与把握不仅在司法实践中是不可缺少的，也是立法完善与舆论评说未成年人刑事案件诉讼程序需要把握的。

---

① 参见于现忠："浅析新刑事诉讼法视野下的人权保障问题"，载《法制博览》2014 年第 6 期。

五、未成年人刑事案件强制辩护制度的理论探索

从一定意义上讲，未成年人犯罪更多的是学校、家庭、社会等各个方面的责任，未成年人本身在形式上尽管属于"犯罪人"，而实质上却是"受害者"。相对于成年人，未成年人社会经验不足、对法律了解相对欠缺，自身的保护意识和防御能力较弱，在诉讼中弱势地位非常明显。这些因素决定了未成年人在诉讼中更加需要特别的关照和他人的保护。为保障未成年人充分行使其诉讼权利并得到有效的法律援助，2012 年修改的《刑事诉讼法》以及公、检、法各机关颁布的相关规定、解释，确立了不同于成年人的辩护制度，尤其是在未成年犯罪嫌疑人、被告人的辩护人选任问题上以法律的形式予以确定和保障，这为未成年人这一特殊诉讼主体提供了必要的法律援助。为了充分有效地落实这些规定，"保障未成年人得到法律帮助"，[①] 并保障这种法律帮助获得实效，有必要对未成年人刑事案件诉讼的辩护制度、辩护程序和辩护规则等问题进行理论解读。

（一）未成年人刑事案件强制辩护制度的理论解读

理论上对辩护的种类大致划分为三种类型。一是按照辩护主体来划分，辩护分为自行辩护和辩护人辩护；二是根据确认辩护人的主体不同，辩护可分为委托辩护和指定辩护；三是在某些特殊情况下出于对犯罪嫌疑人、被告人权利的特别保护，辩护可以分为任意辩护和强制辩护。我国辩护制度中的辩护种类只有自行辩护、委托辩护和指定辩护三种。如我国《刑事诉讼法》第 32 条规定："犯罪嫌疑人、被告人除自己行使辩护权以外，还可以委托一至二人作为辩护人。下列的人可以被委托为辩护人：（一）律师；（二）人民团体或者犯罪嫌疑人、被告人所在单位推荐的人；（三）犯罪嫌疑人、被告人的监护人、亲友。正在被执行刑罚或者依法被剥夺、限制人身自由的人，不得担任辩护人。"第 34 条规定："犯罪嫌疑人、被告人因经济困难或者其他原因没有委托辩护人的，本人及其近亲属可以向法律援助机构提出申请。对符合法律援助条件的，法律援助机构应当指派律师为其提供辩护。犯罪嫌疑人、被告人是盲、聋、哑人，或者是尚未完全丧失辨认或者控制自己行为能力的精神病人，没有委托辩护人的，人民法院、人民检察院和公安机关应当通知法律援助机构指派律师为其提供辩护。犯罪嫌疑人、被告人可能被判处无期徒刑、死刑，没有委托辩护人的，人民法院、人民检察院和公安机关应当通知法律援助机构指派律

---

① 参见我国《刑事诉讼法》第 266 条的规定。

师为其提供辩护。"第 267 条规定："未成年犯罪嫌疑人、被告人没有委托辩护人的,人民法院、人民检察院、公安机关应当通知法律援助机构指派律师为其提供辩护。"

那么,我国在未成年人刑事诉讼中是否存在强制辩护?在理论上因我国对此无明确的法条规定而存在分歧。学者们也多从国外的规定或者学术观点中进行探讨,对我国的指定辩护制度与国外的强制辩护制度之间的关系,存在两种不同的观点。一种观点认为,强制辩护与指定辩护不能等同。"强制辩护是与任意辩护相对的一种制度,而指定辩护则是与选任辩护相对的一种制度。二者不同之处在于:在前一种情形下,被告人可以拒绝国家为其提供辩护人的帮助,而在后一种情形下,被告人无权拒绝;此外,与后者不同,违反前者并不会导致整个审判活动的无效。"① 另一种观点认为,我国的强制性指定辩护制度与大陆法系国家的强制辩护制度有异曲同工之处。"按照《刑事诉讼法》关于指定辩护的立法本意推断:在强制性指定辩护的场合,指定不仅仅需要完成一个程序活动,更重要的是在实质上为被告人提供他人辩护,因此,即使被告人拒绝一切他人辩护,仍然要为他指定承担法律援助义务的律师,这样一来,强制性指定辩护就等同于强制辩护。"② 基于未成年人特别程序原则以及特别保护的要求,有必要从指定辩护和强制辩护的内容和性质两方面来解读这一问题,以便未成年人在诉讼中获得有效辩护。

1. 强制辩护的基本意义与价值。我国有学者将强制辩护总结为,"被告人自行辩护存在某种特殊问题时,为使被告人能有效地行使辩护权,法律规定不管被告人是否愿意法院都必须指定辩护人为他辩护"。③ 由于我国《刑事诉讼法》没有规定强制辩护的术语,有些学者便从海外寻找论据与说理资源。如我国台湾地区有关强制辩护的立法规定:"最轻本刑为三年以上有期徒刑或高等法院管辖第一审案件或被告因智能障碍无法为完全之陈述,于审判中未经选任辩护人者,审判长应指定公设辩护人为其辩护。"《日本刑事诉讼法》第 37 条规定:"在下列场合,被告人没有辩护人时,法院可以依职权选任辩护人:一、被告人是未成年人时;二、被告人年龄在 70 岁以上时;三、被告人是聋人或者哑人时;四、被告人疑似心神丧失的人或者心神耗弱的人时;五、其他认为有必要时。"第 289 条规定:"在审理相当于死刑、无期徒刑或无期监禁以及最高刑期超过 3 年的惩役或监禁的案件时,如果没有辩护人到场,不得开

---

① 参见李昌盛:"在正义与效益的平衡中构建强制辩护制度",载《检察日报》2006 年 9 月 25 日。
② 参见张建伟:"强制辩护:一项势在必行的制度",载《中国司法》2010 年第 2 期。
③ 参见宋世杰主编:《外国刑事诉讼法比较研究》,中国法制出版社 2006 年版,第 63 页。

庭。在没有辩护人到场不得开庭的场合辩护人不到场或者没有辩护人时，审判长应当依职权选任辩护人。"上述法院依职权指定或者选任辩护人之案件，可称为强制辩护。此外，德国、俄罗斯等国家也有强制辩护制度的规定以及违背强制辩护相应的保障、制裁措施。基于以上考虑，强制辩护，是指法律为保护特定犯罪人群体的诉讼权利，授权公安、司法机关为其选任辩护人且无需犯罪人本人同意，并强制适用的制度。强制辩护制度的确立是以犯罪嫌疑人、被告人的利益保障为出发点的，以国家的强制力为后盾的一种国家救助的形式，具有强制性、程序保障性和制裁性。

尽管我国《刑事诉讼法》没有规定强制辩护，但规定了指定辩护。指定辩护可以分为强制性指定辩护和任意性指定辩护。强制性指定辩护是指犯罪嫌疑人、被告人在没有委托辩护人的情况下，公安、司法机关依照法律规定承担通知法律援助机构为其指定辩护人的义务。从《刑事诉讼法》第34条和第267条的规定来看，强制指定辩护的对象包括以下四类：（1）盲、聋、哑人；（2）尚未完全丧失辨认或者控制自己行为能力的精神病人；（3）可能被判处无期徒刑、死刑的人；（4）未成年人。任意性指定辩护是指犯罪嫌疑人、被告人因经济困难或者其他原因没有聘请辩护人的，司法机关依照法律规定应当告知其可以申请法律援助。《法院刑诉法解释》第43条规定具有下列情形之一，被告人没有委托辩护人的，人民法院可以通知法律援助机构指派律师为其提供辩护：（1）共同犯罪案件中，其他被告人已委托辩护人；（2）有重大社会影响案件；（3）人民检察院抗诉的案件；（4）被告人的行为可能不构成犯罪；（5）有必要指派律师提供辩护的其他情形。对比强制辩护与指定辩护，可以发现，因为指定辩护里的任意指定辩护不具有强制性，故而不能将强制辩护与指定辩护等同对待。那么，强制辩护与强制性指定辩护关系又如何呢？一种观点认为不论是何种形式的指定辩护，都区别于强制辩护；另一种观点则认为指定辩护中的强制性指定辩护就是强制辩护。从概念上比较，强制辩护和指定辩护具有内容上的交叉性，即都是在某种特定情形下，为保障犯罪嫌疑人、被告人的诉讼权利，不论犯罪嫌疑人、被告人是否同意，都必须有辩护人为其辩护。从立法目的上看，立法者均是出于对特定犯罪对象的诉讼权利的保障，以国家强制力为后盾通过立法的手段予以确认。在制度性质上，二者均具有强制性，由相应的司法机关予以贯彻执行并且不允许当事人拒绝。

针对未成年人刑事案件而言，指定辩护具有强制性而非任意性，从指定辩护的概念及对象来看，未成年人诉讼案件，属于强制性指定辩护的范畴，故而，我们有理由将未成年人强制性指定辩护认同为未成年人强制辩护制度。从这一层面上看，虽然我国未明文规定强制辩护制度，但细化到具体法律规定时，实际上已然存在。但是，这种强制辩护与其他大陆法系国家的相关理论依据和立法经验相比，仍存在需要进一步解读的问题。

2. 未成年人刑事案件强制辩护制度的意义及正当性解读。未成年人由于年龄上的差距，正处于成长发育的早期阶段，生理、心理、智力都未能达到成年人标准，社会阅历欠缺，模仿性较强，容易受到环境、社会、他人的影响。这就决定了立法者在立法时需要充分考虑到未成年人的身心特点，针对这一特殊弱势群体的犯罪案件而言，确立一套从侦查、起诉、审判等各个环节的程序和法律保障措施，以充分维护未成年人的诉讼权利，未成年人犯罪强制辩护制度则是完成这一目标不可缺少的制度，也是落实未成年人刑事诉讼程序中特殊保护原则的一项重要制度。未成年人刑事指定辩护制度既可以保障未成年犯罪嫌疑人、被告人的合法利益，切实维护其在司法中的各项权利的有效性表达与实施，又可以保障案件质量、促进刑事诉讼活动的顺利进行，是贯彻无罪推定原则、实现控辩平等、保障人权、实现司法公正的重要方式，从这一层面上来看，未成年人强制辩护制度存在诸多的社会效益。

强制辩护制度的意义决定了其存在的正当性，试想如果没有强制指定辩护的相关法律规定，那么在未成年人犯罪案件中，基于各种原因未能委托辩护人的未成年犯罪嫌疑人、被告人的相关诉讼权利及合法利益将会得不到有效保障，这也会进一步影响诉讼效率、案件质量、司法公正与权威。只有在指定辩护制度得到充分贯彻与实施的情况下，作为被告一方的案件当事人才能借助法律援助充分运用法律武器维护自身的合法权益，对抗原告指控，积极促使审判结果更加有利于自身，同时也尽可能地避免了冤假错案的发生几率。"未成年人处于成长发育的早期阶段，心智尚未成熟，在身心和社会发展方面需要得到照顾和帮助，并且需要在和平、自由、尊严和安全情况下获得法律保护。未成年人刑事指定辩护制度是落实未成年人刑事诉讼程序中特殊保护原则的一项重要制度。未成年人刑事指定辩护制度既可以保障未成年犯罪嫌疑人、被告人的合法权益，又可以保障案件质量，保障刑事诉讼活动顺利进行。"[1]

与此同时，对未成年人实行强制辩护也是联合国刑事司法准则的基本要求。《联合国儿童权利宣言》要求："儿童因身心尚未成熟，在其出生以前和以后均需要特殊的保护和照料，包括法律上的适当保护。"《儿童权利公约》第40条第2款（B）规定："所有被指称或者指控触犯刑法的儿童至少应得到下列保证：……（二）迅速直接地被告知其被控罪名，适当时应通过其父母

---

[1] 参见金同娟："未成年人刑事指定辩护制度实证分析"，载《山西省政法管理干部学院学报》2013年第3期。

或者法定监护人告知，并获得准备和提出辩护所需的法律或者其他适当协助。"《北京规则》第7.1条规定："在诉讼的各个阶段，应保证基本程序方面的保障措施，诸如假定无罪，指控罪状通知本人的权利，保持沉默的权利，请律师的权利，要求父亲或者母亲或者监护人在场的权利，与证人对质的权利和向上级机关上诉的权利。"第15.1条规定："在整个诉讼程序中，少年应有权有1名法律顾问代表，或者在提供义务法律援助的国家申请这种法律援助。"《保护被剥夺自由少年规则》第18条规定："未审讯少年拘留的待遇条件应与下述各项规定相一致，必要时还可酌情根据假定无罪的要求、拘留期限和有关少年的法律地位和状况，作出具体的补充规定。这些规定应包括但不一定只限于下列各项：（a）这些少年应有权得到法律顾问，并应能申请免费法律援助（如有这种援助的话），并能经常与法律顾问进行联系。此种联系应保证能私下进行，严守秘密……"我国已经签署和加入了一系列关于未成年人司法保护的联合国公约，对于确立的原则、标准和规范，应当予以遵守。[①] 强制辩护制度符合这些公约的宗旨和原则，其存在不仅具有正当性，而且也是履行国际公约的义务。

我国在未成年人刑事案件强制辩护方面初步形成了法律体系。《刑事诉讼法》第267条规定："未成年犯罪嫌疑人、被告人没有委托辩护人的，人民法院、人民检察院、公安机关应当通知法律援助机构指派律师为其提供辩护。"最高人民法院《关于适用〈中华人民共和国刑事诉讼法〉的解释》第472条规定："审判时不满十八周岁的未成年被告人没有委托辩护人的，人民法院应当通知法律援助机构指派律师为其提供辩护。"《人民检察院刑事诉讼规则（试行）》第485条规定："人民检察院受理案件后，应当向未成年犯罪嫌疑人及其法定代理人了解其委托代理人的情况，并告知其有权委托辩护人。未成年犯罪嫌疑人没有委托辩护人的，人民检察院应当书面通知法律援助机构指派律师为其提供辩护。"《公安机关办理刑事案件程序规定》第309条规定："未成年犯罪嫌疑人没有委托辩护人的，公安机关应当通知法律援助机构指派律师为其提供辩护。"《最高人民法院、最高人民检察院、公安部、国家安全部、司法部、全国人大常委会法制工作委员会关于实施刑事诉讼法若干问题的规定》第5条规定："对于人民法院、人民检察院、公安机关根据刑事诉讼法规定，通知法律援助机构指派律师提供辩护或者法律帮助的，法律援助机构应当在接到通知后三日以内指派律师，并将律师的姓名、单位、联系方式书面通知人民法院、人民检察院、公安机关。"《未成年人保护法》第51条规定："未成年

[①]　参见宋英辉等：《未成年人刑事司法改革研究》，北京大学出版社2013年版，第57页。

人的合法权益受到侵害，依法向人民法院提起诉讼的，人民法院应当依法及时审理，并适应未成年人生理、心理特点和健康成长的需要，保障未成年人的合法权益。在司法活动中对需要法律援助或者司法救助的未成年人，法律援助机构或者人民法院应当给予帮助，依法为其提供法律援助或者司法救助。"《关于刑事诉讼法律援助工作的规定》第9条规定："犯罪嫌疑人、被告人具有下列情形之一没有委托辩护人的，公安机关、人民检察院、人民法院应当自发现该情形之日起3日内，通知所在地同级司法行政机关所属法律援助机构指派律师为其提供辩护：（一）未成年人……"以上规定体现了对未成年人刑事案件强制辩护的意蕴，从保障未成年人利益最大化的要求来看，将辩护规定为强制更有利于保障未成年人的合法权益，提高了未成年人案件的辩护质量，充分保护未成年人合法权益实现司法公正。

3. 未成年人犯罪强制辩护制度的合理性解读。尽管强制辩护制度有其存在的正当性，但未成年犯罪嫌疑人、被告人拒绝辩护始终是未成年人强制辩护制度实践中难以回避的问题。鉴于对强制指定辩护概念的分析，未成年犯罪嫌疑人、被告人在任何情况下都必须有辩护人为其辩护。获得辩护是未成年犯罪嫌疑人、被告人的固有权利，所谓权利，是指"为社会或法律所承认和支持的自主行为和控制他人行为的能力，表现为权利人可以为一定行为或要求他人作为、不作为，其目的是保障一定的物质利益或精神利益"。由此我们可以得知，辩护权作为未成年犯罪嫌疑人、被告人的法定权利，应该是权利人可以接受、可以拒绝的权利，是未成年犯罪群体享有的特定资格而非义务。然而，法律层面上对于未成年人犯罪采取的则是强制辩护的规定，也就是说，未成年犯罪嫌疑人、被告人必须有辩护人为其辩护，辩护权对于未成年人来说，必须接受不得拒绝，此种权利具有一定程度上的约束力。那么，受到约束的权利还能称其为权利吗？有学者认为，"不可否认在大多数刑事追诉中被告人更愿意有律师指导，因为他们自己缺乏辩护技巧。但在被告人不愿意接受律师帮助的情形下，律师在能力和经验方面的潜在优势能获得实现，仅仅是不完美而已。将辩护律师强加给被告人，只会导致被告人认为法律规定不利于他。既然他最终可以通过自我辩护达到他的目的，他的选择应当受到尊重"。① 由此看来，出于保障未成年犯罪嫌疑人、被告人权益而设立的强制辩护制度似乎与权利本身相互背离，强制辩护制度在某些特殊情况下限制了未成年犯罪嫌疑人、被告人拒绝辩护的权利。那么，是尊重未成年人的意愿重要，还是制度本身更为重要呢？有学者认为，"辩护毕竟是被告人的权利而不是义务，既然是权利，那么

---

① Charles F. Hemphill, Criminal Procedure, The Administration of Justice, pp. 120 – 121.

是行使这一权利，还是放弃这一权利，则悉凭权利人的决断。然而这里所说的权利必须是被告人神志清醒，具有健全的认知能力和判断能力为前提条件的，否则，被告人的处分行为便是无效的法律行为。例如，未成年人、盲聋哑人、尚未完全丧失辨认或者控制自己行为能力的精神病人等"。①

从理论层面上来看，规定未成年犯罪嫌疑人、被告人的强制指定辩护，我国绝大部分学者均持肯定意见，原因无他，因为未成年人心智、社会阅历都尚未成熟，欠缺一定的拒绝辩护的行为能力，拒绝辩护有可能会使当事人相应的权利和利益得不到充分发挥或保障，甚至会带来相应的损害后果。故而，为保护未成年人诉讼权利和合法利益，国家以强制力的方式保障其辩护权，从根本上杜绝未成年人拒绝辩护可能会产生的一切不利后果，在制度和程序上保障未成年人的诉讼权，这样规定确有其存在的合理性。我们认为强制指定辩护的合理性值得肯定，但是此制度依然存在瑕疵：强制辩护制度固然有其优越性，但未成年人的意愿也应尊重。如何在此制度中寻求平衡，则是理论需要解读的问题。

4. 法律层面内拒绝强制辩护人的理论解读。最高人民法院《关于适用〈中华人民共和国刑事诉讼法〉的解释》第45条规定："被告人拒绝法律援助机构指派的律师为其辩护，坚持自己行使辩护权的，人民法院应当准许。属于应当提供法律援助的情形，被告人拒绝指派的律师为其辩护的，人民法院应当查明原因。理由正当的，应当准许，但被告人须另行委托辩护人；被告人未另行委托辩护人的，人民法院应当在三日内书面通知法律援助机构另行指派律师为其提供辩护。"第254条规定："被告人当庭拒绝辩护人辩护，要求另行委托辩护人或者指派律师的，合议庭应当准许。被告人拒绝辩护人辩护后，没有辩护人的，应当宣布休庭；仍有辩护人的，庭审可以继续进行。有多名被告人的案件，部分被告人拒绝辩护人辩护后，没有辩护人的，根据案件情况，可以对该被告人另案处理，对其他被告人的庭审继续进行。重新开庭后，被告人再次当庭拒绝辩护人辩护的，可以准许，但被告人不得再次另行委托辩护人或者要求另行指派律师，由其自行辩护。被告人属于应当提供法律援助的情形，重新开庭后再次当庭拒绝辩护人辩护的，不予准许。"《关于刑事诉讼法律援助工作的规定》第15条第2款规定："对于应当通知辩护的案件，犯罪嫌疑人、被告人拒绝法律援助机构指派的律师为其辩护的，公安机关、人民检察院、人民法院应当查明拒绝的原因，有正当理由的，应当准许，同时告知犯罪嫌疑人、被告人须另行委托辩护人。犯罪嫌疑人、被告人未另行委托辩护人的，公

① 参见陈卫东："被告人拒绝法院为其指定律师辩护的问题"，载《法学杂志》1988年第4期。

安机关、人民检察院、人民法院应当及时通知法律援助机构另行指派律师为其提供辩护。"

从以上条文我们可以看出，在我国法律中，允许被告人更换法律援助中心为其指定的辩护人，未成年人也享有拒绝国家为其指定的辩护人并自己选择辩护人的权利，但这种权利的行使最终不得妨碍国家强制辩护制度作用的发挥，未成年犯罪嫌疑人、被告人可以拒绝辩护人、自己委托辩护人，但最终在庭审过程中必须有律师为其辩护，不论该律师是委托还是指定的。概言之，未成年犯罪嫌疑人、被告人可以选择、拒绝辩护人，但不得拒绝强制辩护制度。这些条文，在很大程度上缓解了未成年人在拒绝辩护与强制指定辩护之间存在的矛盾冲突，既赋予了未成年人选择权和拒绝权，在极大程度上避免了未成年犯罪嫌疑人、被告人因不满辩护律师而拒绝指定辩护制度的问题，又能充分保障未成年人的诉讼权利和强制指定辩护制度，这种做法值得肯定。故而，从法律层面上我们可推知，拒绝强制辩护和拒绝强制辩护人是两个不同的概念。如果有正当的理由，指定的强制辩护人可以有条件地替换，未成年犯罪嫌疑人、被告人的此种选择和拒绝权利，是可以在法律法规授权的范围内行使的，这是毋庸置疑的，也是强制辩护的应有之义。在整个法律层面内、整个诉讼过程中，未成年犯罪嫌疑人、被告人在辩护制度上享有以下特别权利：（1）可以随意选择、更换委托辩护人，且没有理由和次数的限制（庭审时除外）。（2）可以拒绝指定辩护律师或委托律师，但不得拒绝强制辩护，即必须有律师在庭审中为其辩护。（3）对于法律援助中心指定的辩护律师只得拒绝一次。无正当理由，不得更换。有正当理由，可以更换，存在两种更换模式，即自身委托或由法律援助中心另行指派。

综上所述，在未成年人犯罪的辩护制度上，无论拒绝何种辩护形式，必须保障庭审中有辩护人辩护。拒绝辩护人的相关法律规定虽然缓解了拒绝辩护的难题，但也只是从法律层面上化解矛盾，并不能从根本上解决问题，既拒绝辩护人又拒绝辩护制度的问题还是难以解决。即使在拒绝指定辩护人上，法律也有着严格的程序限制：必须有正当理由且只得拒绝一次。无正当理由和多次拒绝的情况被法律排除在外，不可否认，这种法律上的严格规定，固然是为了维护庭审秩序、节省司法资源，但对当事人辩护权的自由行使却是一种限制。

在现实中未成年犯罪嫌疑人、被告人既拒绝强制辩护人，又拒绝接受强制辩护制度，即未成年犯罪嫌疑人、被告人两次拒绝法律援助机构为其指定的强制辩护人，又不自己委托辩护人，坚持自行辩护或者甚至放弃辩护的情形出现时，该如何处理？法律规定是不允许未成年犯罪嫌疑人、被告人拒绝强制辩护制度的，这种规定在实践中如何执行仍存在问题。《刑事诉讼法》第 267 条规定："未成年犯罪嫌疑人、被告人没有委托辩护人的，人民法院、人民检察院、公安机关应当通知法律援助机构指派律师为其提供辩护。"从这一原则性的法律规定里延伸出的是未成年犯罪嫌疑人、被告人的强制辩护制度。辩护权作为一项权利而非义务，不应具有强制性，而法律规定里的强制辩护制度，不仅在赋予了犯罪嫌疑人、被告人辩护权的同时，也变相地对强制辩护对象添加了接受的义务。我们可以理解的是，因未成年人心智、社会阅历都尚未成熟，欠缺一定的行为能力，仅由未成年人凭借主观意志、自身决定接受辩护与否，不利于全面保护其诉讼权利和其他合法权益。《刑事诉讼法》第 36 条规定："辩护律师在侦查期间可以为犯罪嫌疑人提供法律帮助；代理申诉、控告；申请变更强制措施；向侦查机关了解犯罪嫌疑人涉嫌的罪名和案件有关情况，提出意见。"若拒绝辩护，则会缺乏相关人员为未成年犯罪嫌疑人、被告人申请回避、申请解除强制措施，代为上诉、申诉，提出其无罪、罪轻或者减轻、免除其刑事责任的材料和意见，未成年人自身又不具备这些法律专业技能，故而国家立法机关出于对未成年犯罪群体的特殊照顾，从全面保护其诉讼权利和其他合法权益的角度出发，制定了未成年人犯罪强制辩护的法律规定，以期从根本上解决未成年人拒绝辩护可能造成的一切不良后果，因而不允许未成年犯罪嫌疑人、被告人拒绝强制辩护制度。这一规定，虽然出发点是好的，但是我们不可否认的是，它在一定程度上对未成年人的辩护权进行了只能接受，不能拒绝的限制。

辩护权是《宪法》和《刑事诉讼法》赋予犯罪嫌疑人、被告人的基本诉讼权利。从法理学角度讲，辩护权及基于它产生的其他诉讼权利可以由犯罪嫌疑人、被告人自由处分，他既可以行使辩护权利，也可自愿放弃，包括放弃辩护人为自己进行辩护的权利。[①]从我国法律规定的未成年人犯罪特别程序的辩护制度规定可以看出，相比于未成年犯罪嫌疑人、被告人的辩护选择权而言，国家立法机关更倾向于保护未成年犯罪嫌疑人、被告人的整体诉讼权利。从法哲学角度来理解，即是当权利与高于或者可能高于权利的价值相冲突时，法律更倾向于对价值的保障，以高于或者可能高于权利的价值来压制权利。费因伯格则持反对意见，并认为："权利表达着对生活里善的概念的个人选择。这样的选择不可能是通过参考一组基本价值而以命令的方式下达给人们的。因此，他明确地拒绝以'爱'、'怜悯'或'神圣义务'为理由而克胜权利，这样做将会再次违背自由主义的康德式基础。如果允许克制一个人的权利，也就是赋予立法机关对于善的选择以特权。"从本质上讲，费因伯格看到了在当代政治

---

① 参见李世亮："议被告人拒绝辩护"，载《法学杂志》1990 年第 4 期。

法律哲学中权利的重要性在于它是一种允许人们做自决主体的机制，在这一点上，权利、至少是某些权利是绝对不能被限制或压倒的。① 也有论者对权利的限制持肯定观点，"甚至是绝对不可让与的权利，至少就它们的使用来说，是应当受到限制的。权利的使用要服从正义在每一场合下的条件和限制"。② 没有无义务的权利，也没有无权利的义务。权利与自由一样，其享有与实施都是在法律允许的框架之内的。但是，笔者需指出，持有上述观点的学者，是以个人权利的无限制行使将会毁损社会里其他成员的权利与自由为前提的。一般来说，对权利的限制来自对权利与他人或社会的关系的考量。密尔认为："公民应该拥有获享尽可能多的自由的权利，只要其权利的行使不妨害他人。在《论自由》里，他提出，个人权利只有在其运用会危害或干扰其他人的时候才能被压倒。除此以外，不应该有压倒人民权利的情形，因为这将会削减社会里功利的总量。"③ 理论界对以公共利益或者社会利益为理由来遏制权利存在纷争，但是，至少我们可以赞同的是，在权利的行使不存在损害他人、集体、社会利益和公共利益时，就不应该对权利的行使施加限制。进一步而言，在未成年人犯罪案件中，只要未成年犯罪嫌疑人、被告人拒绝辩护不会危及他人利益时，该当事人的拒绝辩护行为应予以保障和支持。

另外，我国《刑事诉讼法》第 267 条规定："未成年犯罪嫌疑人、被告人没有委托辩护人的，人民法院、人民检察院、公安机关应当通知法律援助机构指派律师为其提供辩护。"从法条规定的内容我们可以得知，关于未成年人犯罪案件中的强制指定辩护的规定中，强制对象其实是公安机关、检察机关、法院和法律援助机构，即公、检、法各机关承担审查和通知义务，法律援助机构承担根据法定机关的通知指派辩护人的义务。此为公安机关、人民检察院、人民法院和法律援助机构的职责所在，强制指定辩护仅是法律对国家司法机关所做的要求和规定，我们不应该曲解立法原意，将此种义务附加给未成年人，进而强制未成年犯罪嫌疑人、被告人接受指定辩护。故而，指定辩护与法律援助是存在本质区别的。指定辩护是指对于没有委托辩护人的犯罪嫌疑人、被告人，因经济困难或者其他原因以及在法律规定的某些特殊情况下，经本人及其近亲属申请或人民法院、人民检察院和公安机关通知，由法律援助机构指派律师为其提供辩护。④ 法律援助制度，其含义为国家司法机关在法律规定的特定

---

① 参见夏勇："权利哲学的基本问题"，载《法学研究》2004 年第 3 期。
② 参见沈宗灵主编：《现代西方法理学》，北京大学出版社 1992 年版，第 108 页。
③ 参见夏勇："权利哲学的基本问题"，载《法学研究》2004 年第 3 期。
④ 参见詹建红主编：《刑事诉讼法》，清华大学出版社 2012 年版，第 94 页。

情形下，为部分犯罪嫌疑人、被告人群体指派辩护人提供法律服务，以维护特殊群体利益及司法公正的一项制度。现代法律援助制度是国家为了保障社会成员平等实现法律所赋予的权利而建立的一项司法保障制度，是国家法律制度及司法公正体系的重要组成部分。对比指定辩护和法律援助，二者区别明显：前者是国家司法机关应承担的一项义务，后者是国家司法机关提供的一项援助。指定辩护是义务而非援助。国家司法机关依照法律履行指定辩护义务，指派的辩护律师为未成年犯罪嫌疑人、被告人提供法律援助、维护其合法权益，在此种诉讼活动中，指定辩护和法律援助分别是义务和权利，即指定辩护是公、检、法机关和法律援助机构的义务，获得法律援助则是未成年犯罪嫌疑人、被告人享有的法律赋予的一项特权。二者的主体和性质完全不同，故而不可把二者等同起来，也不可将本应由国家司法机关承担的义务附加给未成年人，限制未成年犯罪嫌疑人、被告人的自由诉讼权利。

获得辩护是未成年犯罪嫌疑人、被告人的权利，拒绝辩护也是行使这一权利的表现形式，那么，当未成年犯罪嫌疑人、被告人行使拒绝辩护权时，其行为并不会对社会、集体、他人的权利造成任何损害，拒绝辩护的行为也仅对未成年犯罪嫌疑人、被告人本身会产生影响。那么，既然拒绝辩护对于未成年犯罪嫌疑人、被告人以外的人不会产生任何不利的影响，那么法律为什么还要去限制它呢？即使是从保障未成年犯罪嫌疑人、被告人本身而言，似乎也是非理性的，法律赋予我权利，而我有权在不对他人及社会造成危害的前提下，自由行使此项权利，这种自由行使权，接受放弃与否、结果如何，均由我个人承担，个人对个人的行为负责，法律不应该过多地进行干涉。再者，指定辩护是作为司法机关的一项法定义务而存在的，此种义务的行使不应该影响、干涉案件当事人的辩护权的自由行使。只硬性强调强制辩护制度的正义性，单纯忽略少数未成年犯罪嫌疑人、被告人的拒绝辩护权是不应该的，制度保障固然重要，然而，将权利覆上制度的枷锁，那么权利就不再是纯粹的权利了。基于此种逻辑，未成年犯罪嫌疑人、被告人的辩护权的自由行使是应当被尊重的，法律不应该出于维护正义的价值考量去强制其必然接受辩护。对于未成年人的这种权利却不能用对成年人的权利予以对待。

（二）未成年人犯罪强制辩护在实践运行中的解读

1. 强制辩护制度实践运行中的解读。未成年人犯罪案件的强制辩护制度在理论与实践中存在诸多缺陷，这些缺陷也是造成未成年人拒绝辩护的主要原因，尽管随着《刑事诉讼法》及相关规定、解释实施，辩护律师参与案件的时间已从审判阶段提前至侦查阶段和审查起诉阶段，在很大程度上完善了辩护制度的部分缺陷，但是总体看来，该项制度仍然存在以下几个方面的问题有待解决。

（1）辩护人与犯罪嫌疑人、被告人之间意见不一致时会面临强制辩护制度流于形式的困境。司法实践中，存在未成年犯罪嫌疑人、被告人不信任为其指定的辩护人的情况，即指定的辩护律师不如私人执业律师更能得到委托人的信任；部分辩护律师不相信案件当事人陈述的相关事实，辩护意见与案件当事人的主张不一致。不只是未成年人犯罪案件，大部分的刑事案件中均存在此种状况：在犯罪嫌疑人、被告人向辩护律师坚称自己无罪的案件中，由法律援助的律师代理辩护的当事人作的有罪答辩的案件数量，远远多于由私人执业律师代理辩护的当事人作的有罪答辩的案件数量。这一点可以有两种解释：一种是那些由法律援助律师代理的无罪被告人怀疑他们的律师赢得无罪判决的能力，另一种是这些人中大多数都是有罪的，只是他们常向公共辩护人撒谎。无论是哪种解释，都表现出被告人对公共辩护人缺乏信任，被告人或者质疑律师的有效性，或者对律师的忠诚表示怀疑，并因此害怕以诚心对待律师。① 另外，未成年犯罪当事人对其辩护律师的欺骗也造成了辩护律师对当事人的不信任，不仅辩护意见与当事人主张不一致，有些辩护人甚至采取夸大事实及后果的方法强制当事人接受其辩护意见，进而造成未成年人与辩护人的关系不断恶化，部分未成年犯罪嫌疑人、被告人开始对强制辩护产生错误理解及抵触心理，并提出拒绝辩护的要求。在审判中，辩护人有权根据事实和法律，独立进行辩护。辩护人根据自己对事实的认定和对法律的理解，独立进行辩护，其他任何机关，包括人民法院和人民检察院，或团体、个人，都无权干涉。辩护人是独立的诉讼参与人，其辩护意见不受被告人意志的约束。然而，在普通的委托辩护中，辩护人是受被告人委托而承担辩护义务的，如果被告人认为辩护人的辩护对自己不利或者是违背了自己的意愿，有权终止这项委托，即《刑事诉讼法》第43条的规定，在审判过程中，被告人可以拒绝辩护人继续为他辩护，也可以另行委托辩护人辩护。但是在未成年人犯罪的指定辩护中存在限制案件当事人拒绝辩护的相关规定，此种限制就打破了辩护人独立行使辩护权与案件当事人有权拒绝辩护之间的平衡，进而造成了案件当事人对指定辩护的排斥与抵制。这种实践中出现的困境制约着强制辩护理论的充分发挥，实际的辩护情况与立法初衷相去甚远，致使未成年人犯罪的强制辩护制度仅是流于形式，缺乏实质的救助和保障效果。

除辩护人、辩护制度、辩护人与当事人之间的矛盾与缺陷外，司法实践中，还可能是当事人出于自身原因拒绝辩护，即未成年犯罪嫌疑人、被告人单

---

① 参见何家弘主编：《外国刑事司法制度》，中国人民大学出版社2006年版，第433～434页。

纯善意、恶意或者无理由拒绝法律援助机构指定的辩护人。未成年犯罪嫌疑人、被告人可能出于对所犯罪行的悔悟而拒绝辩护；出于对被指控罪行的不满、对强制辩护制度的误解而拒绝辩护；或者只是单纯地拒绝辩护。针对正当理由、不当理由、无理由而拒绝辩护的不同情形，法律分别有相关规定。即正当理由可以拒绝法律援助机构指派的辩护人但不能拒绝辩护制度；无理由和不当理由则是辩护人与辩护制度均不能拒绝。而无理由和不当理由中对辩护权自由行使的限制，同样是不恰当的。

（2）缺乏程序性制裁以保障制度的有序运行。从《刑事诉讼法》第267条以及相关规定、解释等关于未成年人犯罪强制指定辩护的的内容可以看出，有关强制辩护的法律规定过于原则性、概括性，缺乏具体的实施方案、判定基准、惩罚机制等程序性的保障机制。"刑事程序法只要没有确立旨在宣告违反法律程序的行为无效的机制，只要没有为这种宣告无效机制的实施确立基本的司法裁判机制，那么，有关刑事程序规则就是不可实施的，也就具有天然失灵的可能性。"[1] 由于我国对于各类刑事案件的强制指定辩护制度，均缺乏配套的法律保障以及相关的程序性制裁机制，其后果就是无切实依据来保障司法机关落实指定辩护的义务。仅有一般性的正面规定而缺乏违反该规定的制裁措施是无法切实保证相关机关履行指定辩护的义务的，甚至可能使指定辩护制度形同虚设。立法层面的缺失将会导致司法的混乱，我们不难想象，因为指定辩护义务没约束力和救济措施，故而，即使人民法院、人民检察院、公安机关没有依法为未成年犯罪嫌疑人、被告人指定辩护人，其不但不会承担任何不利后果，而且未成年犯罪嫌疑人、被告人及其亲属也找不到有效的途径来获得救济和补偿。

（3）公、检、法机关对辩护律师参与诉讼协调配合欠佳。我国《刑事诉讼法》将辩护人参与诉讼的时间提前到侦查阶段，公、检、法各机关在受理关于未成年人犯罪案件时，均有义务通知法律援助机构为其指派辩护人。由于前面提到的强制指定辩护缺乏程序性制裁，这种"应当"义务行使的顺序、怎么行使、不行使又会怎么样就无从知晓了。故而，三机关就有可能出于本部门利益的考量而忽略当事人的利益、法律的规定，不积极履行法定通知的义务。除去三机关可能相互推诿的情况之外，三机关与法律援助机构之间应如何协调工作，三机关之间应该如何协调配合也是需要进一步明确细化的。实践中各机关如果无法做到协调一致，那么就会阻碍强制辩护职能的发挥，进而降低整个诉讼程序的效率。

---

[1]　参见陈瑞华：《刑事诉讼的中国模式》，法律出版社2010年版，第300页。

（4）承办案件的律师水平有待提高。基于我国以惩罚犯罪为主的司法传统存在至今，因而，刑事辩护案件胜诉率较低，律师费较低。因未成年人犯罪案件的指定辩护经费不高，缺乏律师参与法律援助，尤其缺乏具有一定办案经验的资深律师的关注。因此，承办未成年人犯罪案件的多是年轻律师，法律知识和业务水平不足，对于未成年人犯罪所适用的特别程序熟悉度不够，专业化水平过低。一方面是参与刑事辩护本身不会获得较高的收益，律师的关注度和参与度不高，从事刑事诉讼的辩护律师数量远远低于参与民事诉讼案件的辩护律师的数量；另一方面则是，就未成年人犯罪强制指定辩护而言，辩护律师多是意图以积累经验为目的，因而从事法律援助方面的辩护律师数量则少之又少。这两种实践中出现的困境使得实际辩护情况的效果不甚理想。

（5）辩护律师资源难以满足现实需要。法律援助机构指派的辩护律师不能尽心履行辩护职责，部分律师责任心不强，会见当事人时敷衍了事，不能全面收集证据，庭审准备不够充分，代理意见和辩护词简单，辩护意见模式化、缺乏实质性内容，实践中也存在律师不接受指派、挑选案件的问题。辩护律师职业素质偏低造成办案质量低下，致使指定辩护制度未能从实践中得到贯彻落实。同时，经济发展的不平衡也造成律师事务所分布不均衡，再加上我国司法体制不够健全，造成律师数量主要集中于东部、大中城市，中西部、偏远地区人数较少的现状，司法资源严重分布不均衡。

需要指定辩护的未成年犯罪嫌疑人、被告人，大多是因为家庭贫困，监护人没有经济能力为其单独委托辩护人或者是因为其他家庭矛盾，监护人不愿承担代为委托辩护人的责任，而未成年人自身也没有能力为自己委托辩护人，故而需要指定辩护律师的帮助。指定辩护的诉讼当事人一方没有经济能力支付辩护费用，那么，承担这一责任的自然是政府机构。但现实中，我们可以清晰地了解，政府部门对于法律援助机构的经费补贴远远不够，在北京地区，律师承担一个法律援助案件得到的经费补贴仅仅是 300～400 元人民币，偏远地区的经费补贴更是杯水车薪，这与私人执业律师代理一项案件所得的个人收入相比简直是相去甚远。现实状况就是，将法律援助案件总体经费比作是一个蛋糕，这个蛋糕的形状本身就不大，而未成年人犯罪案件所得经费作为其中分得的一小块，份额就会更小，这种现状就会间接影响律师工作的积极性和辩护的质量。

（6）办案相关机构不完善。实践中关于未成年人犯罪需要指定辩护的案件正在逐年增多，在立法上进一步扩大了需要法律援助的对象的范围，增加了尚未完全丧失辨认或者控制自己行为能力的精神病人以及可能被判处无期徒刑的犯罪嫌疑人、被告人。在实践中，有可能指定辩护范围的扩大将导致需要法律援助案件数量的激增，可供未成年人提供法律援助的律师数量就会相对减少。本来参加刑事辩护、特别是法律援助的律师人数就不足，政府用于法律援助的经费数目也不够，再加上案件数量的增加，加重了法律援助律师的负担，这不仅是在未成年人法律援助阶段，在整个指定辩护的法律援助领域，都存在这样一种"案多、人少、经费不足"的困境。在这种情形下，如若提高援助律师的辩护质量、充分发挥强制辩护制度的优越性显然是困难的。

针对未成年犯罪嫌疑人、被告人而言，司法实践中更缺少的是构建一支专门承担未成年人犯罪指定辩护的专职律师队伍以及成立一个未成年人法律援助的专项资金。没有一些专门有效的配套措施来保障，就不可能将未成年人犯罪案件的特殊性从其他各种指定辩护案件中区别对待，那么挑选熟悉未成年人身心特征的律师担任辩护人这句话，就可能只是泛泛而谈了。因为，它缺乏针对未成年人这一特殊群体而考量的评价标准和培养机制。而未成年人，在年龄和心理上与成年人存在一定差异，以及不同于成年人犯罪的诉讼程序，其特殊权益需要法律予以确认和保障，显然，我国的法律法规对于未成年人犯罪案件的制度保障方面的规定还是稍显不足的。

对于强制辩护制度在实践运行中遇到的困难和疑惑，相信随着我国经济发展、法治建设进程的推进会逐步得到有效解决。笔者仅对前述辩护人与犯罪嫌疑人、被告人之间意见不一致以致出现未成年当事人拒绝辩护的现象时如何处理提出自己的以下见解：

未成年人刑事案件无论是在委托辩护还是强制辩护中，都会出现未成年犯罪嫌疑人、被告人与指定律师的意见不一致、与法定代理人委托辩护人的意见不一致的情形，此种情况的妥善处理直接关系着辩护以及庭审的顺利进行。《刑事诉讼法》第35条规定："辩护人的责任是根据事实和法律，提出犯罪嫌疑人、被告人无罪、罪轻或者减轻、免除其刑事责任的材料和意见，维护犯罪嫌疑人、被告人的诉讼权利和其他合法权益。"《律师法》第31条规定："律师担任辩护人的，应当根据事实和法律，提出犯罪嫌疑人、被告人无罪、罪轻或者减轻、免除其刑事责任的材料和意见，维护犯罪嫌疑人、被告人的合法权益。"依据法条我们得知，辩护人是根据事实和法律行使辩护权的，即辩护人依法独立行使辩护，不受犯罪嫌疑人、被告人意见的左右。因而在未成年人案件中，无论是指定的辩护人还是委托的辩护人，也都是依照事实和法律独立行使辩护行为的。在这种情况下，未成年犯罪嫌疑人、被告人与指定或委托的辩护律师的辩护意见不一致的问题极易导致未成年犯罪嫌疑人、被告人对辩护人乃至是辩护制度的不信任，最终导致拒绝辩护的情况出现。因为辩护人与未成年犯罪嫌疑人、被告人及其法定代理人缺乏委托代理关系，沟通交流相对较少，这种情况尤其容易出现在法律援助的指定辩护中。此时合理化解辩护过程中的意见冲突，是缓和强制指定辩护与拒绝辩护之间矛盾冲突的关键。能从源头上减少未成年人拒绝辩护的问题，也能极大地保障整个庭审程序的顺利进行。当出现未成年犯罪嫌疑人、被告人与指定律师的意见不一致、与法定代理人委托辩护人的意见不一致的情形时，本着为未成年犯罪嫌疑人、被告人争取最大的合法利益的原则，辩护人都应当做到与未成年犯罪嫌疑人、被告人充分的沟通和交流。由于未成年人心智尚未成熟、经验不足、对待问题的思维和观念不一定正确，对待犯罪事实的认识不够、法律常识匮乏，出于逃避制裁的心理有可能坚持己见，抵触辩护人所作的罪轻或者减轻其刑事责任的辩护意见。此时，辩护人应当耐心与未成年犯罪嫌疑人、被告人进行沟通交流，针对其涉嫌的罪名以及相关的案件事实，结合相关的法律教育，首先让未成年犯罪嫌疑人、被告人了解自己的行为与案件事实以及可能的法律后果之间的关系，其本人的意见有何不妥之处，如果按照其本人的意见进行辩护，可能会带来哪些不良后果，如果按照辩护人的意见进行辩护，又会有哪些益处。只有这样让未成年犯罪嫌疑人、被告人充分认识到行为、事实与可能的法律后果之间的因果关系，感受到辩护人是站在未成年犯罪嫌疑人、被告人的角度来努力为其谋取最大合法利益而不是对其可能的罪行进行制裁的，那么，辩护过程中的意见冲突应当会很容易得到化解，从而最大限度上缓和强制辩护与拒绝辩护之间的矛盾冲突。

未成年犯罪嫌疑人、被告人的强制辩护制度是在当事人没有辩护人的情况下，人民法院、人民检察院、公安机关通知法律援助机构指派律师为其提供辩护。为防止产生未成年当事人拒绝辩护与强制辩护制度的必然实施之间的矛盾，可以对委托辩护制度灵活运用，将委托辩护的运用穿插于整个诉讼过程中，缓解强制辩护制度的价值冲突问题，可在以下方面改进：①在被告知可以委托辩护人时，未成年当事人的监护人应当及时为其委托辩护人。即监护人应当在未成年犯罪嫌疑人被侦查机关第一次讯问或者采取强制措施之日起，积极主动地为其委托了解未成年人身心特征的辩护人；②未成年当事人拒绝指定辩护律师时，监护人应当主动、再次、及时为其委托辩护人；③委托辩护时，未成年当事人与其监护人对聘请律师人选意见不一致时，应当参考未成年人的意见；④指定辩护时，未成年当事人与其监护人对指定辩护律师人选意见不一致时，应当尊重未成年人的意愿。首先，注重对未成年犯罪嫌疑人、被告人选择辩护律师时的选择权的尊重；其次，此种尊重必须建立在监护人与未成年人充分沟通交流，消除未成年人相关偏激思想之后，未成年人理性地作出选择；最后，无论是监护人还是法律援助中心，在选任辩护人时，都应当充分考虑到未成年人的身心特征，尤其是监护人，可以在与未成年人交流协商之后依照其意愿来委托辩护人。在委托辩护人时，监护人与未成年人意见不一致时，会存在这样一种观点：因未成年人心智尚未成熟，故而其意愿仅具有参考性，最终还是由能维护其相关利益的监护人来决定比较妥当。未成年人毕竟是案件当事人，其个人意愿不应被忽视。这与前文探讨的未成年人对辩护权的选择权与强制辩护之间的矛盾冲突本质上相同，即出于更高的价值标准考量来约束现有权利的行使。前文已得出结论：至少在权利的行使不会危及他人、集体和社会利益时，该权利是不应该被约束的，而尊重未成年人的意愿相对更重要。

通过监护人及时委托辩护人、尊重未成年人意愿选任辩护人等相关措施的运用，可以很大程度上消除未成年人对强制辩护的抵触与误解，避免强制辩护的价值冲突问题，还能提高司法资源运用率，选任符合未成年人心意的辩护人。这些措施具有很大的优越性，但是，立法上仍然缺乏相关规定和保障措施。故而，委托辩护的灵活运用，需要司法机关在执行上充分考虑未成年人合法利益最大化原则。

2. 强制辩护制度规范协调的理论解读。未成年人犯罪强制辩护制度上的一些缺陷在一定程度上造成了未成年犯罪嫌疑人、被告人与其辩护律师之间的关系不够融洽，未成年犯罪嫌疑人、被告人对强制指定辩护制度的不信任，从而影响了辩护制度的实施。针对这些问题，我们不禁反思，如果能从源头上解决矛盾、缓和冲突，促进辩护人与其当事人之间形成良好关系，增强未成年犯罪嫌疑人、被告人对于强制指定辩护制度的了解和信任，就能很好地化解司法实践中出现的拒绝辩护的难题，不仅节省司法资源、提高司法效率，同时也在维护权利的自由行使与保障未成年犯罪嫌疑人、被告人的诉讼权利和合法利益之间寻求到平衡点。

（1）组建专门从事未成年人诉讼案件辩护的律师队伍。《关于刑事诉讼法律援助工作的规定》第13条第2款规定："对于未成年人案件，应当指派熟悉未成年人身心特点的律师担任辩护人。"熟悉未成年人身心特点及未成年人犯罪特别程序的律师，仅凭法律援助机构指定，其主观随意性较大，且辩护律师是否符合要求没有相关的评价标准。组建一支专门从事未成年人犯罪案件指定辩护的律师队伍，在此基础上加以规范与完善的话，能从根本上解决这一问题。由于未成年人犯罪案件的特殊性及法律规定的强制指定辩护制度，笔者认为该律师队伍的构建应由法律援助中心来进行，专职律师的选任应具备一套标准的流程及考核标准，职业素质高、专业水平过硬、熟悉诉讼程序和法律规定的律师应该择优录用。专职律师应同法律援助中心的律师一样，纳入编制，由法律援助中心统一管理、调配，政府支付薪水且不得接受除未成年人犯罪之外的案件，无论是有偿还是无偿。只有组建一支熟悉未成年人身心特点的专职律师队伍，才能为未成年犯罪嫌疑人、被告人的法律援助工作提供一个良好的政策、制度保障，解决对律师的职业素质、专业水平的担忧和司法资源分布不均的现状。对于辩护律师与未成年当事人意见不一致的问题，不仅需要一个专职的律师，还应结合未成年人的身心特征有针对性地对辩护律师进行培训，让律师能够通过学习更全面、多层次地了解未成年当事人，结合当事人的性格及自身特点，制定相应的辩护策略，最大程度上维护其诉讼权益。当未成年当事人与其辩护律师意见不一致时，辩护律师首先应当认真聆听未成年当事人对案件的陈述，耐心与其沟通交流，让未成年人能感受到其辩护律师帮助自己的诚意，敞开心扉、信任律师。其次，辩护律师应在尊重未成年当事人的基础上，了解案情、搜集证据，总结出自己的辩护意见并告知其当事人，不可强制或威胁当事人改变主张、接受其辩护意见。再次，当事人不接受辩护意见的，辩护律师应以尽可能缓和的方式为当事人分析案情利弊、介绍法律的相关规定，以尽可能让其信服的姿态去说服当事人接受辩护意见。最后，律师尽最大努力后仍不能说服当事人的，法律上允许其独立行使辩护权，但这必须是建立在最大化维护未成年当事人诉讼权益基础之上的，切忌敷衍应付和模式化辩护。

（2）完善相关的程序制裁机制。任何一项制度的制定都必须有相应的保障和评价标准，否则制度本身的执行力就会大打折扣，强制指定辩护也不例外。法律对于指定辩护的强制性规定缺乏保障的标准，法律只规定了公、检、法应当通知法律援助机构为未成年人指派辩护律师，法律援助机构应当依照通知指派相应的辩护律师。但是，恰恰缺乏了如果公、检、法各机关不通知、法律援助机构不指派辩护人的制裁方法。这种程序上的漏洞容易造成实质上的不公。鉴于此，首先出台相关的立法或司法解释来进一步完善辩护制度，如违反法定义务的法律后果，相关问责机制或上诉、复审程序，做到制裁手段与救济措施并重，全面保障未成年人的诉讼权利。"可借鉴国外的一些做法，在《刑事诉讼法》及其实施细则里规定，若公安机关和检察机关在侦查和起诉阶段未依法进行指定辩护的，则由此而取得的犯罪嫌疑人、被告人的供述不得作为定案依据；若法院在审判阶段未依法进行指定辩护的，可在二审中撤销一审判决，或作为启动再审的法定情形。同时，应赋予犯罪嫌疑人、被告人在被司法机关拒绝予以指定辩护时提请上级机关复议的权利，使其指定辩护的权利受到侵害时能获得相应的救济。"①

---

① 参见高国梁："论新《刑事诉讼法》下的指定辩护制度"，载《常州大学学报》2013年第2期。

（3）强化公、检、法、司之间在未成年人诉讼中的协调与配合。关于法律援助工作中各部门的分工与配合问题，最高人民法院、最高人民检察院、公安部、司法部印发了《关于刑事诉讼法律援助工作的规定》的通知。以联合下发规定的形式来统一标准、规范流程，指定辩护得到了充分发挥，同时提高了司法效率、节省法律援助资源。规定里对法律援助流程做了具体规定：细化了公、检、法机关与法律援助机构如何进行工作对接，在进行指定辩护时应各自提供哪些材料，应遵循哪些程序，法律援助机构对于公、检、法机关所指定辩护的案件的相关审查等。《刑事诉讼法》对未成年人犯罪的强制辩护制度的相关规定，需要新的程序予以保障运行。因而，公安机关、人民检察院、人民法院和司法行政机关应当加强协调，建立健全工作机制，做好法律援助咨询、申请转交、组织实施等方面的衔接工作，才能促进刑事法律援助工作有效开展。

（4）设立未成年人法律援助的专项资金。法律援助案件经费主要来自国家财政拨付，少部分由行业协会、社会机构捐助。随着法律援助案件数量逐年攀升，用于案件的经费数额可谓是捉襟见肘，未成年人犯罪的法律援助案件同样存在此种状况。为突显国家、社会对于未成年人的特殊保障政策，成立一个未成年人法律援助的专项资金是相对必要的。首先，要为未成年人法律援助案件拓宽资金来源渠道，在政府扩大财政支持的同时，加大公益宣传，提高全社会对于法律援助的关注度，构建一个以国家财政拨付为主导，各行业协会、企业及个人等社会领域捐助为辅助的全方位、多层次的资金来源渠道。其次，未成年人犯罪法律援助的专项资金应由法律援助机构内部专设部门来统一管理、统一支配，每笔法律援助案件所用经费都要记录在案，账目明细要真实清晰，便于核对。最后，公民、媒体、政府部门加强对于专项资金流向的监督管理，务必做到专款专用，切实起到维护未成年人诉讼权利的作用。

（5）建立有效的监督指导和奖惩机制。针对未成年人犯罪适用的强制辩护制度，立法和司法上不应该仅停滞在指派辩护律师层面上，还应在指定辩护之后，对律师的辩护情况给予更多的关注，建立一个有效的监督指导和奖惩机制。对指定辩护律师是否履行辩护职责依法会见当事人、尽心搜集证据材料、认真填写辩护意见、积极参加庭审活动等工作事项的认定，可以由最初指派律师的机关和法律援助中心共同监督、评议、审查。当然，这首先需要的是一个统一的监督考核方案。"可以要求提供法律援助的律师在结案时，提交给法律援助中心一份详细的结案报告，报告的具体内容应包括：会见未成年人的时间与次数、调查取证和阅卷的情况、出庭的时间和次数，同时要求提交受援人和合适成年人对于该律师提供法律援助工作的评价。"① 除了要求辩护律师提交工作报告之外，司法机关、案件当事人也可以主动进行监督。例如，法律援助中心可以派员旁听辩护律师在庭审中的辩护情况、向当事人发放辩护律师相关辩护行为的调查问卷；当事人及法定代理人对辩护律师不满或者辩护律师损害其合法权益的，可以向法律援助中心反馈情况、投诉辩护律师的违法行为。与此同时，制定配套的奖惩评价机制。针对辩护律师的辩护情况，结合法律援助中心的监督考察、问卷调查和当事人的反馈意见，奖励一些能认真、优秀完成辩护任务的律师；对于消极被动、工作懈怠的律师给予相应的批评教育，并与律师的年检、考核挂钩。"刑事法律援助案件的服务质量是刑事法律援助的生命，仅仅有法律援助服务并不意味着受援助人得到了真正的法律帮助。"② 相信在监督和奖惩的双重评价机制下，能有效地提高辩护质量，让案件当事人得到真正的法律帮助。

（6）完善侦查讯问阶段的律师在场制度。2012 年修改的《刑事诉讼法》将律师的介入时间提前到侦查阶段，但是法律规定律师在侦查期间只能为犯罪嫌疑人提供法律帮助；代理申诉、控告；申请变更强制措施；向侦查机关了解犯罪嫌疑人涉嫌的罪名和案件有关情况，提出意见。针对未成年人刑事案件的特殊性，相对于普通刑事案件来说，辩护律师在侦查阶段提供的法律援助还远远不够，未成年人心智尚未成熟，在讯问阶段更容易受到刑讯逼供等非法取证行为的侵害，或者可能因为受到威胁、欺诈而作出不符合案件实际情况、危害未成年犯罪嫌疑人自身合法利益的口供，这个时候就需要完善侦查讯问阶段的律师在场制度来弥补这一缺陷。未成年人刑事案件讯问时律师在场，讯问时的非法取证行为就可以有效得到避免，"第一次讯问时律师在场，这有助于让未成年刑事法律援助真正能从侦查阶段开始，对于稳定未成年人情绪，帮助正确理解讯问过程中的法律问题，维护其诉讼权利都具有重要的意义"。③ 增加讯问时律师在场制度，不仅能在侦查讯问阶段维护未成年犯罪嫌疑人的合法权益，还能增强未成年犯罪嫌疑人对辩护律师的信赖感，使其感受到辩护律师的辩护能有效地维护其自身的合法权益，进而减少未成年犯罪嫌疑人、被告人拒绝辩护的可能性，保障审判程序的顺利进行。

3. 关注强制辩护制度范围外的解决措施。完善强制指定辩护范围之内的局部协调措施，充分发挥指定辩护的优越性并尽最大可能让未成年犯罪嫌

---

① 参见叶青："未成年人刑事法律援助的实践与新发展"，载《青少年犯罪问题》2013 年第 1 期。
② 参见张中：《弱势群体的法律援助》，中国人民公安大学出版社 2008 年版，第 141 页。
③ 参见张晓彤："对未成年人刑事法律援助的解析"，载《法制博览》2014 年第 2 期。

疑人、被告人去信任和接受强制辩护制度。在未成年犯罪嫌疑人、被告人接受强制辩护的前提下，如果未成年人在客观上还是拒绝辩护的话，此时，就应该对强制辩护制度作出一些补充规定，即在尊重未成年犯罪嫌疑人、被告人自身意愿的同时，在强制辩护之外寻求解决方法。当然，这里所指的是相关机关履行了相应指定辩护义务，对当事人进行了充分的调解、劝说，当事人消除了对强制辩护的误解之后，犯罪嫌疑人、被告人仍然拒绝辩护的情况下实施的。

（1）选任合适监护人担任指定辩护人。我国《刑事诉讼法》对未成年犯罪嫌疑人、被告人适用的辩护制度是：未成年人可以拒绝委托辩护人、指定辩护人，但是最终在审判过程中必须有辩护人为其辩护，即未成年人不得拒绝强制辩护制度。这就需要我们在制度之外探索解决拒绝辩护的难题。在未成年犯罪嫌疑人、被告人没有委托辩护人、拒绝强制辩护人和强制辩护制度时，可以选任监护人或者合适监护人担任其指定辩护人，将监护人纳入未成年人犯罪案件指定辩护对象范围中。

与委托辩护律师、指定辩护律师相比，监护人担任未成年人的辩护人则具有相对的优势。无论是委托还是指定的律师，对于未成年犯罪嫌疑人、被告人而言，都比较陌生。未成年犯罪嫌疑人、被告人对于陌生的辩护律师不信任、说谎或者产生抵触心理很正常，从而可能会拒绝辩护人辩护。这时，法律可以对指定辩护人的资格放宽一些，即指定辩护人的范围不再局限于法律援助中心指派的律师，在特殊情况下（未成年犯罪嫌疑人、被告人拒绝指定的辩护律师时）可以确定监护人承担辩护责任的制度。一般而言，法定监护人基本上为未成年人的父母，较一般律师来说，对未成年人的内心想法、生活习惯、性格特征、处事方法都相对了解，更能从未成年人的切身利益出发，维护其合法利益；更能给未成年人以安全感，消除未成年人的抵触心理，保障诉讼权利的顺利进行。

在实践中也存在作为未成年人法定监护人或者其他亲属不能、不愿承担辩护责任的情况。出现这种状况的原因主要是：未成年犯罪嫌疑人、被告人的监护人诉讼知识相对贫乏，不具有担任辩护人的能力；未成年犯罪嫌疑人、被告人与其监护人的关系不和睦；监护人死亡、没有监护人或者尚未确定监护人的。在这种状况下，可以指定合适监护人来承担辩护责任。对于合适监护人的确定，可以借鉴《民法通则》第16条的规定："未成年人的父母是未成年人的监护人。未成年人的父母已经死亡或者没有监护能力的，由下列人员中有监护能力的人担任监护人：（一）祖父母、外祖父母；（二）兄、姐；（三）关系密切的其他亲属、朋友愿意承担监护责任，经未成年人的父、母的所在单位或者未成年人住所地的居民委员会、村民委员会同意的。对担任监护人有争议的，由未成年人的父、母的所在单位或者未成年人住所地的居民委员会、村民委员会在近亲属中指定。对指定不服提起诉讼的，由人民法院裁决。没有第一款、第二款规定的监护人的，由未成年人的父、母的所在单位或者未成年人住所地的居民委员会、村民委员会或者民政部门担任监护人。"确立合适监护人时，应当根据监护人的身体健康状况、个人素质、与被监护人在生活上的联系状况等因素，按照祖父母、外祖父母，成年兄、姐，关系密切的其他亲属、朋友，未成年人的父、母的所在单位或者未成年人住所地的居民委员会、村民委员会或者民政部门来确定指定辩护人的合适人选。

选任监护人或者合适监护人担任未成年犯罪嫌疑人、被告人的辩护人，是从现有的指定辩护的法律规定之外，为解决拒绝辩护难题而探索的其他途径。监护人或者合适监护人可由法律援助中心指定。但是，这项制度最大的缺陷在于监护人担任辩护人，不如律师担任辩护人专业。监护人也不熟悉诉讼程序及流程，也不享有律师的某些特权等，专业素质的欠缺就会导致监护人不能很好地履行辩护人的某些义务和职责，从而不能有效地维护未成年人的诉讼权利及合法权益。仅仅依靠短期培训起不到显著效果，且在实践中还会存在一定风险，基于此，担任辩护人的监护人可以向法律援助中心递交援助申请，法律援助中心可以根据申请直接作出法律援助的决定，同时指派一名专业律师来担任监护人辩护制度的法律顾问，将辩护的相关程序、特征、注意事项等问题对监护人进行提醒、指导。尽量减少因监护人专业水平的缺失而对未成年人造成影响。监护人担任辩护人在专业水平上确实不如律师，但是，它却能解决律师担任指定辩护人时出现的拒绝辩护问题，其努力在最大程度上维护未成年人的诉讼权利和合法利益。

（2）在法律框架下充分尊重未成年人的意愿。如果未成年人既拒绝指定辩护人为其辩护，又拒绝监护人或者合适监护人为其辩护，简而言之，就是未成年犯罪嫌疑人、被告人放弃一切形式的辩护权时，法律也有必要尊重未成年人的意愿。"维护未成年人诉讼权利和合法权益"的正义性与未成年人辩护权的自由行使之间孰轻孰重、位阶如何，难以衡量，且没有具体的依据可以参照，法律也就不宜轻易地将正义性架构于自由性之上，更不能舍弃其一以追求另一价值，最好的方法是努力寻找二者的平衡点，均衡兼顾。故而，可以在用尽了一切可能之条款，并与未成年人充分沟通、厘清利害关系、消除误解之后，未成年犯罪嫌疑人、被告人仍然拒绝一切形式的辩护的，那么，法律尊重未成年人意愿，不再指派辩护人为其辩护。在对未成年人厘清利害关系后，其仍然拒绝辩护的，相应可能产生的后果也将由未成年人自己来承担。

　　未成年人刑事案件中指定辩护的责任是国家司法机关应尽的义务，而辩护权的行使与否则是未成年犯罪嫌疑人、被告人的权利。当义务与权利发生冲突时，坚持义务而舍弃权利的价值考量是有待商榷的。指定辩护是出于保障未成年犯罪嫌疑人、被告人的诉讼权利和合法利益的角度出发的，该制度的优点和价值本身是无可厚非的。但是，当出现未成年犯罪嫌疑人、被告人拒绝辩护的情形时，保障权利的制度却限制了当事人的其他权利，如果此时依然固守法律规定、强行指定辩护的话，就违背了指定辩护制度设定之初的目的，该项制度的价值和意义也就大打折扣。我们不能因为要保障未成年犯罪嫌疑人、被告人的诉讼权利而限制其辩护权的自由行使，我们更不能以未成年人心智不成熟为借口去否定未成年人无权拥有辩护权。站在一个全局的角度来看，未成年人刑事案件特别程序的设定是以未成年人合法利益最大化为首要目的的，特别程序里的强制辩护制度也不例外。当指定辩护与拒绝辩护相冲突时，当司法机关将指定辩护的优点和价值、拒绝辩护的可能后果及危害都详尽地告知未成年犯罪嫌疑人、被告人时，未成年犯罪嫌疑人、被告人仍然拒绝辩护，那么从保障其合法利益最大化的角度出发，应当视为司法机关已经履行了指定辩护律师的职责与义务，尊重并保障未成年人辩护权的自由行使，对于自愿坚持放弃辩护权利的未成年犯罪嫌疑人、被告人，不再强行指定辩护律师。这种做法也是最大限度地保障了未成年人的合法利益，无论是从利益考量还是价值判断角度而言都有兼顾，从宪法层面上来说，不仅是维护了诉讼权益，也促进了辩护权利的自由行使，是保障权利和尊重人权的双重体现。

　　对此拒绝辩护的问题，也可从美国联邦最高法院建立了确定被告人放弃律师帮助权的有效性的标准中获得启示。"被告人可以放弃律师辩护，但这样做必须采取合适的方式，法院对被告人负有保护责任：①法院必须确信被告人理解不利于他的刑事指控的性质；②法院必须确信被告人认识到他可以得到的答辩和辩护，了解犯罪的构成及可能施加的惩罚的程度；③法院必须确信被告人认识到假如他愿意，他有权得到一名律师。法官或治安法官传唤被告人并详细询问他是否理解上述事项，除非被告人对每项要求都有很透彻的理解，法官将不接受他的放弃。假如被告以后又声称他完全不知道所发生的一切，上诉法院将考虑各种因素，包括他的年龄、背景、受教育程度、当时的精神状态、个人经历和声称放弃律师辩护时的行为表现等，然后作出是否为其提供律师的决定。"[①] 我国在尊重未成年人辩护权的选择时，可以借鉴此种模式，对拒绝辩

---

① 参见熊秋红："论受刑事追诉者获得律师帮助的权利"，中美 2003 年 9 月"律师辩护职能与司法公正"研讨会上发言。

护设定严格的程序审查标准，由人民法院承担起审查责任，在尊重未成年人辩护权的同时，最大范围内保护其诉讼权利及合法利益。

特别程序中的强制辩护制度有其独特的优越性，但也存在价值上的冲突，对于引进外国的该制度，我们应当以一个客观的标准去评价，而不是一味地推崇优势忽略矛盾，未成年人司法保护模式也不例外。对于该模式的规范与完善，仍需要学者及司法工作者们在理论和实践中进行探究，并最终通过改良措施予以提升。

第二章　未成年人刑事检察的合力帮教模式

　　检察机关在办理未成年人刑事案件的诉讼程序中需要结合涉案未成年人身心特点和环境因素，将教育挽救工作贯穿于办案的全程，综合运用刑罚或非刑罚处置措施，实现个性化矫治，强化特殊预防效果，提升一般预防的成效。这种帮教不仅仅是检察机关的工作，还需要全社会予以协力，形成合力予以帮教。这是现代社会发展的需要，也是社会转型时期的期待。临沂市检察机关根据《刑事诉讼法》与《人民检察院办理未成年人刑事案件的规定》的规定，结合各区县检察院办理未成年人案件的特点，构建了未成年人刑事检察的合力帮教的临沂模式，开创了帮教模式的新类型。

一、未成年人刑事检察的合力帮教实例

（一）张某盗窃案

【基本案情】

　　张某，女，17 周岁，系临沂某技校学生。张某的男友张某某以及孙某某、李某某、唐某某等人因手头拮据，商量盗窃电动车变卖获取钱财。2011 年 10 月底，张某陪其男友及其他三人到兰陵县某小区内实施盗窃，并负责在小区门口望风，最终盗取价值 1890 元的电动车一辆，销赃获得 900 元现金后被其他四人平分。案发后，被盗车辆被追回。

【诉讼过程】

　　本案由兰陵县公安局侦查终结，以犯罪嫌疑人张某涉嫌盗窃罪，于 2012 年 2 月 20 日向兰陵县人民检察院移送审查起诉。该院经研究认为，犯罪嫌疑人张某虽然实施了《中华人民共和国刑法》第 264 条规定的行为，涉嫌盗窃罪，但犯罪情节轻微，不需要判处刑罚，遂依据《中华人民共和国刑事诉讼法》第 173 条第 2 款的规定，于 2012 年 3 月 20 日决定对张某不起诉。

【办案经验】

　　兰陵县人民检察院针对案件的特点，结合张某的涉案情况，依照法律的规定，对张某作出了不起诉的决定。该院在办理这类案件中的主要措施是：

1. 教育促其感悟，打好帮教基础。张某系未成年人，在犯罪中发挥的作用较小，事后未参与分赃，且赃物已被追回，鉴于以上情节，办案人员考虑对张某重点考察，并对张某从轻处罚。在办理此案中，检察院的办案人员连同派驻检察室的人员对张某所在村庄及家庭、邻里进行走访，发现张某的父母对于张某的行为在心理上无法接受，出现不想管、不愿管的极端倾向。办案人员对张某的父母进行了开导，让他们明白他们现在的态度对孩子的影响，目前最重要的就是如何帮孩子渡过这个难关。办案人员将未成年犯罪嫌疑人权利义务告知书上的从轻、减轻情节为张某和张某的父母做了详细的解读，使他们了解到与未成年人涉嫌犯罪有关的法律内容，减轻因涉案对张某及其父母的心理负担。

2. 联系所在学校，实行就近帮教。在办理该案中，办案人员通过《未成年犯罪嫌疑人社会调查报告》中的调查，了解到张某性格内向，对于其行为涉案的事实认识不足，只是想着讨好男友才参与此犯罪行为。在问及是否想继续学业时，张某流下了悔恨的泪水。检察院办理此案的过程中，还向学校提出重新接纳张某并对其共同实施帮教的建议。鉴于张某的平日表现较好，学校表示同意接纳张某。承办人与学校根据张某的特点制定了个性化的帮教方案，为其选定一名具有心理咨询师资格的女教师建立帮扶对子，形成该校分管校长亲自抓、帮扶老师重点做，其他任课老师共同协助帮教的模式。检察院采取定期进行座谈、为张某提供参与学校义务服务活动的机会的方式，对张某进行思想矫正和行为引导。

3. 强化跟踪回访，确保帮教实效。检察院在作出不起诉决定后，为使张某真正认清自己的行为，尽快走出心理阴影，以健康、向上、乐观的态度面对以后的生活，检察官要求张某每月作出一份思想汇报，汇报学习情况、与同学交往情况，与检察官交流思想；定期为其送去《弟子规》、《小故事大道理》等励志书籍，引导其写读后感，希望张某从书中增长知识；适时邀请帮扶老师和张某参与院里的教育宣传视频的观看，增长法律知识和道德素质。从回访中发现，张某在校表现良好，师生、同学关系融洽，学习成绩也有了很大的进步。

【未检心得】

该案是新《刑事诉讼法》修改后一个大胆的尝试。事实证明，只要切实为未成年人着想，把工作做扎实，办案就会取得非常好的社会效果。张某面对家庭的理解、学校的关心、办案机关的帮扶，感觉很庆幸，并称很珍惜这个过程。刚开始的时候很害怕自己的行为会对今后的学习、生活、工作产生影响，经历了整个案件的办理，她说："没想到法律也是温暖的，我以后也要学习法律，用它来帮助别人。"

对未成年犯罪嫌疑人作出不起诉固然重要，但帮教涉案人员从而体现的办案效果更为重要。我们更期待通过我们的合力帮教，给每个涉罪未成年人一个改过自新的机会。为教育挽救涉罪未成年人，检察机关全面调查、大胆适用未成年人不起诉、附条件不起诉，帮助更多的未成年人回归社会，这是贯彻挽救、感化原则必须坚持的。

（二）于某、冯某抢劫案

【基本案情】

2013 年 3 月 6 日，刚到上海的兰陵籍犯罪嫌疑人于某、冯某（均 14 周岁）因生活所迫，预谋实施抢劫。当晚 10 时许，当被害人刘某步行至上海市浦东新区某街道时，犯罪嫌疑人于某从刘某身后用手捂住其嘴部、勒住颈部，犯罪嫌疑人冯某上前拉拽刘某随身携带的挎包（内有价值人民币 91 元的移动电话一部及银行卡 3 张），后因被害人叫喊反抗而抢劫未遂。

【诉讼过程】

本案由上海市浦东新区公安局提请该区检察院审查批准逮捕，浦东新区检察院就跨区域观护帮教工作征询兰陵县人民检察院意见后，于 2013 年 4 月 12日作出相对不捕决定。于某、冯某回原籍后，由兰陵县人民检察院负责 3 个月的观护帮教工作。

【办案经验】

该案是一个具有典型意义的跨区域协作案件，兰陵县人民检察院对办理此类案件进行了有益的探索。其主要办案经验为：

1. 探索跨区域帮教协作机制。根据《刑事诉讼法》中"主要犯罪地"的管辖原则，对于在外地犯罪的未成年人，由于缺乏有效的观护帮教条件，无法享受未成年人特殊保护政策。2013 年 7 月 31 日，兰陵县人民检察院和上海市浦东新区检察院会签了《涉罪未成年人跨区域观护帮教协作协议》。该协议规定：两地检察机关对需要观护帮教的未成年人实现无缝衔接，在规定考验期内对其进行教育、感化和挽救，使其在社会、家庭等的共同关心帮助下，增强法制观念，提高遵纪守法、遵守社会公德的意识。对于涉罪未成年人采取非羁押强制措施、附条件不起诉和相对不起诉决定后，需要启动跨区域观护帮教程序的，自作出决定后 3 日内，由委托院制作（跨区）《观护帮教工作委托函》，连同《涉罪未成年人观护情况表》函告受委托院，受委托院确定专门未检办案人员负责观护帮教工作，并将回执函告委托院。

2. 细化帮教步骤和内容。首先，明确双方父母为监护人，并确定其近亲属为观护人员，与未检科签订观护帮教协议，确定观护期为 3 个月，在 3 个月内要对二人严加管教，时刻注意他们的行踪，禁止抽烟、酗酒，限制他们进入网吧、KTV等场所，禁止在外留宿，防止不良行为的发生。其次，明确两名未成年人要逐日记载生活笔记，鉴于二人的文化程度不高，给他们提出的要求就是就像上学的时候写日记一样，如实记录平日生活中发生的事和自己的想法，作为考察其思想认识的依据，并为他们提供字典，在记载笔记的同时也可以增长知识。最后，未检科每半月就二人的生活情况实地考察一次，向父母了解孩子在家里的日常生活表现，检查他们的笔记并对笔记的记载提出针对性的意见，避开案件与他们进行座谈交流、引导他们建立正确的认识观念、对生活重塑信念，将考察情况形成《观护帮教笔记》。

【未检心得】

兰陵县是人口输出大县，到上海务工人员较多，而未成年人在上海违法犯罪也较为常见。据上海浦东新区未检处反映，兰陵县未成年人在浦东新区犯罪后，由于监管困难，为保障诉讼进程的顺利进行，往往是一捕了之，这样很不利于未成年人权益维护。兰陵县人民检察院副检察长杜文戈深有感触地说："在兰陵犯罪的孩子是我们的孩子，在上海犯罪的孩子还是我们的孩子，无论是在兰陵还是在上海犯罪，都是社会的孩子。"跨区域观护帮教工作，是一个有益的探索，还有很长的路要走！

（三）周某强奸案

【基本案情】

2012年6月27日18时许，兰陵县某镇犯罪嫌疑人周某（15周岁）与本村12岁男孩刘某在周某家中的床上玩耍，后将前来串门的女孩周某华强奸。

【诉讼过程】

本案由被害人父亲报案至兰陵县公安局。公安机关侦查终结后以犯罪嫌疑人周某涉嫌强奸罪，于2012年9月13日移送兰陵县人民检察院审查起诉。同年12月21日，兰陵县人民检察院以强奸罪对被告人周某提起公诉。2013年1月28日，兰陵县法院作出一审判决，以强奸罪判处被告人周某有期徒刑4年。

【办案经验】

兰陵县人民检察院在办理该案件时获得了许多启示，并总结出以下经验：

1. 教育感化贯穿办案始终。兰陵县人民检察院在办理该案件过程中，经调查走访发现，周某父亲弟兄四人，只有其一个男孩，爷爷奶奶对其也溺爱有加。因此在征得领导同意后，办案检察官通知周某的爷爷参加提审讯问。在讯问前加入"亲情教育半小时"，由周某的爷爷对孙子进行亲情感化、思想教育。在审判环节，对周某卸掉戒具，通过圆桌审判的方式进行庭审，让其爷爷亦加入"庭审教育"环节，开展感化教育，让他充分认识到这个社会关注且关心他，只要认罪服法、悔过自新，就有比较光明的前途。

2. 心理矫正向案后延伸。该案件的 15 岁的未成年人因性侵被判刑，法与理也许是明白了，但心理的阴影和消极的生活态度会消除吗？鉴于此，兰陵县人民检察院从心理咨询机构请来专家为周某进行心理疏导，在问及出狱后有什么打算时，周某低下头说：感到太丢人了，不知道以后怎么面对自己的生活和被害人的家人。心理咨询师向周某讲解心理、生理知识，让他明白在他这一年龄阶段有性好奇是很正常的心理状态，不要以此感到自卑，并用"近因效应"的理论解释只要以后遵纪守法、踏实做人，别人一定会对他有所改观。

【未检心得】

父母是孩子的第一任老师，家庭教育的缺失是青少年形成不良习惯的重要原因。周某犯罪，家庭的原因主要有二：一是父母、爷爷奶奶过分溺爱，盲目地满足孩子的无理要求；二是父母没有抓好早期教育，对孩子放任自流致其走上了犯罪的道路。

为此，兰陵县人民检察院在出台的《对涉案未成年人帮教细则》、《在押未成年犯罪嫌疑人与其法定代理人、近亲属会见制度》中，全面保障家人参与未成年人刑事犯罪案件诉讼的全过程，充分发挥特殊场合、特殊方式对孩子教育的特殊作用。

二、未成年人刑事检察的合力帮教模式

为了最大限度挽救涉罪未成年人，兰陵县人民检察院在办案过程中探索帮教工作模式，积极联系各单位、社会团体，集一切可以集中的力量，以求最大限度地全力帮教未成年犯罪嫌疑人。

（一）开展社会调查工作，为案件的准确判断搜集素材

《北京规则》第 16.1 条规定："所有案件除涉及轻微违法行为的案件外，在主管当局做出判决前的最后处理之前，应对少年生活的背景和环境或犯罪的条件进行适当的调查，以便主管当局对案件做出明智的判决。"《刑事诉讼法》第268 条规定："公安机关、人民检察院、人民法院办理未成年人刑事案件，根据情况可以对未成年犯罪嫌疑人、被告人的成长经历、犯罪原因、监护教育等情况进行调查。"为了准确评价失足未成年人主观恶性，正确把握其犯罪的深层原因，探究诱发未成年人犯罪的主客观根源，应建立合理的未成年人社会调查制度。

兰陵县人民检察院注重社会调查的全面性、客观性，通过实地调研、实践、研究，形成了符合未成年人特点的"品行调查 18 问"，检察院与公安机关两家达成协议，在提请批捕未成年人犯罪案件时，对涉案未成年人进行社会调查，了解未成年犯罪嫌疑人的家庭情况、成长经历、性格特点、一贯表现等方面的情况，在讯问未成年犯罪嫌疑人时，注重与其家长、所在学校之间的联系，掌握未成年犯罪嫌疑人的更多信息，以便采取相应的挽救措施。自以"品行调查 18 问"为形式的社会调查报告运用以来，兰陵县人民检察院发出此报告 26 份，且全部跟随卷宗移交法院，作为法院量刑的参考。

（二）做到情与法的结合，切实做好"案中帮教"

未成年人犯罪是未成年人身心稚嫩性的客观表现，是其成长过程中获得人生经验的重要途径，执法人员的执法方式直接决定了未成年人矫正与恢复的效果。对未成年人犯罪案件，要从宽处理，坚持少捕、慎捕、缓捕，注重非监禁化，这是刑法谦抑性理念应有之义，也是执法人性化的根本要求。在未成年人刑事案件中贯彻宽严相济的刑事政策，对失足的青少年给予人性化的关爱和保护，不仅有利于未成年人的教育，也是我们在刑事检察工作中贯彻科学发展观的必然要求。

1. 兰陵县人民检察院在案件办理过程中，保障未成年犯罪嫌疑人的诉讼权利，充分发挥合适成年人参与诉讼、协助开展心理抚慰和思想教育活动，实施有针对性的帮助教育和心理矫正，耐心教育未成年被告人认罪悔罪、接受审判，深入分析犯罪行为发生的原因及应当汲取的教训，触发其内心的道德良

知。兰陵县人民检察院从教育系统聘请 12 名合适成年人，在办案中已 8 次邀请合适成年人参与诉讼。

2. 公安机关、法院、检察院达成共识，在审查逮捕、审查起诉和出庭公诉各个环节给涉罪未成年人营造区别于成年人的诉讼环境，执法中做到待之以诚、动之以情、教之以法、晓之以理，注重用科学的方式、方法提高办案的效果。兰陵县人民检察院安排未成年犯罪嫌疑人与其父母见面或通话，以亲情感化促使未成年犯罪嫌疑人真诚悔罪。郯城县人民检察院对于已满 14 周岁不满 16 周岁的失学未成年人，为了保证对他们监管到位，建立以"家庭"为中心的帮教模式，还为迫切希望上学的未成年人联系再次上学的机会，让他们与同龄人一样能够进入校园学习。同时会定期或利用重大节日，开展送爱心活动，为他们解决生活所需。对于已满 14 周岁不满 16 周岁在校观护未成年人，为他们搭建微信群、QQ 聊天群等平台，定期关心他们的学习情况，或者利用寒暑假到未成年人家中走访；对于进入企业帮教的未成年人，为他们解决食宿、生活所需，解决他们后顾之忧。

3. 在案件处理上，在依法的前提下，根据涉罪未成年人的具体情况，以是否有利于其教育、感化、挽救为标准，慎重决定是否批捕、起诉、如何提量刑建议、是否开展诉讼监督。自成立未检科以来，兰陵县人民检察院慎捕、慎诉未成年犯罪嫌疑人 35 名，且未发现有重新犯罪的情况。

（三）认真做好案后考察，努力帮助失足未成年人重返社会

曾经的"一失足"将成为涉案未成年人心底不可承受的痛，再次踏上社会的他们或许懊恼或许自卑或许愤世，这些情绪仍需要进一步化解，否则将是社会的隐患。开展案后考察是保证失足未成年人帮教工作持续性和稳定性的重要举措。

1. 对于被作出附条件不起诉决定、被判处非监禁的未成年人，兰陵县人民检察院本着"教育、挽救"的原则，积极联合未成年犯罪嫌疑人所在的学校、社区、家长以及司法部门对回归社会的未成年人定期回访，与未成年人共同度过心理矫正期。罗庄区人民检察院对于不诉的未成年人，落实企业帮教基地，让其在企业里学习技能，不仅能有效预防社会危险性的发生，又能够解决其生活困境，让其感受社会主义大家庭的温暖，从而能够激发其弃恶扬善、重新做人的自觉性和积极性。郯城县人民检察院在李庄镇家电产业园区选取两家企业作为涉罪未成年人观护帮教基地，充分利用派驻李庄镇检察室驻地的便利条件，在检察室专门设立符合未成年人观护帮教工作的未检工作室。未检科与驻地检察室对被观护人进行月月监督、月月考察，以各种形式进行监督考察，并将帮教主题糅合其中。

2. 对于已判监禁刑的未成年罪犯在服刑期间，检察机关充分发挥驻所检察室的作用，通过定期开展"爱心聊天"、"心理知识讲堂"等方式继续对其教育。检察机关随时关注其矫正情况，按照其思想转变过程来随时调整帮教计划，在力所能及的范围内，帮助失足未成年人早日重返社会。

（四）实施跨区域帮教，将帮教触角最大限度延伸

根据《刑事诉讼法》中"主要犯罪地"的管辖原则，对于在外地犯罪的未成年人，势必是由当地的办案机关办理。而当地办案机关在案件办理过程中考虑未成年人系外来人员，缺乏有效的观护帮教条件，故很少考虑非监禁刑，使在外犯罪的未成年人无法享受一般未成年人特殊保护政策，权利得不到保障。鉴于此，兰陵县人民检察院以具体案例为依托，在协助外地市对本地的未成年人进行帮教的过程中，探索跨区域观护帮教工作，与上海市浦东新区检察院就两名未成年人跨区域观护帮教工作达成协作共识，并成功与其会签了《涉罪未成年人跨区域观护帮教协作协议》，为在上海涉罪的未成年人帮教工作提供依据，也为各地的跨区域帮教工作提供参考。

基于以上做法，在制度上兰陵县人民检察院构建合力帮教体系。基本的体系结构如下图：

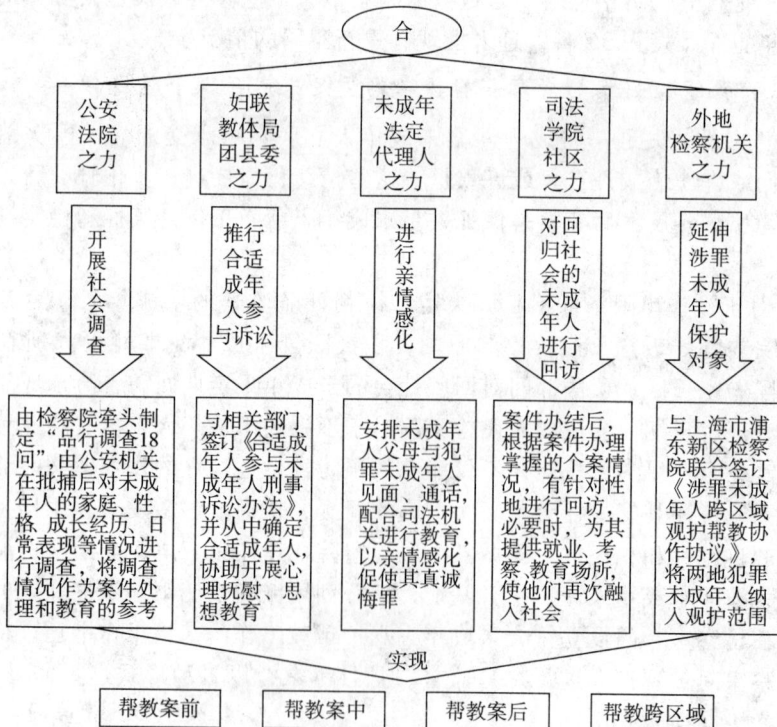

三、未成年人刑事检察合力帮教的专家评点

临沂未成年人刑事检察合力帮教模式在实践中不仅产生了良好的帮教效果，还增强了帮教的能力，体现人口流动状态下的社会合力治理的现代理念。尤其是兰陵县人民检察院"春蕾志愿者团队"以及合力帮教过程中关注和帮扶未成年人的延伸和拓展，更体现了未成年人刑事检察合力帮教临沂模式的优势与鲜明特点，得到了媒体的广泛宣传与专家的好评。

【新闻报道】

山东兰陵检察院开展未成年人刑事案件社会调查活动[①]

正义网山东 11 月 22 日电（通讯员　刘星元　任广慧）　为有效减少和预防未成年人犯罪，11 月 21 日，山东省兰陵县人民检察院"春蕾志愿者团队"联合尚岩检察室开展了未成年人刑事案件社会调查活动。

活动中，干警们以个案为切入点，以走访未成年犯罪嫌疑人为主线，深入到该县尚岩镇某村，对因涉嫌强奸罪的未成年人张小军（化名）进行调查走访，详细了解了其家庭情况、成长经历，征求了其所在学校的评价，听取了村干部和街坊邻居的意见，并就下一步的帮教工作梳理出初步思路。

[①]　参见刘星元、任广慧："山东兰陵检察院开展未成年人刑事案件社会调查活动"，载正义网 2013 年11 月 22 日。

"开展未成年人刑事案件社会调查活动，是我院关注和帮扶未成年的延伸和拓展"，该院未检科科长刘琛介绍，未成年人刑事案件社会调查活动可以通过与案件当事人的沟通，加强检察机关对未成年人犯罪诱因的了解，为有效预防未成年人刑事犯罪提供了参考，是检察机关参与社会管理创新的有益尝试和探索。

据悉，活动自今年年初开展以来，共走访未成年犯罪嫌疑人 13 人，对 11 人制定了帮教方案，使其走上了改过自新的道路。

山东兰陵县人民检察院加大对未成年人案件的监管力度①

正义网山东 11 月 30 日电（通讯员　刘丽华）　"我要感谢检察官们的宽大处理，给我的孩子一次改过自新的机会……"一位未成年犯罪嫌疑人的家长紧紧握住工作人员的手，禁不住泪流满面。这就是发生在山东兰陵县人民检察院的感人一幕。

近日，兰陵县人民检察院受理了一起未成年人抢劫案，犯罪嫌疑人张某采用暴力、殴斗的手段在一网吧内实施抢劫，被公安机关以抢劫罪向检察院提请批捕。案件受理后，承办人综合考虑了案件的事情、情节、犯罪嫌疑人在校表现、家庭教育状况等一系列的因素，秉承着"教育为主，惩治为辅"的方针对其作出了不予批捕的决定。紧接着，该院未检科的女检察官们主动地与张某交流谈心，并利用休息时间多次跟踪走访，功夫不负有心人，张某终于被女检察官们的无私付出所感化，表示一定彻底改过、努力学习，不负父母和检察官们的期望。

未成年犯罪案件具有特殊性，其办理过程中附加的社会效果更是不可小觑。在办理未成年案件上，该院案管中心加大了监管力度，重点把握三个环节：

一是在受理提请批捕环节，严格审核公安机关卷宗材料中是否有明确的逮捕必要性说明以及未成年人品格证据，以此保证案件办理中对逮捕条件把握的精准度，并增加对提捕书、起诉意见书载明内容之外的犯罪嫌疑人自然情况的了解，如该未成年人是否为在校学生、是否单亲家庭、家庭管教是否存在缺失、犯罪动机等，并向承办人通报，以此保证案件办理中能充分考虑犯罪嫌疑人的特殊情况，从而有针对性地开展教育感化工作。

---

① 参见刘丽华："山东兰陵县人民检察院加大对未成年人案件的监管力度"，载正义网 2013 年 11 月 30 日。

二是犯罪嫌疑人讯问环节。对于犯罪嫌疑人被取保候审的，要求办案人讯问时必须通知法定代理人到场；犯罪嫌疑人被羁押，而法定代理人无法到场的，案管部门采取查阅卷宗的方式，对承办人在看守所内的讯问进行现场监督，保证讯问用语、讯问内容无损未成年人身心，同时积极配合办案人对未成年人进行说理教育，积极改造未成年人，确保未成年人案件办理的人性化、透明化。

三是案件审结环节。结合未成年人犯罪的特点，加强对备案文书的审查。重点审查提捕案件的审结报告、公诉案件起诉书中的相关内容；重点把握 14周岁、16 周岁、18 周岁这三个临界点；重点审查犯罪嫌疑人具有初犯、偶犯，系被诱骗或者被教唆等从轻处罚情节。最后通过三书比对，重点审查判决书对事实的认定是否与起诉书相符，刑罚是否采纳量刑建议，是否存在量刑畸轻畸重的情形。

兰陵县人民检察院加大对未成年人案件的监管力度，既保证了案件办理符合法律的规定，也能充分贯彻教育、感化、挽救的未成年人办案方针和教育为主、惩罚为辅的原则，收到了良好的社会效果。

图片①

近日，山东省兰陵县人民检察院与上海浦东新区人民检察院共同签署《涉罪未成年人跨区域观护帮教协作协议》。当日，该院向浦东新区检察院移交了 3 个月前受委托的 2 名兰陵籍涉罪未成年人观护帮教档案。

---

① 参见卢金增、刘义军、毛佩红："图片"，载《检察日报》2013 年 8 月 6 日。

【专家评点】

山东省临沂市检察机关的未检工作在贯彻对未成人"优先保护、全面保护"理念的基础上，不仅注重对未成年人特殊司法权益的优先保护，而且强调了涉罪未成年人的教育挽救和权益维护，尤其跨地域的办理未成年人案件为流动社会妥善处理案件提供可供参考的经验，改变未成年人刑事案件办理帮教职能分离的传统的固定化模式，创设案件办理与帮教一体化的动态机制，为未来的未检工作提供了可供参考的创新模式，其模式在法治社会中作用不可低估，其跨区域的合力帮教更值得总结与推广。

最高人民检察院 2013 年修订的《人民检察院办理未成年人刑事案件的规定》作为办理未成年人刑事案件的重要指导性文件特别强调"特殊保护"的原则，要求办理未成年人刑事案件要"按照最有利于未成年人和适合未成年人身心特点的方式进行"，讯问时应当通知其法定代理人到场，无法通知、法定代理人不能到场或者法定代理人是共犯的，也可以通知其他合适成年人到场；讯问未成年犯罪嫌疑人一般不得使用戒具；应当认真执行对未成年人的社会调查制度，把社会调查报告作为教育和办案的参考；应当根据未成年犯罪嫌疑人涉嫌犯罪的事实、主观恶性、有无监护与社会帮教条件等，综合衡量其社会危险性，严格限制适用逮捕措施；帮助失足未成年人尽快回归社会而不受歧视，预防其重新犯罪。无论是兰陵县人民检察院与上海市浦东检察院探索涉罪未成年人跨区域观护帮教工作，还是罗庄区人民检察院建立的未检办案大厅、心理疏导室、未成年人帮教考察点、失依儿童之家、亲子约谈室等模式，均为充分利用现有的司法资源，深挖内部潜力并有效整合现代司法资源，探索出了刑事检察合力帮教的新模式以及挽救未成年人犯罪的有效途径。其主要特色为：

一是在办案力量上，力求办案人员的专业化与效率化。这种模式不仅符合目前司法改革检察人员专业化的方向，而且还能够保证集中精力办理未成年人刑事案件的检察力量，落实对涉案未成年人的帮教措施等工作，推进未成年人刑事检察专业化、专门化建设。这种模式能够有效落实"教育、感化、挽救"的方针，充分依托未成年人检察职能，切实发挥未检部门专业优势，而且还能够作为法制宣传的窗口、综合治理的平台、权益保护的桥梁，实现未成年人犯罪预防、未成年人权益保护的双重功能，从而为深化和完善办案专业化与帮教社会化相结合工作机制提供了经验，同时在新形势下探索出全方位、多角度未成年人社会化管理的新途径、新方式与新模式。未成年人案件检察机关办案的专业化与未成年人犯罪案件批捕、起诉、预防一体化，有利于承办人在整个刑事诉讼过程中对案件的跟踪监督，充分有效地保障未成年人的诉讼权益，同时也有利于承办人在案中、案外开展对未成年人的帮教工作，积极教育挽救犯罪的未成年人。

二是随着未成年人刑事案件审查逮捕程序改革的深入，以非犯罪化处理的未成年人人数不断上升，若不对其跟进帮教管理措施，容易再次犯罪。在推进社会管理创新的过程中，兰陵县人民检察院积极会同不捕、不诉未成年人所在学校、工作单位、社区以及居（村）委会等部门建立社会帮教管理机制，通过签订帮教协议书、开展不良心理和行为矫治、提供入学就业帮助等形式，促使其顺利融入社会。这种模式体现了未成年人案件以"教育为主、惩罚为辅，少捕慎诉、加强监督，寓教于审、延伸职能"的原则，在审查公安机关提请批准逮捕、移送审查起诉的未成年人犯罪案件的同时，需要积极开展帮教挽救、犯罪预防、权益维护等工作，实现一体化办案模式将有利于挽救未成年人犯罪与教育有机结合在一起，符合未成年人犯罪案件司法改革的趋势与方向。

三是兰陵县人民检察院与上海浦东新区人民检察院签署的《涉罪未成年人跨区域观护帮教协作协议》为现代的流动社会的未检工作提供了创新的思路。据南京浦口法院统计，2012 年度 31 起未成年人犯罪案件时发现，外籍人口占 67.9%，多为无业人员，且文化水平低；犯罪类型中盗窃、抢劫、抢夺、寻衅滋事、故意伤害等案件占九成以上。随着网络的普及，越来越多的未成年人开始通过网络进行学习和娱乐，网络在未成年人的学习生活中也扮演着越来越重要的角色，然而伴随网络而来的一些色情、暴力信息及网络游戏对未成年人产生了深刻影响，因网络原因引发的未成年人犯罪案件数逐年上升，此类案件管辖问题相对传统案件较复杂，而兰陵县人民检察院与上海浦东新区检察院结合观护帮教协作工作实际，共同开展未成年人特殊检察制度探索和实践，根据被观护人在观护帮教期间的综合表现，制作观护情况报告，作为对未成年犯罪嫌疑人考验期内表现进行评判的依据的做法与经验，体现了临沂市检察系统的创新工作思路的精神，也为现代社会未成年人流动人口涉案创新了检察工作模式。

在一些未成年人诉讼案件中，未成年人犯罪多是初犯、偶犯，因诸多因素而导致其一时失足，多数未成年人认罪悔罪态度良好，可塑性强，可改造空间大，相对于成年犯罪人易于改造。因此，临沂市检察机关在办理未成年人刑事案件时，秉持教育、感化、挽救的原则，积极创新未成年人刑事检察合力帮教模式无疑是检察工作在新时期的亮点。因为重视未成年人检察合力帮教的探索，对于未成年人检察制度乃至少年司法制度的完善与发展均具有深远的意义。

（评点专家郭华，系中央财经大学法学院教授，法学博士，博士生导师）

四、未成年人刑事检察合力帮教模式的理论探索

（一）未成年人刑事检察合力帮教模式下的分押制度

《刑事诉讼法》第 269 条第 2 款规定："对被拘留、逮捕和执行刑罚的未成年人与成年人应当分别关押、分别管理、分别教育。"分管分押的类型有以下几种：（1）从监管单位的角度，可以分为监狱与看守所的分管分押；（2）从被监管人是否判决的角度，可以分为已决犯与未决犯的分管分押；（3）从被监管人性别的角度，分为男犯与女犯的分管分押；（4）从被监管人是否成年的角度，分为成年犯与未成年犯分管分押；（5）从被监管人是否为同案犯的角度，分为同案犯和非同案犯之间的分管分押；（6）从被监管人是否为累犯的角度，可以分为初犯与累犯的分管分押；（7）从被监管人是否涉嫌职务犯罪的角度，分为职务犯罪与非职务犯罪的分管分押。前五种的分管分押是法定强制性的分管分押，后两种分管分押是视情况酌定的分管分押。[1] 在多方面因素的制约下，我国不仅存在未成年在押人员与成年在押人员混管、混押的问题，仅就分押而言，也存在制度执行上的问题。本章将着重讨论未成年人在押人员的分管分押问题，并从制度和程序的视角作出理论上的解读。

1. 未成年人刑事案件的分押制度概说

分押制度是指对被关押的犯罪嫌疑人、被告人，根据不同的诉讼阶段、诉讼类型、年龄、性别、健康状况等因素，针对在押人员的不同特点分别进行关押的管理制度。目前，我国有关分管分押的法律依据除《刑事诉讼法》规定外，还有《看守所条例》、《监狱法》以及相关规定与解释。《看守所条例》第 14 条规定："对男性人犯和女性人犯，成年人犯和未成年人犯，同案犯以及其他需要分别羁押的人犯，应当分别羁押。"[2]《监狱法》第 39 条规定："监狱对成年男犯、女犯和未成年犯实行分开关押和管理，对未成年犯和女犯的改造，应当照顾其生理、心理特点。根据罪犯的犯罪类型、刑罚种类、刑期、改造表现等情况，对罪犯实行分别关押，采取不同方式管理。"《公安机关办理刑事案件程序规定》第 317 条规定："对被羁押的未成年人应当与成年人分别关押、分别管理、分别教育，并根据其生理和心理特点在生活和学习方面予以照顾。"《公安机关办理未成年人违法犯罪案件的规定》第 21 条规定："对于被羁押的未成年人应当与成年人犯分别关押、管理，并根据其生理和心理特点

---

[1] 参见李忠诚："简论分管分押与检察监督"，载《人民检察》2007 年第 19 期。

[2] 《看守所条例》修改为《看守所法》并于 2014 年 6 月在中央政法单位以及学者之间征求意见，并在第 75 条规定了强制性分押管理。

在生活和学习等方面给予照顾。"以上规定为完善未成年人刑事案件分押制度提供法律依据。

我国《刑事诉讼法》规定的未成年人案件与成年人案件分押制度是坚持分案处理原则的必然，包括三个层次的内容：一是对未成年人采取强制措施要与成年人分别关押，实行与成年人相隔离的制度；二是未成年人和成年人适用不同的诉讼程序，由专门机构或者熟悉未成年人身心特点的人员承办；三是生效判决的执行分离，未成年犯由未成年犯管教所执行刑罚，按照未成年犯的刑期、犯罪类型实行分别关押、管理，并根据未成年犯改造的表现，在活动范围、通信、会见、收受物品、离所探亲、考核奖励等方面给予不同的待遇。我国之所以将未成年犯罪嫌疑人、未成年罪犯与成年人分别管理、区别对待，其主要原因有以下几方面：

（1）防止未成年犯与成年犯"交叉感染"。看守所与监狱是犯罪分子集中的地方，就像一个"染缸"。如果不实行分管、分押，那么少年犯与成年犯混居一起，天长日久，耳濡目染，难免会染上各种各样的犯罪思想，而且也容易被腐蚀、教唆，要避免出现这种不良的后果，分管分押是有效的途径。

（2）可以对未成年犯进行有针对性的教育。监管场所可以根据未成年犯的身心特点，对他们采取区别于成年犯的教育改造方式，进行有针对性的教育，使他们尽早转变思想，矫正恶习，成为遵纪守法的人。要达到这一目的，分管分押是必不可少的前提条件。

（3）便于区别对待，更好地保护未成年犯的合法权益。依据我国有关法律法规的规定，不论是审前羁押期间，还是在判决后服刑期间，未成年犯在学习时间、劳动时间、日常生活待遇等方面与成年犯都是不同的。如果未成年犯与成年犯关押在一起，这些保护性规定在实施上就会有较大困难。分管分押是实现区别对待、保护未成年人健康成长的有效方法。

对于未成年人刑事案件实行分押制度不仅需要认识到原因，还需要对其意义有一个充分的认识。实行未成年人刑事案件分押制度具有以下意义。

一是未成年人分押制度符合儒家思想以及顺应国际潮流。在我国古代法律制度中，未成年人均在不同程度上受到了法律的特殊优恤，客观上获得了一定的人身自由和安全保障。然而这种保护与西方未成年人的保护理念大为不同，并非出于保护未成年人的生理、心理健康的考虑，亦不是以治疗和预防为手段，也并非是为了保护未成年人的自尊心和减少未成年人的痛苦，而是以维护封建亲属伦理为原则，以巩固封建政权为目的。最早在我国古代法律制度中，受儒家思想的影响，历代统治者采纳保护未成年人的理念，成为今后法律制度发展的一项重要的立法原则。

儒家的治国理念是围绕"仁政爱民"展开的,它不仅仅是一种思想,而且也是人人都应该具有的一项精神品质。"老吾老,以及人之老;幼吾幼,以及人之幼。"这就是说,不管是统治者还是被统治者都应当推己及人,扩充其爱。① 在儒家"仁政爱民"的治国论调下制定的抚恤未成年人的法律规定,是以宽容的心态看待行为人的错误,是最为朴素的人道主义关怀。在刑罚制度方面,主要体现在对未成年犯罪嫌疑人实施宽宥的"恤刑"政策,主要侧重从犯罪年龄、犯罪责任承担、刑讯的程序等方面进行有限度的保护。虽然对未成年人的"恤刑"政策是建立在为了维护封建统治的长治久安的目的上,但是对未成年人刑事司法制度的发展确立了基调,引导之后整个法律制度的发展方向,成为现代司法文明的主要标志。

从国际上来看,关于儿童方面的法律越发受到国际社会的关注。《儿童权利公约》认为每一个儿童都是自己权利的拥有者,他们的权利并非源于或者依赖于他们的父母或者任何成人。出于对每个儿童独立个体的尊重,我们应当从各个方面实现对儿童人权的尊重和保护。不仅要做到使其获得与成人平等对话的资格,还要保障其应有权利的实现,给予其更多的关注与保护。对具体的立法和司法制度来说,就是制定专门未成年人权利保护法和少年司法制度,对违法犯罪的少年予以特殊的保护,即使追究其法律责任,其目的也不是惩罚而是本着教育和挽救的目的。

二是有利于预防和减少未成年人的重新犯罪。对未成年犯分管分押和分级处遇制度若没有得到很好的落实,就容易造成未成年犯"二进宫"的情形多发。分管分押制度的贯彻落实有利于未成年人在相对安全、单纯的环境下接受教育改造,避免因缺乏社会经验和判断是非的能力而被成年犯感染。一旦未成年犯的心理在监管期间造成阴影或者被成年犯恐吓教唆,极易出现愈发消极的心理状态,在成年犯的不断影响下很难不会踏上重新犯罪的道路。这样来看,未成年人分管分押工作的顺利进行以及未成年人管教所的合理适当的教育、矫治,可以有针对性、有效地降低未成年人重新犯罪的几率。而分级处遇是指服刑人员在服刑期间应当处于何种监管环境,应当被实施何种改造方法措施,应当为其确定何种回归社会途径的总称。目前我国在司法实践的各个方面都在努力落实贯彻宽严相济的刑事政策,在对未成年服刑人员的管教方面应当有针对性地进行矫治和改造,根据不同人员的不同情况因材施教,这样才能在真正意义上帮助未成年犯改过自新,并且具备重新回归社会的心理素质和生活生产技

---

① 参见李勤:"浅析儒家思想对古代未成年人刑事司法制度的影响",载《北京青年政治学院学报》2011 年第 4 期。

能。有关社会调查表示，导致未成年犯重新犯罪的原因是重返社会后无法立足，得不到社会的关爱和帮助，或者迫于生计的无奈，或者再次经不住诱惑，或者由于其他原因而再次犯罪。可见分管分押以及分级处遇制度对未成年犯改造工作的完成以及未成年犯的狱后生活的帮教工作具有十分重要的意义。

2. 未成年人刑事案件分押制度的理论探索

随着 2012 年修改的《刑事诉讼法》的实施，全国很多地区对未成年人与成年人实行了未成年人分押制度，但在司法实践中仍存在一些问题，引发了制度与实践的紧张关系。

（1）未成年人刑事案件分押的冲突问题。据调查，未成年在押人员在押期间的行为表现：①存在拉帮结伙意识，解决问题的方式简单粗暴。②缺乏道德感和责任意识，与管教民警存在一定的对立情绪。③时常交流犯罪经验和不良生活习惯。看守所就是一个小社会。未成年在押人员也会彼此沟通交流。其中，交流较多的就是犯罪手段、犯罪经验以及在社会上的不良生活习惯。访谈中课题组成员发现，他们平时的聊天内容更多围绕网游、喝酒、打架以及如何赚钱等展开，相互之间交流犯罪经验，甚至相约"出去之后一起干"。这是相当严重和危险的，更何况在"导致犯罪直接原因"的调查中，近 60% 未成年犯选择"一时冲动"。犯罪时的主要想法亦是"一时冲动"和"不知道是犯罪"，未成年在押人员文化低、涉世浅、对纷繁复杂的社会无所适从，在缺乏鉴别力的情况下或受他人教唆指使，或在稀里糊涂的情况下参与犯罪，其恶念又大多不深，犯罪后一般有悔恨心态。由于未成年犯年龄小、犯罪经历不长，还没有形成稳定的犯罪心理，不良习性也未形成稳固的动力定型，加之其世界观未完全形成，因此，若将未成年人和成年人一同关押，极易造成"交叉感染"的局面，不仅难恢复未成年人的心理状态，甚至有可能在与成年人共同关押期间的耳濡目染中而造成世界观、人生观和价值观的扭曲，不利于确保其重返社会。这些问题集中表现为：

一是看守所针对未成年人的配套设施少，还存在混管混押现象，特别是未成年人与成年人混管混押情况。因为监室数量有限，部分看守所仍无法全面满足对未成年人专门羁押和分类羁押的要求，致使未成年在押人员的权益无法得到有效保障。

二是熟悉未成年人特征的专业性监管干警少。部分看守所的民警编制不能完全满足基本要求，若严格实行分管分押将出现大量安全隐患与漏洞。同时，监管干警缺少教育学、心理学和社会学等方面的专业培训，专门型民警的匮乏导致未成年人分押、分管、分教效果不理想。未成年人在生理上、心理上正处于发育成长时期，自控能力较差，容易冲动，行为不计后果，从而导致了刑事案件的发生。然而，在监管设施不足和监管干警缺乏的环境下，将数量很少的未成年人关押在一起，一方面很容易引发危险；另一方面容易导致未成年人社交障碍。随着网络化的发展，大量暴力、恐怖、色情的影视文学在社交网络上传播，严重侵蚀着未成年人的精神健康，致使未成年人犯罪案件大量增多，并且手段日趋成人化、智能化，团伙犯罪普遍增多。基于此，看守所就面临着大量的同案犯与未成年人监室较少的矛盾，在不便改变强制措施的情况下，异地羁押方式给诉讼工作带来了更多的不便，将未成年人关押于成年监室就成为看守所和办案机关的"合理"选择。然而，如何解决法律制度要求与实践中需求之间的冲突就成为现实中需要解决的主要问题。

从理论上讲，如具备条件，未成年在押人员更适合集中关押和专门教育。从调研的情况看，有两种方式：一是集中关押。如福建省的一些大型所，湖南部分所及浙江杭州所，普遍的做法是设有专门的未成年监室，集中关押，分别管理。每名未成年在押人员的铺位、储物柜由民警事先安排，监室人员不得擅自调换。未成年监室与成年监室穿插安排。二是分散关押。部分基层中小型看守所对未成年在押人员实行"分散关押"（即分散关押到成年监室中），主要原因是看守所规模小、警力紧张、资金短缺、基础设施不完善等。如调研省份的部分看守所，月均关押总量只有 200 人左右，未成年在押人员的数量相对较少，不具备集中关押的条件。①

（2）未成年人刑事案件分押冲突的理论解读。由于我国在立法层面抑或在操作层面，未成年人和成年人在适用强制措施条件上没有作出区别，未具体规定在哪种情况下可以对未成年人实施哪种强制措施，哪些情况下绝对禁止对未成年人采取强制措施，以至于实践中难以起到保护未成年人的作用。面对司法实践中存在的现实问题，在完善未成年在押人员的分管分押制度上需要从以下方面进行解读。

一是要转变理念，将我国对未成年人案件的"慎押"和"少押"原则贯彻到实际的工作中，确立羁押例外的观念，并将其体现在对未成年人的分押制度中，尽可能减少未成年在押人员的数量。《公安机关办理刑事案件程序规定》第 316 条规定："对未成年犯罪嫌疑人应当严格限制和尽量减少使用逮捕措施。"司法观念的转变与制度的科学化能促进未成年人权益的保护，也将促使未成年人羁押模式的改革。

二是在短期内看守所物质和干警条件不会有太大改变的情况下，可以尝试

---

① 参见张学超："我国看守所未成年在押人员矫正与管理研究"，载《预防青少年犯罪研究》2014 年第 1 期。

将少量成年在押人员与未成年人关押在一起，可以协助处理紧急情况，并及时告知监管干警。当然，应该挑选犯罪情节轻微，能够积极悔改或有立功表现的成年在押人员，且最好是挑选过失类犯罪的人员。此类人员主观恶性小，能配合监管人员的工作，对未成年人进行制约。且2至3名成年在押人员到一个未成年人监室较为合适。使用在押人员控制其他在押人员是很多国家监所系统惯用的方式，美国亦采用此方式，受到信任的在押人员被广泛用来控制其他在押人员的活动，这样可以增加在押人员的牵制力量，有助于监所控制在押人员行为。[①]　随着我国经济发展的进一步加快，经济实力的进一步加强，应适当加大对看守所的整改扩建和相关设施的完善健全。同时，根据实际情况，增加监管民警配备，保证监管工作科学依法开展，并加强监管民警的培训，使其掌握心理学、教育学、精神病学和社会学等综合知识，有针对性地对未成年人进行教育引导。除了在硬件设施上完善，设置专门型未成年看守所或者在大型看守所设置未成年关押专区，进行统一关押和管理之外，在刑事司法政策方面也应当有所改变，其重点落实生活和学习上的照顾。

在未成年人学习上的特殊照顾。《未成年人保护法》第57条第2款规定："羁押、服刑的未成年人没有完成义务教育的，应当对其进行义务教育。"《监狱法》也规定了对未成年犯执行刑罚应当以教育改造为主。监狱应当配合国家、社会、学校等机构，为未成年犯接受义务教育提供必要的条件。在一定意义上说，服刑的未成年人相对于羁押的未成年人进行义务教育较为容易，而对于羁押的未成年人如何进行义务教育则是实践中需要探索的问题。解决这一问题不仅仅是依靠羁押的未成年人与成年人分别关押来实现的，尤其是未成年犯管教所应当设立教学楼、实验室、图书室、运动场馆等教学设施以及基本义务教育最为基本的设施与师资，更为重要的是对于未成年人实行非羁押措施，将其通过非羁押措施归入普通的义务教育领域则是符合未成年人利益最大化原则和优先保护原则。

三是加大检察机关的监督力度。检察机关监督工作的贯彻落实对未成年人分管分押制度的完善具有重要意义。监所检察模式主要分为两种，即派驻检察和巡回检察。派驻检察是目前监所检察的主要方式，巡回检察主要是针对监外执行或者一些羁押规模较小的监管场所的检察监督。在实践中，检察机关主要依靠派驻检察进行监督。通过在监所的派驻机构可以获取全面、及时的监所信息，并且可以随时掌控执行机关的活动，实行有力监督，保证执行机关严格执行监管制度、依法变更执行方式、确保被执行人的合法权益不受侵犯等。一方

---

① 参见郭振久："美国监所管理工作考察"，载《公安研究》2008年第2期。

面，应当深化检务公开，告知未成年在押人员的权利和义务，促使他们增强自我保护意识，在权利遭到侵犯时知道该找谁、怎么找，及时、主动地向检察官反映，便于及时调查处理；另一方面，应当严格落实约见检察官、与未成年在押人员谈话、检察官信箱等工作制度，及时受理和依法处理未成年在押人员及其亲属反映的问题。[①]

检察机关派驻检察人员应当坚持尊重和保障人权的基本要求，结合未成年人的特点开展监督工作，制定监管场所未成年人保护监督机制，加强未成年人约见和帮教工作，及时受理和审查未成年的控告、申诉等工作，严查监管干警侵害未成年在押人员合法权益的行为，如果存在混管混押问题，有权向看守所提出纠正并监督其整改。在一个地（市）内指定一所看守所为集中关押点，对辖区内的未成年人进行集中羁押，从根本上解决未成年人与成年人混押的问题。未成年人看守所应由其所属的公安机关的同级检察院派驻检察，设立专区的看守所的检察派驻部门不需变动。驻所干警要结合未成年人的特点开展监督工作，重点监督看守所落实酌定的分管分押情况，对看守所侵犯未成年在押人员权益的问题，要及时要求其纠正，并追究相关人员的责任。对未成年人监室羁押情况开展动态监督，对于羁押过程中已经满18周岁、不适宜继续羁押在未成年人监室的被羁押人，适时建议看守所进行分流。[②]

四是满足被羁押的未成年人与其监护人之间的沟通交流，提供更多看望被羁押未成年人的机会。未成年人一旦被送往关押，心理上不可避免地会出现各种负面情绪，难以自我恢复，就算进行专门的心理辅导也无济于事。未成年在押人员由于生活在与父母相对隔离的监禁环境下，普遍会出现思念家人的情绪，在这种情形下，未成年在押人员监护人的出现会给予其极大的安慰，有助于平复心情。监护人到场看望，进行适当的规劝教育，不仅进一步让其感受亲情的力量，还可以指导其配合侦查机关、监管机关的工作，做好调查取证、诉讼顺利进行、教育改造等活动。当然，对于监护人接触亦存在一些要求，如与案件有关的监护人、亲友应做到与未成年在押人员隔绝，保证其所作的供述、辩解不受污染和干扰；未成年在押人员对监护人看望持强烈反对意见的，在听取意见后还应当做些相关的开导工作。

另外，当前在押的未成年人绝大多数是"90后"的独生子女，是父母的掌上明珠。他们在家娇生惯养，尽管走上了犯罪道路，但他们的家庭并不会抛弃他们，总希望他们吸取教训，重新做人。驻所检察室和看守所要建立家庭联

---

① 参见张斌："浅议在押未成年人羁押期间合法权益保障"，载正义网 2013 年 6 月 19 日。
② 参见丁建玮："驻所检察室应注重保障未成年人权益"，载《检察日报》2013 年 5 月 19 日。

系制度，对刚入所未成年在押人员确定专人及时与其家长联系，了解他们平日对孩子的教育情况及其子女的成长史，有针对性地进行思想教育。同时应鼓励未成年在押人员多写信，在条件允许的情况下，甚至可在办案人员的陪同下由亲属会见进行交流和教育，从而帮助未成年在押人员尽快地找回迷失的自我，为他们今后回到社会就业打下基础。[①]

（二）未成年人犯罪记录封存制度的解读

《刑事诉讼法》第 275 条规定："犯罪的时候不满十八周岁，被判处五年有期徒刑以下刑罚的，应当对相关犯罪记录予以封存。犯罪记录被封存的，不得向任何单位和个人提供，但司法机关为办案需要或者有关单位根据国家规定进行查询的除外。依法进行查询的单位，应当对被封存的犯罪记录的情况予以保密。"犯罪记录封存制度在诉讼程序中奠定了基本法的法律地位。尽管该制度已确立，在一定意义上仅是从无到有的进步，在实践中仍有许多亟待改进的方面。

1. 未成年人犯罪记录封存制度概况

（1）未成年人犯罪记录封存制度基本内涵。对于未成年人犯罪记录封存制度这一概念，学界各专家学者有着不同的看法。关于未成年人犯罪记录封存制度，《刑事诉讼法》规定其暂不适用于所有未成年犯，适用的对象，仅限于被判处 5 年有期徒刑以下刑罚的未成年犯。因而有学者称之为未成年轻罪记录封存制度。[②] 还有观点认为，未成年人犯罪记录封存是指不完全消灭未成年人犯罪记录，在法律规定的范围内，通过技术性操作严格限制未成年人犯罪记录被查阅。[③] 总结以上对于封存制度的理解就是：在符合法律规定的情形时，未成年犯罪人的犯罪记录被技术性地限制起来而不被外界任何人、任何单位所查阅。具体到我国刑事诉讼中是指犯罪时不满 18 周岁，被判处 5 年以下有期徒刑、拘役、管制的，应将其相关犯罪记录做封存处理。该犯罪记录被做封存处理的，相关机关不得向任何其他单位和个人提供，司法机关为查办案件需要或有关单位根据法律法规规定必须进行查询的除外。同时，上述单位或个人，应当对相关封存信息予以保密。

在国外，基于犯罪学的立场，未成年人犯罪是一种不完全等同于成年人犯罪的特殊社会现象，甚至有些国家还特意创设了未成年人犯罪与成年人犯罪两

---

① 参见张斌："浅议在押未成年人羁押期间合法权益保障"，载正义网 2013 年 6 月 19 日。

② 参见束传祥："试析未成年犯记录封存制度的必要性"，载《齐齐哈尔师范高等专科学校校报》2014 年第 2 期。

③ 参见马艳君："未成年人犯罪记录封存制度实践设想"，载《法学杂志》2013 年第 5 期。

个概念。例如日本的"少年非行"就是指的未成年人犯罪；英国、美国等则一般将"crime"适用于成年人犯罪，而对于未成年人犯罪则使用"juvenile delinquency"，即少年错罪。以上区别不仅在于其名称、叫法的不同，而且内涵也大相径庭。在 1960 年召开的联合国罪犯处遇大会上通过的决议指出，如果能够对那些轻微的少年违法行为不予追究刑事责任的，那么就应该尽量不去处罚那些未成年犯罪人，同时对未成年犯罪人不应随意扩大，而应尽可能地限制在违反刑法的犯罪行为之内。①

随着现今社会的发展，未成年人犯罪比率每年都在不断地上升，未成年人犯罪已经成为我国甚至全世界广泛关注的一个社会热点问题。我国法律中规定的未成年人，与我们平时所说的未成年人的概念是不相同的，对于未成年人的年龄的界定是由法律作出严格规定的。《刑法》第 17 条规定："已满 16 周岁的人犯罪，应当负刑事责任。已满 14 周岁不满 16 周岁的人，犯故意杀人，故意伤害致人重伤或死亡、强奸、抢劫、贩卖毒品、放火、爆炸、投毒罪的，应当负刑事责任。已满 14 周岁不满 18 周岁的未成年人犯罪，应当从轻或减轻处罚。"据此，我国《刑法》明确规定，未成年人犯罪是指已满 14 周岁而不满 18 周岁的未成年人所实施的犯罪行为。

我国的未成年人犯罪有日趋严重的趋势，因此未成年人犯罪案件格外引人关注。但是，未成年人相较于成年人来说，未成年人自身有其特殊的身心特点。未成年人的辨别是非能力和自我控制能力与成年人相比，存在明显的差异，并且容易受到外界因素的影响。因此，相较于成年人来说，对于未成年人不应以惩戒为主，而是应当注重感化、挽救未成年人，帮助他们重新走上社会。《刑事诉讼法》第 275 条关于未成年人犯罪记录封存制度的产生，标志着我国作为发展中国家，法律方面正在不断完善，更加注重人权方面的保障。未成年人犯罪记录封存制度不仅是对未成年人的犯罪记录进行隐藏，而且是更加注重对未成年人的将来负责。帮助未成年人减轻心理上的负担，协调处理好人际关系，帮助未成年人解决来自工作、学习以及来自社会的评价等诸多方面的问题。在此基础上，未成年人犯罪记录封存制度为我国在未成年人保护方面提供了新的发展契机。

（2）我国未成年人犯罪记录封存制度的正当性。未成年人犯罪记录封存制度的正当性，也是在谈到该制度时的一个热点问题。各学者在分析制度正当性时所采用的理论也是各不相同。例如，罪责刑相适应②；国家责任和个人权

---

① 参见康树华、向泽选：《青少年法学新论》，高等教育出版社 1996 年版，第 93 页。
② 参见黄训平："未成年人犯罪记录封存制度研究"，郑州大学 2013 年硕士学位论文，第 16 页。

利之间的平衡，是贯彻宽严相济刑事政策的具体体现[①]；行为人在法律意义上被视为未实施过犯罪，行为人在法律上的虚拟地位不应遭受任何歧视性待遇[②]；我国司法实践探索的经验总结及其法律化的要求[③]。尽管理论各不相同，但最终的落脚点都是犯罪记录封存制度有其正当性。

《刑法》第4条规定："对任何人犯罪，在适用法律上一律平等。不允许任何人有超越法律的特权。""任何人"不因其家庭、职业、财产状况、政治面貌等不同而加以区别对待，追究刑事责任，不允许享有任何特权。"一律平等适用刑法"是指在刑法的定罪、量刑和行刑三个方面都必须坚持以事实为依据、以法律为准绳的基准对其加以判处。对所有的犯罪行为人，但凡罪行相同、主观恶性相同、改造表现相同就应该一视同仁地对待。刑法面前之所以需要平等，是因为人们有被尊重、受到平等待遇的需求。平等并不意味着对所有犯罪行为人都无差别地对待，平等的实质要求在犯罪行为人面前要符合普遍正义。虽然量刑完全平等，但他们的承受能力却不是完全平等的。因而法官在量刑时必须做到差别化。对于未成年人犯罪而言也是如此。

未成年犯不同于成年犯，他们的人身危险性、再塑造性、主观恶性等都不同于成年犯，若是简单地把他们当成成年犯对待，不免会对他们的实际承受能力造成打击，进而产生更为严重的不良影响。刑事法律关系中的未成年犯与成年犯具有相当大的差异性。如果未成年犯与成年犯以同样的罪名、同样的刑罚来对待，那么刑罚对未成年犯的打击和伤害肯定是过犹不及的。正因为如此，世界各国普遍会将14周岁以下的未成年人划归为完全无刑事责任能力人。当然，在实质意义上14周岁以下的未成年人被当作无刑事责任能力人对待，但并不因此表示国家法律对这种行为不予追究。这只是免除了他的刑事责任，但并未完全免除其应承担的行政责任、民事责任和社会责任。在英美法系国家，就有将轻罪的未成年犯交予社区进行社会服务以替代刑事处罚。在借鉴英美法系国家的社区服务后，我国也开始认识到其重要性，并努力探索建立类似的制度，从而贯彻落实刑法中的人人平等原则，必须坚持普遍保护和特殊保护相结合，对相同犯罪作相同处理，对不同责任能力作有区别的刑罚处罚。

刑罚的初衷是打击犯罪并预防犯罪，那就应该针对不同的犯罪行为人设立不同的责任承担方式和量刑幅度比例，成年犯较之于未成年犯犯罪意识明显，

---

① 参见樊崇义主编：《2012年刑事诉讼法：解读与适用》，法律出版社2012年版，第356～375页。

② 参见于志刚：《刑罚消灭制度研究》，法律出版社2002年版，第694页。

③ 参见曾新华："论未成年人轻罪犯罪记录封存制度——我国新《刑事诉讼法》第275条之理解与适用"，载《法学杂志》2012年第6期。

社会危害性较大，对其应处以比未成年犯更重的刑罚处罚才能够对其予以还击。而对于未成年犯来说，则应考虑到其年龄、心智、情感等尚未完全成型，可塑性极强，且对感情和温暖更为敏感，因而未成年犯承担刑事责任时就必须考虑到上述方面。未成年犯处于尚未成熟阶段，由于其辨认能力与控制能力均不成熟，因而相较于成年犯而言，其主观恶性和社会危险程度都较小。事实上，坚持罪刑相适应原则和刑法规定的从轻、减轻处罚原则并不冲突。通过考察法定量刑情节，合理决定量刑幅度、对特殊群体进行特殊对待，差别化地对待是对该平等原则的有益补充和完善。

2012 年修改的《刑事诉讼法》在总则中增加了"尊重和保障人权"的规定，分则多项规定均体现了尊重和保障人权的原则，未成年人诉讼程序中的人权保障就更应该得到重视。绝大多数国家一致对未成年犯选择从轻、减轻处罚，直至排除适用死刑，是在必要惩罚的要求与预防再次犯罪的目标下综合考虑得出的结论。因为未成年犯罪人的主观危险性较成年罪犯小得多，一味地对其严刑峻罚反倒失去了预防其再次犯罪的法律效果。

刑罚的预防主要是指刑罚的特殊预防和刑罚的一般预防。刑罚的特殊预防比一般预防更加严厉，是指通过对犯罪分子适用管制、拘役、有期徒刑和无期徒刑，使其在一段时间内或者终身不具有再次危害社会的可能性，或对其处以死刑剥夺其生命使其失去再次危害社会的机会，最终达到消除犯罪分子的人身危险性，维护社会和谐稳定。综合考虑未成年犯的身心、年龄及智力等原因，其本身的社会危险性并不高，若对其科以较为严厉的刑罚不仅偏离了罪责刑相适应原则，更背离了刑罚的本意和初衷。刑法具有的国家强制性、暴力性要求刑罚具有谦抑性，而刑罚的一般预防就是通过对犯罪分子科处严厉刑罚以达到一定的震慑力，同时也对社会上的潜在犯罪分子产生心理恫吓作用，使其对犯罪产生畏惧心理，直至不再有犯罪的念头，从而确保社会稳定。但必须看清楚的是，未成年犯与成年犯是有很大差异的。对未成年犯来说，重新回到社会，并且良好地融入社会，需要的更多是社会的认同而非严酷的刑罚。若刑罚执行完毕或是假释期间届满后，在未来的学习、就业和生活中总是被犯罪记录圈住，对其今后的心理及思想产生的不良影响尤为严重。因而，对其适用区别于成年犯的刑罚，能够更好地帮助、挽救未成年犯。

2. 未成年人犯罪记录封存理论解读

（1）前科消灭与犯罪记录封存概念的关系。未成年人犯罪记录封存和前科消灭经常被放在一起讨论，对于两者之间的关系，学界也有各种讨论。有观点认为，这二者之间是相互联系的，封存是前科消灭的一种方式，有犯罪前科的人在符合法定条件时，在一定空间内对其犯罪记录予以封存，未经有关部门

同意，不允许公开其犯罪记录的一种旨在保护犯罪人未来正常生活的制度；①
也有学者认为，前科和犯罪记录是两个不同的概念，犯罪记录和前科之间的关
系是一种特殊的前提与结果、评价与被评价的关系：犯罪记录客观地记载了行
为人的犯罪事实及其承担的相应法律后果，前科则是基于犯罪记录的存在而导
致的规范性评价。② 还有观点认为，犯罪记录的存在必然导致规范性评价，但
是这种评价不能称为前科，因为前科的本意是犯过罪的人所处的一种法律状
态，这种状态是通过犯罪记录呈现出来的。所以，前科消灭就是犯罪记录的
消灭。③

　　前科消灭应当是基于保护未成年人犯罪矫正后的利益，屏蔽或禁止未成年
人犯罪信息传播的制度总称。这包括审判不公开的信息封闭化、可查阅信息渠
道的有效控制、犯罪档案封存、已披露信息的禁止传播以及对不可避免披露的
信息印象进行强制无前科推定等。在这一体系中，最重要的概念是：消灭记
录，封存档案，免除报告义务，从而构成最狭义的"前科消灭"概念。直接
将"犯罪记录封存"与"前科消灭"等同起来，逻辑上显然是不严谨的。但
它也体现了人们的一些固定思路，即多样化的信息控制规则和强制推定规则的
整体性观念不发达。

　　在语言上，由于该理论和制度由国外引进，自然也会引起歧义。国外未成
年人犯罪记录封存，采用"sealed"一词，虽然在法律上未对其给予明确的定
义，但实践中的未成年人犯罪记录封存指的是法庭下令将与未成年人犯罪有关
的一切记录完整地保存起来，并贴上"封存"标签，或者该犯罪记录由警察
局、法院或者地区法庭保管。一般情况下，公共机构无权查阅，且任何机构无
权披露与该封存记录有关的任何信息，但在特殊情况下，满足一定条件的公共
机构（或者得到法庭准许的命令或者得到有权机关的授权）有权查阅该犯罪
记录。该犯罪记录一经封存，便在法律上被视为当事人未曾犯过该罪。而未成
年人前科消灭，采用"expunge"和"eliminate"，意思是"删除、擦除"。国
外前科消灭在法律上也没有明确定义，实践中的具体做法是将涉及未成年当事
人姓名有关的所有记录从公共信息库中移除或将与未成年人犯罪有关的记录进
行销毁"destroy"。而"expunge"、"eliminate"和"destroy"等词引起了一些
学者的误解，认为前科消灭就是将与未成年当事人有关的一切资料统统物理销

① 参见裔双浩："浅论未成年犯罪人前科封存制度"，载《法制社会》2010年第6期。
② 参见于志刚："'犯罪记录'和'前科'混淆性认识的批判性思考"，载《法学研究》2010年第3期。
③ 参见刘传稿："论未成年人前科消灭制度的设立"，载《云南社会科学》2013年第5期。

毁，任何机构再也查找不到当事人前科档案，加上国内对前科消灭方式丰富度不甚了解，则是加深了这一误解。实际上，前科消灭不仅包括了犯罪记录的法律意义消除即封存档案，还包括了犯罪记录的物理消除即消灭记录。需要明确的是，此处的物理消除并不等于司法档案的销毁。消除的仅仅是公众可能获悉的前科的文字性记录，以使社会公众无从查阅，而非销毁当事人司法档案。而且彻底销毁司法档案也不具有现实可行性，原因有以下三点。

一是司法系统的完整性。案件从立案到结案是一个完整的司法过程，应当有连续不断的司法记录。如果前科消灭销毁的是司法档案，那么就将中断完备的司法记录，割裂了相互关联的司法程序，破坏司法的系统性。

二是与他案之间的关联性。一个人犯罪往往与他案或者将来发生的案件息息相关。如果销毁的是当事人的前科档案，则在处理相关的其他案件，尤其在其他案件与前科消灭的当事人案件时隔许久的情况下，由于销毁了当事人的司法档案，则导致其他案件无从查证或丧失重大线索，不利于发现案件真相，冤假错案、悬案发生的概率也将会提升。

三是当事人重大利益保护。虽然当前侦破案件的技术手段日益先进，但与错综复杂的犯罪行为相比还是会有偏差，因此免不了出现司法裁判背离案件真相的情形。如果案件当事人申请消灭的是司法档案，那么当事人就将永远失去揭露案件事实、澄清冤假错案的机会，一切都变成无从考证，也会给恶意陷害之人以可乘之机，极大地损害了当事人重大利益。从保护未成年人将来利益的角度出发，对未成年人犯罪记录的物理消除可能是最好的，也是最安全的。但为了维护国家司法系统性，便于其他案件、将来案件或冤假错案的审查以及保护未成年当事人的重大利益，与之相关的犯罪档案则只能采取封存方式，不能消灭。

（2）犯罪记录封存的范围问题。基于未成年犯重归社会和尊重国际规则的考量，犯罪记录封存制度所起到的作用十分明显。但是在刑法中具体该如何规定值得认真探讨。对此，理论界有不同的观点。有的主张，依法被判处5年以下有期徒刑、拘役、管制、单处罚金或免予刑事处罚的未成年人的可以。[1]也有学者认为，对犯罪性质可不作限制，即无论是危害国家安全犯罪还是普通犯罪，都可以予以封存消灭。[2] 还有学者认为，原则上应该无一例外，但是对

---

① 参见丁戊等："我国未成年人轻罪犯罪记录消灭制度探究（下）"，载《预防青少年犯罪研究》2012年第1期。
② 参见何承斌："确立'前科消灭'制度之研究"，载《首都师范大学学报》（社会科学版）2004年第6期。

危害国家安全罪与毒品犯罪的人应例外。另有学者认为，在我国凡是行为人被判处 10 年以上有期徒刑或无期徒刑的案件，皆属于严重刑事犯罪，重罪则无封存与消灭一说。[①]

《刑事诉讼法》第 275 条规定："犯罪的时候不满十八周岁，被判处五年有期徒刑以下刑罚的，应当对相关犯罪记录予以封存。犯罪记录被封存的，不得向任何其他单位和个人提供，但司法机关为办案需要或者有关单位根据国家规定进行查询的除外。依法进行查询的单位，应当对被封存的犯罪记录的情况予以保密。"《人民检察院刑事诉讼规则（试行）》第 503 条规定："犯罪的时候不满十八周岁，被判处五年有期徒刑以下刑罚的，人民检察院应当在收到人民法院生效判决后，对犯罪记录予以封存。"最高人民法院《关于适用〈中华人民共和国刑事诉讼法〉的解释》第 490 条也规定："犯罪时不满十八周岁，被判处五年有期徒刑以下刑罚以及免除刑事处罚的未成年人的犯罪记录，应当封存。"由以上的规定来看，未成年人犯罪记录封存的对象为已满 14 周岁不满 18 周岁的未成年犯。其中，14、18 周岁是指"犯罪时"的年龄，并不关乎审判时的实际年龄。也就是说，即使在发现犯罪行为或审判犯罪行为时行为人已满 18 周岁，而只要其犯罪时不满 18 周岁的，就不能否定对该行为人可以适用犯罪记录封存制度的既定事实。而未成年人的相关犯罪记录被封存的法定条件，也即唯一条件为"被判处五年有期徒刑以下刑罚的"情形。5 年有期徒刑以下刑罚，还包括拘役、管制刑，从其犯罪性质上来看属于轻罪。5 年有期徒刑以上刑罚，则一般被视为重罪。而被科处重罪的未成年犯，要么是触犯了重罪，要么就是犯罪行为及犯罪后果特别严重，不适合作封存处理。由以上分析可以看出，对于犯罪记录封存所适用的范围是进行了较为严格的界定的。

（3）封存的效力与内容。封存内容为犯罪记录。我们认为，它有两层含义：一是未成年人触犯《刑法》的客观事实；二是记载犯罪事实及刑事诉讼整个过程的文书裁判记录。司法机关和有关单位不仅要对未成年犯的相关犯罪档案信息予以保密，还要对其曾经犯罪与受到过刑罚处罚的客观事实予以保密。[②] 除法律法规另有规定外，上述机关及查询犯罪记录的主体均不得对外透露其曾经犯罪的客观事实。若对外透露，情节严重的，将追究其行政责任；构成犯罪的，应追究其刑事责任。

封存的效力范围及程度是封存制度能否有效实施的关键。我国目前制度的

①　参见颜超明、张训："论我国前科消灭制度的现实化"，载《中国刑事法杂志》2010 年第 6 期。
②　参见曾新华："论未成年人轻罪犯罪记录封存制度——我国新《刑事诉讼法》第 275 条之理解与适用"，载《法学杂志》2012 年第 6 期。

规定较为原则性，具体规定不明确，在实践中操作有一定困难，这里可以参考域外的成熟制度。美国除在《美国法典》中专门用一节来规定未成年人犯罪记录的使用规则和明确未成年人犯罪记录封存制度外，其《青少年犯教养法》第 5021 节 "取消定罪的证明书" 也涉及未成年人犯罪前科消灭。该条规定："a）在教养处对原定最大限度刑期届满前的被送交的青年犯实行无条件释放时，原定罪即自动取消，教养处应发给青年犯定罪取消证明书。b）对已由法院给予缓刑的青年犯，法院可以自动酌定在原定缓刑期满以前解除该青年犯的缓刑，予以无条件释放，原有罪判决因此自动失效，法院应发给青年犯有罪判决失效证明书。"具体以俄亥俄州的规则为例：一是封存的犯罪记录只允许法官、警察和检察官查询，任何其他个人或机构在当事人就业和购房时，不得询问该有关背景。未成年人达到 18 周岁时，其犯罪记录不会自动封存或消灭；申请需得到少年法庭首席法官的许可；法官需要考量的因素包括：犯罪的年龄、犯罪性质、对社会的危害程度以及其他因素等。二是未成年人前科消灭是将与该未成年人有关的一切犯罪信息统统消灭，包括电子档的物理消灭，以使该信息此后不可再使用；经封存的犯罪记录在以后的任何时候可申请予以消灭；当未成年人达到 23 岁或者犯罪记录已被封存超过 5 年，该当事人的前科自动消灭。

德国未成年人犯罪前科记录分为两种方式：一种是法官判决消除；另一种是刑罚及其余刑被免除后前科记录的消除。《德意志联邦共和国少年法院法》专门在第四章就未成年人犯罪记录消灭的两种方式作了详细规定。第一种方式被规定在该法第 97 条至第 99 条中。只有使少年法官确信认为被判刑的少年行为无可挑剔，且证实已具备正派品行时，少年法官才可以依据其职权，或经被判刑少年、其监护人或法定代理人的申请，宣布消除前科记录。如果该申请是由检察官提出的，或经少年法院帮助机构的代表申请，那么少年法官也可以宣布消除其前科记录。但是如涉及依普通刑法典第 174 条至第 180 条（即妨害性自决权）或第 182 条（即对未成年人的性滥用）所为之裁判，则不得宣布之。消除前科记录命令只能在执行刑罚 2 年以后或刑罚被免除后作出，但消除前科记录对被判刑少年显得特别重要的，不在此限。刑罚执行期间或缓刑考验期间不得作出上述命令。第 98 条规定了法官判决未成年人前科记录消灭的程序，指出负有对被判刑人进行监护教育任务的初级法院的少年法官具有管辖权。被判刑人如已成年，则由被判刑人住所在其辖区内的少年法官管辖。

具体而言，少年法官应优先委托对被判刑人在执行刑罚后进行照料的机构，对被判刑人的行为及考验情况进行调查。少年法官也可自行调查。调查时应听取被判刑人的意见；如被判刑人尚未成年，还应听取其监护人、法定代理人以及学校和主管行政当局的意见。调查结束后，还应听取检察官的意见。第99条规定了少年法官判决消灭未成年人前科记录的形式为裁定。若少年法官认为消除前科记录的条件尚不具备，则可延缓裁判，但延迟的期限最多不得超过2年，并且规定可对该裁决立即提起上诉。第二种方式即刑罚及其余刑被免除后的前科记录的消除，涉及该法第100条至第101条。然而，这种前科消灭是可以被撤销的。被判处2年以下少年刑罚，因刑罚或其余刑在缓刑期届满后而消灭的，法官应宣布其前科记录被视为已消除。如涉及依普通刑法典第174条至第180条或第182条所为之裁判，不得宣布之。如果被宣布前科记录已消除的被判刑人，在消除前科记录之前因犯重罪或故意犯轻罪被判处自由刑的，法官以判决或事后以裁定形式撤销前科记录消灭命令。由以上国外规定可以看出，犯罪记录封存制度主要应达到以下法律效力：

第一，限制查询犯罪记录。未成年人犯罪记录封存并不是单纯地将犯罪记录予以彻底销毁，而是将记录予以封存，在司法机关和有关单位查询该未成年犯罪记录时予以否定，或者直接给予"无犯罪记录"的答复。

第二，免除前科报告义务。被封存犯罪记录的未成年犯罪人在刑满释放或假释期满后，在就业、求学等社会活动中不再需要填写"受过刑事处罚"字样的标签。[①]免除前科报告义务，意味着他们可以像平常人一样在就业、求学等过程中享有其应有的正当权利。

第三，刑事法律后果保持。一个人触犯了刑法，无论怎样，他都要为其实施的犯罪行为承担不利后果。即使该犯罪记录得以封存而不为外界所知晓，但其依旧需要接受刑法制裁，刑事法律的不利后果得以保持。

第四，封存效力持续。司法机关及有关单位依据法律法规对未成年人犯罪记录查询的，在原机关应保持犯罪记录封存状态的同时，司法机关和有关单位就具有了为其保守秘密的义务和责任。

但上述法律效果在实施过程中有很大的困难，其中比较棘手的就是出具无犯罪记录证明的问题。因未成年犯罪人符合条件，其犯罪记录已被封存，但相关机关在出具无犯罪记录证明时便遇到了法律规定与客观真实义务履行的难题。多地实践中采取的方式是在出具无犯罪记录证明时予以附注《刑事诉讼法》第275条的规定，并在有疑问时予以解释。福鼎市人民检察院和公安机关在这方面做得较好，不仅对于犯罪记录被封存人员的证明予以附注，而且对于所有出具的无犯罪记录证明也都予以附注。这样就避免出现附注的"属于特殊情况"，引起其他机关的猜测。我们认为，还可以采取以下的方式出具无

---

① 参见马艳君："未成年人犯罪记录封存制度实践设想"，载《法学杂志》2013年第5期。

犯罪记录证明：在其需要出具无犯罪记录证明时，不对有无犯罪记录予以说明，只对那些判处 5 年以上有期徒刑刑罚的部分予以说明，即证明中写明：曾被处 5 年以上有期徒刑刑罚。其他诸如没有犯罪记录，或者符合封存条件被封存的，一律写明：未曾被处 5 年以上有期徒刑刑罚。这样一来，不仅符合了犯罪记录封存制度的要求，同时也不违背客观真实义务的履行。

（4）社会公众对于犯罪记录的认识问题。囿于传统社会观念，社会大众对那些有犯罪前科的犯罪人的成见是根深蒂固的。尽管我国法律并没有对那些改过自新人员作过任何有歧视性的规定，但在现实社会生活中却到处弥漫着对有犯罪前科的人的排斥与歧视。尤其对于那些因少不更事犯下罪的未成年人来说，轻微犯罪使其有过短暂的牢狱生涯，但因相关机关没有对其犯罪记录予以封存，甚至于泄露出去，一旦被他人知晓和掌握其犯罪前科信息，那他之前的改过自新、洗心革面将会前功尽弃。在学习、生活、工作过程中四处碰壁之后，索性"破罐子破摔"，最终成为社会的不稳定因素。①

而由其他发达国家的未成年人犯罪记录封存制度可以看出，他们对于制度的理解与设计比较成熟。一是对犯罪信息屏蔽及传播控制有较深刻的理解。在阐释记录封存与前科消灭制度有关概念的时候，对不同概念以及由此产生的法律上应当具备的不同态度有明显区分。在制度设计中，犯罪信息屏蔽和传播控制十分有效。二是各国对制度规则细化特点鲜明。综观上述国家和地区的法律规则不难发现，规定事无巨细，很少有演绎性示例条文规则。对程序何时启动、如何启动，方式和内容是什么、效力怎样等问题都有详细的明文规定。三是各国家和地区在制定制度时充分考虑了例外和冲突，为冲突例外预留了必要的法律空间。

（5）与相关法律法规的对接。《刑事诉讼法》规定的未成年人犯罪记录封存与我国现行法律体系中的其他诸多法律法规相冲突。根据相关法律规定，有犯罪前科的不得或在一定期限内不得从事以下职业：公务员、检察官、法官、律师、拍卖师、会计师、注册会计师、公司的董事、监事和经理、执行医师。同时根据《兵役法》规定，依法被剥夺政治权利的人，不得服兵役。即使未被剥夺政治权利，在政审时往往也难以通过。因此，在上述法律未修改之前，犯罪记录封存制度在实施中将"大打折扣"。尤其是从目前各地未成年人犯罪记录封存工作的试点情况来看，该项制度与公安机关的许多现行规章存在不同程度的冲突，与公安部的《重点人口管理规定》也存在矛盾。根据该规定，包括 5 大类共 20 种人员属于公安机关重点管理的人员。其中第 4 类是"因故

① 参见黄训平："未成年人犯罪记录封存制度研究"，郑州大学 2013 年法学硕士学位论文，第 21 页。

94

意违法犯罪被刑满释放、解除劳动教养不满五年的"。公安机关会深入社区、街道、居委会或者村委会调查了解其基本情况，调查核实与其相关的信息资料，同时进行重点监控和定期帮助教育。未成年人犯罪记录即便进行了封存，其效果也令人怀疑。另外，与公安机关的户籍管理制度也相冲突。我国现行户籍制度是计划经济时代的产物，每位公民的出生、上学、结婚、就业、迁移等无不受到户籍制度的制约。户籍与公民的政治、经济、文化教育权利挂钩，记载了该公民的违法犯罪情况及服刑情况。在我国户籍制度改革之前，未成年人犯罪记录封存制度难以有效实现。此外，我国目前还没有建立犯罪信息登记、查询的专门制度，行为人犯罪信息散见于人事档案、户籍登记和其他相关人事资料中。这对未成年人犯罪记录封存制度提出了严重挑战。①

我国《刑事诉讼法》规定的未成年人犯罪记录封存制度过于原则化，使得在具体实践时，产生了与现有法律法规的对接问题。《刑事诉讼法》只是对该制度进行了制度化的设想及构建，至于具体封存对象、封存程序、解封操作及保密工作等丝毫没有涉及，也没有考虑到未成年犯罪人的相对不起诉和附条件不起诉可否参照适用该制度问题。在法律效力上，《刑事诉讼法》规定"未成年犯罪人的犯罪记录被封存的，不得向任何单位和个人提供，但司法机关为查办案件需要或者有关单位根据法律法规规定必须进行查询的除外"。其中，"有关单位"具体是指哪些单位，"法律法规规定"具体又是指哪些法律法规？若不能对其作出具体细致的解释，在司法实践中可能会出现"非左即右"的倾向：要么许多单位认为自己是规定中的"有关单位"，要求查阅其相关犯罪记录；要么未成年人犯罪记录的保存机关以"有关单位"为由随意予以拒绝，阻止了有权单位行使正当权利。笼统、原则性的规定不仅无助于对"有关单位"的查阅权利的保障，更无助于未成年人犯罪记录封存工作的彻底有效落实。

我们认为，目前最重要的是保护未成年人的权益，可以在未成年人犯罪记录封存制度中加入特殊规定，即"当本法与其他法律相冲突时，优先适用本法"。这样，未成年人犯罪记录封存制度优先适用于其他法律制度，我们认为，这属于较好的解决方案。国家在进行少年司法活动时，既要注重对未成年人的教育感化，又要保证司法的公正性，要将二者有机的统一，才是真正的制定法律的目的所在。未成年人犯罪记录封存制度的法律价值在于一旦有前科的的未成年人的犯罪记录依法被撤销后，就会引起相应的法律效果。司法机关对未成年人的犯罪记录进行封存后，未成年犯在法律上被视为未犯罪的人。例如

① 参见刘清生："规范与事实之间的冲突与弥合：未成年人犯罪记录封存制度的未来走向"，载《中国刑事法杂志》2012年第6期。

《瑞士刑法典》规定恢复的法律权益范围包括"恢复担任公职之资格、恢复亲权及监护人的资格、撤销禁止执行职业、营业、商业行为的处分"。我国对此在法律上并没有明确的规定，但将较于世界其他各国来说，未成年人在犯罪记录被封存后，未成年人将不会受到犯罪记录的困扰。于此同时，在未成年人的档案中也不会出现有关犯罪记录、受到刑事处罚的相关记载。同时，未成年人的民事、行政上的法律权利也会得到恢复，未成年人能够在社会上更好地立足。对此，我们认为，犯罪记录被封存的未成年人如果再次犯罪，不应当以累犯论处，这也是为了更好地落实未成年人犯罪记录封存制度。如若对再次犯罪的未成年人以累犯论处，那么将使未成年人犯罪记录封存制度形同虚设，不利于我国法律制度的发展。未成年人的犯罪记录一旦被封存，就应当被视为没有犯过罪的普通人。

3. 未成年人犯罪记录封存制度的完善

由上述分析可以看出，想要使得未成年人犯罪记录封存制度得以切实实施与运行，必须从整体制度设计与公众认识两个方面展开完善与发展。未成年人犯罪记录封存制度的完善需要在以下几个方面进行。

（1）犯罪记录封存的启动。针对该制度的启动主体，学界有多种观点。一种观点认为将启动权交由当事人自己，即由当事人申请来启动犯罪记录封存制度，而不应该由国家机关依职权启动。① 理由是，虽然封存犯罪记录是为了帮助未成年人更好地重新融入社会，但是也不能不顾未成年人自己的想法而强迫其封存记录，应当充分地尊重未成年人自己的想法。毕竟犯罪记录对未成年人造成什么程度的影响，只有当事人自己才知道。是否需要封存犯罪记录，也应当由未成年人自己来决定，任何人都不能代替当事人自己的想法。当然，也不是只能由未成年人自己来决定，未成年人的监护人也可以代为申请。对于此种观点，我们不敢苟同。首先，犯罪记录封存，作为对未成年人的一种保护，出于国家社会的责任，也应由国家与社会来启动与实施。其次，未成年人出于自身认知上、阅历上的不足，有时候对于犯罪记录的影响认识并不深刻，这时如果由未成年人自主选择，难免会产生日后追悔莫及的情况。因此，对于犯罪记录封存的启动，还是应由国家机关依职权启动。

同时还应该说明的问题是，未成年犯罪嫌疑人的相对不起诉的适用情形为"犯罪情节轻微，依照刑法规定不需要判处刑罚或者免除刑罚的"，未成年犯罪嫌疑人的附条件不起诉的适用情形为"可能判处一年有期徒刑以下刑罚的"。而未成年人犯罪记录封存的适用条件是"被判处五年有期徒刑以下刑罚

---

① 参见王歆："论我国未成年人犯罪记录封存制度的完善"，辽宁大学 2013 年硕士学位论文，第 11 页。

的"，是否包含这两种情况下的未成年犯罪嫌疑人，并没有明确说明。① 我们认为，相关司法解释或规范性文件应对此作出说明，并将这两种情形下的未成年犯罪嫌疑人的记录参照适用未成年人犯罪记录封存制度适用。

根据不同的情形，可以有以下启动方式：①对于由检察机关作出相对不起诉和附条件不起诉决定的未成年人犯罪记录，由检察机关启动封存程序，并向递交起诉意见书的公安机关送达相关的封存告知书，告知其该案件适用封存程序；同时对检察机关内部的有关部门发放封存通知书，通知其对该档案进行封存处理。②对于法院作出的判处未成年被告人5年以下有期徒刑、拘役、管制的，由法院启动封存程序，并向提起公诉的检察机关送达封存告知书，告知其该案件适用封存程序；同时对法院内部的有关部门发放封存通知书，通知其对该档案进行封存处理。③对于执行阶段的未成年犯的犯罪记录封存权也应交由法院行使。因为未成年犯罪人犯罪记录封存实质是未成年犯罪案件审理的延续，是一种司法裁判权，若交由执行机关行使则会造成现行权力配置的混乱，因而交由法院行使是最合适的。

（2）封存的查询与审核。关于未成年人犯罪记录封存的查询主体，《刑事诉讼法》并未明确规定，仅规定"司法机关为办案需要或者有关单位根据法律法规规定进行查询"。这是一个抽象的条文，在实践中不仅不具有可操作性，反倒会引发查询主体之间的混乱。我们认为，对"有关单位"应作出列举式的规定。例如，公安机关、检察机关、审判机关、政府性的人事档案机关及党组织等，从而排除某些单位以"有关单位"的名义侵害到未成年犯罪人的利益。

查询主体可以包括司法机关和有关单位，而审核主体则应该确定。未成年犯罪人的犯罪记录在司法办案的各个环节都会有所留存，那就需要一个有能力担当的审核机关进行查询的审核，否则各个机关都进行审核会导致各自为政，削弱了记录封存的效力。因为检察机关作出起诉或不起诉决定的关系，具体来说审核机关应分为两种情况。

第一，由作出案件处理结果的人民法院担任审核主体。原审人民法院受理犯罪记录封存的申请后，便于对未成年人考验期内的罪后表现及悔改程度等综合情况进行审查。在符合法律规定的情况下，法院作出封存未成年人犯罪记录的裁定，同时给予未成年人封存犯罪记录的裁定书。同时，法院将作出的犯罪记录封存裁定送达检察机关和公安机关。

第二，我国《刑事诉讼法》规定，只有人民检察院享有公诉权，其他任

---

① 参见马艳君："从两方面搭建未成年人犯罪记录封存制度"，载《检察日报》2012年9月10日。

何机关均没有该项权利。人民检察院在审查起诉的过程中，认为犯罪嫌疑人罪行较轻，社会危害性不大的情况下，可以作出酌定不起诉的决定，即人民检察院在符合法律规定的情况下，可以作出不起诉的决定。因此，如果未成年人的犯罪情节较轻，并且没有给社会造成严重的危害程度时，人民法院在法律规定的情况下，可以作出酌定不起诉的决定，诉讼程序到此就可以终止。但是，即使人民检察院作出酌定不起诉的决定，也不能认为未成年犯罪嫌疑人的行为不以犯罪论处。相反，未成年人的行为已经构成了犯罪，只是人民检察院因为情节轻微而作出不起诉决定。对此，由作出不起诉决定的人民检察院担任未成年人犯罪记录封存制度的适用主体。因为对于此类情况，并没有涉及到人民法院来行使具体的职权，人民法院对案件的熟悉程度远远不如人民检察院。因此，由人民检察院来担任受理机关更加合适。

由此可知，未成年人犯罪记录封存制度的受理机关可以分为两类：一类是原审作出判决的法院；另一类是在作出酌定不起诉时，由作出不起诉决定的人民检察院担任。

（3）封存的执行。封存的决定书应在作出决定之日起 7 个工作日内送达原侦查机关、公安机关及执行机关。上述机关在收到决定书之后，应将相关案卷作特殊封存处理，除法律另有规定外，不得将档案内容泄露给任何人、任何单位和组织。同时，任何人、任何单位和组织也不得向上述单位借阅、复制、摘抄、利用该档案材料。公安机关户籍等有关部门和人员出具该封存当事人的身份证明时，视其未有犯罪记录。该犯罪记录被作封存处理的，相关机关不得向任何其他单位和个人提供，司法机关为查办案件需要或有关单位根据法律法规规定必须进行查询的除外。同时，上述单位或个人，应当对相关封存信息予以保密。

（4）犯罪记录封存的监督。检察机关作为国家的法律监督机关，由于其监督职能可以成为监督的主体，对未成年人的犯罪记录进行监督。其主要内容包括法律的适用和执行两方面。

法律适用是否正确，既是犯罪记录封存启动的先决条件，又是检察机关行使监督职能的重要内容。根据《刑事诉讼法》第 275 条的规定，检察机关对未成年人是否符合这些条件进行严格的审查。

检察院的监督职能体现在执行阶段的监督，具体是对有关职能部门犯罪记录封存的规范性进行监督，包括是否依照法律规定及时封存了案卷档案等材料，是否落实了相应的保密措施等。同时，监督机关也要受到来自其他机关的监督，由于检察院实行的是垂直领导，因此下级检察院应受到上级检察院的监督检察。除了人民检察院作为监督机关以外，未成年人所在的学校，所居住的社区也可以担任监督机关。对未成年人的人身危险性的评估并不是一成不变的，对未成年人的心理状况、行为表现由最接近未成年人的机关担任监督机构，这是一个最可行的办法。未成年人所在的社区、学校可以更加接近未成年人的生活，对于未成年人的一举一动都可以进行了解。相较于人民检察院来说，社区、机构的职权较小，但是，未成年人所在的学校、社区可以承担监督未成年人的义务，如果未成年人有再次犯罪的趋势，也可以及时通知人民检察院，由人民检察院进行处置。这样，人民检察院和未成年人所在的学校、社区可以经常保持联系以了解未成年人的具体情况，及时发现问题并能够帮助未成年人更好地生活。

另外，我国囿于传统社会观念，对那些有犯罪前科的犯罪人的成见是根深蒂固的。强制推定规则，是在社会大众的认识上进行的一项努力。因为犯罪记录的封存并不是记录的完全消灭，并且完全消灭也是不可能的。因此需要推行此种规则，在社会公众认识的层面，达到一种对于未成年人犯罪记录的"隔绝"、"封存"。这一点在域外制度中规定较为明确。由于未成年人具有的特殊性质，对其犯罪记录封存处理不仅符合刑法的人权保障职能、体现刑罚的人道主义价值，同时还超越了一般道德意义上的正义观念，对失足未成年人进行宽恕。该制度为依法惩处未成年人犯罪，保护社会提供了更大的可能，为未成年犯罪人回归社会，保护未成年人健康成长提供了坚实的保障。《刑事诉讼法》设计的未成年人犯罪记录封存制度能够在一定程度、一定范围内限制前科强大的打击力度，在未成年人健康成长的道路上所产生的意义无疑是巨大的。

第三章 未成年人刑事检察的抚慰救助模式

临沂市检察机关在办案过程中不断加强检察机关对未成年人犯罪诱因的了解，为有效预防未成年人刑事犯罪提供了参考，对检察机关参与社会管理创新进行了有益的尝试和探索。自活动开展以来，兰陵县人民检察院共走访未成年犯罪嫌疑人 13 人，对 11 人制定了帮教方案，使其走上了改过自新的道路。可以说，未成年人刑事检察的抚慰救助模式在实践中具有良好的教育效果。

一、未成年人刑事检察的抚慰救助实例

（一）孙某等人强奸案
【基本案情】
孙某自 2007 年夏至 2010 年春，采取暴力、胁迫等手段，在其家中及车上将邻居张某的女儿小红（1998 年 1 月 22 日出生）、小玲（1999 年 6 月 22 日出生）、小珑（2000 年 11 月 30 日出生）多次强奸。

2006 年 2 月至 3 月，小华、小明（均为孙某之子）在家中两次将邻居小珑强奸。（以上名字均为化名）

【诉讼过程】
本案由兰陵县公安局侦查终结，以孙某、小华（该二人为并案移诉）和小明涉嫌强奸罪分别于 2011 年 3 月 15 日、5 月 23 日向兰陵县人民检察院移送审查起诉。该院于同年 4 月 13 日将孙某、小华强奸案上呈临沂市人民检察院审查起诉，期间将二人分案处理。临沂市人民检察院以被告人孙某涉嫌强奸罪于同年 9 月 18 日起诉至临沂市中级人民法院，兰陵县人民检察院以被告人小明、小华涉嫌强奸罪分别于同年 6 月 22 日、10 月 18 日起诉至兰陵县人民法院。临沂市中级人民法院于同年 11 月 29 日以强奸罪判处孙某无期徒刑，兰陵县人民法院于同年 8 月 12 日、11 月 24 日以强奸罪分别判处小明、小华有期徒刑 2 年 8 个月、3 年 4 个月。

【办案经验】
孙某父子三人强奸小红姐妹三人一案涉及人员多，其中五人是未成年人，

时间跨度长，社会影响极为恶劣。为了案件能得到妥善处理，兰陵县人民检察院未检科在抚慰救助被害人方面主要做了以下工作：

1. 及时给予被害未成年人心理疏导。案发后，女孩小玲因思想压力大，患上了抑郁症，不仅不能正常回答检察官的问题，而且对生活消极，甚至拒绝出门，拒绝和任何人见面。针对这一情况，未检科制定了专门的救助方案：一是女检察官像姐姐一样与其谈心，多次带领其到专业心理诊所进行心理辅导。经过检察官们的不懈努力，小玲终于露出久违的笑容。二是因为家境贫困，小玲自小经常头痛，却只能靠吃止痛药减缓症状。针对这一情况，检察官积极联系当地医院对小玲进行诊治。经过几个月的系统治疗，小玲的头痛病终于得以根除。小玲开心地对检察官说："以后再也不用经常吃那么苦的药了。"

2. 及时申请启动被害人救助程序。检察官在办案过程中了解到，三个女孩自小缺少母爱，父亲也已年逾七十，家境极为贫困。此事发生后，三个孩子皆辍学在家。检察官根据其家庭实际情况，不仅通过捐款的形式，为她们送去衣服、油面等生活必需品，还及时为三名被害人申请启动被害人救助程序。经民政部门批准，先期给予该家庭临时性救助金 6000 元，其后为其落实低保待遇，保证她们全家的最低生活需求。此外，大女孩小红已年满 16 周岁，且有外出打工挣钱帮助家庭脱贫的意愿，办案检察官遂联系当地劳务部门，优先安排其到某职业技术学校读书，目前小红的月收入已达四五千元，整个家庭生活条件得到有效改善。

【未检心得】

要充分利用被害人救助制度，帮助家境贫困的被害人渡过难关。当被害人 70 多岁的老父亲首次收到 6000 元救助金时，老泪纵横地说："没有检察官帮一把，我们这个家算是完了。"

"没了救一口比有了救一斗更重要"说得就是这个道理。

被告人孙某虽一直存有侥幸心理，但对检察机关的分案起诉，还是连声道谢。此举一并维护了两名涉案未成年人的合法权益，对于感化三名被告人均有一定的促进作用。

为加强对留守儿童的保护，"春蕾志愿者团队"自发组成法制宣讲团，把办理的典型案件编成法制故事，采取三字经、法制漫画、动漫视频等形式，向留守儿童广泛宣传，提高其鉴别、抵制不良行为的能力，同时提出切实有效的防范建议，增强其自身的免疫力和防范犯罪的能力。该团队先后进校园、进年集、进农村进行宣讲，在全国首开了"关爱留守女童法制宣传大篷车进年集"、"留守女童家长法制夜校"系列活动，获得社会的好评。

（二）王某等人非法拘禁案

【基本案情】

自 2010 年 12 月 23 日至 2011 年 9 月 23 日期间，犯罪嫌疑人王某、王某荣为帮助其智力低下的儿子找老婆，将本村残疾未成年人孙某拘禁家中长达十个月。他们在明知孙某父母四处寻找后仍不告知孙某下落，后被害人孙某父母于 2011 年 9 月 23 日将其从犯罪嫌疑人王某家中发现并带走。

【诉讼过程】

2011 年 10 月 19 日，被害人父亲到公安机关报案。两天后，临沂市罗庄区公安分局立案侦查，并将王某、王某荣抓获归案。罗庄区公安分局于 2012 年 1 月 17 日向罗庄区人民检察院移送审查起诉，该院于同年 3 月 1 日起诉至罗庄区人民法院。同年 6 月 28 日，罗庄区人民法院以非法拘禁罪判处王某荣有期徒刑 2 年，缓刑 3 年；王某有期徒刑 1 年。

【办案经验】

1. 借助检察室，开展心理救助。面对孙某喝农药、心理出现严重障碍的情况，办案人员借助检察室离孙某家比较近的优势，同时利用设在检察室的心理疏导室，由具备心理咨询师的女检察官先后对其疏导九次，通过播放音乐、举例子、讲故事、做游戏等方式，进行由浅入深的交谈，时间长达半年多，终于帮助孙某重新找回生活的信心。

2. 联合多家救助，实行多种形式救助。在得知孙某父亲身患重病，家庭贫困，孙某系聋哑人且没享受任何扶助优惠政策的情况下，该院会同区民政局、残联等相关单位，及时为孙某办理了残疾证、为孙某家庭按程序申请办理了低保证，同时一起看望孙某，三家单位共送去 6000 元现金及米、面、油等生活用品。

【未检心得】

2012 年 8 月 6 日，孙某的父亲冒雨将一面写着"为民排忧情深似海，为民办事关怀备至"的锦旗送到罗庄区人民检察院，并把感谢信送到办案人员手中，信中写道："在办案的同时，您还在精神上、经济上、物资上给我一家极大地救助，我的感激之情无法表达。"在这起案件的办理中，检察官们深深体会到：通过法律程序给予被害人一定的物质或非物质弥补的方式，会使被害人心理上得到恢复，有助于案结、事了。

（三）陶某放火案

【基本案情】

陶某因怀疑与妻子离婚是同住本村的妻弟陶某根唆使，遂对陶某根心生怨恨。2010年10月7日23时许，陶某到陶某根家中放火，烧毁双人床一张、落地风扇一台、门窗、棉被及衣服等物品一宗，损失价值3847元；同年11月23日16时许，再次到陶某根家中放火，烧毁单人床一张、自行车一辆及其他物品一宗，损失价值1458元。

【诉讼过程】

2011年1月14日由兰陵县公安局移送审查起诉，兰陵县人民检察院于同月25日起诉至兰陵县人民法院，法院于同年3月9日以放火罪判处陶某有期徒刑3年。

【办案经验】

陶某父母去世多年，与其妻子离婚后，独自带着两个孩子生活。陶某被判刑后，年仅9岁的女儿与7岁的儿子不得不跟随远嫁他村、家境窘迫的50多岁的姑姑陶某英生活。了解到这些情况后，检察官们积极加入，给予特别留守儿童特别的爱：

1. 爱心点燃希望，帮助失依儿童安放身心。陶某服刑期间，兰陵县人民检察院"春蕾"的女检察官多次将寄养在姑姑家的小姐弟俩接到县城，与女检察官们及检察官们的孩子一起学习娱乐，积极帮助他们走出心理阴影，从小树立远大志向，更加努力地学习成才，达到"用爱帮扶一个孩子、影响一个家庭、造福整个社会"的效果。陶某被释放之时，已是腊月二十四，为让陶某安稳过春节，女检察官又为孩子们送来食品、衣服和2000元学习费用。

2. 爱心永驻春天，爱心妈妈驱走严寒。在陶某服刑的两年间，两个孩子在姑姑家生活、学习。孩子的姑姑居住于临沂市罗庄区，而陶某属于兰陵县某村镇，孩子要回兰陵学习，必须联系学校转学籍。此事让陶某来完成也可以，但女检察官认为，陶某应在安顿后抓紧时间找工作打工挣钱，没有太多时间为此事大费周折。于是就有了女检察官穿梭于罗庄区某小学、文体局和兰陵县某小学、教体局的身影，两个孩子很快顺利入学。

【未检心得】

父亲因罪服刑，孩子成了最大的受害者，与父亲相依为命的小姐弟俩不仅失去了唯一的依靠，还要承受着较大的心理压力。不管大人犯何种罪行，孩子都是无辜的。指控犯罪是检察官的使命，帮助这些特殊的孩子同样是我们不容推卸的使命。如今，两个孩子已经回归父亲的怀抱，而"检察官春蕾团队"的检察官们依旧会去看望孩子。虽然父亲已经回来，两个孩子依旧没有母亲的关怀，我们只是希望，通过我们的努力，让两个孩子感觉到这个世界的爱，以此弥补孩子心中缺失的母爱。我们始终坚信，只有被爱的孩子才能去爱自己、爱别人、爱这个世界。

（四）陈某故意伤害案

【基本案情】

陈某（17岁）是一名高二学生。2011年12月29日傍晚，陈某的父亲与本村吴某因口角发生推搡，陈某担心父亲吃亏，前去帮忙。吴某家人见状也一起参与殴斗，抄起镐头等家伙乱砸一通。最终，陈某受轻微伤，吴某一方两人受轻伤。

兰陵县公安局于2012年1月4日以陈某等三人涉嫌故意伤害罪移送兰陵县检察院审查起诉。同年1月13日分案起诉至兰陵县人民法院，于同年2月20日判处陈某拘役3个月缓刑6个月。

【诉讼过程】

兰陵县公安局于2012年1月4日以陈某等三人涉嫌故意伤害罪移送兰陵县人民检察院审查起诉。同年1月13日分案起诉至兰陵县人民法院，于同年2月20日判处陈某拘役3个月缓刑6个月。

【办案经验】

1. 主持刑事和解，促进关系修复。陈某故意伤害一案是由邻里纠纷引起，双方结怨已久，出现伤害情节后，矛盾升级，互不相让，虽经所在村委、人民调解员多方做工作，仍无缓和迹象。该院办案人员认为，该案可运用该院制定的《适用刑事和解办理未成年人刑事案件规定》中相关规定，启动刑事和解机制，由检察机关主持和解工作。办案人员在听取本案被害人意见时，吴某表示不要赔偿只要求严惩犯罪嫌疑人。办案人员对被害人释法说理，告诉被害人此事是双方打架，双方都有责任，而犯罪嫌疑人年龄较小，所起作用也不大，建议被害人接受和解给犯罪嫌疑人一次机会。后在检察机关的主持下，双方达成和解协议，被害人表示此事其实与孩子无关，同时建议我院对陈某从轻处罚，这为下一步变更强制措施提供了最有利的依据。

2. 及时变更强制措施，避免交叉感染。因陈某认罪态度不好，我院在审查批捕环节对其作出逮捕决定。但考虑陈某主观恶性不大，情节轻微，在看守所可能会受到不良影响，为帮助其尽早回归社会，审查起诉阶段，检察官先通过社会调查了解陈某兴趣后多次与陈某聊网络、体育、时事政治，还有如何与同学相处、青春期感情等。当然检察官也发现，陈某喜欢篮球，对感情很是敏感，对症下药后，前后六次接触换来了陈某的号啕大哭。问题迎刃而解，在审查起诉后的第三天即对陈某变更强制措施为取保候审，第九天即分案起诉至兰陵县人民法院。

3. 案结事不了，坚持抚慰到最后。2012年2月20日，陈某被判处拘役3个月缓刑6个月，此后陈某安心回校读书，该院具备心理咨询师资质的女检察官则担任了陈某的案后抚慰工作。在后期的抚慰工作中，该检察官了解到原本听课认真的陈某在课堂上经常"走神"，对班级工作的积极性也大不如从前，学习成绩明显下降。陈某的细微变化让女检察官很是担心。2012年新年伊始，女检察官即对陈某进行心理矫治，并邀请其老师、母亲和叔叔一同参加。先后三次将陈某请进了该院的心理疏导室，从陈某的成长环境、家庭背景等方面进行疏导。"一个人犯点儿小错并不可怕，关键是今后如何避免再犯同样的错误……"耐心的说服启发终于解开了陈某的心结，他迅速从焦虑、悲观的阴影中走出来。

【未检心得】

　　未成年人的心理很脆弱，邻里之间、家庭之间的矛盾得不到有效化解，则会在孩子心里产生阴影，甚至造成人格畸形。未成年人的心理很敏感，一些未成年人所涉案情虽不大，但是其承担的相关压力却不小，若是不能帮助其回归社会，可能再次走上犯罪道路。基于此，该院将事前防范与事后帮教有机结合，专门针对初中生、高中生开展"六尺巷"普法教育，通过法制讲堂等方式传授法律知识。在苍山一中、苍山二中、实验中学等六所学校设立"心理疏导室"，及时化解学生心理问题。同时一再告诫学生不但要注重自身宽广胸怀的塑造，还要多做父母及亲属的工作，多学法律知识，避免害人害己事件发生。对于已涉案未成年人，积极促使其取得被害人谅解，从而使涉案未成年人早日回归校园，同时安排专人了解其学习、生活情况，必要的时候对其进行心理矫治，耐心化解其焦虑，使其能够以崭新的姿态面对未来的生活。

二、未成年人刑事检察的抚慰救助模式

山东省临沂市检察机关针对违法犯罪案件中各类未成年人受到伤害的问题，心灵抚慰与经济救助"双管齐下"，人文关怀与人道救助"并驾齐驱"，构建未成年人刑事检察的抚慰救助模式。这种模式给予留守儿童特别的爱，保障未成年人生活、学习所需，促进未成年人顺利成长，最大限度地促进未成年人内心和谐。其模式的基本内容为：

（一）多元化的抚慰救助对象

近年来，兰陵县农村多达 30 万外出务工人员，存在 16 万农村留守儿童。兰陵县人民检察院在办案中发现，农村留守儿童犯罪和留守儿童受侵害的案件比率都很高，且发案率不断攀升。针对这一突出问题，2010 年 12 月，兰陵县人民检察院专门成立了未检科，积极构建"司法保护、合力帮教、抚慰救助、有效防范"的未检工作体系，并发动全院 35 名女干警组成了"检察官春蕾团队"，开展"春蕾行动"，形成了"检察机关主动、职能部门联动、社会各界互动"的关爱农村留守儿童机制。为全面做好未成年人权益保护工作，春蕾志愿者团队除担负办理涉及未成年人的刑事案件及留守儿童受侵害案件外，还将工作向帮扶和救助涉案未成年人延伸，先后开展了"洗白工程"、"疫苗工程"、"牵手工程"三大工程。

抚慰救助对象力图多元化，尽最大可能帮助所有需要帮助的未成年人，其主要包括以下几类：变更强制措施或刑满释放后无法顺利回归社会的未成年人；遭受侵害致心理受到重大创伤的未成年被害人；受到重大人身伤害、无法得到实际赔偿且家庭困难的未成年人；因父母一方或双方服刑、无人抚养且没有独立生活能力的留守未成年人；无法得到实际赔偿的已死亡被害人的贫困未成年人子女等。

（二）全方位的抚慰救助保障体系

1. 队伍保障。一方面加强培训，提高业务部门女干警心理疏导技能。临沂市各检察院与心理职业培训学校达成协议，由其组织专业老师对未检科干警进行心理培训。据悉，仅兰陵县院就有两名女检察官拥有二级心理咨询师资格，十三名女检察官具有三级心理咨询师资格；另一方面不仅在单位内部成立专门关爱未成年人的队伍，而且还扩大影响力。比如兰陵县院检察官自发成立"检察官春蕾团队"，并在全县乃至全市扩大春蕾团队的影响力，吸收县民政局、县财政局、县教育局等多家单位的女同志加入春蕾团队，共同参与关爱未成年人的活动。春蕾志愿者们自学心理学知识，坚持与每名有心理阴影的涉案

未成年人结成帮扶对子，直到让他们重拾生活的信心；积极开展社会调查，对未成年犯罪嫌疑人的家庭情况、成长经历、街坊邻居的评价等进行了走访调查，以对其开展有针对性的帮扶；对于案件中家境困难的受害儿童，及时启动刑事被害人救助程序，全力解决其生活、就学困难。

2. 财物保障。物质救助离不开财政的保障，为保障及时救助未成年人，每个单位都设有专门的"被害人救助基金"。救助基金以财政拨款为主，社会捐助为辅，具有救济性、暂时性、抚慰性、适应对象特殊性的特点。为扩大资金来源，兰陵县人民检察院还专门在《春蕾》报刊增设"爱心招募"一栏，专门吸收社会各界的捐款。另外，未检科与院行装科加强联系，及时采购书包、文具、书籍等物品。每到节假日，由单位里面的"爱心妈妈"带着礼物去看望被救助的孩子，与他们谈心了解他们的生活所需并及时记录、及时解决。

3. 制度和场所保障。专门制定《未成年被害人救助实施细则》等相关规定，明确抚慰与救助的具体对象、救助方式、救助程序等内容，将对未成年人的救助具体化、制度化、规范化。在单位内部及各派驻检察室均建有"阳光工作室"，对于涉案后回归社会的未成年人或者有心理阴影的未成年被害人，派驻检察室解决未成年人因路途遥远而不愿到检察院接受心理抚慰的问题。"阳光工作室"的布置借鉴"心理诊所"，同时又考虑了未成年人的身心特点，温馨的环境、放松的环境更容易让未成年人敞开心扉，进而实现零距离交流。

（三）多层次的抚慰救助工作机制

1. 建立心理辅导机制，挽救涉案未成年人。检察院引入专业力量和社会资源，先后和临沂华夏心理培训学校、临沂大学心理健康教育中心等单位长期合作，对心理健康、自我认知、规范培养、预防被害等各方面给未成年人及其家长提供专业而有力的支持。未检干警和心理咨询师通过主动约见、调查走访、心理互动等方式将被帮助对象的性格特点等情况进行详细了解，尤其是对未成年犯罪嫌疑人和未成年被害人，为他们建立心理档案，设计相应的疏导方案，随时为他们提供心理疏导和法律服务，同时进行动态跟踪，并通过亲情参与、温情感化，修复他们受伤的心灵，帮助他们明辨是非，重树信心，顺利回归社会。对于问题较严重的未成年人，会委派专业心理咨询师为其先作出临床与鉴别诊断，制定针对性心理辅导方案，给予心理支持、调整心理耐受力和自控力、提高自我认知力和社会环境适应力，最后形成一人一档的《涉案未成年人个案心理报告》，心理报告将会随案移送。办案单位可参考该报告对涉案未成年人作出适当处理，并对该报告严格保密。心理辅导机制实现了对未成年被害人和未成年犯罪嫌疑人心理的双重保护，用一种兼具专业性和开发性的综合模式，在维护未成年人权益、社会参与管理等方面探索出一条新路。

2. 确立多部门联动机制，帮助涉案未成年人。主动走出去，加强与相关单位的沟通与协调，努力构建未检工作配套机制，取得较好效果。加强与共青团、妇联、工会、义工联盟等部门的联系与协作，签订合作协议，积极发挥各部门优势，以不同的方式帮助涉案未成年人。除心理疏导和经济救助，还进行就业安置，对有就业需求的涉案未成年人提供技能培训和就业安置机会，帮助他们摆脱闲散、失管的状态。对内，业务部门与控申部门联合建立了被害人救助机制。办案人向被害人告知有申请司法救助的权利，对符合法律规定的，及时将相关材料转交控申部门。控申科和民政局了解拟被救助被害人的家庭情况，对每个需要救助的未成年人建立专门档案，并通过联系财政局或者自行救助的方式对未成年人按时救助，使对未成年人的救助切实落到实处。据统计，仅兰陵县人民检察院先后开展救助留守未成年刑事被害人和被告人、未成年留守子女、农村贫困留守儿童活动 21 次，拨付 3.3 万元对 10 名未成年人进行了救助。

3. 延伸社会职能，关心服刑人员留守子女。检察院的干警们不仅关心涉案未成年人，而且对案外未成年人——服刑人员的子女也给予特殊的关照。首先，帮扶结对，一帮到底。为解除服刑人员的后顾之忧，女检察官们将其留守子女确立为长期帮扶对象，每隔一段时间就进行一次走访，解决孩子生活中的困难。其次，精心照料，无微不至。每个检察官都将帮扶对象当作自己的孩子一样对待，天冷了，送去棉衣、棉鞋，天热了，送去凉席、风扇，真正做到让服刑人员安心悔过。最后，使命结束，完美交接。当服刑人员刑满释放时，女检察官带着他们的子女在监狱门口迎接他们的回归，并将孩子的近期表现告诉他们，还会送上救助款帮助他们迎接新的生活。兰陵县人民检察院未检科还开通了全国首个"留守儿童司法保护"官方微博和"留守儿童求助热线"，拓宽留守儿童申请保护的渠道。

三、未成年人刑事检察抚慰救助的专家评点

临沂市检察机关尤其是兰陵县人民检察院在办案中发现农村留守儿童犯罪和留守儿童受侵害的案件比率"双高"问题后，勇于承担起社会责任，先内部挖潜，再外部拓展，加强与爱心企业、组织和人士的互动，团结社会力量共同关爱留守儿童，践行了"人民检察为人民"的宗旨，探索出一条未成年人检察工作专业化与未成年人权益保护和犯罪预防帮教社会化相结合的清晰路径。兰陵县人民检察院的《构建关爱农村留守儿童的"春蕾行动"模式》被山东省人民检察院评为 2013 年度创新成果奖二等奖，被临沂市人民检察院评为创新成果奖一等奖。

【新闻报道】

爱心助学传美谈①

大学新生开学前夕，一个关于检察官爱心助学的故事，成了山东省兰陵县的热点新闻。检察官为什么会自发设立检察官助学基金会？带着疑问，记者日前来到兰陵县采访。

负责管理检察官助学基金会的兰陵县人民检察院党总支书记陈昌利告诉记者，办案检察官在办案时，常会碰到这样一些问题：涉案未成年犯罪嫌疑人因贫穷辍学后与社会闲杂人员交往，走上犯罪道路；案件当事人家徒四壁，孩子面临辍学。"干警们由此产生了自发捐款成立检察官助学基金的想法"。

大家将想法报告该院检察长王纪起。快人快语的王纪起当即表示："我愿从每月工资中拿出 200 元支持你们。"在检察长的影响带动下，检察官们自愿从每月工资中拿出 10 元至 50 元不等的收入奉献爱心。目前，检察官助学基金会总额达到了 3.1 万余元。

采访期间，恰好赶上检察官们要到刚刚考上山东师范大学的资助生小林家祝贺，记者便一同前往。来到林家，首先映入记者眼帘的是一栋建于 20 世纪五六十年代的土屋，泥土院墙没有一人高，两扇木门斑斑驳驳。见到小林，她和爷爷正在院子里剪着准备出售的大蒜头。

---

① 参见卢宁、刘义军、卢金增："爱心助学传美谈"，载《检察日报》2011 年 9 月 2 日。参见相关报道"帮扶女孩圆了大学梦"，载《检察日报》2011 年 8 月 7 日；"山东兰陵检察院设立助学基金爱心助学"，载正义网 2011 年 8 月 19 日；"建立助学基金，帮扶女孩圆了大学梦"，载《山东检察》2011 年第 8 期；"录取通知书里有检察官叔叔阿姨的一半"，载《山东法制报》2011 年 8 月 17 日。

2010 年 9 月，小林正读高二，她的弟弟参与了一起故意伤害案，案件被移送兰陵县人民检察院审查批捕。办案检察官了解到，小林姐弟俩与 80 岁的爷爷相依为命，收入甚少。考虑到小林弟弟属未成年人犯罪，该院依法作出不予批捕决定，并将其纳入重点帮教对象。帮教过程中，检察官们发现小林品学兼优，但因家庭经济拮据面临辍学危机，便决定对小林给予每学期至少 1000 元的资助。在检察官的资助下，小林终于考上了心仪的大学。

谈到检察官助学基金会，陈昌利满脸写着高兴："打 2010 年年初设立'助学基金'，我们帮扶了 8 名贫困生。今年有 4 个孩子参加了高考，都过了二本线。高考分数公布后，一个个都来检察院报喜。干警们的高兴劲儿，好像是自己的孩子考上了大学！"

"我们帮你带好孩子"[①]

时间：1 月 27 日

地点：山东省枣庄监狱

1 月 27 日上午 9 时许，记者在山东省枣庄监狱目睹了感人的一幕：当服刑人员陶启兴在会见室里见到朝思暮想的一双儿女时，急忙走上前去，紧紧地把两个孩子抱在怀里，尽情地流着眼泪，半天说不出一句话。过了一会儿，专程陪护孩子前来的女检察官说："启兴，孩子的事你放心，我们会把他们当作自己的孩子照看，不管是上学还是其他，我们都将一帮到底，直到你出狱……"

检察官告诉记者，2010 年初秋的一天，陶启兴因怀疑妻子与其离婚一事与妻弟的挑拨有关，先后两次到妻弟家放火，被公安机关抓获。同年 1 月案子进入起诉环节，承办此案的兰陵县人民检察院女检察官刘琛在提审陶启兴时，陶启兴对其犯罪行为供认不讳。提审临近结束时，陶启兴痛哭流涕："与妻子离婚后，俺带着 7 岁的儿子和 9 岁的闺女艰难生活，边打工边照顾孩子。俺被抓后，两个孩子没人抚养，被送进孤儿院，这成了俺最大的心病。"刘琛当即表示："只要你悔罪自新，孩子的事我们会向组织汇报，想办法帮你安顿好。"

办案检察官随后与两个孩子取得联系，得知孩子们的姑姑已将孩子们领回家照顾，但孩子的姑姑家境较为困难，再抚养两个孩子有难度。

---

① 参加卢金增、刘义军："我们帮你带好孩子"，载《检察日报》2012 年 1 月 30 日；相关报道"'护法'留守儿童，让女童远离性侵犯——给予特别留守儿童特别的爱"，载《中国妇女报》2012 年 4 月 17 日；"山东兰陵县女检察官与服刑犯人子女共度新春"，载正义网 2012 年 1 月 29 日。

去年 3 月，陶启兴被判处有期徒刑押赴枣庄监狱服刑，兰陵县人民检察院依托由该院 21 名女检察官组成的"春蕾志愿者团队"，组织开展了针对帮扶陶启兴两个孩子的"爱心点燃成才希望，共同拥抱美好明天"活动。女检察官与陶启兴的一双儿女结成帮扶对子，每隔一个多月就走访小姐弟俩一次；天气冷了，女检察官们精心挑选棉衣、棉鞋给小姐弟俩送去；今年 1 月 16 日农历小年，她们把小姐弟俩接到县城，让两个孩子与自己的孩子一起学习、玩耍……

龙年正月初五，检察官们将 2000 元捐助款和小姐弟俩喜欢的学习用品一同送到孩子的姑姑家，还驱车 300 多里陪同俩孩子见到了朝思暮想的爸爸。

拜年短信，这条有点不寻常[①]

"俺儿子小山（化名）经过您的一番精心疏导，现在变得懂事多了，年终考试他的总成绩进了班里的前十名。我代表全家人向您拜年，祝好人检察官家庭幸福美满，龙年吉祥如意……"今年大年初一一大早，山东省兰陵县人民检察院女检察官张爱英就收到了小山妈妈发来的短信。

小山是兰陵县的一名高二学生。2011 年 12 月 29 日傍晚，小山的父亲李某与吴某因口角发生推搡，小山担心父亲吃亏，前去帮忙。吴某家人见状也掺和进来，抄起镢头等家伙乱砸一通。最终，小山受轻微伤，李某、吴某受轻

---

① 参加卢金增、刘义军："拜年短信，这条有点不寻常"，载《检察日报》2012 年 2 月 2 日；相关报道"'护法'留守儿童，让女童远离性侵犯——失足少年喝上心灵鸡汤"，载《中国妇女报》2012 年 4 月 17 日。

伤。事后，小山父子俩因涉嫌故意伤害罪被刑事拘留。

在审查批捕环节，面对兰陵县人民检察院提审的检察官，小山低头不语、唉声叹气。在讯问笔录上签字的时候，他的手不停地颤抖。"鉴于小山系在校学生，一贯表现较好，结合其在共同犯罪中所起的作用，我院对其不予批捕，同时将其纳入了帮教对象。"办案检察官告诉记者。

小山复学后，负责跟踪帮教的女检察官张爱英了解到，原本听课认真的小山在课堂上经常"走神"，对班级工作的积极性也大不如从前，学习成绩明显下降。张爱英具有国家二级心理咨询师资质，小山的细微变化让她很是担心。新年伊始，张爱英即对小山进行心理矫治，并邀请其老师、母亲和叔叔一同参加。

张爱英先后三次将小山请进了该院的心理疏导室，从小山的成长环境、家庭背景等方面进行疏导。"一个人犯点儿小错并不可怕，关键是今后如何避免再犯同样的错误……"耐心的说服启发终于解开了小山的心结，他迅速从焦虑、悲观的阴影中走出来。

龙年春节前一天，李某被取保候审。大年初二上午，张爱英专门打电话，与李某夫妇进行了长时间交谈，重点探讨下一步如何对孩子进行管教，她还特意向小山送去一份激励和鞭策。"我与小山作了一个约定，如果他明年考入大学，我一定去登门祝贺。"张爱英告诉记者。

让孩子感受春天般温暖①

"阿姨，俺梳的小辫漂亮不?"看着10岁的女孩小文（化名）已走出伤感的阴影，接她到县城一家私立学校上学的女检察官刘琛悬着的心终于落地了："漂亮！到了新学校一定要好好学习，检察院里的阿姨随时都会来看你。""阿姨您放心，期终考试我一定得个'三好学生'。"这是今年2月7日一大早，发生在山东省兰陵县一远离县城农家院里的温馨一幕。

小小年纪多灾难

2005年初春，小文才刚刚5岁的时候，妈妈就不辞而别，家里撇下的还有一个6岁的姐姐、2岁的妹妹和襁褓中的弟弟。

小文的爸爸60多岁才结婚，妻子出走让他深受打击，一开始是借酒消愁，后来慢慢地养成了酗酒的习惯。爸爸少了往日的勤劳，也少了往日的笑容，经

---

① 参见卢金增、刘义军、刘星元："让孩子感受春天般温暖"，载《检察日报》2014年3月8日；相关报道"山东兰陵县检察院救助被害人幼女传佳话"，载正义网2012年2月27日。

常是酩酊大醉后大骂不止，年龄稍大的小文姐妹三人稍有不慎就可能引火烧身，被爸爸大骂一通，有时甚至还会挨打，姊妹仁心中充满了对爸爸的恐惧。

本就不太富裕的家境每况愈下，长时间酗酒更让一天天变老的爸爸有气无力，不得不靠申请低保、亲戚救济艰难度日。

小文7岁多的时候，经亲戚邻居的多番劝说，爸爸终于同意送她到镇上的中心小学上学。

在班上小文很听话，学习也不错，班主任老师和要好同学的家长大多知道小文的家庭状况，便时常给她零钱和衣服。在学校里，小文感受到了来自周边的温暖，和同学们总是有说有笑。

2010年12月的一天，小文在跟要好的同学小虹（化名）课间交流时，说起话来支支吾吾，表情也不自然，小虹觉得可能中间有事。在小虹再三追问下，她说出近段时间在放学回家的路上又多次被邻居孙某兄弟俩追截。还有五年前曾两次被孙氏兄弟同时施暴的隐情。

"你爸爸知道吗？"

"俺不敢跟爸爸说，说了他会打俺。并且那俩坏蛋也吓唬俺说，'如果把这事给别人说了，丢人现眼的是你，我们无所谓。'"

小虹拿不定主意，后来决定下午放学回家把事情的原委告诉自己的妈妈。

当晚，小虹的妈妈又征询了小虹爸爸的意见，在女儿熟睡的床头，传出一个坚定的答案，"这个事得去报案，不然的话，小文一时很难摆脱色魔的纠缠，这个孩子这辈子可能就毁了……"

第二天一大早，小虹的妈妈与女儿一起带着小文走进了镇上的派出所。

值班民警当即做了笔录，并向所长和县刑警大队汇报了情况，外围调查随即紧锣密鼓地展开了。

但不久，小文因为长期思想压力过大，患上了重度抑郁症，出现了严重偏头痛症状，不得不辍学回家。

不偏不倚打击犯罪

公安机关立案后，根据公、检两部门签订的重大影响案件通报制度，第一时间向检察机关作了通报。兰陵县人民检察院检察长王纪起得知情况后，对此案的侦破高度重视，连夜召开侦监、公诉、未检三个刑检部门的负责人会议，商定选派一名办案经验丰富的男检察官和一名女检察官提前介入此案，做到第一时间了解案情，第一时间提出搜集补强证据的意见，实现第一时间批准逮捕。

前期的调查中，提前介入此案的检察官发现：因为强奸发生在五年前，案子时过境迁，缺少直接物证锁定犯罪嫌疑人，加之那时小文也只有5岁多，只说出了事情的具体经过，至于案发的具体时间，她说不清，只记得他们当时穿了什么衣服。但这恰恰成为本案的关键，因为孙某的弟弟 1991 年 8 月出生，2005 年 8 月时其年满 14 周岁，是否处在应承担刑事责任的年龄临界点，一定要搞清。

外围证据提取结束后，孙氏兄弟俩于 2011 年 1 月先后被抓获归案。

审讯前，提前介入的检察官针对缺少直接物证指向的强奸类犯罪易翻供的特点，及时向办案民警提出了审讯孙氏兄弟实行同步录音录像的建议，被侦查机关采纳，同时也首开了兰陵县主要靠言词证据定罪案件报捕、移诉时移送同步录音录像工作机制。

审讯进行得比较顺利，孙某兄弟对自己犯下的罪行供认不讳。同时，作案时间也从孙氏兄弟俩的供词中找到确切的答案，证实曾有一次作案发生在 2005 年冬天，那时孙某的弟弟已年满 14 周岁。

案子很快到了审查批捕环节，由于承办人员已提前了解了案情，仅用一天就以强奸罪对孙氏兄弟俩作出了批准逮捕决定。

2011 年 4 月该案侦查终结，遂移送检察机关审查起诉。一个月后，检察机关将该案向法院提起了公诉，并指派办案经验丰富的女检察官刘琛担任公诉人。

为了高质量地公诉此案，刘琛不仅认真审查了案子的每一个细节，同时制定了长达 11 页的出庭预案，仅讯问提纲就列出了 9 条，每条都紧扣犯罪事实、手段等影响案件定性的关键问题。庭审时，虽然孙氏兄弟俩均当庭翻供，他们的辩护人亦提出指控犯罪不能成立的辩护意见，但由于公诉人对被告人和辩护人可能提出的辩解准备充分，答辩有理有力，举证全部被法院采信。最终，孙氏兄弟俩被一审法院以强奸罪分别判处有期徒刑 3 年零 4 个月、2 年零 8 个月。

一审宣判后，孙某不服，以事实不清、证据不足为由，向临沂市中级法院提出上诉。2011 年 10 月，二审法院作出了驳回起诉、维持原判的终审裁定。

爱心救助传温情

自打检察官们知道了小文的遭遇，都为她的未来和她的家庭担忧。

"拉一把，小文和她的整个家庭就可能重拾对生活的信心，要不然的话，这个孩子就毁了，这个家庭也毁了。"在听完该案的情况汇报后，王纪起检察长深情地说，"我们不能坐视不管，一定要想办法救助这个家庭，一定要让小文从忧郁的阴影中走出来……"

院里的女检察官们得知情况后，纷纷伸出援助之手：反渎局局长刘学晨从家里拿来女儿穿过的衣服，用电熨斗熨了又熨，折叠得整整齐齐；监察室主任宋艳慧专门到饰品店，为小文挑选了漂亮的布艺发箍、头扣等物品；案管中心副主任张爱英还利用自己国家心理咨询师的专业优势，主动担当起疏导小文情绪的责任……

院党组同时研究决定，将小文家纳入刑事被害人救助的范围，坚持扶贫与扶志相结合，一定想法改变这个家庭窘迫的状况。

2012年春节前夕，为了避免给小文造成二次伤害，该院副检察长杜文戈代表院党组专门来到了小文家所在的镇政府，让村组干部找来了小文的爸爸，针对案发的原因和围绕以后如何对待孩子、如何振作精神与他促膝长谈，并把6000元刑事被害人救助金交到了小文爸爸手里。

"我一定戒酒，一定照顾好孩子，一定照您说的办……谢谢，谢谢!"小文的爸爸一遍遍地重复着。

患上了重度抑郁症的小文经过一年多的休假治疗和女检察官的心理疏导，渐渐地走出了悲观的阴影。

"是不是不想到原先的学校上了?"

"嗯。"女检察官们明白了小文想换个学校的意思。

"俺附近就这一所学校，怎么换? 孩子想上就上，不想上也只能辍学了。"站在一旁的小文父亲不由得长声叹气。

回院后，她们及时将这一情况向检察长作了汇报，提出可否接小文到县城上学的建议。

"征求小文爸爸的意见，只要他和孩子愿意，你们就去联系学校，有困难院里想法解决。"王纪起检察长非常支持。

因为县城中小学不安排住宿，女检察官们给小文选定了县城一所师资力量比较雄厚的私立学校，并筹措资金为其缴纳了2012年度第一学期的学费和2000元的生活费。大家还设想，对小文以后的学费也要努力提供帮助。

2月7日是学校开学的日子，一大早女检察官刘琛就来到小文的家里接小文上学。因为是开学的第一天，小文早早就起床开始了梳妆打扮，把早已扎好的两个小辫梳了又梳。

为了悲剧不再上演

伤害小文的人被依法惩处，小文上学也有了归宿，要说这件事应该是有了一个较为完美的结局，可检察院21名女检察官怎么也高兴不起来。

刘学晨说，作为一名母亲，听到看到一些女童遭受性侵害的案件后，总感觉非常痛心，总感觉一定要加强预防工作。

为了摸清近年来女童遭受性侵害的发案情况和规律，未检科的女检察官王慧翻阅近十年来与此类犯罪相关联的所有案卷和材料，撰写了《女童受性侵害案多发应引起高度关注》的调研报告，及时报送县委、县政府主要领导，并抄送县妇联、团县委等职能部门，引起了他们的高度关注；为了严打此类犯罪，她们主动邀请侦查人员和审判人员，围绕如何办理此类案件进行了深入讨论，形成了专门会议纪要指导下一步办案；为了搞好犯罪预防，检察院 21 名女检察官自愿组成"春蕾志愿者团队"，全身心做好预防此类犯罪工作和实施对受性侵害女孩的关爱……

今年春节前后，检察院 21 名女检察官利用"留守女童"父母返乡的机会，自发组建了"关爱留守女童法制宣传大篷车"，在全国首开了留守女童家长夜校，印发了《致全县留守女童家长的一封信》、《留守女童自我防范技巧》等材料。赶年集、进乡村，自愿担当起法制宣传员、讲解员和夜校教员，向留守女童及其家长一遍遍讲授着如何才能让留守女童远离侵害的知识。

"以前我们只顾着出去打拼挣钱，对放在家里的孩子关心得少，也不太知道如何去关心，现在看了这封信，听了女检察官们的讲解，觉得真应该更加关心一下孩子。"1 月 14 日在兰陵县车辋镇的年集上，赶回家过年的留守女童母亲刘晓英对"大篷车"的宣传如此评价。

兰陵镇陈庄村的孙晋英听了女检察官的法制夜校讲座后说："这样的夜校好，虽然我的孩子大了，但我要当好义务宣传员，把学到的知识和拿到的宣传资料向身边的女童家长做好宣传……"

"俺的孩子有救了！"①

本报兰陵 6 月 28 日讯　"感谢检察院和大众日报帮俺申请了救济款。有了救济款，俺就可以给闺女治病了，俺的孩子有救了！"今天上午，得知孩子看病的事情有了着落，兰陵县兰陵镇东横沟崖村 70 岁的孙晋利拉着兰陵县人民检察院控申科科长刘珍和本报记者的手感激地说。

6 月 24 日，刘珍在该院民生检察服务热线办公室接到了孙晋利打来的电话后，心里顿时沉重起来。原来，孙晋利早年贫困，一直到 50 多岁才娶上媳妇，可是女儿小丽（化名）出生后，媳妇却因不愿意再过苦日子，狠心撇下孩子和丈夫离家出走。虽然没有了妈妈，但小丽在父亲的关爱下，还是和其他孩子一样快乐地成长。但小丽上小学 4 年级时，有一次在放学回家的路上，被惨无人道的犯罪分子糟蹋了。案件发生后，犯罪分子很快被抓获并受到应有的惩处，然而小丽从此就像变了一个人，时常神情恍惚，感到头疼，无奈只好辍

---

① 参见贾瑞君、刘义军："俺的孩子有救了"，载《大众日报》2012 年 6 月 29 日；后续报道参见"治好病，最想去上学！"，载《大众日报》2012 年 7 月 4 日。

学。由于缺钱治疗，小丽呆在家里快一年了。得知检察院有个民生检察服务热线，孙晋利抱着试一试的态度打过去，看能否得到帮助。

2008 年 6 月 28 日，省检察院开通民生检察服务热线以来，至今已整整 4 年。2011 年年底，本报和检察院启动党报热线联动机制以来，双方通过在各自领域不同形式的工作，在化解矛盾纠纷、强化舆论监督、为民服务、维护社会稳定等方面都发挥了积极作用。此次针对孙晋利反映的情况，本报和民生检察热线决定联手对小丽实施救助。

今天上午，本报记者赶赴兰陵，和兰陵县人民检察院控申科科长刘珍、未成年检察科科长刘琛一起来到孙晋利的家中，帮助小丽申请救助。记者来到孙家，不到 20 平米的房子里没有一件像样的家具，家中零乱堆放着一些生活用具。

孙晋利从门后拉出一个小女孩，怯生生的脸上没有一丝笑容，有些呆滞的眼神中缺少同龄人应有的生机和活泼，她就是小丽。让人惊讶的是，孩子的两只手上各在虎口处扎着一根针。“孩子老说头疼，找人扎过几次针，我看每次都是扎这里，现在我就自己给她扎上了。”孙晋利说，家里生活困难，只好用土方给孩子治疗，缓解暂时的疼痛。如同一朵面临凋零的花朵，眼前的小丽让我们心痛不已。刘琛深情地抚摸着小丽的头发说：“一切都会好起来的，过几天阿姨就带你去医院。”得知检察院和大众日报将帮他向民政局申请救助后，孙晋利感激地拉着我们的手连声称谢。

村支书孙景芝在为小丽开具困难证明时告诉我们，平时村里大伙都尽量帮助孙晋利一家，只是村里集体收入太少，实在无能为力。离开孙晋利的家，拿着村里出具的困难证明，本报记者和刘珍、刘琛等又来到兰陵镇政府盖好公章，然后驱车来到兰陵县民政局。县民政局对小丽的情况非常重视，认真研究后决定先期给予 2000 元的救助款为小丽治病。随后，我们又联系了兰陵县人民医院，最近两天就可以对小丽实施检查治疗。本报对此将给予持续关注。

【专家评点】

2014 年 6 月 4 日，最高人民检察院召开新闻发布会，通报全国未成年人刑事检察工作创新工作方法和工作机制事例，兰陵县人民检察院“春蕾团队关爱农村留守儿童”的先进做法位列第 5 位。据悉，全国检察系统仅有 15 个单位获此殊荣。近年来，兰陵县人民检察院针对本地 16 万农村留守儿童和留守儿童犯罪、受侵害案件比率“双高”问题，发动全院 35 名女干警组成“检察官春蕾团队”，对困难未成年被害人开展心理抚慰和经济救助，并联合公安、法院、教育、民政等部门，共同开展“春蕾行动”，吸收 210 余名各单位女同志为团队成员，在 32 个村庄设立“亲情联系点”，通过内部挖潜、外部拓展，团结社会各方力量，助力缓解农村留守社会问题，真正践行了“人民检察为人民"的宗旨，受到广泛好评。可以说，检察官的价值是通过其本身被赋予的人权维护者的角色实现的，从职业创设之初就承担着人民权利保护神的角色，是人民最信赖的力量之一。可以说，保卫人民权利及法益是检察官的职责本质内容所在。检察官所做的工作，就是实现人民最为需要的、最为期待的权利诉求。因此，不论对于未成年被告人而言，还是未成年被害人而言，其人权都应受到充分保护。

第一，确立未成年人抚慰救助模式乃检察官人权保障之必然要求

检察官不应仅仅是严厉的犯罪追诉者，其在社会意义上还有救助弱者之义务。在某种程度上，检察官不过是医治社会疾患的医生而已。当然，检察官治疗社会疾病不是依靠医术而是依靠国家职官的悲悯之心。虽然检察官在追诉犯罪中具有国家权力代表的身份，但是，这并不能否认其应具备的人文主义精神。这是检察官职业的内核部分之一。可以说，检察官对未成年人权利之保障是其塑造崇高职业角色，在社会中获得职业声誉的关键。马丁·路德·金认为，手段代表了形成之中的理想和在进行之中的目标，人们无法通过邪恶的手段来达到美好的目的，因为手段是种子，目的是树。因此，检察官必须通过一定的行动或者手段来实现自己高尚的职业目的，且获得其在社会中的应有尊重。即使检察官有国家权力为支撑，但是，人们畏惧的是国家权力，而不是畏惧检察官本人。而通过检察官对未成年人的人权保障及人性关怀，从而获得人们的敬重，这是发自内心的，是实现检察官职业目的的关键路径之一。因此，对于检察官未成年人之抚慰救助角色，是对检察官角色定位的一个重要方面。而检察官这种人道主义精神或者人性关怀之形象，在现代其他法治国家都是如此。如对于曾为英国总检察长的菲利普·约翰爵士，即使其政治对手亦如此评价："他绝不是所谓有特权的法律工作者；他热爱宪法和维护皇家合法的特权，然而他又不滥用皇家的特权压迫人民。他本质上是人道的、温和的和有节制的。"①

第二，确立未成年人抚慰救助模式乃检察官职业伦理之需要

如果仅从法律的技术性与客观性的基础上来说，检察官作为法律的操作者没有考虑法律伦理的需要，或者说其并不需要承担道德上的职责或者责任。然而，检察官的法律职业具有公共性，维护社会正义是检察官的天职。在应然意义上，如果其不是社会正义唯一的保卫者的话，至少算得上是其中之一。在检察官职位设置之初其就被赋予了社会公益等诸多高贵的、道德化的义务。在法治国家的建构中，检察官更是承载了一种美德性的社会诉求。检察官应当是能

---

① 参见〔英〕李约翰·丁·爱德华兹：《皇家检察官》，周美德等译，中国检察出版社 1991 年版，第50 页。

够代表社会公共利益，具有特定德行伦理的公共职业阶层。检察官不仅是法律技术娴熟的技艺者，也应当是具有无私奉献、正义精神的掌握者，这是法治国家建构的内在需求，也是其职业伦理价值之真义。可以说，精神层面上的征服属于真正的征服，只要民众没有从内心真正相信法治，法治国家就不会建立，而法律伦理在其中的价值作用不言而喻。而对于兰陵县创制的检察官未成年人检察抚慰救助模式而言，则是检察官职业伦理精神典型的体现。一方面，这种模式体现了对未成年人最大利益保护的精义；另一方面，这种模式也将检察官的国家刑事司法职能与职业伦理有机地结合起来，从而使得检察官的职能得以最大限度地发挥。

第三，山东兰陵县未成年人检察官抚慰救助模式的"地方性"意义

在山东省兰陵县人民检察院王纪起检察长的带领下，在法律允许的范围内，充分考虑到兰陵县具体的地方情况，该县检察院创建了检察官未成年人抚慰救助模式。可以说，这种模式具有少年"福利"模式的特点，并结合了兰陵县本地之情形，从而有效地发挥了未成年人检察抚慰救助模式的功效。

其一，"福利"模式主张少年犯罪是由于贫穷和不良的社会环境造成的，犯罪少年本身也是这个环境的受害者，他们很多本质是善良的，通过一定的努力是可以改造的，因此应当对犯罪少年采取轻缓的态度，多进行教育、帮助和感化，而不是惩罚。司法机关的作用是帮助少年，而不是一味地追诉。应当让少年尽快地回归社会，以教育和家庭式的社会纪律来使他们恢复。

其二，一般而言，山东兰陵县的检察官大多属于"生于斯、长于斯"的本乡土人士，本身可能就会对同样来自本乡土的未成年人（无论是被告人还是被害人）有一种特殊的关照。法律不外乎人情，即使检察官接受的是严谨甚至刻板的法条主义教育，在具体行使追诉权时应受到刚性法律之约束，然而，在严格法律原则之边界，还有检察官人性关怀因素。

其三，在兰陵县特定的管辖范围内，职业环境本身就与检察官生活、生存的具体环境交织在一起。如果能够通过一种相对宽容的方式来处理未成年人案件，那么，对检察官而言这也是兼顾各方面利益考虑的一种优势选择。如果检察官一味采取严苛的、非人性化的处置方式，本身这也会恶化检察官办案环境或者生活环境。法律虽然具有高度客观性及严格性，然而，作为法律适用者的检察官却是世俗之人，其也属于兰陵县的一员，因此，不能完全超脱于自己的生长及生活场域的实际环境因素。

（评点专家宋远升，系华东政法大学刑事司法学院副教授、法学博士、硕士生导师）

四、未成年人刑事检察抚慰救助模式的理论探索

2012 年修改的《刑事诉讼法》在"特别程序"一编中增设了附条件不起诉制度，形成了我国的法定不起诉、酌定不起诉、存疑不起诉并列的具有中间环节的第四种不起诉制度。附条件不起诉制度的确立不仅改变了我国传统不起诉限于微罪不举的观念，而且创新了我国起诉制度。由于我国《刑事诉讼法》对该制度规定的较为简单且存在一些程序安排上的瑕疵，导致 2012 年确立的制度在 2013 年实施一年后的 2014 年被全国人民代表大会常务委员会以立法解释的形式予以修订。尽管这种修订矫正了《刑事诉讼法》附条件不起诉在程序安排上的偏差，但仍存在适用上需要解释的问题。基于此，我们从制度应然性本质出发，结合立法的规定与实践的做法，对附条件不起诉制度进行系统解读，旨在为司法实践提供具有参考意义或者指导价值的理论依据与运行机制。

（一）附条件不起诉制度基本概况

1. 附条件不起诉的名称之争

我国"附条件不起诉制度"源于对国外类似制度的借鉴以及基层检察机关试点的经验。自 19 世纪后半叶以来，"起诉裁量主义"日益盛行，法、德、意、日等国家因受此影响而纷纷结合本国的国情建立了"暂时不起诉"、"暂缓起诉"、"免予起诉"、"起诉保留"、"起诉犹豫"等名称不尽相同的不起诉制度。我国学者最初在对相关制度进行翻译和介绍时未进行严格地甄别和细致比较，相继提出并尝试了"暂缓起诉"、①"暂缓不起诉"、"免予起诉"、②"起诉犹豫"以及"附条件不起诉"等制度。例如，上海市长宁区人民检察院对未成年犯罪嫌疑人采取了"免予起诉"称谓，也有的检察机关称为"暂缓起诉"（缓予起诉）或者"暂缓不起诉"等。

---

① 2004 年 5 月，北京市海淀区人民检察院对未成年人实施暂缓起诉制度，并认为使用"暂缓起诉"更为贴切。其主要理由有：（1）从法律精神看，暂缓起诉制度设计注重帮教。与一般不起诉制度最大的区别在于设立一段考验期。在考验期中既有趋利避害的引导，又对已犯罪人形成一定的心理压力。犹如死缓制度，尽管实际上基本不再执行死刑，但"死缓"的称谓优于"附条件不执行死刑"。（2）从法律效力来看，暂缓起诉是刑事诉讼程序中的阶段性处理，作出时并非具有终局性。考验期限届满后，有可能不再起诉，也有可能起诉。而一般不起诉在程序上终止刑事诉讼。（3）从法律体系上看，暂缓起诉和缓刑，又被从广义上同称为刑事缓刑制度。暂缓起诉制度的确立，有利于完善我国刑事诉讼法律中的犹豫制度。（4）从汉语词义上看，暂缓起诉用词简明扼要。附条件不起诉概念范围更宽，从某种意义上说相对不起诉也是一种附条件不起诉。

② 1992 年初，上海市长宁区人民检察院对涉嫌盗窃的一名 16 岁犯罪嫌疑人延期起诉，考察期为 3 个月。在考察期内，该犯罪嫌疑人表现良好，决定对其从宽处理，按照当时规定，实行"免予起诉"，检察机关后来将这一行为称为"诉前考察"。

从比较法的角度来分析，德国的不起诉制度相对比较接近我国现有的附条件不起诉，以至于在《刑事诉讼法》修改之前多数学者提出采用"暂缓起诉"名称。也有学者认为，无论叫暂缓起诉或者起诉犹豫，或者叫美国的审判分流，都不够准确，把暂缓起诉改成"附条件不起诉"更为合适。暂缓起诉与附条件不起诉的根本区别在于落脚点不同：暂缓起诉落脚在"诉"，给人一种最终是要诉的、只是暂时缓一缓的感觉；附条件不起诉落脚在"不起诉"，只要满足一定的条件，经过一定的考验期，就不会起诉。[①] 从有利于未成年人的角度，落脚点应在不起诉上，2012 年修改的《刑事诉讼法》采纳这一术语更符合作为制度的本质特点。附条件不起诉制度的确立不仅是对检察机关创新经验的认可，也是我国不起诉制度走向成熟的标志。

2. 附条件不起诉制度的基本内容

附条件不起诉（conditional non-prosecution decision），是指人民检察院在审查起诉过程中对于符合提起公诉条件而罪行较轻的未成年犯罪嫌疑人，有悔罪表现，决定暂不起诉，对其进行监督考察，根据其表现，再决定是否起诉的制度。[②] 附条件不起诉制度与其他不起诉制度相比存在一定的特殊性。其特殊性主要表现为：

（1）适用对象的特殊性。附条件不起诉制度适用对象仅限于未成年人刑事案件的犯罪嫌疑人，其他不起诉制度适用对象为一般犯罪嫌疑人。根据《人民检察院刑事诉讼规则（试行）》第 508 条规定："未成年人刑事案件，是指犯罪嫌疑人实施涉嫌犯罪行为时已满十四周岁、未满十八周岁的刑事案件。"《人民检察院办理未成年人刑事案件的规定》第 29 条规定："对于犯罪时已满十四周岁不满十八周岁的未成年人，……人民检察院可以作出附条件不起诉决定。"

（2）适用条件的特殊性。对于涉嫌犯罪的未成年人适用附条件不起诉应当符合以下条件：①涉嫌犯罪的未成年人所犯罪名为刑法分则第四章"侵犯公民人身权利、民主权利罪"，第五章"侵犯财产罪"以及第六章"妨碍社会管理秩序罪"，未成年人犯此范围之外的罪名不能够适用附条件不起诉。②涉嫌犯罪的未成年人可能判处 1 年以下有期徒刑以下的刑罚。这里所指称的"可能判处 1 年以下有期徒刑"实际上并且应当解释为 1 年以下宣告刑，而不是法定刑。如果限定为 1 年以下法定刑，那么综观刑法第四、五、六章的法条规定，符合条件的只有刑法第 252 条侵犯通信自由罪和第 322 条偷越国（边）

---

① 参见陈光中、张建伟："附条件不起诉：检察裁量权的新发展"，载《人民检察》2006 年第 7 期。

② 参见王敏远主编：《中国刑事诉讼法教程》，中国政法大学出版社 2013 年版，第 431 页。

境罪这两个罪名，显然是不符合立法本意和法条内部逻辑的。③未成年人所涉嫌的犯罪必须是犯罪事实已经查清，证据确实充分，符合起诉条件。④具有悔罪表现。所谓悔罪表现主要包括认罪态度好、向被害人赔礼道歉、积极赔偿、取得被害人谅解等。行为人的行为客观上具有刑事违法性是所有适用不起诉案件的共同特征。

（3）适用程序上的特殊性。前置听取意见程序，相关人的意见对附条件不起诉是否作出具有一定的影响。附条件不起诉决定由人民检察院作出，人民检察院在作出附条件不起诉决定前不仅需要听取公安机关、被害人的意见，[①]而且需要听取未成年犯罪嫌疑人的法定代理人、辩护人的意见。[②] 如果被害人是未成年人的，还应当听取被害人的法定代理人、诉讼代理人的意见。[③] 听取的意见均应当制作笔录附卷。实践中，被害人的意见很大程度上影响了检察机关是否作出附条件不起诉决定。而未成年犯罪嫌疑人及其法定代理人也可以对人民检察院作出的附条件不起诉提出异议。

（4）制约机制的特殊性。检察机关既行使审查公诉的职权，同时也是法律监督机关，行使法律监督权。检察机关实行检察一体化，上级检察机关对下级检察机关具有领导职责，因此对附条件不起诉采取了上下级的内部监督机制。对附条件不起诉的决定，公安机关可以向作出决定的人民检察院复议、提请上级人民检察院复核，被害人也可以向作出决定的人民检察院或其上级人民检察院申诉，其救济程序与成年人的不起诉制度的被害人可以向人民法院起诉存在重大区别。

3. 附条件不起诉制度与其他不起诉制度之比较

（1）附条件不起诉与法定不起诉。法定不起诉，也被称为绝对不起诉，是指检察机关在审查起诉过程中发现犯罪嫌疑人没有犯罪事实或者其具有法律规定的情形之一的，应当对犯罪嫌疑人作出不起诉的决定。[④] 法定不起诉情形下，检察机关绝对不享有作出起诉决定的自由裁量权，其只能作出不起诉决定。

2012 年修改的《刑事诉讼法》第 173 条在原第 142 条基础上补充规定了"犯罪嫌疑人没有犯罪事实"时应当作出不起诉决定。这里的没有犯罪事实，包括犯罪行为并非犯罪嫌疑人所为、该案所涉行为依法不构成犯罪以及根本不

---

① 参见《刑事诉讼法》第 271 条。

② 参见《人民检察院刑事诉讼规则（试行）》第 492 条第 2 款。

③ 参见《人民检察院办理未成年人刑事案件的规定》第 30 条。

④ 参见宋英辉、甄贞主编：《刑事诉讼法学》，中国人民大学出版社 2013 年版，第 292 页。

存在犯罪行为，即犯罪行为纯属虚构的情形。[①] 该规定的作用在于禁止办案机关采取"程序倒流"方式撤销案件。根据《人民检察院刑事诉讼规则（试行）》第 401 条规定："人民检察院对于公安机关移送审查起诉的案件，发现犯罪嫌疑人没有犯罪事实，或者符合刑事诉讼法第十五条规定的情形之一的，经检察长或者检察委员会决定，应当作出不起诉决定。对于犯罪事实并非犯罪嫌疑人所为，需要重新侦查的，应当在作出不起诉决定后书面说明理由，将案卷材料退回公安机关并建议公安机关重新侦查。"

除犯罪嫌疑人没有犯罪事实外，出现法律规定的不追究情形也是作出法定不起诉的依据。根据《刑事诉讼法》第 15 条的规定，法定不追究的情况包括：①实施的行为情节显著轻微、危害不大，不认为是犯罪的；②犯罪已过追诉时效期限的；③经特赦令免除刑罚的；④依照刑法规定，属于告诉才处理的犯罪，没有告诉或者虽已告诉又撤回告诉的；⑤犯罪嫌疑人、被告人死亡的；⑥其他法律、法令规定免予刑事处罚的。

法定不起诉与附条件不起诉的不同之处主要表现在：法定不起诉是不附加任何条件的绝对不起诉，一旦出现法定不起诉的情形时检察机关就被推定丧失起诉权。由于无法行使起诉权，因此检察机关作出法定不起诉显然不是进行起诉裁量的结果，如果起诉则属于错误。法定不起诉是不应当追究刑事责任或无法追究刑事责任的情形，而附条件不起诉是检察机关针对应当追究刑事责任的未成年犯罪嫌疑人作出的，是在可诉可不诉之间进行价值比较与裁量后作出的不起诉决定。法定不起诉意味着未成年犯罪嫌疑人是无罪的，当未成年犯罪嫌疑人具有法定不起诉的情形时，检察机关应当及时作出不起诉决定。

（2）附条件不起诉与证据不足的存疑不起诉。证据不足不起诉，也称存疑不起诉，是指检察机关对于补充侦查的案件，认为证据不足、不符合起诉条件，而对犯罪嫌疑人作出的不起诉决定。适用证据不足不起诉应当具备两个条件：一是案件经过补充侦查，这是程序条件。根据《刑事诉讼法》第 171 条第 2 款、第 4 款规定："人民检察院审查案件，对于需要补充侦查的，可以退回公安机关补充侦查，也可以自行侦查。对于二次补充侦查的案件，人民检察院仍然认为证据不足，不符合起诉条件的，应当作出不起诉的决定。"此外，根据《人民检察院刑事诉讼规则（试行）》第 403 条第 2 款规定："人民检察院对于经过一次退回补充侦查的案件，认为证据不足，不符合起诉条件，且没有退回补充侦查必要的，可以作出不起诉决定。"二是定罪证据不足，这是实

---

① 参见孙谦主编：《〈人民检察院刑事诉讼规则（试行）〉理解与适用》，中国检察出版社 2012 年版，第 296 页。

质条件。实质条件包括：①犯罪构成要件事实缺乏必要的证据予以证明的；②据以定罪的证据存在疑问，无法查证属实的；③据以定罪的证据之间、证据与案件事实之间的矛盾不能合理排除的；④根据证据得出的结论具有其他可能性，不能排除合理怀疑的；⑤根据证据认定案件事实不符合逻辑和经验法则，得出的结论明显不符合常理的。

有观点认为，证据不足不起诉也应当看作检察院行使起诉裁量权的一种结果，"证据不足不起诉与酌定不起诉一样，都是人民检察院可以作出不起诉的结果，是人民检察院裁量的结果"。① 我们认为，在作出证据不足不起诉的情形下，检察官进行考量的实际上是案件证据是否达到案件起诉的证明标准。一旦检察官得出案件证据无法达到起诉的证明标准，起诉犯罪嫌疑人对检察官来说应视为起诉权的丧失或行使不能，而不是价值选择上的否定。虽然司法实践中也偶尔会有检察官认为案件证据不足但仍迫于压力"强行起诉"并获得有罪判决的极端情形出现，但这显然不是刑事司法运行的正常样态，而是对起诉权的滥用。因此，证据不足不起诉不能认为是检察官行使自由裁量权的表现，它更像是一种"被迫"（公诉人因认识到即便起诉也无法获得有罪判决而放弃追诉）的不起诉决定，因此《刑事诉讼法》第 171 条将原有的"可以作出不起诉的决定"修改为"应当作出不起诉的决定"。由于作出证据不足不起诉不存在起诉裁量的空间，因此它与附条件不起诉之间的差异是根本性的。

此外，在证据不足不起诉的情形下犯罪嫌疑人是否应当被追究刑事责任仍然有待探讨。由于案件证据无法达到足以认定犯罪嫌疑人有罪的标准，因此犯罪嫌疑人有无罪本身难以确定。多数情形下承办案件的检察官可能仍坚信对犯罪嫌疑人应当追究刑事责任，因此在我国即便作出了证据不足不起诉决定，一旦有新的足以证明案件事实的有罪证据出现，检察官仍然可以提起公诉。而作出附条件不起诉决定的前提之一就是检察官认定依法应当追究未成年犯罪嫌疑人的刑事责任。在这种前提下检察官通过能动地裁量和选择，作出了附条件地不行使起诉权力的决定。

（3）附条件不起诉与酌定不起诉。酌定不起诉，也称相对不起诉或者酌情不起诉。从公诉权的角度看，酌定不起诉是检察机关在拥有起诉权的情况下对案件进行权衡后认为舍弃诉权更为适宜时作出的不起诉决定。酌定不起诉制度可以看作对起诉便宜主义原则的贯彻，也是"微罪不举"意义上的起诉裁量制度，属于检察机关自由裁量权行使的常见形态之一。

学界曾对应当怎样厘清附条件不起诉与酌定不起诉的关系存在三种观点：

---

① 参见姜伟、钱舫、徐鹤喃等：《公诉制度教程》，中国检察出版社 2007 年版，第 251 页。

①包含说。这种观点主张应当将附条件不起诉纳入酌定不起诉的范畴内进行研究，对酌定不起诉进行逻辑上的重整。重整后酌定不起诉应当被视为是附条件不起诉和原有酌定不起诉的上位概念。在新的酌定不起诉基础上划分为无条件的酌定不起诉和附条件的酌定不起诉，由检察官裁量决定起诉方式，为附条件的酌定不起诉设定一定的条件，作为检察官裁量作附条件还是无条件不诉的参考标准。① 这种观点实际上是借鉴德国的不起诉制度，将酌定不起诉等同于不附条件的不起诉。②替代说。即用附条件不起诉代替酌定不起诉。这种观点与包含说大同小异，实际上都是试图将原有的酌定不起诉解释为检察官裁量后作出的一种不附加条件的不起诉。③递进说。此种观点认为附条件不起诉与酌定不起诉之间的独立性，同时两种制度之间存在递进关系。② 这种观点认为附条件不起诉的适用对象应当是情节比酌定不起诉情节稍重些但还属于轻罪范围内的犯罪。

根据《刑事诉讼法》对附条件不起诉制度的规定，其包含说与替代说的观点不具有可行性，递进说成为通行的观点。酌定不起诉与附条件不起诉的制度区别是更深层次的，具体表现为二者在制度运行和程序价值上的迥然不同。

首先，检察自由裁量权运行样态上存在差异。在裁量是否作出酌定不起诉决定时，检察官所考虑的无论是"犯罪事实方面的情况"、"犯罪嫌疑人个人的情况"还是"犯罪后的情形"，其本质都是对犯罪事实或是犯罪嫌疑人行为的客观衡量。但附条件不起诉决定后，检察官可以"能动"地创设一定的考察条件。更为重要的是，考察中未成年犯罪嫌疑人的表现（考察中的表现与犯罪事实之间不存在直接关系）最终也将作为是否作出不起诉决定的衡量标准之一。可见，在附条件不起诉中检察院的自由裁量权更加具有主动性，而酌定不起诉中检察院的自由裁量则表现为一种被动裁量。

其次，体现的制度价值不同。酌定不起诉主要是从宽严相济的刑事政策以及诉讼经济上的考虑。而附条件不起诉制度虽然也存在以上价值考虑，但其最核心的价值在于帮助和保护未成年人。因此对于轻微刑事犯罪，酌定不起诉主要是从起诉（追责）者的角度进行思考，采取了一种"可诉、可不诉但不诉更加经济、更加实惠"的思维模式。而附条件不起诉的基本立场是"不起诉"，所追求的是在法律允许的范围内尽最大可能不起诉未成年人。

最后，酌定不起诉更加关注犯罪行为，而附条件不起诉更加关注未成年犯

① 参见葛琳："附条件不起诉之三种立法路径评析——兼评刑诉法修正案草案中附条件不起诉之立法模式"，载《国家检察官学院学报》2011年第6期。
② 参见柳小惠："论我国附条件不起诉制度的立法完善"，载《人大研究》2013年第7期。

罪嫌疑人。因此附条件不起诉中普遍要与未成年人约定考察义务（而非责任），借此实现矫治和帮助未成年人的目的。但在司法实践中有些本身就属于轻微且无追诉必要的未成年人犯罪，如果仍将由检察官决定是否附加条件、附加多少条件，可能引发滥用考察的程序异化。因此，对未成年人保留不附加任何条件的酌定不起诉仍然存在其现实意义。由于附条件不起诉对未成年人的影响更大，因此递进说也普遍认为附条件不起诉适用的犯罪行为应当较酌定不起诉重。同时，针对检察官可能滥用附条件不起诉、无端增加考察的额外负担，有学者认为应将两种起诉裁量分开。对于适用可能出现重叠的部分案件，办案机关应针对犯罪事实作出是否酌定不起诉的裁量，对没有作出酌定不起诉的案件进行必要的说明，再由不同办案人员对未成年犯罪嫌疑人是否附条件不起诉进行裁量。

（4）附条件不起诉与免予起诉。免予起诉制度在 1996 年《刑事诉讼法》修订中被取消，以"不起诉"代之。所谓免予起诉是指对于被告人的行为已经构成犯罪，但是依照刑法规定不需要判处刑罚或者可以免除处罚的，在审查起诉阶段，就由人民检察院作出认定其有罪而又免除刑罚的决定。并且，人民检察院所作免予起诉决定与人民法院开庭审判后依法作出的认定被告人有罪而依法免除其刑罚的判决具有同等的法律效力。[1] 免予起诉制度之所以被废除，主要是鉴于其存在与现代刑事诉讼精神发生硬性碰撞的一面，它违反了现代刑事诉讼程序分立和控、辩、审相分离的基本模式，使检察机关对同一案件既行使了检控的职权，又代行了裁判的权力。更有甚者，对于检察机关自侦的案件，如果允许自行免予起诉，将会出现由检察机关一家包揽整个刑事诉讼过程的极端现象，因此 1996 年修改的《刑事诉讼法》取消了免予起诉制度。在取消免予起诉制度的同时，考虑到赋予检察机关适当自由裁量权的必要性，将后来免予起诉的某些案件纳入"不起诉"制度。

将附条件不起诉制度与已经废止的免予起诉制度进行对比仍有其现实意义，这是由于附条件不起诉制度在试点工作时也曾引起过检察权会干涉司法权的非议和猜测。实践中有法官提出，《宪法》和《刑事诉讼法》对刑事司法的权力分工非常明确，公诉权是检察机关必须行使的，既是职权又是义务，有罪必诉，有罪必究，有罪不诉可能陷入选择性司法的境地，使司法没有均衡，附条件不起诉表明还是已经先入为主地定了罪。[2] 实质上，这种认识是片面的。附条件不起诉制度绝不是一种"有罪推定"。适用附条件不起诉的情形被定为

---

① 参见王敏远主编：《中国刑事诉讼法教程》（第 2 版），中国政法大学出版社 2012 年版，第 270 页。
② 参见"山东蓬莱市检察院'附条件不起诉制度'引激烈争议"，载正义网 2007 年 12 月 6 日。

未成年人涉嫌刑法分则第四、五、六章犯罪并符合起诉条件的案件，这就表明附条件不起诉权仍然坚持定罪权只能由人民法院行使，附条件不起诉恰恰是人民检察院积极行使不定罪权的表现。附条件不起诉以最终作出不起诉决定终结，不起诉并不等同于免予刑事处罚。不起诉仅表明公诉机关认为对未成年犯罪嫌疑人不存在起诉的必要，而不起诉决定本身对未成年犯罪嫌疑人的行为并未作出评价，这与无罪推定的理念是不相抵牾的。

（二）附条件不起诉程序的理论探索

对附条件不起诉适用程序进行调整的法律规范主要包括《刑事诉讼法》第271条至第275条、《人民检察院刑事诉讼规则（试行）》第492条至第507条以及2013年12月修订的《人民检察院办理未成年人刑事案件的规定》第三章第四节的22个法律条文。整个附条件不起诉程序在常态下应当包含三个必不可少的部分：人民检察院作出附条件不起诉决定、人民检察院对被附条件不起诉人进行监察考察、人民检察院根据考察结果作出起诉或者不起诉的决定。此外，为应对附条件不起诉不当适用的情形，还设置了相应的当事人救济程序。上述程序的有机结合保证人民检察院作出的附条件不起诉能够真正贯彻办理未成年人刑事案件教育为主、惩罚为辅和特殊保护的原则，实现以最符合未成年人身心特点的方式充分保障未成年人合法权益的目的。

1. 附条件不起诉的立法体例

根据国际通行的立法体例，对未成年人刑事司法活动较多采用特别程序或单行法的模式加以调整。这种立法模式源于未成年人较为独特的身心特点和立法者对未成年人这一特殊群体的特殊保护理念。

德国立法较早采用了单行法的模式。受19世纪末20世纪初少年司法改革运动的影响，德国开始探索建立独立的未成年人司法程序。第一次世界大战期间及战后，德国少年犯罪情况越来越严重，这种局面促使政府于1919年向议会递交了关于少年罪犯特别处遇的法律草案；此后，为了与《少年福利法》（草案）相协调，该草案经过修改后于1922年被提交议会并于1923年通过，德国《少年法院法》及少年司法制度即告诞生。① 德国《少年法院法》是综合规定少年违法行为及后果、教育处分、刑罚处罚、司法程序的单行法。根据《少年法院法》第1条规定，本法的适用对象为少年和未成年青年的违法行为。少年是指行为时已满14周岁不满18周岁者，未成年青年是指行为时已满18周岁不满21周岁者。同时相对于《刑法》、《刑事诉讼法》来说又属于特

---

① 参见刘灿华："德国、日本少年司法制度的变迁及其启示"，载《时代法学》2011年第6期。

别法。《少年法院法》第 2 条规定："本法未作其他规定的，始可适用普通刑法。"该法在第 45 条中规定，在青少年被告人对其违法行为供认不讳而检察官认为有给予处分的必要但无提起诉讼的必要时，检察官可以建议少年法官对涉案未成年人给予指示或规定义务，未成年人如接受指示或规定之义务，始可免予追诉。[1]

日本同样采用了单行法的体例。区别于德国《少年法院法》，日本《少年法》[2] 对涉罪未成年人处理的特殊性主要体现在程序层面。在日本，少年案件（或称"事件"）适用区别于普通刑事诉讼程序的特别程序规定，少年司法程序主要在《少年法》中加以规定。昭和 23 年（1948 年）制订的《少年法》确立了现行的少年司法程序，该法规定所有少年（未满 20 岁者）涉嫌的案件均应移送家庭法院（或称家庭裁判所）。[3] 其中相当于罚金刑以下程度的案件，由司法警察员直接移送到家庭法院，相当于禁锢刑以上程度的案件由检察官移送家庭法院。家庭法院在审查的基础上判断少年案件是否应进行刑事处分或保护处分。[4] 只有家庭法院认定应当给予刑事处分的未成年人案件并将其再次移送给检察官（又称"逆送"），检察官才可以对这部分少年案件提起公诉。[5] 当然，检察官根据逆送后的情况认为不应当追诉，也可以将案件退回家庭法院。采取家庭法院前置审查的方式，使能够作出保护处分的涉罪未成年人在程序上更早地脱离刑事司法程序。

我国《刑事诉讼法》采取了设置"特别程序"编的方式规定未成年人刑事司法程序。附条件不起诉规定在"特别程序"编中，能够保证未成年人刑

[1] 参见徐久生、庄敬华译：《德国刑法典》，中国方正出版社 2004 年版，第 193 页。
[2] 日本第一部《少年法》最早公布于大正天皇 11 年（1922 年），第二次世界大战后（昭和 23 年即 1948 年）进行了重新制订，现行《少年法》是在 1948 年版本的基础上演变而成。
[3] 家庭裁判所是日本下级法院之一。主要受理《家事审判法》规定的家庭案件的审判和调解以及《少年法》规定的少年保护案件的审判。此外，还负责对离婚案件进行调解，调解不成的送地方裁判所民事庭处理。成年人虐待儿童的犯罪案件，也由家庭裁判所受理。家庭裁判所实行不公开审理，一般由一名法官独任审判。参见李伟民：《法学辞源》，黑龙江出版社 2002 年版，第 2803 页。
[4] 保护处分，也称保护观察，是指在未成年人的非行行为（犯罪、触法以及虞犯倾向）并未产生严重发展趋势的情形下，但已经在日常的生活态度、与同学的关系中存在各种各样的问题，需要对其进行处置，使其能够在家庭和学校里继续生活，从而委托保护观察所予以监督指导的过程。根据现行《少年法》第 24 条第 1 项规定，经家庭裁判所审判之后，需要送交保护观察所、儿童自立支援设施（旧称教护院）、儿童养护设施、少年院等机构，对非行少年进行保护处分。少年一旦被交付保护观察，便由专门的社会福利机构调查员作为保护观察官予以指导。少年每月还需数次到当地的民间合作者的"保护司"去报到，保护司也要走访少年的家庭和学校，而且，少年要向保护司汇报自己的生活情况，保护司就少年存在的问题予以具体帮助和指导。
[5] 参见吴海航：《日本少年事件相关制度研究兼与中国的制度比较》，中国政法大学出版社 2011 年版，第 65~70 页。

事司法程序与普通刑事司法程序相对独立又不完全脱离《刑事诉讼法》。

2. 附条件不起诉的决定程序

检察机关对符合附条件不起诉的未成年犯罪嫌疑人作出附条件不起诉的决定是整个附条件不起诉程序中最为核心的部分。检察机关在作附条件不起诉决定时应当满足对象适格、主体适格、程序适格三个方面的要求。

（1）附条件不起诉适用对象。尽管检察机关对未成年人刑事案件采取了特殊保护的原则，但不等同于对所有未成年犯罪嫌疑人均可以实行附条件不起诉。从《人民检察院刑事诉讼规则（试行）》和《人民检察院办理未成年人刑事案件的规定》的规定来看，适用附条件不起诉应当满足以下条件：

①未成年犯罪嫌疑人必须是涉嫌刑法分则第四、五、六章规定的犯罪。从刑法分则的设置上来看，第四章规定了侵犯公民人身权利、民主权利罪，第五章规定了侵犯财产罪，第六章规定了妨害社会管理秩序罪。这里应当注意的是，我国刑法分则没有借鉴法、德等大陆法系国家的刑法分则分章模式，以刑罚轻重为标准将犯罪区分为重罪、轻罪、违警罪等，仍采用苏联式的以同类客体为标准的分章模式。因此，刑法分则第四、五、六章中既包含可判处死刑的犯罪（如故意杀人罪、绑架罪），也包含可单处拘役的犯罪（如侵犯通信自由罪）。《刑事诉讼法》及相关法规将附条件不起诉的适用范围限定为刑法分则第四、五、六章的做法并非是对试点工作做法的继承，这种限定是否科学合理目前仍然存在争议。支持者认为，限定为刑法分则第四、五、六章犯罪基本可以覆盖青少年常见的犯罪类型；同时将危害国家安全罪、危害公共安全罪等犯罪排除在外，也能够保持刑法对这些严重犯罪的威慑力。但也有观点认为，虽然刑法分则第四、五、六章中包含了盗窃、抢劫、故意伤害（轻伤、重伤）、聚众斗殴、寻衅滋事等未成年人高发犯罪，但将"交通肇事罪、危险驾驶罪、信用卡诈骗罪等青少年常见多发轻微犯罪排除在了附条件不起诉之外，不利于对未成年人的教育、挽救，限制了附条件不起诉制度功能的充分发挥"。[①]

②未成年犯罪嫌疑人的犯罪行为必须是"根据具体犯罪事实、情节，可能被判处一年有期徒刑以下刑罚"的犯罪，才可以适用附条件不起诉。《刑事诉讼法》第271条仅仅采纳了"可能判处一年有期徒刑以下刑罚"的表述，因此也引发了1年有期徒刑是指法定刑还是宣告刑的争议。

刑罚根据其功能、作用、表现形式上的不同，可以分为法定刑、宣告刑及执行刑。法定刑，是指《刑法》分则及其他刑法规范中针对具体犯罪的罪状

① 参见彭智刚、王珊珊："附条件不起诉制度的缺陷与分析"，载《人民司法》2013年第9期。

而规定的刑种和刑度（刑罚的幅度）。而宣告刑则是司法机关根据犯罪的事实、犯罪的性质、情节和对于社会的危害程度，依法对犯罪分子判处的具体刑罚。因此，《刑法》分则规定的法定刑是司法机关决定宣告刑最基本的法律依据，宣告刑是司法机关根据案件的具体情况依法对犯罪分子适用法定刑的结果。① 一般说来，确定宣告刑的过程中所要考虑的量刑情节和因素远比立法者确定法定刑档次、区间时所考虑的更多、更复杂。而每个司法人员基于不同的认识，在衡量量刑情节大小时又不可避免地存在差异性，这种差异性也是导致司法实践中"同案不同判"现象出现的原因之一。在刑事诉讼程序中，虽然宣告刑通常仅限于人民法院针对刑事被告人判处的具体刑罚。但事实上，在侦查、审查起诉阶段，公安侦查人员和检察官在衡量羁押必要性、作出是否提起公诉等决定时，同样需要在内心确定一个"宣告刑"。相比较之下，法定刑虽然也存在绝对确定的法定刑与相对确定的法定刑之分，但显然法定刑所确定的刑罚幅度与界限要比宣告刑清晰很多。德国《刑事诉讼法》正是基于这种考虑，在确定暂缓起诉适用对象时采用了法定刑的标准。德国《刑事诉讼法》第 153 条 a 规定，经负责开始法庭审理程序的法院和被指控人同意，检察院可以对轻罪暂不予提起公诉。② 这里所称的"轻罪"，是指一种法定刑罚幅度。根据德国《刑法典》第 12 条的规定："轻罪是指最低刑为 1 年以下自由刑或科处罚金刑的违法行为。"③

我国《刑法》分则在确定个罪的法定刑区间时往往采取"以上"、"以下"加时间点表述方式，与《刑事诉讼法》第 271 条的表述方式相类似。这里所表述的"可能被判处一年有期徒刑以下刑罚"解释为法定刑，明显存在不合理之处。首先，如果将附条件不起诉对象限定在法定刑为 1 年以下有期徒刑的犯罪，由于刑法分则第四、五、六章中较多采用有期徒刑 3 年作为法定刑档次的节点，因此满足条件的罪名只有第 252 条侵犯通信自由罪和第 322 条偷越国（边）境罪两个罪名。其次，限定在法定刑有期徒刑 1 年以下将导致附条件不起诉同酌定不起诉在适用对象上的交叉。因此"可能判处一年有期徒刑以下刑罚"应当理解为宣告刑。而《人民检察院办理未成年人刑事案件的规定》在第 29 条表述为"根据具体犯罪事实、情节，可能判处一年有期徒刑以下刑罚"也可以看作是对《刑事诉讼法》的规定进行了更详细的文义解释。

---

① 参见陈忠林主编：《刑法（分论）》，中国人民大学出版社 2003 年版，第 10～14 页。
② 参见陈光中、［德］汉斯－约格阿尔布莱希特主编：《中德不起诉制度比较研究》，中国检察出版社 2002 年版，第 66 页。
③ 参见徐久生、庄敬华译：《德国刑法典》，中国方正出版社 2004 年版，第 8 页。

　　然而，采取宣告刑标准本身存在界限模糊的难题，实践中仍然倾向于借助法定刑标准进行区分。首先，应当理解为是根据未成年人犯罪案件的具体犯罪事实、情节可能判处的刑罚；其次，由于我国刑法分则规定的刑罚幅度是以成年人犯罪为基准而设立的，因此，根据刑法总则第17条对未成年人犯罪"从轻或者减轻处罚"的规定，对于"可能判处一年有期徒刑以下刑罚"，可以具体把握其法定量刑档次原则上为"三年有期徒刑以下刑罚"，特殊情况下"三年以上五年以下有期徒刑刑罚"也可以考虑适用。[①] 我们认为，将1年有期徒刑以下刑罚认定为是可能判处的刑罚这一基本立场是正确的，将适用范围解释为"三年以下有期徒刑，特殊情形下三至五年有期徒刑也可"的做法需要在司法实践中综合考虑，结合其他情节也非不可能。

　　我国采用宣告刑标准也有其科学之处和深层考虑。首先，以宣告刑为标准内在地要求司法人员对未成年人刑事案件进行通盘地、细致地考虑，尽量不遗漏任何有利于未成年犯罪嫌疑人的量刑情节。这符合尽最大努力帮助和保护未成年人的基本理念。其次，采用宣告刑标准能够防止公诉权被滥用。从实证的角度来说，每一个案件的宣告刑都是由审理该案件的审判人员作出的，且应当是唯一的。采用宣告刑标准实际上是敦促检察官在决定是否作出附条件不起诉时，站在审判者的角度，对宣告刑可能作出的幅度进行"猜测"。通过使检察官认识到滥用公诉权将受到审判权的纠正，可以保证公诉权不被滥用。最后，使用宣告刑标准也符合我国侦查、审查起诉阶段证明标准的内在要求。我国《刑事诉讼法》规定，侦查终结、提起公诉的证明标准均为"事实清楚，证据确实充分"，这一证明标准同样是审判的证明标准。可见我国刑事诉讼对侦查、审查起诉中的调查活动提出了很高的证明要求。目前，对这种证明标准设置模式是否合理还存在争议，但不可否认这种模式为公安机关、检察机关在查清事实的基础上及时行使不定罪权提供了充分的理由。[②] 此外，人大法工委的相关负责人在解释没有借鉴试点工作中"三年以下有期徒刑"的法定刑标准时也提出，由于法定刑常以法定最高刑以下的方式表述，而法定最高刑的刑期往往较高，此标准涵盖了刑法分则第四、五、六章的大部分罪名，因此很容易引起争议。而由于宣告刑往往低于法定最高刑，采取宣告刑的标准由司法人员反推法定刑可以有效避免社会争议和压力。[③]

[①] 参见张寒玉、吕卫华："附条件不起诉制度若干问题研究"，载《人民检察》2013年第9期。

[②] 根据《刑事诉讼法》的规定，定罪量刑的权力只属于人民法院，但能够行使不定罪权的主体却不是唯一的，公安机关、检察机关都有不定罪权，一旦认定犯罪嫌疑人不应承担刑事责任，就应当尽快终止刑事追诉程序，避免对其权益造成更大的侵害。

[③] 参见张寒玉、吕卫华："附条件不起诉制度若干问题研究"，载《人民检察》2013年第9期。

虽然通过采取宣告刑标准，立法者将确定案件可否适用附条件不起诉的决定权交给了司法机关，但宣告刑幅度相对模糊的缺点仍然没有消除。事实上，决定权一旦移交司法机关，不同地方检察院对类似案件采取不同做法的现象就不可避免地出现了。通过对比不难发现，检察官在内心形成宣告刑的过程同审判人员在审判中作出宣告刑的过程并无明显不同，因此解决附条件不起诉"同案不同处理"的现象完全可以借鉴纠正审判中"同案不同判"现象相同的做法——量刑规范化。

为了实现量刑规范化，2013 年 12 月 23 日，最高人民法院下发了《关于常见犯罪的量刑指导意见》（以下简称《意见》）。该《意见》的第二部分明确了"确定量刑起点→根据犯罪情节确定基准刑→以量刑情节加减基准刑→得出宣告刑"的量刑步骤。在最高人民法院《意见》的指导下，地方法院相继制定了更加细致的《〈法院量刑指导意见〉实施细则》，但最高人民法院颁布的《关于常见犯罪的量刑指导意见》在法律位阶上仅仅是最高人民法院的司法解释，主要用途是为了指导人民法院审判人员的定罪量刑工作。而附条件不起诉决定乃是人民检察院在审查起诉阶段就必须作出的，如果在决定适用附条件不起诉时还要参照人民法院的量刑指导意见不免会引起不必要的争议和混乱。此外，针对未成年犯罪嫌疑人适用附条件不起诉所应当考虑的情节和未成年犯罪嫌疑人的自身情况显然超出了人民法院在审理普通刑事案件时所要考虑的量刑情节。最高人民检察院也有必要制订《人民检察院关于适用附条件不起诉程序若干问题的规定》的司法解释，集中规定未成年犯罪嫌疑人犯罪行为通常会具有的情节和未成年犯罪嫌疑人在家庭、成长环境等方面的共通情况，同时统一不同地区基层人民检察院对适用附条件不起诉的认识。

对于未成年人犯罪，应当综合考虑罪行的轻重、未成年人对犯罪的认识能力、实施犯罪行为的动机和目的、犯罪的年龄、个人成长经历和一贯表现等情况，予以从宽处罚。首先，应当考虑未成年犯罪嫌疑人的年龄，前面提到年龄一定程度上决定了未成年人的大脑发育成熟度，也与未成年人的社会化程度相对应，因此应当考虑不同年龄设置不同的减刑幅度。例如，已满 14 周岁不满 15 周岁的未成年人犯罪，可以减少基准刑的 40% ~ 60%；已满 15 周岁不满 16 周岁的未成年人犯罪，可以减少基准刑的 30% ~ 60%；已满 16 周岁不满 17 周岁的未成年人犯罪，可以减少基准刑的 20% ~ 50%；已满 17 周岁不满 18 周岁的未成年人犯罪，可以减少基准刑的 10% ~ 40%。其次，应当考虑未成年犯罪嫌疑人在共同犯罪中是否处于从属地位，是否具有受成年人教唆、引诱、胁迫犯罪的情节，可以酌情减少基准刑的 15% ~ 35%。再次，根据学校、监护人在未成年人成长过程中是否存在未充分履行监护责任、对未成年人犯罪负有间接责任的情形，可以酌情减少基准刑的 10% 以下。最后，如果未成年人社会调查结果良好，积极悔过的，也可以酌情减少基准刑的 20% 以下。当然，不同量刑情节的调节比例仍然需要借助司法实践进行磨合，以防止有违公平的现象出现。

（2）附条件不起诉决定主体。根据《刑事诉讼法》第 271 条的规定，人民检察院可以作出附条件不起诉的决定。但该条文更像是一种授权性规定，在办理未成年人刑事案件时，仍然有必要明确附条件不起诉决定权的主体。根据《人民检察院办理未成年人刑事案件的规定》第 32 条的规定："适用附条件不起诉的审查意见，应当由办案人员在审查起诉期限届满十五日前提出，并根据案件的具体情况拟定考验期限和考察方案，连同案件审查报告、社会调查报告等，经部门负责人审核，报检察长或者检察委员会决定。"由此可见，检察长或者检察委员会是附条件不起诉决定权的真正主体。

然而，附条件不起诉决定并不是一个终局意义上的决定。在检察长或检察委员会对未成年犯罪嫌疑人适用附条件不起诉的决定后，人民检察院还需要进行一系列的监督考察才能决定是否对未成年犯罪嫌疑人作出终局性的不起诉决定。对于考验期满后是否有必要再提交检察委员会讨论的问题上存在不同的观点。有学者主张，即便未成年犯罪嫌疑人在考验期内遵守规定、履行义务，考验期届满也应当报经检委会决定不起诉。因为此时的不起诉决定是属于终局的实质性处理，因此从应然角度看，应当提请检委会讨论通过。只是此次上会讨论的内容是针对被附条件不起诉之人在考察期间的表现情况接受检委会委员的问询，而不再就案件性质、犯罪行为、犯罪情节是否适合不起诉进行讨论决定。[1] 也有观点认为，《刑事诉讼法》和《人民检察院办理未成年人刑事案件的规定》已经明确规定被附条件不起诉的未成年犯罪嫌疑人应当撤销附条件不起诉的情形；考验期满的，人民检察院应当作出不起诉的决定。因此，作出不起诉决定是考验期满的必然结果，没有必要再开检委会对考验期内的监督考察情况进行再次评估，可以直接报请检察长作出不起诉决定。

无论是《刑事诉讼法》抑或是《人民检察院办理未成年人刑事案件的规定》均规定了"人民检察院在作出附条件不起诉的决定以前，应当听取公安机关、被害人、未成年犯罪嫌疑人的法定代理人、辩护人的意见，并制作笔录附卷。被害人是未成年人的，还应当听取被害人的法定代理人、诉讼代理人的意见"。这里应当明确，听取意见并不等同于征求其同意，人民检察院不能因

---

① 参见程晓璐："适用附条件不起诉需要明确和细化的五个问题"，载《预防青少年犯罪研究》2012年第 6 期。

为公安机关、被害人等提出异议就改变附条件不起诉决定。因此，公安机关、被害人、未成年犯罪嫌疑人的法定代理人、辩护人、未成年被害人的法定代理人、诉讼代理人并不是附条件不起诉决定权的主体。

（3）附条件不起诉决定程序。一是不公开听证程序。《人民检察院办理未成年人刑事案件的规定》第30条规定："人民检察院在作出附条件不起诉的决定以前，应当听取公安机关、被害人、未成年犯罪嫌疑人的法定代理人、辩护人的意见，并制作笔录附卷。被害人是未成年人的，还应当听取被害人的法定代理人、诉讼代理人的意见。"第31条第1款规定："公安机关或者被害人对附条件不起诉有异议或争议较大的案件，人民检察院可以召集侦查人员、被害人及其法定代理人、诉讼代理人、未成年犯罪嫌疑人及其法定代理人、辩护人举行不公开听证会，充分听取各方的意见和理由。"不公开听证程序是附条件不起诉规定的特别程序，它并不是附条件不起诉决定作出的必经程序，主要适用于公安机关、被害人对附条件不起诉争议较大的案件。

近些年来，对不起诉决定进行公开审查的呼声不断。2000年全国检察机关公诉改革工作会议中也将对不起诉案件的公开审查列为七大公诉改革之首，可以说探讨不起诉案件的听证程序不仅是理论上的需要也是实践中的需要。《刑事诉讼法》只规定不起诉的实质要件，即哪些情形适用不起诉，而对作出不起诉决定的具体程序没有规定。实践中作出不起诉决定的理由、证据几乎不公开，其过程处于一种暗箱操作状态，导致出现一些"人情不起诉"、"以罚代诉"的做法，这不仅违背了不起诉制度设立的初衷而且严重地削弱了检察机关的公信力和权威，有司法腐败及司法不公之嫌。法律上规定犯罪嫌疑人、被害人、侦查机关对不起诉决定不服的，只能在不起诉决定作出后寻求救济。这种救济具有一定的滞后性，不利于及时发现不起诉决定的错误并及时纠正，而且这种事后救济在某种程度上会造成司法资源的重置、增加司法成本，如侦查机关不服向检察院申请复议、复核的，检察机关必须再次启动审查程序，造成司法资源的重置。另外，由于与不起诉过程的隔膜导致的不信任感将促使犯罪嫌疑人、被害人事后通过申诉、起诉的途径来寻求救济，而且法律上对这些救济方式并未规定时效，这样一来将大大增加检察机关及法院的工作量（如被害人将不起诉的案件直接向法院起诉），增加司法成本。使原本符合诉讼经济的不起诉制度变得不经济。因此，为了更好地完善不起诉制度，更好地发挥不起诉制度的应有价值，有必要健全不起诉的具体实施程序，而不起诉的公开听证程序正是健全不起诉具体实施程序的一种尝试。

而附条件不起诉率先规定不公开听证，一方面是借助听证程序"陈述—答辩"的方式，让各方均能够充分表达对附条件不起诉决定的观点及理由，以便消除分歧。听证具备了司法的核心要素，即两者对抗、裁判中立。在听证的过程中，对立双方都享有平等机会提出自己的证据和意见，反驳对方的证据和意见等，但听证的运作却较纯粹的司法程序更为简捷，可以在冗繁的诉讼程序中迅速地为当事人提供公正的权利救济。[①] 另一方面采取不公开听证是注重保护未成年犯罪嫌疑人的隐私，避免案件情况的泄露以损害未成年犯罪嫌疑人的利益。

对附条件不起诉程序开展不公开听证应当注意以下几个环节：合理设定启动听证程序的主体、完善听证程序参与人的权利义务、为听证的公开性与对未成年人的隐私保护设置一个平衡点。根据《人民检察院办理未成年人刑事案件的规定》，不公开听证程序召集主体只能是人民检察院，公安机关、被害人以及其他诉讼参与人无权启动不公开听证程序。不公开听证程序并不必然适用于每个未成年人刑事案件，而是仅限于公安机关或者被害人对附条件不起诉有异议或争议较大、人民检察院认为有必要启动不公开听证程序的案件。

不公开听证程序的参与人应当包括人民检察院办案人员、侦查人员、被害人及其法定代理人、诉讼代理人、未成年犯罪嫌疑人及其法定代理人、辩护人。不公开听证程序应当由检委会或分管检察长主持，进行如下听证程序：首先，由人民检察院办理案件的工作人员对作出附条件不起诉决定的理由、依据进行陈述。其次，由对附条件不起诉决定有异议的侦查人员或被害人陈述反对意见或对人民检察院作出附条件不起诉决定的理由、依据进行反驳或质疑。最后，由分管检委会或分管检察长对是否作出附条件不起诉决定进行说明，并对侦查人员、被害人的质询进行答复和解释。

有关不公开听证程序的问题仍然有待进一步的研究。公开是听证程序的灵魂和精髓，如果限定参加听证程序的范围，听证程序的公正性将面临挑战。同时，附条件不起诉决定原本是由检委会讨论作出，如果不公开听证程序仍然由检委会或分管检察长主持，能否保持听证程序的中立性也存在难题。

二是不公开宣布程序。《人民检察院办理未成年人刑事案件的规定》第33条规定："人民检察院作出附条件不起诉的决定后，应当制作附条件不起诉决定书，并在三日以内送达公安机关、被害人或者其近亲属及其诉讼代理人、未成年犯罪嫌疑人及其法定代理人、辩护人。送达时，应当告知被害人或者其近亲属及其诉讼代理人，如果对附条件不起诉决定不服，可以自收到附条件不起诉决定书后七日以内向上一级人民检察院申诉。人民检察院应当当面向未成年

① 参见陈卫东、程永峰："新一轮检察改革中的重点问题"，载《国家检察官学院党报》2014年第1期。

犯罪嫌疑人及其法定代理人宣布附条件不起诉决定，告知考验期限、在考验期内应当遵守的规定和违反规定应负的法律责任，以及可以对附条件不起诉决定提出异议，并制作笔录附卷。"《刑事诉讼法》第174条规定："不起诉的决定，应当公开宣布，并且将不起诉决定书送达被不起诉人和他的所在单位。"可见，附条件不起诉决定在宣布程序上适用了特殊的规则。

不公开宣布的规定应从两个层面上理解：首先，不公开宣布是保护未成年犯罪嫌疑人的隐私的需要。由于附条件不起诉决定的前提是未成年犯罪嫌疑人的行为"犯罪事实清楚，证据确实、充分，符合起诉条件"，因此公开宣布附条件不起诉决定即意味着将未成年犯罪嫌疑人"有罪"的事实予以宣布，不利于保护未成年犯罪嫌疑人的隐私。公开宣布同样不利于对未成年犯罪嫌疑人进行监督考察和教育矫治。其次，附条件不起诉决定仍然有必要向相关人宣布并送达。尤其是应当及时向未成年犯罪嫌疑人及其法定代理人宣布，以便其充分了解考察义务、考验期限，保障其提出异议的权利。

此外，针对被附条件不起诉人可能被拘留或被逮捕的情形，《人民检察院办理未成年人刑事案件的规定》第34条规定："未成年犯罪嫌疑人在押的，作出附条件不起诉决定后，人民检察院应当作出释放或者变更强制措施的决定。"

3. 附条件不起诉考察程序的解读

（1）附条件不起诉的考验期。《人民检察院办理未成年人刑事案件的规定》第40条规定："人民检察院决定附条件不起诉的，应当确定考验期。考验期为六个月以上一年以下，从人民检察院作出附条件不起诉的决定之日起计算。考验期不计入案件审查起诉期限。考验期的长短应当与未成年犯罪嫌疑人所犯罪行的轻重、主观恶性的大小和人身危险性的大小、一贯表现及帮教条件等相适应，根据未成年犯罪嫌疑人在考验期的表现，可以在法定期限范围内适当缩短或者延长。"第45条第3款规定："作出附条件不起诉决定的案件，审查起诉期限自人民检察院作出附条件不起诉决定之日起中止计算，自考验期限届满之日起或者人民检察院作出撤销附条件不起诉决定之日起恢复计算。"针对附条件不起诉考验期限的设置，在试点工作中存在不同的情形。有学者建议附条件不起诉考验期设置应当参考缓刑考验期限，将考验期定为"一年以上，三年以下"。① 海淀区人民检察院采取的"暂缓起诉"模式同样规定了考验期，其考验期为"一个月以上，六个月以下（包括一个月和六个月）"。而我国立

---

① 参见陈光中主编：《中华人民共和国刑事诉讼法再修改专家建议稿与论证》，中国法制出版社2006年版；郭斐飞："附条件不起诉制度的完善"，载《中国刑事法杂志》2012年第2期。

法采取了海淀模式。首先,专家建议将附条件不起诉的适用对象扩展至全部轻罪,而不是仅仅针对未成年人刑事犯罪。因此其考察期设置是同 3 年以下有期徒刑的轻重罪区分标准一致的,但对我国的附条件不起诉制度不具有借鉴意义。其次,附条件不起诉适用对象均为可能判处 1 年有期徒刑以下的轻罪,如果考察期设置明显比刑期要长,就可能加重未成年犯罪嫌疑人的负担,削弱教育矫治的意义并有可能导致实践中的异化。

附条件不起诉的考验期是衡量教育矫治效果为目标的相对期限,因此应当允许考察机关对期限进行相对灵活的调整。一方面,应当根据每个未成年犯罪嫌疑人自身的特殊情况设置考察期,要与未成年犯罪嫌疑人所犯罪行的轻重、主观恶性的大小和人身危险性的大小、一贯表现及帮教条件等相适应。另一方面,应当允许考察机关结合未成年犯罪嫌疑人在考验期内的表现,在法定期限范围内适当缩短或者延长考察期限。对在考察期内表现一贯良好、不再具有教育矫治必要的未成年犯罪嫌疑人,考察机关应当本着对未成年犯罪嫌疑人特殊保护的原则提前终结考察期。对于未成年犯罪嫌疑人在考察期内出现轻微违反考察义务或相关规定的情形,也应当允许考察机关适当延长考察期。这种设置的目的仍然是对未成年犯罪嫌疑人进行特别保护,避免附条件不起诉决定被轻易撤销,同时也能够保证教育矫治效果。

(2)附条件不起诉的考察主体。我国《刑事诉讼法》第 272 条第 1 款规定:"在附条件不起诉的考验期内,由人民检察院对被附条件不起诉的未成年犯罪嫌疑人进行监督考察。未成年犯罪嫌疑人的监护人,应当对未成年犯罪嫌疑人加强管教,配合人民检察院做好监督考察工作。"从条文表述上可以看出,对被附条件不起诉的未成年犯罪嫌疑人进行监督考察的主体是人民检察院。但有学者提出,人民检察院并不是适格的监督考察主体。众所周知,在办理刑事案件的过程中,公、检、法、司应分工负责、相互配合、相互制约。从工作分工上看,对被附条件不起诉的未成年犯罪嫌疑人的监督考察应是司法行政部门的工作职责,由人民检察院作为监督考察主体会有检察权入侵司法行政权之嫌。况且,人民检察院自身的检察资源是有限的,无力承担繁重的监督考察工作,即便勉为其难,也会严重影响附条件不起诉的司法适用效果。[①]

《人民检察院办理未成年人刑事案件的规定》第 43 条第 2 款规定:"人民检察院可以会同未成年犯罪嫌疑人的监护人、所在学校、单位、居住地的村民

---

① 参见彭玉伟:"未成年人刑事案件附条件不起诉制度探析",载《预防青少年犯罪研究》2012 年第 5 期。

委员会、居民委员会、未成年人保护组织等的有关人员定期对未成年犯罪嫌疑人进行考察、教育，实施跟踪帮教。"因此，未成年犯罪嫌疑人的监护人、所在学校、单位、居住地的村民委员会、居民委员会、未成年人保护组织等的有关人员同样可以根据人民检察院的要求参与到考察中来，承担相应的考察任务。

（3）附条件不起诉的考察义务。被附条件不起诉人根据法律规定，应当承担相应的考察义务，以此证明其不再具有应受刑罚处罚性。被附条件不起诉人应当承担的义务包括：①遵守法律法规，服从监督；②按照考察机关的规定报告自己的活动情况；③离开所居住的市、县或者迁居，应当报经考察机关批准；④按照考察机关的要求接受矫治和教育。其中，按照考察机关的要求接受矫治和教育是考察义务最为核心的部分。人民检察院可以要求被附条件不起诉的未成年犯罪嫌疑人接受下列矫治和教育：①完成戒瘾治疗、心理辅导或者其他适当的处遇措施；②向社区或者公益团体提供公益劳动；③不得进入特定场所，与特定的人员会见或者通信，从事特定的活动；④向被害人赔偿损失、赔礼道歉等；⑤接受相关教育；⑥遵守其他保护被害人安全以及预防再犯的禁止性规定。

（4）附条件不起诉的程序性后果。附条件不起诉的程序性后果分为两种：一是撤销附条件不起诉决定，提起公诉；二是考验期满，人民检察院应当作出不起诉决定。被附条件不起诉的未成年犯罪嫌疑人，在考验期内有下列情形之一的，人民检察院应当撤销附条件不起诉的决定，提起公诉：①实施新的犯罪的；②发现决定附条件不起诉以前还有其他犯罪需要追诉的；③违反治安管理规定，造成严重后果，或者多次违反治安管理规定的；④违反考察机关有关附条件不起诉的监督管理规定，造成严重后果，或者多次违反考察机关有关附条件不起诉的监督管理规定的。

对于未成年犯罪嫌疑人在考验期内实施新的犯罪或者在决定附条件不起诉以前还有其他犯罪需要追诉的，人民检察院应当移送侦查机关立案侦查。被附条件不起诉的未成年犯罪嫌疑人，在考验期内没有应当撤销附条件不起诉之情形，考验期满的，人民检察院应当作出不起诉的决定。

对于人民检察院作出不起诉决定时是否需要再次提交检委会讨论，存在不同观点。有一种观点认为，根据《刑事诉讼法》的规定，凡作出不起诉决定均应当提交检委会讨论。附条件不起诉决定和不起诉决定仍然应视为两个相对独立的决定，需要分别提交检委会进行讨论。也有观点认为，在作出附条件不起诉决定时检委会已经就考察义务和考察后的处理方式进行了讨论，并形成了决议，因此没有必要对同一事项再次提交检委会进行讨论。我们认为，检委会在讨论是否作出附条件不起诉决定时，已经包含了对未成年犯罪嫌疑人作出不起诉决定的意思，因此当考验期届满并且没有应当撤销附条件不起诉的事由出现时，人民检察院应当直接作出不起诉决定。不起诉决定是附条件不起诉决定的当然后果。换言之，人民检察院只有在出现必须撤销附条件不起诉决定的情形时，才应当交由检委会重新讨论。

　　4. 附条件不起诉监督救济程序的解读

　　考虑到附条件不起诉决定可能出现错误的情形，附条件不起诉程序还设置了相应的监督程序和救济程序。

　　（1）附条件不起诉的监督程序。附条件不起诉的监督程序主要是指人民检察院自身对错误附条件不起诉的监督纠正程序。《人民检察院办理未成年人刑事案件的规定》第 39 条规定："人民检察院在作出附条件不起诉决定后，应当在十日内将附条件不起诉决定书报上级人民检察院主管部门备案。上级人民检察院认为下级人民检察院作出的附条件不起诉决定不适当的，应当及时撤销下级人民检察院作出的附条件不起诉决定，下级人民检察院应当执行。"

　　（2）附条件不起诉的救济程序。附条件不起诉的救济程序主要是指公安机关、被害人对附条件不起诉存在异议时可能采取的程序。《人民检察院办理未成年人刑事案件的规定》第 36 条规定："上一级人民检察院收到公安机关对附条件不起诉决定提请复核的意见书后，应当交由未成年人刑事检察机构办理。未成年人刑事检察机构应当指定检察人员进行审查并提出审查意见，经部门负责人审核，报请检察长或者检察委员会决定。上一级人民检察院应当在收到提请复核意见书后的三十日以内作出决定，制作复核决定书送交提请复核的公安机关和下级人民检察院。经复核改变下级人民检察院附条件不起诉决定的，应当撤销下级人民检察院作出的附条件不起诉决定，交由下级人民检察院执行。"第 37 条规定："被害人不服附条件不起诉决定，在收到附条件不起诉决定书后七日以内申诉的，由作出附条件不起诉决定的人民检察院的上一级人民检察院未成年人刑事检察机构立案复查。被害人向作出附条件不起诉决定的人民检察院提出申诉的，作出决定的人民检察院应当将申诉材料连同案卷一并报送上一级人民检察院受理。被害人不服附条件不起诉决定，在收到附条件不起诉决定书七日后提出申诉的，由作出附条件不起诉决定的人民检察院未成年人刑事检察机构另行指定检察人员审查后决定是否立案复查。未成年人刑事检察机构复查后应当提出复查意见，报请检察长决定。复查决定书应当送达被害人、被附条件不起诉的未成年犯罪嫌疑人及其法定代理人和作出附条件不起诉决定的人民检察院。上级人民检察院经复查作出起诉决定的，应当撤销下级人民检察院的附条件不起诉决定，由下级人民检察院提起公诉，并将复查决定抄送移送审查起诉的公安机关。"第 38 条规定："未成年犯罪嫌疑人及其法定代理人对人民检察院决定附条件不起诉有异议的，人民检察院应当作出起诉的决定。"

《人民检察院办理未成年人刑事案件的规定》在公安机关或者被害人对附条件不起诉有异议或争议较大的时候，采取了慎重适用的态度。这一做法本质上是与特殊保护未成年犯罪嫌疑人的精神和原则相违背的。人民检察院采取这一做法主要源于在附条件不起诉情形下公诉权仍然要面临来自自诉权的竞争，如果人民检察院不顾被害人反对作出附条件不起诉决定，被害人仍然可以根据《刑事诉讼法》第 204 条的规定，行使公诉转自诉的权利，将案件自诉至法院，从而在效力上否定附条件不起诉。为此，全国人民代表大会常务委员会《关于〈中华人民共和国刑事诉讼法〉第二百七十一条第二款的解释》进行了重新考虑并作出不同于《刑事诉讼法》的规定。其原因有以下几个方面：

一是如果允许被害人自诉会使检察院的附条件不起诉决定随时面临失效及至被推翻的命运，附条件不起诉决定将毫无权威性可言。我国《刑事诉讼法》第 12 条规定："未经人民法院依法判决，对任何人都不得确定有罪。"换言之，拥有定罪权的主体只能是人民法院。然而，拥有不定罪权或称免罪权的主体却不限于人民法院一家，人民检察院乃至公安机关都应当并且实际上能够独立行使这一权力。刑事诉讼中对公平正义和诉讼经济的价值追求要求司法机关在确定对行为人不具有追究刑事责任的必要性后应当第一时间终止刑事追诉程序。人民检察院适用附条件不起诉决定主要是针对实施了宣告刑在 1 年有期徒刑以下刑罚的未成年犯罪嫌疑人。虽然这些案件具备了起诉条件，但由于未成年犯罪嫌疑人有悔罪表现，因此本着对未成年人实行教育、感化、挽救的方针，在处理此类案件时应当将帮助和保护未成年犯罪嫌疑人作为根本出发点。此外，在我国，"曾受刑事处罚"是一种极为严重的否定性社会评价，曾被定罪处罚的前科记录会伴随未成年人一生，对其就业、参军乃至日常生活带来诸多不利影响。适用附条件不起诉决定就是希望尽量避免对未成年犯罪嫌疑人进行定罪处罚，但如果任由被害人不受限制地对此类案件提起自诉，那么人民检察院即使作出附条件不起诉决定也无法终止刑事诉讼程序，案件仍然会被提交法院进行审判。如果人民法院基于自诉对未成年被告人进行审判并作出了定罪处罚的判决，那么人民检察院的附条件不起诉决定事实上就失去了效力，这一决定本身的权威性也将受到质疑。

二是如果允许被害人自诉，有可能加重未成年犯罪嫌疑人所遭受的处罚。未成年犯罪嫌疑人接受了人民检察院的附条件不起诉决定意味着犯罪嫌疑人放弃了通过审判证明其无辜的机会，其负担虽然从理论上说与审判后的处罚不同，但事实上该负担确实对犯罪嫌疑人极为不利，有处罚的效果，可以称得上是"半处罚"①。特别是考虑到在我国附条件不起诉制度刚刚确立，人民检察院在作出附条件不起诉决定时往往十分谨慎，所设定的考察条件也往往较高，导致适用附条件不起诉的未成年犯罪嫌疑人所遭受的"半处罚"也较重。另外，这种态度的谨慎反应在监督考察上表现为监督考察主体众多和监督考察次数的频繁。根据《人民检察院刑事诉讼规则（试行）》第 496 条的规定，人民检察院不仅可以独立对作出附条件不起诉的未成年犯罪嫌疑人进行监督考核，还可以会同未成年犯罪嫌疑人的监护人、所在学校、单位、居住地的村民委员会、居民委员会、未成年人保护组织等的有关人员，定期对未成年犯罪嫌疑人进行考察、教育，实施跟踪帮教。而未成年犯罪嫌疑人原则上有义务按照以上所有考察机关的要求接受矫治和教育。考虑到可以适用附条件不起诉的案件本身就是宣告刑在 1 年有期徒刑以下的轻罪案件，即便通过考察最终得以不被起诉，未成年犯罪嫌疑人事实上也已经受到了相当程度的"半处罚"。如果在这种情形下仍然允许被害人不受限制地向人民法院提起自诉，由于适用附条件不起诉决定的案件本身就符合起诉条件，人民法院综合案件的有关情况必然会作出有罪但免予刑事处罚或者适用缓刑的判决。这样的结果就使得未成年犯罪嫌疑人不仅仅在事实上受到很多影响自身权益而且本不必接受的"半处罚"，还被法院处以了有罪的判决，并将受到有罪判决所带来的各种不利后果。进行比较不难得出结论：对未成年犯罪嫌疑人适用附条件不起诉不仅不会对其起到帮助和保护的作用，反而会加重对未成年犯罪嫌疑人的处罚。这不仅违背了公平正义的基本理念，而且与我国办理未成年人案件的基本原则背道而驰。

三是如果被害人可以自诉，极容易导致人民检察院将被害人的同意作为适用附条件不起诉的前提，附条件不起诉可能异化成为被害人意志裹胁公诉权的新工具。我国《刑事诉讼法》规定了人民检察院在作出附条件不起诉前应当听取被害人意见，对法条进行文意解释可以看出听取意见并不等同于征求被害人的同意。此外，从《刑事诉讼法》设置了被害人对人民检察院附条件不起诉决定不服的申诉程序这一做法上也可以推出相同的结论。然而在司法实践中很多人民检察院都把被害人同意作为是否作出附条件不起诉的重要考虑因素，这种做法与被害人可以不受任何限制的提起自诉不无关系。人民检察院在征求被害人意见时可能遇到三种情形：一是被害人同意适用附条件不起诉。被害人

---

① 参见叶肖华："比较法视域下的附条件不起诉制度"，载《金陵法律评论》2007 年第 2 期。

同意适用附条件不起诉的动机有很多：可能是基于与犯罪嫌疑人的特殊情感关系，也可能是基于已经获得充分赔偿实现了谅解，也可能基于宽恕未成年人的想法等。在这种情形下被害人所追求的价值目标同公诉方是一致的或者至少是不冲突的。二是被害人不同意适用附条件不起诉。这种情形下，如果人民检察院坚持作出附条件不起诉决定，由于未成年犯罪嫌疑人的行为已经具备起诉条件，可能判处 1 年有期徒刑以下的刑罚，被害人仍然可以基于公诉转自诉的规定向人民法院起诉。事实上，人民检察院作出的附条件不起诉决定恰恰佐证了对未成年犯罪嫌疑人的行为应当追究刑事责任，被害人在提出自诉时甚至都没有收集证据的必要，人民法院必然会受理并作出有罪判决。一旦人民法院作出有罪判决，人民检察院的不起诉决定就处在了十分尴尬的地位，在现有的考核量化体系下还可能对作出决定的人民检察院造成不利影响。不仅如此，人民法院有罪判决对附条件不起诉的否定还有可能引发被害人乃至社会公众对人民检察院工作的质疑。这些原因都在有形无形中强迫人民检察院将被害人同意作为适用附条件不起诉的前提。三是在征求被害人意见时被害人同意适用附条件不起诉，但事后反悔并向人民法院起诉的。在目前的司法实践中这种情形屡见不鲜，出现这种因素的原因也有很多，如情感因素随时间推移的转变、后续赔偿问题中出现问题、日常生活中发生新的摩擦等。这些因素绝大多数与当初适用附条件不起诉的条件无直接关系，但却直接影响到了被附条件不起诉未成年人的地位和权利的安定性，使其处于长期不确定的状态。更有甚者，被害人的自诉权可能成为被害人要挟被附条件不起诉未成年人的工具。同时，由于被害人随时可以提起自诉，使得人民检察院的附条件不起诉决定随时面临失效的风险，也会导致人民检察院在作出附条件不起诉时畏首畏尾、犹疑不决。

基于上述理由，全国人大常委会《关于〈中华人民共和国刑事诉讼法〉第二百七十一条第二款的解释》规定："人民检察院办理未成年人刑事案件，在作出附条件不起诉的决定以及考验期满作出不起诉的决定以前，应当听取被害人的意见。被害人对人民检察院对未成年犯罪嫌疑人作出的附条件不起诉的决定和不起诉的决定，可以向上一级人民检察院申诉，不适用刑事诉讼法第一百七十六条关于被害人可以向人民法院起诉的规定。"这一解释限制了附条件不起诉决定情形下的被害人的自诉权，在一定程序上维护了检察机关的不起诉决定的权威和统一性，但其解释仍存在一些问题。

（三）未成年人附条件不起诉制度的继续探讨

未成年人附条件不起诉制度作为一项新制度，尽管曾在实践中尝试多年，我国立法也明文规定，但就其制度本身而言，还存在一些需要继续探讨的问题。这些问题主要是：

1. 被害人对未成年人酌定不起诉决定提起自诉如何处理

《人民检察院办理未成年人刑事案件的规定》第 27 条规定："对于未成年人实施的轻伤害案件、初次犯罪、过失犯罪、犯罪未遂的案件以及被诱骗或者被教唆实施的犯罪案件等，情节轻微，犯罪嫌疑人确有悔罪表现，当事人双方自愿就民事赔偿达成协议并切实履行或者经被害人同意并提供有效担保，符合刑法第三十七条规定的，人民检察院可以依照刑事诉讼法第一百七十三条第二款的规定作出不起诉决定，并可以根据案件的不同情况，予以训诫或者责令具结悔过、赔礼道歉、赔偿损失，或者由主管部门予以行政处罚。"由于《刑法》第 37 条规定了对犯罪情节轻微不需要判处刑罚的犯罪行为人可以采取的非刑罚化处遇措施，而《刑事诉讼法》第 173 条主要规定酌定不起诉，因此《人民检察院办理未成年人刑事案件的规定》第 27 条应当理解为对未成年犯罪嫌疑人作出酌情不起诉的规定。

对未成年犯罪嫌疑人作出酌定不起诉应当满足以下条件：第一，未成年人实施的必须是情节轻微的刑事犯罪案件。为此，《人民检察院办理未成年人刑事案件的规定》特别列举了轻伤害案件、初次犯罪、过失犯罪等情形加以说明。第二，对未成年人无需判处刑罚。"符合刑法第三十七条规定"的前提，决定了酌定不起诉的适用对象应当比附条件不起诉决定的适用对象在罪行、情节上更加轻微，达到了无需判处刑罚的程度。第三，犯罪嫌疑人确有悔罪表现，当事人双方自愿就民事赔偿达成协议并切实履行或者经被害人同意并提供有效担保。考虑到《刑事诉讼法》在规定酌定不起诉时并未设置当事人双方达成赔偿协议并履行或取得履行保障的前提，因此酌定不起诉的适用条件更加严苛。与附条件不起诉一样，《人民检察院办理未成年人刑事案件的规定》没有对被害人能否对酌定不起诉提起自诉加以特别规定，未与全国人大常委会的立法解释相衔接提供空间，却是一个遗憾。

2. 附条件不起诉与社区矫正之界分

一般认为，社区矫正（community correction）是一种不使罪犯与社会隔离并利用社区资源教育改造罪犯的方法，是所有在社区环境中管理教育罪犯方式的总称。2012 年 3 月 1 日实施的《社区矫正实施办法》专门对未成年人实施社区矫治作出了特别规定，《社区矫正实施办法》第 33 条规定了对未成年人实施社区矫正，应当遵循教育、感化、挽救的方针。

在具体规定上，对未成年被矫治人也体现出特殊性。具体表现在：（1）对未成年人的社区矫正应当与成年人分开进行；（2）对未成年社区矫正人员给予身份保护，其矫正宣告不公开进行，其矫正档案应当保密；（3）未成年社区矫正人员的矫正小组应当有熟悉青少年成长特点的人员参加；（4）针对未成年人的年龄、心理特点和身心发育需要等特殊情况，采取有益于其身心健康发展的监督管理措施；（5）采用易为未成年人接受的方式，开展思想、法制、道德教育和心理辅导；（6）协调有关部门为未成年社区矫正人员就学、就业等提供帮助；（7）督促未成年社区矫正人员的监护人履行监护职责，承担抚养、管教等义务；（8）采取其他有利于未成年社区矫正人员改过自新、融入正常社会生活的必要措施。

由于附条件不起诉程序中的考察程序同对未成年人的社区矫正遵循的指导原则、应当遵守的规定等方面存在近似之处，因此有必要对二者进行比较细致的界分。首先，二者适用的对象不同。附条件不起诉主要适用于实施了构成刑法分则第四、五、六章罪名的犯罪，可能判处 1 年有期徒刑以下且有悔罪表现的未成年犯罪嫌疑人。根据《刑事诉讼法》第 258 条之规定："对被判处管制、宣告缓刑、假释或者暂予监外执行的罪犯，依法实行社区矫正。"因此社区矫正的适用对象为已经被判处刑罚的罪犯，适用对象上的不同决定了两种制度的根本分歧。其次，二者的执行机关不同。附条件不起诉的考察机关应当仅限于人民检察院，人民检察院作出附条件不起诉的权力属于司法权，司法权的专属性决定了人民检察院是附条件不起诉考察程序的唯一主体，但学校、单位和基层组织可以协助人民检察院行使考察权力。而对未成年人实施的社区矫正则主要由县级司法行政机关社区矫正机构对社区矫正人员进行监督管理和教育帮助，另外由司法所承担社区矫正日常工作。最后，二者的程序任务与结果不同。附条件不起诉担负着为最终是否作出不起诉决定提供量化标准的任务，未成年犯罪嫌疑人只要充分履行考察义务并遵守考察机关设置的各项规定就可以免予刑事追诉。而社区矫正只是一种非刑罚化的教育改造措施，本身具有代替刑罚执行的功能，但并没有其他程序后果。

目前，国内有学者提出，我国《刑事诉讼法》对被附条件不起诉的未成年犯罪嫌疑人矫治和教育的内容及实施方式欠缺明确规定，各地的实践做法也不一致，应当将非刑事化、非监禁化和轻刑化的社区矫正制度嵌入到附条件不起诉制度并进行相关制度的完善。① 然而，这种观点忽略了附条件不起诉和社区矫正在适用对象上的根本分歧，是极为错误的。然而，严格区分附条件不起诉同对未成年人的社区矫正意义并不限于此。社区矫正适用对象的范围决定了对未成年人适用社区矫正在规模上具有局限性。首先，对于可能判处管制、宣

---

① 参见胡必坚、范卫国："社区矫正与附条件不起诉"，载《湖北社会科学》2013 年第 9 期。

告缓刑的未成年犯罪嫌疑人，检察机关本着特殊保护未成年人的原则完全可以作出附条件不起诉。其次，对于被判处实刑的未成年犯罪嫌疑人，其刑期均在3年有期徒刑以上甚至更长，因此根据刑期过半才能假释的规定，绝大部分被假释的未成年罪犯在获得假释机会时均已经成年。因此，与其讨论如何完善未成年人社区矫正制度的特殊规定，不如在扩大附条件不起诉适用对象上下功夫，使更多的未成年人摆脱有罪判决的否定性评价。

第四章 未成年人刑事检察的有效防范模式

临沂市检察机关特别是兰陵县人民检察院针对单亲家庭、留守儿童家庭易发未成年人犯罪的问题，建构了检察机关、妇联、团委和学校等部门与其家长的联系，共同探讨教育孩子的方法，对未成年人刑事案件秉持"少捕慎诉"原则，从有利于涉案未成年人回归社会出发，重点加强对不捕、不诉未成年人的跟踪帮教，参与社会化的帮教矫正和犯罪预防工作，形成了颇具特色的未成年人刑事检察有效防范模式。这种模式能够有效遏制、最大限度地预防和减少未成年人违法犯罪，有效防范功能较为显著。

一、未成年人刑事检察的有效防范实例

（一）刘某、杜某等抢劫案

【基本案情】

2012 年 2 月 24 日，刘某（15 周岁）与魏某、董某在兰陵县城某网吧包间内抢得被害人朱某 300 元钱和手机内存卡一张。

2012 年 2 月 25 日，杜某（15 周岁）与魏某、董某在兰陵县城某网吧包间内抢得被害人张某等人现金 180 元和手机内存卡五张。

【诉讼过程】

2012 年 2 月 27 日兰陵县公安局以犯罪嫌疑人刘某、杜某涉嫌抢劫罪提请兰陵县人民检察院批准逮捕。该院未检科针对刘某、杜某作案时年龄较小，系初次犯罪，感化挽救空间很大等因素，在走访调查的基础上，于 2012 年 3 月 2 日，以无逮捕必要为由作出不捕决定；同年 4 月 20 日作出附条件不起诉处理决定，10 月 21 日作出不起诉决定。

【办案经验】

个案的办理为犯罪预防提供了依据和方向，通过案发，寻找出未成年人违法犯罪的原因、条件，探究诱发未成年人犯罪的主客观根源，做好保障未成年人的权利工作，越来越成为案件办理中需要解决的问题。

1. 若想更好地预防未成年人犯罪，必须对未成年人犯罪的主体进行分析。

据刘某反映，自己平时喜欢上网，父母、学校管得严，就经常偷偷地到网吧上网，因此在网吧认识了一些网友，当天抢他人的手机内存卡，不是他的本意，可碍于面子就没制止。由于青少年心智尚不成熟、缺少有效管理等原因，极易走上违法犯罪的道路。因此，兰陵县人民检察院在对刘某作出不起诉决定的同时，也将后期管理职责交给了刘某所在的学校，并与该校建立了长期的联系。通过县教育局，在学校选聘检察联络员，定期与检察院召开联席会议，通过反馈的在学生中出现的矛头问题，制定有针对性的管理和监督方案。办理该案的检察人员也被该校聘请作为学校的法制副校长，送法进校园、开展"一帮一"结对帮扶。通过学校内部管理及给学生普及法律知识双方共同作用，有效预防了在校生违法犯罪的发生。

2. 父母是孩子的第一任老师，家庭的教育对孩子的影响至关重要。杜某的家庭因为父亲去世，承担着高额的债务，自己为补贴家用在网吧做网管，因买不起网卡，羡慕别人，而起了抢劫的意图。兰陵县人民检察院通过开设的未成年人家长法制夜校和田间法制课堂，对发案较为集中的村庄的家长进行法制教育，普及法律知识，增强他们对孩子的管理、教育意识。通过调查数据让他们真正明白，不良的家庭教育是引发孩子犯罪的重要因素，一旦孩子出事，会改变甚至击垮整个家庭，这种伤害是无法弥补的。

3. 作为未成年人的刘某和杜某，怎么就能担任网吧的网管？怎么就能随意出入网吧？网吧的监管漏洞成为办案机关在办案时需要尽力解决的问题。在办案中，兰陵县人民检察院深入查找隐藏案件背后的社会问题，积极通过检察建议的方式督促公安机关、文体、工商等部门对学校周边的网吧进行清理，并对网吧是否查看所来人员身份证、是否有"未成年人不准进入网吧"的规定和标语进行调查，对网吧的秩序、内部管理进行了监管，有效净化了网吧的活动氛围和校园周边环境。

【未检心得】

对于单亲家庭、留守儿童家庭易发生未成年人犯罪的问题，建议妇联、团委和学校等部门，加强与其家长的联系，共同探讨教育孩子的方法。对于迷恋网吧的孩子，建议老师与家长一起寻找对策，比如让孩子在家里适当上网、转移孩子的兴趣等，从而让孩子逐渐远离网吧，同时主动与文化主管部门联系，要求其加强对不良场所的管理，减少未成年人的进入和接触，从源头上预防犯罪。对于边缘未成年人，建议公安机关及时对其训诫，避免小缺点发展成大错误。

（二）左某猥亵儿童案

【基本案情】

2012 年 12 月，被告人左某在担任临沭县某小学 3 年级 2 班班主任期间，为了寻求性刺激，先后多次在教室内，抚摸薛某、陈某等 11 名女生的阴部、腹部、腰部及大腿内侧等，对女学生进行猥亵。

【诉讼过程】

2013 年 10 月 29 日，薛某、何某等人在父母的带领下到临沭县公安局报案，称其在学校被数学老师左某猥亵。临沭县公安局于当日立案侦查，并将在临沭县某小学教学的左某抓获归案。左某到案后对其犯罪事实供认不讳，其于同年 10 月 29 日被刑事拘留，同年 12 月 4 日被逮捕。2014 年 1 月 8 日，临沭县公安局向临沭县人民检察院移送审查起诉左某涉嫌猥亵儿童一案。2014 年 2 月 14 日，临沭县人民检察院以左某涉嫌猥亵儿童罪向临沭县人民法院提起公诉。2014 年 3 月 20 日，临沭县人民法院以左某犯猥亵儿童罪判处有期徒刑 7 年。

【办案经验】

教师猥亵学生案件的发生反映出县域乡村小学管理制度不健全、师生法律水平低、约束机制不完善等问题。如何充分发挥检察职能，防止此类事件的再次发生是该案的一大难点。

1. 重视师德师风教育，加强法律宣传

师德缺失是本案发生的主要原因。针对这一情况，临沭县人民检察院及时向县教育部门发出检察建议，建议相关部门加大对教师师德师风建设力度，建立师德评议制度，提升教师道德素质。通过多种形式，教育广大教师严于律己，为人师表，做一个人民信赖、孩子尊敬的好教师。同时，加强对教师的法律宣传、法制教育，除了新任教师上岗前必须接受法制教育之外，教育部门邀请检察机关工作人员定期对教师开展针对性法制宣传和讲座。引导教师学习《刑事诉讼法》、《教师法》、《未成年人保护法》、《预防未成年人犯罪法》等与教师的职业、生活密切相关的法律、法规、规章。通过法制教育，重点让教师了解未成年人所享有的合法权益及所受到的专门保护，了解教师应承担的义务和责任，从而增强教师的法制观念和模范守法的意识，提高其保护学生的自觉性和主动性。

2. 强化自我保护教育，提高自救意识

本案中，多名未成年学生对来自教师的性侵害行为之所以较少进行反抗，除了其敬畏教师、自身力量弱小等原因之外，其关于性方面的知识较为贫乏，关于预防性侵害的知识和技能较为欠缺也是重要原因。针对这一问题，临沭县人民检察院同教育部门联合，通过对女学生进行自我保护讲座、谈心交流等活动，引导孩子正确地对待性问题，树立法律意识，学会自我保护。提倡女检察官进校园对女生开展"贴心式的教育"，着力让未成年学生了解隐私权、身体自主权、性侵害的含义，让学生明白身体是自己的，任何人不得随意触碰。另外，要让未成年学生明白，对未成年人实施性侵害不但严重损害了他们的身心健康，而且也严重触犯了法律，应当受到法律的严惩。

3. 实行校园安全走访制，健全监督制约

在本案中，乡村偏远小学管理制度不健全，监督不力和信息相对封闭是案件发生的又一诱因。因此，临沭县人民检察院建议教育部门加大对农村偏远小学的管理，完善监督机制。同时，公诉部门以派出检察室为依托，与教育部门建立长期有效的以"校园走访制"为主体的监督机制，由检察干警深入学校，通过对学生问卷调查、走访了解、个别谈心等措施深入孩子的内心世界，了解犯罪线索，较早了解犯罪前兆，做好预防。此外，大力推行教师举报制，联手打造预防网。通过长期有效地走访调查，加大学生与检察官之间的沟通力度，加大教师之间的相互监督，防患于未然，减少校园性侵害案件的发生。

4. 加大校园周边环境整治，净化成长环境

不良的校园周边环境，是性侵案件滋生的土壤。临沭县人民检察院建议联合综治办、教育局、司法局、文化局、工商局等多家单位，加大法律宣传力度，定期为学校周边环境"锄草清淤"，坚决取缔非法网吧、旅馆、出租房等场所，为未成年人成长提供良好环境。同时，在校园及周边环境开展走访摸排工作，化解矛盾纠纷，并联合学校对曾经有犯罪行为或有违法犯罪倾向、与不良青少年结伙的重点人员，进行重点管理和摸排。此外，通过学校，与留守儿童、单亲家庭等学生的家长和老师形成长期联系制度，有针对性地开展工作，教育、引导其走上健康成长之路。

【未检心得】

左某猥亵儿童案的成功办结，是检察机关积极推进社会未成年人权益保护工作的有益尝试。从社会管理角度来看，临沭县人民检察院在办理案件时，积极行使检察职能，注重办案效果的同时，兼顾法律效果和社会效果的统一。结合社会现状，临沭县人民检察院向行政部门提出切实可行的检察建议，以办案促监督，以监督促发展，将办案效果落到实处，积极发挥检察机关预防和减少犯罪的职能，体现了检察机关在创新社会管理工作上的积极探索。

二、未成年人刑事检察的有效防范模式

未成年人犯罪牵动着整个社会的神经，无论怎么重视都不过分。临沂市检察机关具有案件资源优势，其发挥好、利用好这个优势，注重从案件中发现问题，有针对性地提出解决对策，做好分内的工作，可以有效防范未成年人违法犯罪。

（一）以案源当资源，及时向领导机关反映社会管理突出问题

临沂市人民检察院要求，全市 12 个基层院要根据办理的未成年人刑事案件情况，坚持每半年至少向党委专题汇报一次辖区涉及未成年人案件数量状况、案发原因和预防措施，以取得领导机关的重视。如兰陵县人民检察院未检科检察官在办案的基础上，深入乡镇综治办、派出所、司法所，全面了解涉及未成年人案件的发案情况。在综合分析的基础上，形成《农村女童受性侵害案多发应引起重视》等 5 篇调研文章，用详实的数字、真实的案例、准确的分析，全面反映了县域内未成年人特别是农村留守儿童生活、教育、管理中存在的突出问题，提出了针对性很强的工作建议，时任县委书记张闻宇批示相关职能部门立即行动起来，切实做好关爱留守儿童特别是留守女童工作。

（二）组队伍、建阵地、筑平台，巧建防范抓手

一是组建宣讲团队。罗庄区人民检察院成立了以未检部门、派驻检察室干警为骨干的"犯罪预防法律顾问团"；兰陵县人民检察院成立了以全院女干警为主体的"春蕾团队"；兰山区、河东区、沂水区、沂南区等基层院均成立了宣讲预防未成年犯罪的相应组织。二是搭建宣讲平台。全市检察机关采取捐赠或支持的方式，全部参与并入驻由妇联牵头建设的"留守儿童爱心家园"，团委牵头建设的"七彩小屋"，在乡镇检察室均建立了"青少年法制教育基地"，定时定点开展预防未成年犯罪教育。12 个基层院根据辖区实际，分别创建了具有地域鲜明特色的宣讲平台，如兰陵县人民检察院创办了全国首个留守儿童家长夜校。罗庄区人民检察院与团区委联合在派驻检察室，为服刑人员的未成年子女、孤困留守儿童、流浪儿童建立了"失依儿童之家"，等等。三是创建网上宣传阵地。临沂市多数的基层检察院开通"司法保护留守儿童官方微博"和"留守儿童求助热线"，全面接受留守儿童司法求助。

（三）走出去、请进来、重联合，善用身边事教育身边人

兰陵县人民检察院开办的留守儿童家长夜校利用相对农闲时节，把各地发生的侵害未成年人的典型案例加以整理和分析，到留守儿童重点村居，宣讲留守儿童远离侵害的防范技巧。罗庄区人民检察院联合团区委开设的"失依儿

童之家"，探索了"成霞阿姨美术课"、"听检察官妈妈说故事"、"为了美好的明天"等6个亲情互动活动。多数基层检察院与关工委、妇联、团委等群团组织建立起宣讲教育的联合机制，在学校建起心理咨询室，相继编印了《画里说法》漫画普法丛书、《预防未成年人犯罪案件读本》、《农村留守儿童自我防范技巧》等普法教育书籍，免费向未成年人及其家长赠阅，取得较良好的教育效果。同时，依靠政府和社会力量，对影视、媒体等实施必要的分级指导，加强对网吧和游戏厅的管理，构建全社会关心、爱护未成年人的良好环境。

　　预防未成年人犯罪是一项系统工程，需要领导机关的重视，更需要与公安机关、法院、团委、妇联和关工委等部门加强沟通，指导家庭建立起与孩子之间的互信关系，提高孩子对各种信息的鉴别能力，使家庭成为预防未成年人犯罪的"第一道防线"。真出力、出实力，形成工作合力。宣教的内容和方式要多样化，既要关注面上的教育，又要关注点上的差别。要按照管用、实用、简便、易行的原则，深入搞好案例教育，以生动真实的案例向同学们讲述未成年人遭受不法侵害的现状，并从细节入手，告诉同学们如何在生活中增强安全意识，防范不法侵害。

三、未成年人刑事检察的有效防范的专家评点

未成年人刑事检察的有效防范工作应当围绕预防和减少未成年人和在校生的违法犯罪，因为这一问题始终是预防和减少未成年人犯罪工作的重点。特别是积极探索校园法制教育模式，建立法制教育基地，深入探索早期预防未成年学生犯罪的有效途径，努力创造一个有利于学习的良好环境。临沂市未成年人刑事检察的有效防范模式在此方面成果显著。

【新闻报道】

授　课①

近日，山东省兰陵县人民检察院流动法制夜校在该县南桥镇开课。4 名女检察官自愿当起教员，采取以案释法的形式为 50 多名家长讲授女童防范性侵常识。

---

① 参见卢金增、刘义军、贾传龙："授课"，载《检察日报》2013 年 9 月 3 日。

山东兰陵县人民检察院"爱心妈妈"给留守儿童送去温暖①

"快来看哪，检察院的'爱心妈妈'把我们选的课外书送来了，快过来帮着卸书啊。"2013 年 1 月 20 日，山东省兰陵县向城镇中心小学，四年级三班的乔云静开心地呼朋唤友。

2013 年 11 岁的乔云静是典型的留守儿童，父母都在上海竹园市场贩卖蔬菜，"已经五年了，爸爸妈妈每年只是我放寒暑假的时候回家两次。"她仰着脸，一双忽闪忽闪会说话的眼睛。据校长孙景龙介绍，像乔云静这样的留守儿童，在向城镇中心小学留守儿童"爱心家园"里一共有 126 名。

"这是我挑的《爱的教育》、《十万个为什么》，你那天挑的书来了吗?"乔云静悄悄地问同桌。原来，在此之前，兰陵县人民检察院 21 名"爱心妈妈"已经带着结对帮扶的留守儿童与自己的孩子一起选购了图书。"孩子有自己的读书喜好和丰富的内心世界，我们就提供机会让他们主动挑选，而不是被动接受。"检察官张爱英说，不是过去的"给你书"，而是"挑你喜欢的书"；不是施舍式的赠予，而是平等对话和平视看待；不是大部头世界名著，而是孩子喜欢看的《我来自孤独星球》、《爸爸变成甲虫飞走了》……兰陵县人民检察院还主动联系济南明天出版社，拿着出版社的图书目录，让孩子们在自己喜欢的书名上面"划钩钩"，然后有的放矢，多方筹资，帮孩子们实现愿望。据统计，此次"爱心妈妈周末行动·向城行"共赠阅 2780 册图书，总价值达

---

① 参见卢金增、刘义军、陈纳："山东兰陵县人民检察院'爱心妈妈'给留守儿童送去温暖"，载正义网 2013 年 1 月 22 日。

16000 余元。

没有一朵鲜花，没有一位领导，没有任何仪式。"就是把孩子们'相中'的图书买来赠给他们读，就这么简单。"正从车上往下卸书的检察院未检科干警刘琛乐呵呵地说。

一捆捆崭新的图书被"爱心妈妈"用红绸子包着，搬进设在小学内的留守儿童"爱心家园"读书阅览室内，摆在以活动代号命名的"春蕾书架"上。检察官"爱心妈妈"陪同孩子们一起读书，孩子们读得开心，检察官读得会心，"爱心家园"里笑声荡漾。

法制宣传车进"年集"①

1 月 14 日，在山东省兰陵县车辋镇的"年集"上，该县检察院组建的"关爱留守女童法制宣传大篷车"一大早就赶到了这里，7 名女检察官向留守女童家长发放宣讲材料，送上一份精心烹饪的"法制套餐"。

---

① 参见卢金增、刘义军："法制宣传车进'年集'"，载正义网 2012 年 1 月 17 日。

山东兰陵检校联合筑建"留守儿童"健康成长桥梁①

正义网临沂8月2日电（记者卢金增　通讯员刘星元　李光远）　"爸爸妈妈在苏舟（州），我已经半年多没见到他们了，我好想他们……"8月1日，在山东省兰陵县南桥镇石埠建源小学的操场上，记者从用长线穿起的孩子们的作文中看到了这样一段带着错别字却令人心痛的话。

当天，记者跟随山东省兰陵县人民检察院派驻长城检察室、树德工作室的干警赶赴石埠建源小学，和在那里进行义务支教活动的山东理工大学"情系沂蒙，筑青年中国梦"理工学子赴兰陵社会实践服务团开展了一次以"关爱留守儿童成长"为主题的社会实践活动。

石埠村共有村民2810人，在江苏和上海等地区打工的超过半数，是当地典型的留守儿童村。活动中，检察官和服务团成员发现，由于长期缺少父母的关爱，很多孩子都存在自卑、内向的心理特征，不愿意与陌生人交谈。为打开孩子们的心结，他们试着让孩子用画画、写作文的方式表达出自己的梦想。当他们把孩子们的作品收集完毕时，发现天真的图画里、稚气的语言中，无一不透露着孩子对家庭团团圆圆的渴望。

---

① 参见卢金增、刘星元、李光远："山东兰陵检校联合筑建'留守儿童'健康成长桥梁"，载正义网2013年8月2日。

为打开孩子的自闭心理，检察官和服务团成员通过孩子们的绘画和作文走入他们的内心世界，分别和他们结成对子，进行"一对一"的开导，并将他们的绘画和作文用长线穿起来，悬挂在操场上，让他们的梦想随风飘扬，使他们渐渐恢复了童年的天真无暇。

检察官和服务团成员的初步活动就获得了"留守儿童"的回报，石埠建源小学四年级学生张强悄悄对青年检察官李怡琳说，"阿姨，我想喊你一声妈妈，除了妈妈，从来就没有人对我这么好！"

这些孩子稚气的话语不断激励着检察官和服务团的成员。活动中，检察官们为每个孩子精心挑选、购置了卡通书包，和他们一起说笑话、做游戏；服务团成员用心为孩子们编排了趣味实验、普通话、手语操、英语、手工课、体育、音乐等符合他们年龄特点的趣味课程。期间，检察官和服务团成员还对留守儿童成长健康成长问题进行了专题调研，掌握了当地留守儿童基本状况，为下一步的留守儿童帮扶工作打下了基础。

"对留守儿童的帮扶不是一次活动就能完成的，必须做到形成长久机制，进行长期关注，使帮扶者真正平等地走进孩子的内心。"兰陵县人民检察院派驻长城检察室主任辛志友说。

为期两个星期的活动快要结束了，该院和山东理工大学经过探讨，达成了长期合作意向，将南桥镇石埠建源小学联合选定为联系单位和社会实践基地，以此为基础，横向辐射更多留守儿童，纵向深入了解孩子的真实想法，为留守儿童筑建健康成长的桥梁，不断推动"关爱留守儿童成长"工作的发展。

【专家评点】

在未成年人刑事司法中，检察机关对未成年人的司法保护具有重要作用，其对未成年人合法权益的有效保护和犯罪预防模式，主要包括以下三个方面：

第一，对公安机关的执法行为进行监督，及时纠正违法执法行为，维护未成年犯罪人的合法权益

在我国，公安司法机关依法惩处未成年人犯罪的过程，也是未成年人司法保护的过程，其间要遵循未成年人权益保护的原则。《未成年人保护法》第5条规定："保护未成年人的工作，应当尊重未成年人的人格尊严。"第50条规定："公安机关、人民检察院、人民法院以及司法行政部门，应当依法履行职责，在司法活动中保护未成年人的合法权益。"在办理未成年人犯罪的刑事案件中，办案民警要切实尊重未成年犯罪嫌疑人的人格尊严，注重对未成年人隐私权的保护。刘某地（15岁）涉嫌抢劫罪，办案警察在对其执行拘留时，刘某地正在学校的教室上晚自习，办案民警冲进教室，当着刘某地同学的面给其带上手铐，并将其带离。当刘某地走出教室时，转过头对老师说："老师，我

还想回来上学。"由此可见，警察在执法过程中对涉嫌犯罪未成年人的司法保护不足。首先，在教室中对刘某地执行拘留措施，在一定程度上损害了其自信心，不利于对其进行教育、感化和挽救。其次，警察的执法行为使刘某地的同学都知道了其实施了抢劫犯罪行为，会歧视刘某地，容易使刘某地产生自卑心理，不利于其重新回此学校学习。因此，检察机关针对警察的违法执法行为的纠正是正确的、必要的。

第二，通过合适成年人到场、分案起诉、附条件不起诉、诉后帮教等制度的有效运用，推动对未成年犯罪人的教育、感化和挽救

1. 在未成年人刑事诉讼中，法定代理人参与制度是有效维护涉罪未成年人合法权益的重要制度。在讯问或审判时，法定代理人的到场，能够有效地打开涉罪未成年人的心结，促进其认罪、悔罪。在对涉嫌抢劫罪的杜某庆进行讯问时，让其母亲到场，杜某庆见到母亲时跪地不起，悔恨不已。在此情景下，办案的检察官及时对杜某庆进行说服教育工作，取得了良好的效果。2012 年修改的《刑事诉讼法》规定了法定代理人以外的合适成年人在场制度，是指对未成年犯罪嫌疑人进行讯问时，法定代理人不宜参与或无法参与的情形下，由法定代理人以外的教师、未成年人保护组织的工作人员等适格成年人到场维护未成年人的合法权益，这更有利于对涉罪未成年人的特殊保护。

2. 分案起诉制度有利于减少诉讼程序对涉罪未成年人的消极影响。根据我国法律的规定，未成年人刑事司法中要坚持分案处理原则，这一原则主要包括四个方面的内容：在侦查阶段，未成年人与成年人要分开羁押和看管；在起诉阶段，要分案起诉；在审判阶段，要分案审理和宣判；在刑罚执行阶段，要分开服刑和管教。在未成年人刑事检察阶段，未成年人刑事司法中分案处理原则主要体现为分案起诉制度，是在审查起诉阶段检察机关对于未成年人与成年人共同犯罪的案件，在不妨碍案件审理的前提下，对未成年被告人和成年被告人分别提起公诉，法院分案审理的制度。分案起诉制度对于尊重未成年犯罪人的人格尊严，教育、感化、挽救未成年犯罪人具有必要性。首先，未成年人犯罪是特殊的社会现象。从社会责任看，未成年人犯罪更多的是家庭、学校、社会等方面原因，因此，从某种意义上说，未成年人犯罪具有多方面的社会原因，对未成年人犯罪人的处遇不能一味强调惩罚。其次，分案起诉是对未成年人特殊保护、优先保护的需要。在我国，保护未成年人合法权益要坚持特殊保护、优先保护原则，以此为原则建构未成年人刑事诉讼程序。分案起诉制度能够有效防止成年被告人对未成年被告人造成的伤害和感染，尽可能地减少诉讼程序对未成年人的消极影响。

3. 附条件不起诉制度有利于促进涉罪未成年人回归社会。2012 年修改的

《刑事诉讼法》第 271 条、272 条、273 条规定了附条件不起诉制度，包括附条件不起诉的适用条件、对附条件不起诉犯罪嫌疑人的监督考察、附条件不起诉的撤销与不起诉决定的作出等内容。附条件不起诉制度有利于对涉罪未成年人的权益保护，有着深厚的法理基础。首先，附条件不起诉制度符合刑罚谦抑性精神，即立法者应当力求以最小的支出——少用甚至不用刑罚，获取最大的社会效益——有效地预防犯罪。通过非犯罪化、非刑罚化，体现了对涉罪未成年人的优先保护。其次，附条件不起诉制度符合刑罚个别化原则，有利于区别对待。附条件不起诉制度体现的是对涉罪的未成年人的特殊保护，可以让未成年犯罪嫌疑人真诚悔罪、改过自新、重返社会，防止涉罪未成年人的"标签"化，有利于实现对未成年犯罪人教育、感化、挽救的方针，促进未成年犯罪人顺利地回归社会。

4. 诉后帮教，有利于促进未成年犯罪人顺利回归社会。检察机关加强与劳动、共青团组织等部门的联系，充分发挥职能作用，尽可能地为失足青少年创造就学、就业、创业的机会，消除社会歧视、偏见以及不公平待遇，提高未成年犯罪人的社会认同感，促进其顺利地回归社会。兰陵县人民检察院率先垂范，不计前嫌，将有前科的郭某辉招录为检察院的保安人员，既保障其就业权利的实现，又能够加强教育帮教，促进郭某辉顺利回归社会。

第三，加强法制教育，重点保护留守未成年人、流动未成年人等特殊未成年人群体的合法权益

在调查研究和司法实务工作中发现，法制意识薄弱是未成年人犯罪的重要原因，尤其是留守未成年人、流动未成年人等特殊未成年人群体的法制意识更为薄弱。因此，检察机关通过法制讲座、发放宣传资料、举办家长学校、热线电话等形式，对未成年人及其家长、老师进行法制教育，提高法律意识。针对本地域的人口结构特点和侵犯未成年人合法权益的主要犯罪类型，重点对留守未成年人、流动未成年人等特殊未成年人群体进行法制教育。

近年来，兰陵县人民检察院在查办的性侵害案件中发现，绝大部分受害人为父母长年外出打工的留守女童。针对此情况，为加强留守女童的司法保护，兰陵县人民检察院成立了由 21 名女检察官组成的"检察官春蕾团队"，开办了全国首个"留守女童家长法制夜校"，通过"法治宣传大篷车"发资料、讲案例等形式，向留守女童及其家长传授防范知识。这项措施取得了良好的社会效果。

（评点专家郭开元，系中国青少年研究中心青少年法律研究所所长、法学博士、副研究员）

四、未成年人刑事检察的有效防范模式的理论探索

（一）未成年人刑事案件调查制度的探索

未成年人刑事案件调查制度是未成年人刑事案件诉讼程序中一项重要制度。《刑事诉讼法》第 268 条规定："公安机关、人民检察院、人民法院办理未成年人刑事案件，根据情况对未成年犯罪嫌疑人、被告人的成长经历、犯罪原因、监护教育等情况进行调查。"这一规定不但确定了未成年人刑事案件调查制度的法律地位，而且也是保障未成年人合法权益的重要举措，其意义重大。由于我国法律对未成年人刑事案件的调查制度的规定较原则性，可操作性不强，致使这一制度在实施过程中存在不同做法，即使是最高人民法院、最高人民检察院以及公安部有关此制度名称也存在不同界定，以至于影响了该制度实施的有效性和权威性。因此，有必要对未成年人刑事案件调查制度在实践中凸显的一些问题予以分析，尤其是如何保障未成年人调查制度在全国范围内普遍施行，以及如何将这一原则性的规定变为具有可操作性的规则，以避免未成年人刑事案件调查制度流于形式，成为亟待予以解读的重要问题之一。

1. 未成年人刑事案件调查制度基本概况

未成年人刑事案件调查制度，是指公安机关、人民检察院、人民法院在办理未成年人刑事案件时，可以根据情况对未成年犯罪嫌疑人、被告人的成长经历、犯罪原因、监护教育等进行调查，并且制作出书面的调查报告。调查制度旨在借助于对未成年人的素质和所处环境进行科学的分析，为办案机关作出正确的处断提供实证材料和相关信息，使每个犯罪的未成年人获得实体的公正，起到良好的社会效果。

根据《刑事诉讼法》的规定，我国公安司法机关对此制度又作了相关规定。这些规定主要包括中央综治委预防青少年违法犯罪工作领导小组等《关于进一步建立和完善办理未成年人刑事案件配套工作体系的若干意见》、《人民检察院刑事诉讼规则（试行）》第 486 条、最高人民法院《关于适用〈中华人民共和国刑事诉讼法〉的解释》第 476 条和《公安机关办理刑事案件程序规定》第 311 条等。这些规定共同构成了我国未成年人刑事案件调查制度的基本规则框架。从上述规定可以发现，未成年人刑事案件调查制度具有以下几个特征。

（1）未成年人刑事案件调查是围绕未成年犯罪嫌疑人、被告人展开。未成年人刑事案件调查是以保护未成年人的利益为出发点，是对未成年人的性格特点、成长经历、家庭情况、犯罪原因等进行调查。这些调查内容比较广泛，

紧紧围绕着未成年人展开，目的是通过调查的内容了解未成年人犯罪人格形成的原因，以此判定未成年人的人身危险性。并且，根据调查内容对其适用有针对性的处遇，使其认识错误，改正错误。

（2）未成年人刑事案件调查具有很强的社会性和科学性。未成年人刑事案件调查是对未成年人所处的社会环境进行全面的了解，因为未成年人犯罪除了自身的因素外，还与其所处的社会环境息息相关。通过对未成年人所处环境进行深入细致地调查，可以有效地对未成年人进行帮扶。当然，调查不是简单的资料堆积，而是要通过科学的分析，从资料中找出未成年人犯罪的成因，并且对其人身危险性进行评估，从而作出有利于未成年人的处置措施。

（3）未成年人刑事案件调查的结果适用于未成年人刑事案件诉讼程序的全过程。考察以往未成年人调查制度的实践运用情况，一般只适用于刑事诉讼程序的量刑阶段。而现行的未成年人刑事案件调查制度将公安机关、人民检察院、人民法院均规定为调查程序的启动主体。换言之，无论是在侦查阶段、审查起诉阶段抑或审理阶段都可以对引起未成人犯罪的家庭因素、学校因素、社会因素等进行调查。这对于是否对未成年人刑事案件采取强制措施，是否决定起诉、附条件不起诉以及如何量刑及判刑后均发生积极的作用。

2. 我国未成年人刑事案件调查制度的理论解读

随着少年司法改革的潮流，我国各地区开展了极为广泛的未成年人调查制度试点。各地司法机关都根据自身的需要，建立了颇具特色的未成年人刑事案件调查制度模式。修改的《刑事诉讼法》在 2013 年 1 月 1 日实施后，从研究与实践的情况来看，仍存在一些问题需要理论解读。

（1）未成年人刑事案件调查制度的名称或者术语的解读。我国未成年人刑事案件调查制度的名称不尽相同，主要有少年刑事司法社会调查制度、少年刑事司法品格调查制度、少年刑事司法量刑调查报告制度、少年刑事司法审前（判决前）调查制度、少年刑事司法人格调查制度等。所谓少年刑事司法人格调查制度，是指在少年刑事诉讼活动中，通过调查少年犯罪嫌疑人、被告人的个性品格、身心状况和成长经历的重大转折事件等情况，综合分析判断少年犯罪嫌疑人、被告人的人身危险性，实现对其人格情况的掌握，以此作为实施刑罚或非刑罚的处置参考的制度。国内对此的阐释主要源于日本犯罪学家菊田幸一教授对此的定义。人格调查是指为了在刑事程序上对每一个犯罪人都能选择恰当的处遇方法，使法院能在判决前的审理中，对被告人的素质和社会环境作出科学的分析而制定的制度。① 也有观点认为，从调查制度的内涵来看，应该

---

① 参见［日］菊田幸一：《犯罪学》，海沫等译，群众出版社 1989 年版，第 178 页。

称之为"审前调查制度"。与量刑前调查的称呼相比，调查制度事实上并不仅仅服务于量刑，对于整个审判工作都有影响，服务于少年法庭的法官正确处理案件，因此需要向前延伸，并且由于还涉及定罪等其他处置结果，调查制度的范围也较量刑更为宽泛。①

从我国少年刑事司法调查程序的制度发展历史来看，"社会调查"的用语应该源于《北京规则》。《北京规则》对于调查名称的英文原文表述是"social inquiry report"，按照字面翻译即为"社会调查报告"。其后，有关法律规定和规范性文件如《关于进一步建立和完善办理未成年人刑事案件配套工作体系的若干意见》也都采用"社会调查机关"表述，以至于"社会调查"作为法律术语被不断地使用。于是，我国学术界与司法实务部门的众多观点也都采用了"社会调查制度"的用语。然而，有学者认为，将调查制度称为"社会调查"并不恰当，理由如下：从文字的字面含义来看，社会调查顾名思义就是调查社会问题，而我们这里所指的社会调查是指在少年刑事司法活动中，对涉案的少年的社会情况进行调查，社会调查的指称不够明确，没有突出这一名称与调查对象特殊性的直接关联。同样，社会调查名称反映出制度目的缺乏指向性。与调查对象的名称相似，从调查制度的目的来看，是为了合理处理涉案的少年问题，不是仅仅普通的社会问题，所以"社会调查制度"这一名称缺乏明确的指向性。② 还有学者进一步质疑并指出，社会调查的名称容易使调查工作偏离方向。③ 也有学者提出，不能将少年刑事案件的社会调查等同于一般意义上的社会调查。④ 这一调查制度存在于特定的少年刑事司法活动中，专指社会调查员在涉及少年刑事诉讼活动中，通过走访调查等方法，对少年犯罪嫌疑人、被告人的性格特点、个人成长过程中遭遇的重大变迁事件、家庭学校社会环境等内容进行调查。

《刑事诉讼法》第 268 条规定："公安机关、人民检察院、人民法院办理未成年人刑事案件，根据情况可以对未成年犯罪嫌疑人、被告人的成长经历、犯罪原因、监护教育等情况进行调查。"从公、检、法对此的规定来看，最高人民法院、公安部的规定仍沿袭了《刑事诉讼法》的"调查"或者"制作调查报告"用语，而最高人民检察院在《人民检察院刑事诉讼规则（试行）》第

---

① 参见吴宗宪："论少年犯罪案件审前调查制度的建立——以《刑法修正案（八）》社区矫正制度的确立为视角"，载《山东警察学院学报》2011 年第 5 期。

② 参见吴宗宪："论少年犯罪案件审前调查制度的建立——以《刑法修正案（八）》社区矫正制度的确立为视角"，载《山东警察学院学报》2011 年第 5 期。

③ 参见邹川宁：《少年刑事审判若干程序问题研究》，法律出版社 2007 年版，第 114 页。

④ 参见温小洁：《我国未成年刑事案件诉讼程序研究》，中国人民公安大学出版社 2003 年版，第 80 页。

486 条规定了"人民检察院根据情况可以对未成年犯罪嫌疑人的成长经历、犯罪原因、监护教育等情况进行调查，并制作社会调查报告，作为办案和教育的参考"。《人民检察院办理未成年人刑事案件的规定》第 9 条规定："人民检察院根据情况可以对未成年犯罪嫌疑人的成长经历、犯罪原因、监护教育等情况进行调查，并制作社会调查报告，作为办案和教育的参考。人民检察院开展社会调查，可以委托有关组织和机构进行。开展社会调查应当尊重和保护未成年人名誉，避免向不知情人员泄露未成年犯罪嫌疑人的涉罪信息。人民检察院应当对公安机关移送的社会调查报告进行审查，必要时可以进行补充调查。提起公诉的案件，社会调查报告应当随案移送人民法院。"由于以上用语并不一致，因而导致了"社会调查"这一用语合适与否的分歧。

公、检、法三机关尽管在不同阶段调查的内容不同，但其规定或者解释应当统一名称，以便在诉讼文书中统一规范。我们认为，采用"未成年人刑事案件调查报告"这一用语，是比较合适的。第一，在目前现有的法律规定与解释中，最高人民检察院在《人民检察院刑事诉讼规则（试行）》、《人民检察院办理未成年人刑事案件的规定》中，使用了"社会调查"的用语，而最高人民法院发布的司法解释以及公安机关的相关规定，并未采用这一用语。尤其是基于《刑事诉讼法》没有明确规定为"社会调查"，因此采用"社会调查"的用语并不十分准确。第二，通过对于调查的实施主体、性质等进一步分析可以看出，该调查行为所调查的内容是未成年人成长过程中的社会情况，但调查的性质及主体并不是完全社会性的（分析见本书以下关于调查实施主体及性质的解读部分），用"社会调查"来限定公、检、法三机关实施调查行为的性质并不能完全吻合。因而采用"未成年人刑事案件调查报告"的用语更加适宜。

（2）未成年人刑事案件调查实施主体的解读。明确调查制度主体，对于确立职责分工、保证未成年人刑事案件调查制度的有效运行来说是非常重要的。2012 年修改的《刑事诉讼法》将原有的未成年人刑事案件司法解释、刑事政策相关内容进行法定化，作为了我国未成年人刑事案件调查的法律依据。根据我国的立法及司法解释、相关规定等规定，可以看出我国调查主体多种多样。联系各地区的实践情况进一步分析可以看出，目前未成年人刑事案件调查主要是采用以职权为主导、依托社会力量的方式进行调查。对于实施主体，有观点认为公安机关除了调查以犯罪行为为代表的案件情况以外，因为公安机关作为代表国家进行犯罪行为侦查的机关，全面负责涉及未成年人犯罪案件的立案、逮捕和移送处理等工作，职权的广泛性和全面性要求公安机关还需对案件所涉及的未成年人的自身情况进行调查，以求全面了解涉案情况。① 有观点认为，除了作为公安机关应担职责这样的正当性论证以外，公安机关承担未成年人刑事案件调查工作具有十分明显的优势。比如，对于当前普遍反映的未成年人刑事案件调查时间保障问题，公安机关承担调查工作，即将调查程序启动前置到侦查阶段，可以明显延长调查所需时间。从进行调查的能力和调查的成本两个方面来看，公安机关具备调查能力强和调查成本低的双重优势，有利于保证调查的公正性和真实性。在具体的未成年人刑事案件调查实践中，北京市海淀区就要求区级公安机关承担对外来流动青少年涉案的社会调查工作。② 另有观点认为，从涉少检察工作来看，由检察官在审查起诉期间进行调查，有利于公诉部门更好地掌握未成年犯罪嫌疑人的个人特殊情况，加强针对性，有助于提高检察机关量刑建议的可采性。③ 还有观点指出，结合我国大力推进社区矫正工作的宏观背景，应该由基层司法行政机构的工作人员承担未成年人刑事案件调查工作。首先，从社区矫正工作范围来看，对矫正对象的监管是法定职责，实现有效监管的必要条件是掌握矫正对象的个人特征，这就需要进行社会调查，实现个别化矫正，促进审判与矫治衔接。其次，我国在推进社区矫正过程中，已经比较注意在机构设置、人员配置和专业水平方面来提升社区矫正工作的科学化水平，与其他机构相比，这套人马具有人力资源的优势。④ 也有观点认为可以使社会力量直接参与调查，"从价值观来看，社会工作最主要的利他主义价值观有利于社工进行社会调查工作，从科学理论、专业方法的知识能力来看，社会工作有利于促进社会调查工作的科学规范，对社会调查报告详实和客观提供了技术保障"。⑤ 更有观点进一步表示调查一定要含有社区矫正机构工作人员的参与，"因为他们熟悉所在社区环境，并且本身担负着少年的矫治教育职责，但是并不能以此将其作为主导机构，主导机构应为未保会"。⑥上述观点对调查实施主体的观点都十分有建设性，然而也存在一些问题。

首先，公安机关、检察机关的控诉职能决定了他们的调查有可能偏向未成年人不利的那一面，调查人员会着重调查未成年人的犯罪事实和一些法定情

① 参见刘东根："试论我国未成人犯罪案件社会调查的主体"，载《青少年犯罪问题》2008 年第 6 期。
② 参见赵国玲：《未成年人司法制度改革研究》，北京大学出版社 2011 年版，第 163 页。
③ 参见范勤："试论未成年人刑事案件社会调查制度"，载《法治论丛》2002 年第 5 期。
④ 参见杨飞雪："刑事案件社会调查制度研究——以未成年人刑事案件为例"，载《人民司法》2009 年第 3 期。
⑤ 参见席小华："论社工介入未成年人犯罪审前社会调查制度的必要性"，载《社会工作》2010 年第 12 期。
⑥ 参见盛长富、郝银钟："论我国未成年人刑事司法社会调查制度"，载《社会科学家》2012 年第 2 期。

节，而对有利于未成年人的信息甚少涉及。而辩护律师是以当事人的利益为重，他们收集的信息都是有利于未成年人的。相对来说，如果单看其中一者，报告的可信性往往受到质疑。

其次，我国定罪程序和量刑程序并未分开，基于法官的中立性和被动性，不应由其调查而使其先入为主地对未成年被告人进行裁判。若由独立于法官的第三人进行调查，从中立的角度收集相关资料，就能保证法官的审判客观且公正。再者，我国处于高速发展和转型期，未成年人犯罪率提升，案件增多，由于法官的精力有限，不能有效地履行调查这一工作。在实践中，法院不亲自调查，而是委托社会团体进行社会调查。社会团体包括妇联、共青团、关心下一代工作委员会等，他们志在保护未成年人的权益，对未成年人工作有很大的热情且工作责任心强，虽然委托社会团体调查有利于发动社会参与，保证司法民主，但是这类调查员专业性不足，难以保证调查报告的科学性。

最后，社会志愿者作为调查主体是因为他们具有爱心和责任心，他们对于帮助未成年人教育改造有极大的热情。他们之中不缺乏高级知识分子，领域涉及心理学、教育学及犯罪学等，但是，这种专业性人才所占的比例较少。由于社会志愿者有自己的本职工作，是否有足够的时间和持续的热情尚不明确，而且人员流动性强，缺乏专业性，无法保证报告的质量。实践中，场所和经费问题也是这一模式面临最大的问题。

从上述各种对于调查主体的观点可以看出，对于司法机关是否可以委托其他机关、团体或个人进行调查这一问题，有着较大的争论。想要解决这一问题，其关键就在于明确未成年人刑事案件调查权是不是司法权。如果调查权是司法权，那么司法权只能由司法机关行使，绝对不能够委托其他机关、团体或是个人行使；如果调查权不是司法权，那么委托其他机关、团体进行调查，或是以司法机关为主、依托其他机关和社会团体进行的方式就具有可行性了。对于司法权的认识，我们认为可采这一观点，"司法权应界定为裁判权。在程序方面，司法权具有六个基本特征：被动性、公开和透明性、多方参与性、亲历性、集中性和终结性"。[①] 司法权的目的是作出终局性的裁决，为各方提供最权威的救济。未成年人刑事案件调查，在特征上与司法权的特征并不契合，并且调查行为以及所形成的调查报告的目的是在适用强制措施或者法官在量刑等方面起到参考作用，并不能达到作出终局性裁决的目的。因此，无论从特征还是目的等方面来看，未成年人刑事案件调查权都不是司法权。那么委托其他机关、团体或个人进行调查，或是以司法机关为主、依托其他机关和社会团体进

---

① 参见陈瑞华："司法权的性质——以刑事司法为范例的分析"，载《法学研究》2000 年第 5 期。

行的方式就都是可行的。我们认为，以司法行政机关作为调查主体，由其指派社会调查员不失为一种可行方式。对于这一观点的论述，将在下文详细进行。

（3）未成年人刑事案件调查程序的解读。我国《刑事诉讼法》以及相关规定及司法解释没有对未成年人刑事案件调查程序进行设定，尽管我国司法实务对调查这一制度进行了一些积极的探索，并取得了很宝贵的实践价值经验，但因程序的缺失致使在实践这一制度运行时存在一定的问题。

一是未成年人刑事案件调查的启动时间。从现实情况来看，当前我国未成年人刑事案件调查程序最普遍的做法还是在法院受理案件后、开庭审理前这段时间启动。然而学界有观点认为在法院立案后开庭前启动调查，时间太过延迟。因为此时未成年被告人已经经历了侦查、审查起诉等多个诉讼活动阶段，如果此时再启动调查来发现未成年被告人的成长经历、家庭、学校、社区环境等一些可以实施轻缓化或者非刑事司法化的理由时，就已经错过了司法分流的良好时机。另外，由于《刑事诉讼法》对法院办案审限的时间要求，目前调查实务当中普遍存在调查时间不够充裕的问题，进而影响了调查报告的基本质量。①

从国外未成年人刑事案件调查程序时间要求的一般经验来看，给予调查员30日左右的时间进行调查是比较恰当的。但就当前我国现有的社会调查具体情况来看，由于案件在法院立案庭立案后先移交到少年案件综合审判庭（或刑庭），再分到具体的承办法官手里，还要预留好开庭审案和合议结案的时间，调查员最多有半个月的时间进行调查，还要撰写出成形的调查报告。如果被调查者数量不多，时间也许还相对宽松，但是由于未成年犯罪案件团伙犯罪较为常见，往往涉及调查多名未成年犯罪嫌疑人情况的问题，这样调查时间就显得较紧。特别是对于适用简易程序审理的公诉案件，法律规定人民法院受理案件20日以后就要审结，那么能用于调查的时间就非常紧张，一般很难给予调查员如此充裕的时间。因此，一些试点法院只能要求调查员须在5日或10日内提交调查报告，而在这短短的几天时间内，调查员需要调查未成年被告人的成长经历、学校、家庭和社区情况等一系列的问题。在实施社区矫正审前调查评估的地方，基层司法所的调查人员在进行调查和形成调查报告之后，还要报上级部门及主管领导审批才能移交，所以调查报告的完成时间实属仓促，甚至勉为其难。由此造成的后果是，"对于审限相对紧张的案件可能不会考虑适用社会调查制度，或者即便适用，收到的调查报告内容大多流于形式、不尽如

---

① 参见王广聪：《少年刑事司法社会调查制度研究》，湘潭大学硕士学位论文2012年，第52页。

人意，参考价值不高"。① 可以说，调查时间的紧张对调查报告的质量产生了消极影响。很多专家和学者基于公安部、最高人民检察院规定和最高人民法院司法解释等有关文件精神和全面调查原则是未成年人刑事案件诉讼之基本原则、贯穿整个未成年人刑事诉讼过程的角度出发，主张调查能够贯穿于包括侦查、审查起诉和审判阶段等未成年人刑事诉讼的各个阶段。基于前述审限问题的障碍和对司法分流效果的期望，有些学者主张将调查启动的阶段提前到侦查阶段，这就是所谓的调查启动前置的主张。

从域外的情况来看，调查程序启动问题事实上与少年刑事司法的体制密切相关。美、日等国由法院启动调查程序的原因在于法院享有少年刑事司法案件排他性的先议权。所谓先议权，是指某一个机关对少年涉罪案件具有优先处置权，是少年刑事司法职权主义模式的最显著的标志，主要特色在于确定一个职权机关来统领少年刑事司法工作，如美国独立的少年法院。检察官的起诉不是启动少年法院审判程序的因素。"全件送致主义"是指所有少年犯罪或虞犯案件均应移送至少年法院，除非经过少年法院的同意，原则上排除所有其他司法或行政机关对犯罪少年的管辖权。依据日本的《少年法》和我国台湾地区的"少年事件处理法"，不论何人，知道符合少年法院管辖的少年时，应向少年法院报告。检察官、警察、其他法院在执行职务时发现上述少年时，应当将案件移送给具有管辖权的少年法院。少年的监护人、学校及少年的保护机构在发现上述少年时，可以请求少年法院处理。

美国是现代少年刑事司法制度的摇篮，《少年法院法》与第一个少年法院均诞生于美国，具有典型性。虽然当今美国各州少年刑事司法制度存在一定的差异，但其调查制度大致相同。根据各州法律规定，少年法院或少年法庭除设立少年法官外，另设观护官（probating officer）。在美国少年刑事司法中，观护官不仅负责社会调查，还有其他重要职责，如在庭审时担任儿童的代理人，在观护期内，则对儿童进行监管，因此，美国的观护官被称为"法庭的右臂"。许多少年法院的支持者认为，美国少年法院的成功应归功于观护官的训练有素与富有效率的工作。具体来说，少年法院接到警察机关或社会民众对于少年犯罪嫌疑人的控告后，直接由观护官启动调查程序，了解涉案少年的背景资料。根据日本《少年法》等有关法律的规定，日本的社会调查制度采用典型的职权主义模式。② 该法第 8 条规定，受理案件的家庭法院有义务调查所受理的案件；调查由家庭法院的专门调查官根据法官的命令进行。如前所述，社

---

① 参见陈立毅："我国未成年人刑事案件社会调查制度研究"，载《中国刑事法杂志》2012 年第 6 期。
② 参见尹琳：《日本少年法研究》，中国人民公安大学出版社 2005 年版，第 127 页。

会调查启动前置到侦查或检察阶段存在疑问，由于我国审判机关目前并不享有少年犯罪案件的先议权，因此也就不能从形式上照搬域外关于调查启动的经验。因此，需要对现有启动调查方式进行完善。目前未成年人刑事案件调查程序启动前置到检察阶段并没有根本性的解决问题。从长远来看，应该立足诉讼构造的高度改善当前启动存在的问题，尝试赋予法院对于未成年人案件的先议权，理顺调查程序的启动机制，完善调查程序的审前启动。

二是未成年人刑事案件调查的具体程序设置。在调查开始时，可以委托的主体是哪些，也有一定的争议。最高人民法院《关于审理未成年人刑事案件的若干规定》规定，人民法院可以委托调查。《关于进一步建立和完善办理未成年人刑事案件配套工作体系的若干意见》规定，由公安机关委托进行未成年人的审前社会调查。《关于规范量刑程序若干问题的意见（试行）》规定，未成年人的审前社会由人民法院、人民检察院、侦查机关、辩护人委托。《刑事诉讼法》第268条规定："公安机关、人民检察院、人民法院办理未成年人刑事案件，根据情况可以对未成年犯罪嫌疑人、被告人的成长经历、犯罪原因、监护教育等情况进行调查。"从以上条文来看，公安机关、人民检察院、人民法院都可以委托其他团体或机关进行调查。但上述规定存在不一致的地方，在具体工作中如何理解与执行，有不同的意见。

第一种意见认为，《关于规范量刑程序若干问题的意见（试行）》、《刑事诉讼法》第268条已有规定，人民法院、人民检察院、公安机关、辩护人都是委托主体，持该种意见的代表是律师群体。

第二种意见认为，公诉案件应由公安机关委托；自诉案件应由辩护人委托。人民法院启动的重新调查由人民法院委托，持该种观点的是法院代表。法院代表提出，如果人民法院与公安机关、人民检察院、辩护人同为初次委托调查的主体，案件进了法院后，法院发现没有委托调查的，需要委托调查，往往无法兼顾刑事案件审限与调查报告质量的关系。在审限较紧的情况下，司法行政机关社区矫正部门的调查可能流于形式，既难于提高审判质量，也不利于社区矫正工作部门对已决犯的社区矫正。因而，建议公安机关为公诉案件初次调查的委托主体，辩护人为自诉案件初次调查的委托主体。

关于辩护人在公诉案件中是否可以作为委托调查的主体问题，法院代表提出，律师的责任是为犯罪嫌疑人、被告人提出无罪、罪轻或者减轻、免除其刑事责任的材料和意见，除非出现法律规定的特殊事由，律师的上述职责决定了律师不能向社区矫正机关提出不利于被告人的调查线索，只能向社区矫正机关提出对犯罪嫌疑人、被告人有利的调查线索。律师如果作为委托调查主体的，将影响到调查报告的客观中立性。因此，律师在诉讼中的地位决定了律师在公诉案件中不宜作为调查的委托主体。

关于人民法院启动的重新调查由人民法院委托的问题。法院代表提出，人民法院经审查，认为调查违反回避规定或者调查报告所依据的分析和评估材料不真实或者没有关联性，需要重新调查的，为保证审判质量和矫正效果，可由人民法院委托社区矫正机关重新调查，出具调查报告。

第二种意见比较适合当前的工作实际，可以考虑吸收上述意见，将委托主体重新界定为公诉案件由公安机关委托，自诉案件由辩护人委托，人民法院启动的重新调查由人民法院委托。

在确定委托主体后，公安机关出具委托书。公安机关在办理未成年人案件时，应当同一时间启动未成年人调查制度，制作调查委托书，委托书中应该注明委托以及受委托的单位，委托的事项以及相关的调查线索送至未成年犯罪嫌疑人住所地所在的司法行政机关，并且委托书中应当附有相关的调查线索，比如被调查人的住所、联系方式等基本信息。若是未成年犯罪嫌疑人是外地户籍的流动人口，应当将委托书以邮件的方式寄至其所在地的司法行政机关，接受委托的司法行政机关应当予以配合。委托人不得要求或者暗示调查机关根据其意思来制作调查报告。

司法行政机关受理委托书。区、县司法行政机关对公安机关委托的调查事项进行审查，符合法律规定的，应当予以受理。若是不符合法律规定或者超出了调查机关的权限范围的应当在3个工作日内作出不予受理的决定，通知委托人并告知原因。若是委托人提供的材料不齐全，应当立即通知其补全。

司法机关指派调查员。司法行政机关应当自收到委托书3日内指派调查员，为了确保调查的公正，调查员的人数一般应在2人以上，条件允许的情况下应当配备心理学、社会学等方面的社会工作人员以方便调查的展开。司法行政机关应当根据一定的标准选任调查员：第一，调查员应当热衷于未成年人教育、帮教工作，思想端正，道德品质优秀，具有强烈的社会责任感。第二，调查员应当熟悉未成年人的身心特点，具有良好的沟通能力、文字表达能力，具有相当的文化素质且身体健康。第三，调查员应当熟悉办案纪律和相关法律知识，有一定的犯罪学、心理学、教育学等专业知识。调查员采取回避制度，若与未成年犯罪嫌疑人有亲属关系或者利益冲突的，调查员应当自行回避。未成年人的近亲属或者利益相关人也可以向司法行政机关提出回避申请，由司法行政机关的负责人决定调查员是否应当回避。

调查员进行调查，出具调查报告。调查员在接到指派后，对公安机关提供的调查线索进行整理，采取实地走访、查阅收集相关资料、个别约谈等方式对未成年人的个人情况、家庭情况、教育情况、犯罪原因、悔罪表现、帮教条件等进行全面的调查。必要的时候，可以采用鉴定以及人格测评的方法。调查员应该在 10 日内完成调查，若是案情复杂或是遇到疑难问题，经司法行政机关的负责人批准可延长时限，调查期限至迟不得超过 20 日。调查员将调查到的内容制作成笔录，必要时可以采取录音录像的方式记录，由被调查者确认无误后签字。调查报告中无法完成的部分，调查员应当说明原因。调查报告完成之后，由调查员将报告提交到其所在的区、县司法行政部门审查。

司法行政机关审查调查报告。司法行政机关应该对调查报告进行审查，若发现调查报告的内容不齐全、表述含糊等情况，应当责令调查员进行补充调查。若是发现调查员是使用暴力、威胁、欺骗等非法手段获取材料的，不得将获取的材料作为调查报告的内容，应当另行指派调查员进行调查。调查报告经司法行政机关审核通过后，应当由负责人签字盖章后，移送委托机关。

三是调查的内容。《刑事诉讼法》第 268 条规定："公安机关、人民检察院、人民法院办理未成年人刑事案件，根据情况可以对未成年犯罪嫌疑人、被告人的成长经历、犯罪原因、监护教育等情况进行调查。"《法院刑诉法解释》第 467 条规定："对人民检察院移送的关于未成年被告人性格特点、家庭情况、社会交往、成长经历、犯罪原因、犯罪前后的表现、监护教育等情况的调查报告，以及辩护人提交的反映未成年被告人上述情况的书面材料，法庭应当接受。"《人民检察院刑事诉讼规则（试行）》第 486 条规定："人民检察院根据情况可以对未成年犯罪嫌疑人的成长经历、犯罪原因、监护教育等情况进行调查，并制作社会调查报告，作为办案和教育的参考。"《人民检察院办理未成年人刑事案件的规定》第 9 条规定："人民检察院根据情况可以对未成年犯罪嫌疑人的成长经历、犯罪原因、监护教育等情况进行调查，并制作社会调查报告，作为办案和教育的参考。"由以上法律及规定中可以看出，其对于调查的内容规定得比较笼统，实践中可操作性不够强。因而目前在实践中，参考国外一些成熟性做法，制作调查表格是采用比较多的方式。调查的范围、事项需要以未成年人刑事案件调查程序的理念与目的来确定。从目前各地实践情况来看，有些地区存在表格内容制定不科学、内容过于粗糙、调查不全面等问题。因而，结合国外一些地区成熟的实践经验，并结合我国法律法规的相关规定，完善调查内容的范围及事项等问题。

（4）未成年人刑事案件调查报告的法律属性解读。从我国各地的司法实践中可以看出，调查报告大多时候只是作为量刑参考。对于是否应当将调查报告作为证据使用，我国理论界与实务界一直未达成统一的认识。在理论界，各专家学者都对调查报告的法律属性发表了自己的观点。

持否定说的观点认为由于调查方式尚未成熟，调查报告的质量不高，因此只能作为量刑参考。① 我国的立法并未将调查报告定为证据，就不该突破立法，影响法律的严肃性。有学者进一步指出，调查报告不能称为证据。第一，按照我国现行法律和大陆学界的通说，证据的内容需要与案件事实的内容存在关联性。而调查报告的内容并不直接针对案件本身，而是回溯案发前涉案未成年人的成长经历、一贯表现情况，展望未来涉案未成年人的人身危险性再犯可能性，这些内容虽然重要，却不是直接的涉案内容，所以关联性欠缺。第二，关于调查报告属于品格证据的观点也有待商榷，因为品格证据是英美法系证据法中的术语，在我国现行法律中没有相关规定，对于没有体现案件事实、形成的程序缺乏规范的法律形式要件的情况下，明确调查报告证据属性有悖于现有的刑法原则和法律规定。② 另有学者认为，从社会调查程序的目的出发，社会调查全面掌握涉案少年的个人情况，是为了使法院在定罪特别是量刑的时候，能够采用一种最有利于矫正少年被告人再社会化的刑罚执行参考，这种参考不具有定罪量刑依据的法律意义，所以，社会调查报告不是定罪量刑的证据。③ 还有观点也支持这一说法，未成年人社会调查报告不能当做证据在刑事案件中使用，只能作为公安司法机关处理未成年犯罪嫌疑人案件的参考。④

持肯定说的则认为，调查报告满足证据的客观性、关联性和合法性的要求，应当被视为证据。⑤ 支持这一观点的学者，从实体法、程序法和证据法三方面予以了论证。⑥ 也有观点认为，调查报告应为专家意见⑦或者是鉴定意见。⑧ 还有一种观点认为，调查报告不能被作为定罪的证据，但是可以成为量刑的证据。⑨

对于调查报告的性质，我们认为应当坚持"参考说"的观点。因为调查报告是对未成年犯罪嫌疑人、被告人的成长经历、犯罪原因、监护教育等情况进行调查，它反映的是未成年人的背景资料，而不是犯罪事实。目前我国并未

---

① 参见吴宗宪："论少年犯罪案件审前调查制度的建立——以《刑法修正案（八）》社区矫正制度的确立为视角"，载《山东警察学院学报》2011年第5期。

② 参见赵国玲：《未成年人司法制度改革研究》，北京大学出版社2011年版，第241页。

③ 参见徐建主编：《青少年法学新视野》，中国人民公安大学出版社2005年版，第754页。

④ 参见杨东："未成年人社会调查报告制度研究"，安徽大学硕士学位论文2014年，第3页。

⑤ 参见吴燕、吴翔翎："少年品格证据若干问题初探"，载《青少年犯罪问题》2008年第5期。

⑥ 参见田宏杰、庄乾龙："未成年人刑事案件社会调查报告之法律属性新探"，载《法商研究》2014年第3期。

⑦ 参见罗芳芳、常林："《未成年人社会调查报告》的证据学分析"，载《法学杂志》2011年第5期。

⑧ 参见王建喜："论我国未成年人犯罪背景调查制度的构建"，复旦大学硕士学位论文2008年，第47页。

⑨ 参见万扬："未成年人社会调查制度研究"，湖南大学硕士学位论文2013年，第31～32页。

建立品格证据这一规则，不能有悖于现行的法律规定，因此，不能将调查报告作为证据使用，只能作为司法机关办案的参考资料。[①]《刑事诉讼法》将证据定义为可以用于证明案件事实的材料，调查报告与"案件事实"之间并无紧密联系，不能反映犯罪行为的客观情况，因此不能说调查报告是证据。并且，《刑事诉讼法》将证据分为7类：物证；书证；证人证言；犯罪嫌疑人及被告人的陈述和辩解；鉴定意见；勘验、检察、辨认、侦查实验等笔录；视听资料、电子数据。调查报告并不能归类到其中，所以只能将其作为一种参考资料。因此，调查报告中的内容不应该影响法官正确认定案件事实，其与定罪无关。但是，这并不意味着调查报告没有意义。在严格程序之下得出详实的调查报告，可以作为移送案件与否、起诉与否、法官量刑的依据和参考。这是符合未成年人刑事诉讼特殊规则的，体现出了对于未成年人的特殊保护与处遇。

3. 未成年人刑事案件调查制度的模式探索

（1）以司法行政机关作为调查主体，由其指派调查员进行调查。对于调查的主体，可以采用以司法行政机关作为调查主体，由其指派调查员的方式。其优势之处在于：一是刑罚个别化的理念不仅用于侦查、起诉和审判阶段，执行阶段也应当根据未成年犯的个人特点进行有针对性的教育。司法行政机关（司法行政机关是社区矫正工作的主体）主管刑罚执行的工作，由其事先对未成年犯罪嫌疑人、被告人进行调查，可以将审判和执行良好衔接。二是我国司法资源中公、检、法三部门工作繁重，人员不足，在法律规定的时限内查清犯罪事实已属不易。若再将调查这一任务负担于这三部门之上，效果不会理想。相比之下，由司法行政机关担任调查主体更为合适。有人建议在司法行政机关下设专门的调查机构，招聘组建专业的调查队伍，并且对调查员的培训和管理都由司法行政机关统一负责。[②] 这是一个可以尝试的建议，但也会有相应的问题。如司法助理员的专业素质不高，没有经过专业的选拔和培训，对于调查的内容多过于形式，主观性比较强，报告的参考性不强。对此，应当在司法行政部门设立未成年人刑事案件审前服务机构，安排专门的调查员，负责对未成年人进行调查。[③] 调查员的选任应当经过竞选考核、公开聘任，选任之后要制定相关考核机制。除此之外，司法行政机关应当定期对调查员进行培训，提高调

<hr>

[①] 参见郭欣阳："未成年人社会调查报告的法律性质及其在审查起诉中的运用"，载《人民检察》2007年第3期。

[②] 参见康黎："追诉人人格调查"，载《西部法学评论》2012年第2期。

[③] 参见刘立霞："合适成年人社会调查制度研究"，载《青少年犯罪问题》2008年第4期。

查员的综合素质，保障未成年人工作的有效进行。与此同时，明确调查员的权责也是十分必要的。调查员是依照法律的规定对未成年犯罪嫌疑人、被告人的成长经历、犯罪原因、监护教育等情况进行调查，调查结果对未成年犯罪嫌疑人、被告人的量刑有影响，所以调查员的权责具体明确才能保证少年司法的公平。三是司法行政机关担任调查主体可以避免公、检、法及辩护人担任调查员的不利影响，可以减少调查阻力，保障调查顺利进行。

（2）建立信息交流与跨地域协助机制。我们应当在现有制度的基础上进一步完善这一机制。对于外地户籍的未成年犯罪嫌疑人、被告人，若他在所住辖区居住满一年，应当视其为本辖区的居民，对其在本辖区居住期间的表现予以调查，事后也将其放在辖区内进行社区矫正；若是未满一年，不符合暂住标准，应当由犯罪地所在的社区矫正机构进行委托，由户籍所在地的社区矫正机构进行调查，受托方应当全力配合。各省、市的司法行政部门可以利用他们之间的行政关系建立起异地协助机制，通过网络平台资源共享，这样可以使调查制度惠及更多外地户籍未成年犯罪嫌疑人、被告人。对于不具备协作机制的地区，可以借助于未成年人保护组织或法律援助组织跨地域协助的网络平台。

（3）调查的方式应多元化。为了保证调查报告的合法性、准确性，科学设定调查方式就成了不可忽视的环节。目前，我国调查的方式普遍存在单一化的倾向，常见的几种方式有：①格式化表格。多数地方司法机关将要调查的内容制作在一张表格内发给调查对象，让被调查者按照表格上的要求填写，通过对表格的审阅加上未成年犯罪嫌疑人、被告人的相关资料了解未成年人的成长背景，心理状态等。②会见被调查人。会见被调查人是最直接、最常见的调查方式。但是，在实际运用中调查工作往往会遇见一些阻碍，例如因调查制度对被调查者不具有强制性，被调查者往往有抵触心理，消极地对待会见；或者被调查者积极主动提供虚假信息以期未成年犯罪嫌疑人、被告人得到惩罚，这些需要调查员有较强的触觉加以分辨，这跟其谈话技巧及其丰富的知识储备和社会阅历是分不开的。有的学者认为可以采取结构性的访谈（即事先做好会谈的内容概要，根据概要的内容进行谈话）为主，非结构性访谈为辅的方式。此种方式灵活，可以适应不同的情况。③实地走访调查。调查员进入未成年犯罪嫌疑人、被告人所在家庭、学校、社区、工作单位等地，对未成年人的父母、亲属、朋友、老师等进行单对单的调查访问。以上三种方式是比较传统常见的，但又有自身的局限性，实践中采取了配合交叉使用的方法，即以实地考察为主，间接调查方式为辅。调查员应当进行实地考察，与被调查者当面会谈，若是被调查者地处偏远地带或者不方便接受调查，也可以采取书信、邮件、电话等方式进行。

随着科技进步和未成年人犯罪形式的多样化，若只局限在上述的调查方式上，不利于真正了解未成年犯罪嫌疑人、被告人，抓不到问题的实质。所以调查的方式应当多元化，在传统方式的基础上进行创新，即在必要的时候应当对未成年人进行鉴定和人格测评。①鉴定。在调查的过程中，对于一些需要用专业知识和技能才能解决的问题，可以依靠鉴定来完成。常见的有精神病鉴定、心理鉴定、伤情鉴定等。在瑞典，法院在选择对被告人制裁的方法时，为了解被告人的心理、生理状况，可以要求医师提出诊断书。医生的诊断书如果是在将被告人交付扣留时或交付不隔离的精神病学处理时以及将未满18周岁的少年交付少年拘禁时，一定要由有资格的精神病科医师作出，若其不能作出，法院不能作出裁判。① 在日本，由少年鉴别所对未成年犯罪嫌疑人、被告人的身心进行鉴别，通过调查身体状况、心理及精神医学的检查等，结合其他调查的事实作出报告以便法官作出合理的裁判。在我国台湾地区，少年法院专门设置了心理测验员、心理辅导员及辅佐员，在少年调查官或者少年保护官的指挥监督下，对被疑有精神缺陷的未成年犯罪嫌疑人、被告人进行心理测验、分析和辅导，心理测验与分析的结论是少年调查官调查报告的重要内容。我国应该在未成年人刑事案件调查中逐步推行这些方式。②人格测评。人格测评经过科学的验证，事实证明它能对未成年犯罪嫌疑人、被告人的刑事责任能力和人身危险性进行评估，及时纠正未成年人犯罪嫌疑人、被告人的扭曲心理，为其教育改造奠定坚实的基础。② 近年来，域外已经出现了一些具有代表性的人格测评调查量表。比如美国心理学家梅加吉的明尼苏达多项人格量表，区分出十种人格类型；卡特尔的人格特质理论编制了十六项人格因素调查表；古德伯格的五因素人格结构，通过对犯罪人的神经质性、宜人性、外倾性、认真性及创造性进行分析，以此来评价犯罪人。

（4）规范调查制度的制约机制。调查员拥有法律赋予的调查权，若没有相关的约束机制，一旦权力放大，就会滋生腐败，会降低调查报告的公正性。我国立法在这一领域仍然处于空白的状态，这不利于调查发挥其效能，也不利于未成年人刑事案件调查制度在全国范围内的推广。少年司法相对发达的日本就规定，在诉讼程序的全过程，法官应当监督调查官的活动，与调查官保持联络，确保程序的公正。我国的监督权隶属检察机关，检察机关应当发挥其效能，保证调查的公正、有序进行。与此同时，不仅要发挥检察院的监督职能，

① 参见贾广飞：《论刑事诉讼中的犯罪人格调查制度》，青岛大学硕士学位论文2010年，第26页。
② 参见管士寒、王格："日本少年司法制度及其借鉴"，载《河南司法警官职业学院学报》2012年第10期。

也要在制度上设置硬性规定约束调查员的行为。

一是建立调查制度的监督机制。建立调查的监督机制应该从两方面着手，即司法监督和社会监督。司法监督是指公安机关、人民检察院、人民法院有权监督调查员的工作并且审查调查报告。首先，公安机关、检察院、法院应对调查报告进行程序性审查。对违反程序性规定的行为，应当予以纠正。若是一般的违反程序行为，通知司法行政机关采取补救措施；若是发现调查员以非法的手段获取调查内容的，应当将调查报告退回司法行政机关，要求其另行指派调查员重新调查，并建议对相关的人员进行行政处分。情况严重的，涉及犯罪的，应当立即立案侦查。其次，公安机关、检察院、法院应对调查报告的内容进行实质性审查。调查报告是随卷移送的，如果三机关认为调查报告不够全面或者内容有偏差，可以要求出具调查报告的司法机关进行补充调查或者自行调查。因为在审查起诉阶段或审判阶段，检察官和法官可以根据调查报告来决定是否起诉及是否予以判处监禁刑，所以对于调查报告内容的实质性审查应当谨慎、客观。社会监督是指公民、法人或者其他组织都有权对调查组织的工作进行监督。司法行政机关应当设置监督电话及意见箱，在官方网站上公布调查员的职能和权限，将调查工作的进程及时予以更新，接受社会监督。对于人民群众所反映的情况，司法行政机关应当及时予以调查，核对信息的真伪。对违反规定的调查员，撤销其调查权利，另行指派调查员接手。严重违纪的，给予行政处分，已经触犯法律的，移交有关机关处理。

二是调查员责任追究机制。未成年人刑事案件调查制度的目的是挽救失足的未成年人，帮助其更好地回归社会。因此，调查员应当对其在工作中获悉的未成年人的相关情况保密，以保护未成年人的权益。若是调查员违反了保密的义务，应当根据情节的轻重，给予警告、记过或者记大过的行政处分。调查员应当在开庭前3日将调查报告送至控辩双方，并且调查员有出庭的义务，应当在庭上宣读调查报告，接受控辩双方的质询。调查员有义务对调查的内容进行解释。调查员应当确保调查内容全面真实、客观公正。若公安机关、人民检察院和人民法院在审查中发现调查员有违反规定的行为，应当根据不同的情况作出不同的处理：调查员工作态度恶劣，工作作风懈怠，造成不良影响的，应当向调查员所属的行政司法机关提出意见，司法行政机关可以给予警告、记过或者记大过处分。调查员有徇私枉法、徇情枉法的行为，使调查内容严重失实，造成不良后果的，应当向调查员所属的行政司法机关提出意见，司法行政机关可以给予记过、记大过处分；情节较重的，给予降级或者撤职处分；情节严重的，给予开除处分。调查员有贪污受贿行为，已触犯刑法，构成犯罪的，应当移交给检察院立案审查。将调查员完成调查的情况纳入考核体系中，调动调查员的积极性，也提高调查员的自我约束力。由司法行政机关进行考核，对于考核结果为优秀或称职的调查员，可以给予相应的奖励和晋升职务的资格。对于考核结果为不称职的调查员，通过谈话和培训帮助其改正提高；若还是没有改善，给予相应的行政处分。

（二）未成年人的不公开审理制度与媒体监督的探索

司法公开、透明是刑事诉讼程序公正的重要保障，公开审理也是刑事诉讼的一项重要制度。为了保护未成年人的身心健康，世界上大多数国家均规定了未成年人案件的不公开审理制度。我国《刑事诉讼法》在特别程序中也规定了不公开审理制度、犯罪记录封存制度等。我国《未成年人保护法》第58条以及《预防未成年人犯罪法》第45条第3款也规定了，在判决宣告后，法律禁止新闻报道、公开出版物等披露未成年犯罪人的姓名、住所、照片及可能推断出该未成年人的资料。《北京规则》第21.1条规定："对少年罪犯的档案应严格保密，不得让第三方利用。"那么，如何处理好不公开审理制度与新闻媒体之间的关系则是探讨未成年人刑事案件诉讼程序需要解读的问题之一。

1. 我国未成年人刑事案件不公开审理制度的现状

《刑事诉讼法》第270条第1款规定："对于未成年人刑事案件，在讯问和审判的时候，应当通知未成年犯罪嫌疑人、被告人的法定代理人到场。无法通知、法定代理人不能到场或者法定代理人是共犯的，也可以通知未成年犯罪嫌疑人、被告人的其他成年亲属，所在学校、单位、居住地基层组织或者未成年人保护组织的代表到场，并将有关情况记录在案。"第274条规定："审判的时候被告人不满十八周岁的案件，不公开审理。"修改后的《刑事诉讼法》为了消减未成年犯罪嫌疑人、被告人的对立情绪，扩大教育挽救的效果，设立合适成年人参与诉讼制度，对于不公开审理制度有所突破。《人民检察院办理未成年人刑事案件的规定》要求办理未成年人刑事案件实行教育、感化、挽救的方针，坚持教育为主、惩罚为辅和特殊保护的原则，在严格遵守法律规定的前提下，按照最有利于未成年人和适合未成年人身心特点的方式进行，充分保障未成年人合法权益，特别强调依法保护涉案未成年人的名誉，尊重其人格尊严，不得公开或者传播涉案未成年人的姓名、住所、照片、图像及可能推断出该未成年人的资料；开展社会调查应当尊重和保护未成年人名誉，避免向不知情人员泄露未成年犯罪嫌疑人的涉罪信息。对被封存犯罪记录的未成年人，只有在实施新的犯罪或发现漏罪，与封存记录之罪数罪并罚后，被决定执行五年有期徒刑以上刑罚的，应当解除封存。由此可以看出，我国司法机关对未成年人案件不公开的保护程度在逐步增加，这将有利于合理界定媒体报道的限度，从而更有利于对未成年犯罪嫌疑人、被告人隐私权的保护。

众所周知，未成年人在社会中一向被视为社会弱势群体，其诉讼行为能力、心理承受能力相对成年人有很大的差距。所以，未成年人有权也应当得到特殊的司法保护。在现代社会，平等对待包括两种情形：同等情况同等对待、不同情况区别对待。所以在刑事审判程序上对未成年人的不同规定是符合分配正义要求的。审判公开在现代司法中被视为实现司法公正的一大保障，同时也是实现司法公信力的基石。但基于未成年人的特殊性以及人类对未成年人的同情本性，对未成年人的犯罪行为应当尽量减少在社会面前的公开，以减少其因为接受审判所带来的痛苦。因此，未成年人刑事案件判决前，审判人员不得向外界披露该未成年人的姓名、住所、照片及可能推断出该未成年人的资料。未成年人刑事案件的诉讼案卷材料，除依法查阅、摘抄、复制以外，未经本院院长批准，不得查询和摘录，并不得公开和传播。在一定程度上界定了法官与外界公众特别是媒体之间有关未成年犯罪案件信息的界限。同时，也在不公开审理中明确规定了对未成年人及其法定代理人的权利的保护，虽然没有明确的监督机制，但也在一定程度上避免了在未成年人犯罪案件不公开审理的过程中对未成年被告人权利的侵害。然而判决公开在一定程度上意味着不公开审理的保密性在一定程度上被削弱，致使不起诉或者判决前的一系列对未成年人犯罪案件的不公开保护措施的效果大大降低。特别是在当今社会，社交网络和传播媒介高度发达，各个法院都在实行判决书网上公布的措施，接受社会的监督。那么，一旦未成年人犯罪案件的判决公开，势必会使社会了解到未成年人犯罪的具体信息，同样会对未成年犯罪人在接受完刑罚重新融入社会造成不良的影响。

2. 未成年人刑事案件不公开审理制度国际要求与我国现有模式之比较

《北京规则》在第8条保护隐私项中规定："应在各个阶段尊重少年犯享有隐私的权利，以避免由于不适当的宣传或加以点名而对其造成伤害。原则上不应公布可能会导致使人认出某一少年犯的资料。"该项条文强调了保护少年犯享有隐私权的重要性。青少年特别易沾污名烙印。犯罪学方面对于这种加以点名问题的研究表明，将少年老是看成"少年犯"或"罪犯"会造成各种伤害和不良的影响。该条文还强调了保护少年犯不受由于传播工具公布有关案件的情况（例如被指控或定罪的少年犯的姓名）而造成的有害影响的重要性。少年犯的个人利益应当受到保护或维护，至少在原则上应如此。第21条还规定："对少年犯的档案应该严格保密，不得让第三方利用。应仅限于处理手头上的案件直接有关的人员或者其他经正式授权的人员才可以接触这些档案。少年犯的档案不得在其后的成人诉讼中加以引用。"《联合国保护被剥夺自由少年规则》中第四部分涉及少年设施管理中第（A）19条规定："所有报告包括法律记录、医疗记录和纪律程序记录以及与待遇的形式、内容和细节有关的所有其他文件，均应放入保密的个人档案内，该档案应不时补充新的材料，非特许人员不得查阅，其分类编号应使人一目了然。在可能情况下，每个少年均应有权对本人档案中所载任何事实或意见提出异议，以便纠正那些不确切、无根据或不公正的陈述。为了行使这一权利，应订立程序，允许根据请求由适当的第三者查阅这种档案。释放时，少年的记录应封存，并在适当时候加以销毁。"这个规定就是未成年人刑事案件不公开审判原则的体现与延伸。

　　然而，我国《关于审理未成年人刑事案件的若干规定》第13条规定："未成年人刑事案件判决前，审判人员不得向外界披露该未成年人的姓名、住所、照片及可能推断出该未成年人的资料。未成年人刑事案件的诉讼案卷材料，除依法查阅、摘抄、复制以外，未经本院院长批准，不得查询和摘录，并不得公开和传播。"但是此条文只规定了判决前对未成年人信息保密，并没有对宣判后如何保护未成年人刑事案件法庭记录和其他文件进行规定，这应当说是一个立法缺失。《预防未成年人犯罪法》第45条第3款规定："对未成年人犯罪案件，新闻报道、影视节目、公开出版物不得披露该未成年人的姓名、住所、照片及可能推断出该未成年人的资料。"《未成年人保护法》第39条第1款也规定："任何组织或者个人不得披露未成年人的个人隐私。"第58条规定："对未成年人犯罪案件，新闻报道、影视节目、公开出版物、网络等不得披露该未成年人的姓名、住所、照片、图像以及可能推断出该未成年人的资料。"显然前一法律条文和后面的两个法律条文有冲突。《关于审理未成年人刑事案件的若干规定》是司法解释，而《预防未成年人犯罪法》、《未成年人保护法》是法律，因此，不管是在判决前还是判决后，未成年人刑事案件法庭记录和其他文件都不得公开是有法律依据的。

　　《北京规则》第21.2条规定："少年罪犯的档案不得在其后的成人诉讼案中加以引用。"这条规定是我国未成年人"犯罪记录封存"制度的重要国际法依据。《联合国保护被剥夺自由少年规则》中第四部分第（A）19条规定的前科消灭制度的标准是"释放时，少年的记录应封存，并在适当时候加以销毁"。而《刑法修正案（八）》的前科报告义务免除制度和《刑事诉讼法》规定的犯罪记录封存制度，并没有确定为非罪化处理机制。将来的立法在条件成熟时完全可以进一步改革成轻罪"前科消灭制度"，即因为初犯或者轻微罪行曾经受过有罪宣告或者被判处刑罚的人，具备法定条件时，注销或者销毁其有罪宣告或者罪刑记录，建立真正的前科消灭制度。

　　在国际上，对未成年人刑事案件判决采取"建议不公开"原则。《联合国公民权利和政治权利国际公约》第14条规定，在少年的利益另有要求或者诉讼系有关儿童监护权的婚姻争端时，对刑事案件或法律诉讼的判决也可以不公开宣布。在世界各国，有两种不同的做法。一种是德国模式。德国《少年法院法》第48条规定，对于青少年刑事案件"进行审判的法庭不得公开进行审理和宣判"。另一种以法国、英国、美国等国家为代表，并不禁止对未成年人刑事案件进行公开宣判。我国采纳了与法国、英国、美国相同的做法。审判方式存在公开与不公开之分，但是在《刑事诉讼法》中仍规定"宣告判决，一律公开进行"。也就是说，不管审判是否公开，判决一律要公开。《关于审理未成年人刑事案件的若干规定》第31条对此作了一定限制，即对未成年人刑事案件宣告判决应当公开进行，但不得采取召开大会等形式。从表面上看，这一规定避免了公开判决对于未成年人的消极影响，但在实质上并未发生根本性的改变，仍然是公开宣判，而且也只规定不得采取召开大会的形式，现在非未成年人案件都基本上没有这种形式了。因此，只要判决是公开的，就很不利于先前对未成年人的一系列保护。

3. 未成年人刑事案件不公开审理制度的意义

未成年人刑事案件不公开审判是我国刑事诉讼领域顺应国际未成年人刑事案件审判模式发展趋势的一大进步，其意味着我国在保障未成年人权利方面又向前迈出了一大步。20世纪50年代开始，未成年人犯罪在国际上开始引起广泛的关注。以美国为例，自1899年美国伊利诺伊州制定世界第一部未成年法，并建立世界上第一个专门审判未成年人案件的法院以来，美国各州在之后的几十年内纷纷出台关于审判未成年人案件的法律并建立相应的专门法院。英国、德国、俄罗斯等国家以及我国台湾地区也都有关于未成年人案件不公开审判的相关法律制度。可以说，不公开审判制度是审判未成年人刑事案件的原则，目前这个制度已经成为一个国际惯例。

未成年人刑事案件不公开审判更能确保审判顺利进行。未成年人心智发育不成熟，在公开审判这种公众关注度高、公开程度大的情况下，很可能产生紧张畏惧甚至抵触的情绪，公开审判所造成的思想压力使得未成年人在法庭上难以准确表达意愿，从而影响审判质量，不利于案件事实的查清以及审判的顺利进行。相反，在不公开审判的情况下，不存在或只存在少数如社区矫正组织成员等旁听者，相对封闭的环境可以大大缓解未成年人的紧张情绪，更能确保案件事实的查清和审判的顺利进行。

未成年人刑事案件不公开审判制度更利于未成年犯回归社会。未成年人处于特殊的年龄阶段，存在心理和生理尚未成熟的状态，他们并不像成年人一样具有良好的辨别是非的能力以及自我控制能力，未成年人犯罪不仅有其自身的原因，更体现了家庭、学校和社会在未成年人教育方面的缺失。如果通过公开审判，将犯罪的未成年人贴上"标签"，很可能使其站在社会的对立面。相反，如果社会反映的对象已有某种规范或其他因素的约束，或贴上的标签比较容易改变的话，或已被贴上标签，却有朋友及他人的帮助，对之进行帮教，则很可能会产生积极的作用。对未成年人案件的审判，更多的是出于对其矫正、改造的目的，而不是单纯为了惩罚。所以，如何让未成年人认识和改造自己，更好地发展自己是未成年人案件审判中需要考虑的问题。正是基于上述考虑，未成年人刑事案件不公开审判的制度才得到越来越广泛的认可。

4. 未成年人刑事案件不公开审理制度与媒体公开报道之关系

一个正义的社会，司法独立与表达自由均是不可缺少的。一方面，媒体对司法程序的报道满足了公众的知情权，是传递司法信息的一种方法。另一方面，某些报道又可能对法官、陪审员和证人及公众造成影响，因而媒体监督与司法独立的关系是一种复杂的关系。1985 年联合国《司法独立基本规则》所确立的媒体与司法独立之间的关系，形成了《关于媒体与司法关系的马德里准则》。该规则是在对国际公约中关于司法独立、新闻自由的内容的总结分析的基础上提出的媒体与司法关系的具体实施措施。《马德里准则》第 9 条至第 12 条规定，法律有权因为对未成年人或者其他特殊群体进行保护的需要而对基本规则规定的权利加以限制。法律可以因为民主社会其他利益的需要而对犯罪过程有关的基本规则规定的权利加以限制：为了防止对被告人的严重偏见；为了防止形成对证人的压力、对陪审员和被害人造成损害。如果因为国家安全的理由而对基本规则加以限制，这种限制不能针对当事人的权利包括辩护权形成危险。考虑到未成年人生理与心理的特点，未成年人刑事案件不公开审理，符合上述原则的要求。因此，在未成年人刑事案件的新闻报道上，不管是英美国家还是作为大陆法系的中国，在这个问题上认识是一致的，就是对新闻媒体报道进行约束。

（1）我国媒体报道未成年人犯罪案件问题的理论分歧。在早期的未成年人犯罪报道中，由于当时社会法律意识普遍淡薄，隐私保护尚未得到重视，媒体对报道细节的处理较为粗糙，因而给失足的未成年人改造并重新回归社会带来极大的负面影响。此后，该领域的报道方式得到了一定修正，媒体逐渐注意对一些敏感信息进行"模糊化处理"。但不可否认的是报道在内容和形式上仍然存在一些疏漏。比如媒体虽然没有直接公开披露未成年犯罪嫌疑人的直接相关信息，但却乐于挖掘其生活细节、家庭背景、亲属关系等以吸引公众眼球。尤其是媒体在报道李某某轮奸案中，虽然媒体在报道中没有实名报道，但是还是留下很多的线索，甚至是用局部打马赛克的照片来吸引读者的眼球，还报道了很多其父母的轶事，在社会上造成了很大的影响。我国媒体对未成年人犯罪案件的报道主要存在以下几个问题。

一是文字报道问题。我国《刑事诉讼法》中尚无对此进行明确规定，只有《预防未成年人犯罪法》和《未成年人保护法》中对于媒体报道有相关的规定，但是不够具体，可以说审判中的新闻报道规则是目前我国最欠缺内容之一。正因如此，在媒体上均能够看到很多与未成年人犯罪相关的报道，有时甚至被告人的头像未作处理就赫然印在报纸头版，即使《预防未成年人犯罪法》和《未成年人保护法》对未成年人犯罪都规定了"禁止公开未成年人的姓名、住所、照片及可能推断出该未成年人的资料"。很显然，上述规定中有两个立法缺陷：①无明确的监管机构。这两部法律目的都很明确，就是保护未成年被告人的隐私权不被侵犯，营造有利于未成年被告人改造的社会环境。但是，由于没有规定具体的监督机构，即使有媒体违法报道了，也没有机构出来对其进行指正甚至惩罚，致使这些规定成了一纸空文。②没有明确相关责任主体的法律责任。不管是对侵权媒体的民事责任还是行政责任，甚至是刑事责任，法律都没有相关规定，犯了法不惩罚，法律就没有威慑作用。这也是媒体违法报道情况严重的一个重要原因。

二是视频报道问题。在未成年人刑事诉讼中，视频报道包括图像、摄影报道和庭审直播两个方面。我国法律是不禁止记者媒体进入法院的，但是对于法律规定的不公开审理的几类案件都作了相应限制。未成年人刑事案件审判是不公开审判，因此不允许不相关人员进入旁听，对于摄影、直播是绝对禁止的。绝对禁止不利于案件的新闻舆论监督，审判过程中很可能会存在侵犯未成年人合法权益的问题。

（2）我国《刑事诉讼法》对媒体报道未成年人犯罪案件的限制。2012年修改的《刑事诉讼法》增设了附条件不起诉制度、犯罪记录封存制度，并完善了不公开审理制度，在原有法律规定的基础上扩张了对媒体报道未成年人犯罪的法律限制以及对犯罪记录公开的限制。将成年罪犯的犯罪记录在社会中公开是全世界的通行法律实践，旨在将罪犯排斥在关涉公共利益的重要行业之外预防其再犯，此外也预示公众加以防范，避免遭受再次伤害。此类记录在社会中的公开及散播，很大程度上依赖于媒体，媒体在此起着扬声器的作用，强化前科制度的实施效果。虽然被媒体传播的犯罪记录给罪犯带来了某种延伸的不利影响，不利于其重返社会，但此时公共利益的需要重于对个人隐私的保护。然而在未成年人犯罪案件中，个人隐私与公共利益则需重新平衡。未成年人犯罪多因不良生活环境下的被动选择，而非自由意志的结果。在他们人生刚起步的时段，如果将其犯罪记录公之于众，很可能对其未来求学、就业、升迁等一系列事情造成严重影响。此外，未成年人身心尚未发育成熟，可塑性较强，尚有矫正重塑的可能。因此，封存犯罪记录对未成年人不利影响的意义则超越了预防再犯及警示社会之目的，而被各国的法律实践所普遍采用。那么 2012 年修改的《刑事诉讼法》中增设的犯罪记录封存制度和附条件不起诉制度，以及不公开审理制度，在媒体报道未成年人犯罪的选材、选题范围、报道介入点等方面将会产生哪些影响。

一是犯罪记录封存制度对媒体获取犯罪记录的影响。《刑事诉讼法》第275 条规定："犯罪的时候不满十八周岁，被判处五年有期徒刑以下刑罚的，应当对相关犯罪记录予以封存。犯罪记录被封存的，不得向任何单位和个人提供，但司法机关为办案需要或者有关单位根据国家规定进行查询的除外，依法进行查询的单位，应当对被封存的犯罪记录的情况予以保密。"这一规定与我国《刑法》第 100 条中规定的"依法受过刑事处罚的人，在入伍、就业的时候，应当如实向有关单位报告自己曾受过刑事处罚，不得隐瞒。犯罪的时候不满十八周岁被判处五年有期徒刑以下刑罚的人，免除前款规定的报告义务"相对接。从国际规则看，犯罪记录封存与国际上的前科消灭制度相似，从程序上保障未成年人在接受刑罚处罚后重新融入社会。尽管犯罪记录封存制度原则上排斥外界获取未成年人犯罪记录，但记录查询制度还是为特定单位在特定情形获取记录开了口子。上述条文规定司法机关为办案需要或者有关单位根据法律法规可以进行查询，而媒体是否在"有关单位"的范围之内。从立法宗旨来看，犯罪记录封存制度设立的目的在于不让外界获知未成年人犯罪经历，而媒体正是外界获取信息的窗口，一旦媒体在报道中披露相关记录，封存制度便失去了意义。故而，媒体显然应当排除在"有关单位"之外。此外，该条文不仅规定了特殊的权利主体，还规定了记录查询必须具有特定的目的，即符合与司法活动同等重要的公共利益时方可查询未成年人的犯罪记录。正如伊藤正法官提到，"只有存在优越于犯罪人权益的重大公共利益时，才可以考虑公开他人的犯罪记录，但即使这样，也仍应当将其限于必要且最小限度的范围之内"。[①] 假设媒体有权查询犯罪记录，由于本条规定查询单位的保密义务，媒体在报道中依然不能披露相关资料。从媒体报道角度看，在未成年人罪犯中只有犯轻罪者可以不受犯罪记录的负面影响，排除在媒体可报道范围之外。但是重罪案件往往具有较大的社会影响，受关注度高，具有较大的新闻价值，而封存制度却未对此有所限制。2012 年修改的《刑事诉讼法》为媒体报道未成年人犯罪案件增加了重重束缚，为了避免可能引发的法律纠纷，这一领域几乎可以被认为是媒体新闻报道的禁区。可以预测，在我国法治进程进一步深化的过

---

① 参见于志刚："关于构建犯罪记录终止查询制度的思考"，载《法学家》2011 年第 5 期。

程中，犯罪记录封存制度还会更加倾向于对未成年人的保护，实现未成年人犯罪的"记录绝对封存"。届时媒体报道各类未成年人犯罪案件的空间都将会大大限缩。

二是附条件不起诉制度对媒体报道内容的影响。附条件不起诉制度，对于媒体而言，可供选择的具有报道价值的案件范围将有所限缩。其主要问题是媒体能否在附条件不起诉的考验期内介入报道。该制度的"监督考察"一定程度上限制了未成年犯罪嫌疑人的迁徙自由，但若本人不离开所居住地，其从事何种（合法）活动却不受限制。因此，该条文并没有禁止媒体在考验期内与未成年犯罪嫌疑人进行会面。也就是说，在不影响考察机关对未成年人教育矫治的前提下，媒体是可以介入报道的，但该未成年人需要按照考察机关的规定报告。另外，附条件不起诉情形满足犯罪记录封存制度适用条件，因此媒体在考验期内进行报道时将很难接触到犯罪记录。

三是不公开审理原则范围扩张及其对媒体报道的影响。不公开审理是指人民法院根据法律规定或者其他正当事由，对某些特殊案件不进行公开审理的司法审判制度。未成年人犯罪的案件属于不公开审理的范围。2012 年修改的《刑事诉讼法》改变了 1996 年《刑事诉讼法》将 16 周岁作为界限并适用不同规定的情形。"审判的时候被告人不满十八周岁的案件，不公开审理"，也就是说，凡未成年人犯罪案件，只要在审判时尚不满十八周岁，案件一律不公开审理。该法扩大了未成年人犯罪案件适用不公开审理的范围，其目的在于避免给未成年人心理造成创伤，为其减轻不良影响以便未来顺利回归社会。但这也意味着在整个审判阶段媒体将全程无法参与，而只能等到判决宣判时才可介入报道。即使媒体能够在审判之前就展开工作，也不得不在开庭之后中断，且庭审中公布的案件重要信息将无法在报道中使用。这一变革对于庭审类法制节目的影响更加严重，由于该类节目的特色在于直播庭审活动，新规定的出台将直接导致未成年人案件被排除在庭审类节目的内容范围之外。

5. 未成年人刑事案件不公开审理制度与媒体公开报道之限制

（1）未成年人犯罪案件中对法官的相应限制。国际规则和各国法官职业规则认为，法官和其他普通公民一样，享有言论自由，但在行使这一权利时应当注意方式，要能够维护司法尊严、司法公正和司法独立性。之所以要限制法官的言论自由，是因为所有的公务员言论都有所限制，而法官职业的特殊性要求其应受到比普通公务员更多的限制。特别是在审理未成年人犯罪的案件中，更要严格地加以限制。"为了能够令人满意地履行司法职务，法官就必须接受对其公民权利的限制。没有人是被迫成为法官的，但是，如果一个人决定接受司法任命并愿意长期做法官，他就必须接受对其公民权利的某些限制。"① 法官言论的限制范围包括法官不应当评论案件；法官要与媒体保持距离，如法官不必要向媒体解释自己的看法、法官个人不应当回应媒体的批评、法官应谨慎参加广播和电视节目、法官不应当兼任记者或者通讯员；法官应当保守司法秘密；法官在社会活动中的言论应当维护法官公正的形象。同时，在未成年人犯罪案件中落实对法官的限制，还应当解决对违反规定的法官给予相应的惩戒措施。

（2）未成年人犯罪案件中对检察机关的相应限制。在我国，检察机关是国家专门法律监督机关，负有保证法制统一的使命，不但监督警察，监督法官，而且自身即有侦查权和不起诉权。如何处理检察机关与媒体的关系不仅关系到检察工作能否为社会了解，更与检察公信力戚戚相关。检察机关与媒体的关系，是检察机关向媒体公开检察信息过程中建立的互动关系，是双方互为主动的关系。一方面，检察机关主动向媒体发布信息；另一方面，媒体也主动收集信息。在检察信息公开过程中，检察机关依照自己的意愿限制信息的发布范围，而媒体则为追求新闻的轰动效应竭力收集任何可能的爆炸信息，在一轮又一轮的限制与反限制的博弈中，检察机关和媒体追求各自目标的实现。然而，凡博弈必有规则，否则就会陷入混乱。处理检察机关与媒体的关系，即是要确立检察机关与媒体关系的规则，让规则发挥作用。遵守规则，则结果具有可预测性。只有确立检察机关与媒体关系的规则，检察机关才能借由媒体实现检务公开的预期目的，媒体才能通过检察机关获取期许的新闻信息。如何处理检察机关与媒体之间的关系，已成为摆在检察机关和媒体面前的重要课题。

由上可知，向媒体公开检察信息，确是检察机关的义务。那么，检察机关应当向媒体提供哪些信息呢？显然，基于特定理由，检察机关不会将某些信息提供给媒体，而基于另一理由，某些信息又必须提供给媒体，这就涉及向媒体公开检察信息的范围。在未成年人犯罪案件中，在注意保护未成年人的同时，也应注意并不是所有信息都不公开。在我国对未成年人犯罪案件的检察信息公开的保护中，对于有可能影响执法程序、影响公平受审判、影响个人隐私、泄露执法机关信息来源、泄露执法技术或程序或导致规避法律、影响任何个人安全或生命的材料，可以不公开。

（3）未成年人犯罪案件中对律师的相应限制。律师与媒体之间存在相当紧密的联系，无论是在律师承办案件的过程中还是律师在扩大自身影响进行广告宣传的同时，二者都发生着千丝万缕的联系。在这个过程中，律师与媒体的

---

① 参见怀效锋主编：《法官与媒体》，法律出版社 2006 年版，第 225 页。

关系既涉及新闻自由与司法独立的关系，也牵涉到当事人要求公正审判权利与媒体宣传的关系，当事人的隐私权与辩护律师的独立性的关系，等等。在法庭上，辩护律师与媒体之间的关系也就是媒体应该怎么报道律师庭上的言论的问题。因为辩护律师是法庭的一部分，其言论应该是享有豁免权的，但未成年人犯罪案件不应包括在内，之所以将其排除在外，这是因为未成年人犯罪有着不同于成年人犯罪的特殊性。

律师与媒体是天然的盟友，他们都是社会私权利制约公权力的代表，在代表公民权利和社会理性的不同声音方面也具有很大的共性。在刑事诉讼中，律师的参与是当事人行使辩护权、构建合理诉讼结构、实现司法公正的必然要求；媒体的参与是满足公众知情权、增加司法的透明度、实现司法公正的应有之义。辩护律师通常会选择媒体宣传作为一种辩护策略，在宣传中塑造当事人的形象，获得民众的谅解和同情，争取司法机关的宽大处理，从而达到其诉讼目的。在刑事诉讼中，律师与媒体之间的良性互动，能达到信息公开，满足公众的知情权，完善司法的监督机制，使得正义以"看得见"的形式实现。但是，律师和媒体之间也存在冲突，律师为了自己的利益过度地操纵媒体，煽动民意，尤其是在案件未结阶段的偏向性宣传，容易对司法造成压力，对司法独立是一种损害。如在曾经闹得沸沸扬扬的李某某等人的强奸案中，其律师就存在严重的违规现象，没有保护好未成年犯罪嫌疑人的隐私，对其身心造成了不良的影响，擅自披露办案及案件审理过程中的某些具体情节，其擅自向媒体披露的案件情节，使媒体受到了有导向性的误导，进而相关的报道也在社会上产生了很大的不良影响，对被害人和未成年犯罪嫌疑人李某某都造成了不良的影响，同时也对法院审理案件造成了一定的社会舆论压力。中华全国律师协会颁布的《律师执业行为规范》和北京市律协制定的《北京律师执业行为规范》对于律师各项执业行为均有明确规定，全市律师在代理不公开审理案件过程中都应当严格遵守相关法律法规及行业规范，注重职业操守，自觉履行不公开相关审判信息的保密义务，不实施有悖禁止性法律规定的行为，依法依规履行代理职责，做维护行业形象和声誉的典范。《刑事诉讼法》规定，人民法院审判第一审案件不公开审理的情形包括：有关国家秘密的案件、有关个人隐私的案件、审判时被告人不满十八周岁的案件以及涉及商业秘密当事人申请不公开审理的案件。《民事诉讼法》中规定不公开审理的情形包括涉及国家秘密的案件、涉及个人隐私的案件、法律另有规定的案件以及当事人申请不公开审理的离婚案件和涉及商业秘密的案件。由此可见，律师在参与未成年人犯罪案件的辩护时，应当严格保护未成年人的个人隐私不受到侵害，不得将其个人信息全部公开，不得对其今后的健康成长造成不良的影响。

（4）公开审理制度与媒体报道监督关系重建

具体包括以下几点内容：一是未成年人犯罪案件审判的有限报道制度。未成年人刑事案件的审判一般是不公开的，因此，新闻媒体也不能进入法院进行报道，更谈不上摄影直播了。正是因为没有了社会舆论的强有力监督，反而容易导致案件审判过程中出现问题。因此，有必要建立我国未成年人刑事案件有限报道制度，当然如果涉及个人隐私的话还是应当绝对禁止。根据相关法律的规定，对未成年人刑事案件进行报道不能公布未成年被告人的姓名与照片，这也是媒体进行报道的一个不能逾越的"红线"。在我国尚未明确媒体报道违法监管机构的情形下，这个有限报道的事项和程度如何把握，仅仅通过媒体行业自律与新闻从业者的自身素质约束是难以实现平衡的。如果媒体对未成年人刑事案件报道违反法律规定，那么由作为审判机构的法院对新闻媒体进行纠正与处罚是合适的。在法院审理案件之前，相关媒体向法院申请进入法院进行报道的情况下，法院就应当有相关的责任去约束媒体的行为，监督审判过程中新闻媒体是否有不合适的行为，包括提示他们在之后的报道中注意的各种事项。解决了未成年人刑事案件新闻报道监督主体问题，接下来便是关于责任承担的问题。如果新闻媒体违反未成年人刑事案件有限报道制度的规定，首先应当要求媒体停止不当报道，同时对造成的影响进行消除。其次，如果造成了未成年人经济损失的话，应当给予赔偿。如果媒体是恶意报道，且造成了恶劣的影响，可以追究相关人员的责任。

媒体对未成年人犯罪案件审判的报道必须在对未成年人相关身份保密的基础上，以一个中立的立场进行报道。新闻报道应该忠于事实的真相，而不可以只是为了博得公众的眼球而进行具有导向性的报道，煽动不必要的社会极端情绪。如在合肥少女周某毁容案中，法院以故意伤害罪判处被告人陶某（1995年出生，犯罪时16岁）有期徒刑12年零1个月。2011年9月，陶某因与少女周某发生矛盾，遂往周某身上泼洒打火机油并用打火机点燃，致使周某严重烧伤毁容。事件发生后不断被媒体跟进报道，在此期间，陶某的姓名、照片、出生年月等个人信息不断被披露，各种传言也由不同媒体报道出来，这不仅对被告人陶某，同时也对同为未成年人的周某产生了极大的负面影响。并且，媒体导向性报道所驱使的社会公众舆论也对负责审理此案的法院造成了极大的压力。所以，对不公开审理的未成年人犯罪案件，媒体刻意挖掘和传播相关信息的行为将具有违法性，即便是之前曾经被公开披露过，媒体也不得将该部分资料再次挖掘出来公开报道。

法官在同媒体接触的时候，也要注意自己的言论可能对未成年人犯罪案件所造成的影响。其应当保持谨慎的态度，不得针对具体案件和当事人进行不适当的评论，不得在言论中泄露关于未成年被告人的隐私，避免因言语不当对社会舆论造成导向性引导，从而损害未成年被告人的合法利益。同时，还要完善参与案件的律师、法定代理人等诉讼参与人的保密和不得泄露的义务。根据《刑事诉讼法》第270条的规定，在未成年人犯罪案件中，经未成年犯罪嫌疑人、被告人及其法定代理人同意，未成年犯罪嫌疑人、被告人所在学校或未成年人保护组织可以派代表到场。这些人员中不包括新闻记者，这是对现行的《刑事诉讼法》相关内容的一次完善与细化，该条文充分考虑到了媒体可能对未成年犯罪嫌疑人、被告人的相关信息和隐私泄露所带来的种种不良影响，因而将其排除在知情人之外。同时，法官也要提醒这些有限的参与诉讼了解案情的相关人员不得泄露相关庭审细节，以免信息外泄对未成年被告人及其家庭造成不必要的损害。

二是建立未成年人犯罪案件被告方申请公开审判制度。不公开审判是基于未成年人权利的特殊保障，但是公开审判又是现代社会防止司法腐败的重要手段，这两者之间的价值取舍存在一定冲突，但并不是不可调和的。目前，赋予未成年被告人及其法定代理人申请公开审理的权利，允许他们申请公开审理，是国家与地区防范未成年人刑事案件不公开审判难以监督的一个重要制度设计。监督困难只是未成年人刑事案件审判的一个方面，在现实中，更为重要的是围绕未成年人刑事案件信息不公开而引发的一系列问题。根据我国法律的规定，在未成年人刑事案件审判过程中只允许法定代理人与辩护人到庭，其他诸如亲属、朋友、老师是不能进行旁听的，他们只能被拒之门外。在中国留守儿童日益增多的情况下，每天与孙子女一起居住的祖父、祖母甚至都无法进入法庭。因为很多未成年人父母长期在外，未成年人只能由并不是法定监护人的祖父、祖母抚养，而且在我国《刑事诉讼法》中，祖父、祖母也不属于近亲属。加上今天未成年人与周围亲属甚至父母沟通极少，在这种情况下，一旦未成年人犯罪被羁押，其周围的很多人将得不到正确的信息来源，最直接获取信息的开庭审判又不能旁听，从而会导致很多人在相当大程度上对司法制度的不理解。同时，也将妨碍法院审判过程的顺利进行和未成年被告人日后的教育改造。因此，为保证未成年人刑事案件审理的公正，应该允许未成年被告人或其法定代理人申请公开审理，赋予他们申请公开审理的权利。如果是一个受到虚假控诉甚至是"刑讯逼供"的未成年被告人，他将会十分渴望案件公开审判，受到公众的关注，使案件在社会舆论的监督之下审判。在申请公开审判制度中最重要的内容就是赋予未成年被告方申请公开审理的权利，因为最清楚案件事实的是被告人自己，由他们根据案件的实际情况和自身的利益去决定是否申请公开审判或者由不公开审判转换为公开审判。申请公开审判制度利用直接利害关系人的积极姿态，导入被告方的力量，客观上形成了对不公开审判的监督。从保护未成年被告人合法权益的角度去看，它与不公开审判制度具有相同的意义。

　　在具体司法实践操作中，我国可以赋予未成年被告人及其法定代理人申请公开审判的权利，为了保护未成年人的利益，可以规定申请公开审判需要经未成年人本人和其代理人一致同意。在考虑未成年被告人利益的同时，也赋予法官一定的自由裁量权，让其综合各种利益考虑，从而作出最终的决定。一般来说，只要是不涉及个人隐私、国家机密、商业秘密或者损害公共利益和社会公序良俗、损害司法公正和公信力，法官可以准许该案进行公开审判。一旦公开审判后，便可发挥出媒体保障社会公众知情权及其对司法的监督作用，从而保障未成年被告人利益不被不公开程序所可能隐含的不公正而侵害。

结语　未成年人刑事检察临沂创新模式的未来

　　未成年人由于处于身心发育时期，社会化程度不高和认识能力不成熟，从某种意义上而言，其自然属性多于社会属性，人的本能性多于人的理性，更多体现出与成年人的不同特点。因此，对未成年人刑事案件采取不同于成年人的诉讼程序不仅是理性的使然，也是法律正义的应然，更是社会和国家责任的必然。为此，我国 2012 年修改的《刑事诉讼法》在"特殊程序"中将"未成年人刑事案件诉讼程序"设专章规定（从第 266 条至第 276 条共 11 条）。这一程序不但维护了未成年人的合法诉讼权利，解决了我国多年来有关保护未成年人法律法规之间不协调的问题，摆脱了保护未成年人诉讼在程序适用上的困难，而且还履行了我国参加的国际公约有关保护未成年人的国际义务，树立了"条约必须遵守"的国际形象。因为"非行少年是缺少保护的少年，国家应当代替父母保护这些少年"。① 可以说，我国《刑事诉讼法》对未成年人刑事案件诉讼程序的规定具有重要的现实意义以及制度上的创新价值，能够为未成年人的合法权利提供更好的程序性保护。

　　我国除了《刑事诉讼法》对未成年人刑事案件诉讼程序的专门规定外，还有我国参加或者批准的国际社会制定的保护少年儿童的国际性文件。例如，《联合国儿童权利公约》、《联合国公民权利和政治权利国际公约》、《少年司法最低限度标准规则》、《保护被剥夺自由少年规则》、《预防少年犯罪准则》等。同时还存在保护未成年人的法律法规、司法解释以及相应的规定，如 1991 年通过 2006 年、2012 年修订的《未成年人保护法》，1999 年通过 2012 年修订的《预防未成年人犯罪法》和 2012 年《最高人民法院关于适用〈中华人民共和国刑事诉讼法〉的解释》（法释〔2012〕21 号）（从第 459 条至第 495 条共 37 条），2012 年最高人民检察院《人民检察院刑事诉讼规则（试行）》（高检发释字〔2012〕2 号）（从第 484 条至第 509 条共 26 条），2012 年公安部《公安机关办理刑事案件程序规定》（公安部令第 127 号）（从第 306 条至第 321 条

---

① 参见［日］田口守一：《少年审判》，载［日］西原春夫主编：《日本刑事法的重要问题》（第 2 卷），金光旭等译，法律出版社 2000 年版，第 168 页。

共 16 条），2013 年 12 月 27 日最高人民检察院修订的《人民检察院办理未成年人刑事案件的规定》（高检发研字 [2013] 7 号）（共 6 章 83 条）和 2014 年 4 月 24 日第十二届全国人民代表大会常务委员会第八次会议通过《关于〈中华人民共和国刑事诉讼法〉第二百七十一条第二款的解释》，等等。① 这些法律法规、规范性文件以及解释、规定对于落实我国有关未成年人保护的政策与关怀，在办案过程中体现对未成年人的特殊保护均具有重要意义。上述规定为落实保护未成年人合法权利提供了办案依据，但因有些法律和相关规定还存在不足、有些规定之间存在冲突等问题，以至于影响了其实践中的效果，特别需要理论予以解说，以期更好地保障未成年人的合法权益，更好地履行国际义务，更好地实现国家对未成年人的特殊保护政策。我们选择了未成年人刑事案件诉讼程序带有制度性的疑难问题予以梳理并从理论上解读，基于实践办案的需要，我们从问题与需求的实践中，在一些方面对未成年人刑事案件诉讼程序问题进行必要的探讨，以示提醒办案机关在办理未成年人刑事案件时特别关注、重视这些制度、程序并按照其基本方针、原则和法理解决这些问题。

"作为一个国家，在错误观念没有得到改变之前就来修正我们的制度是非常艰难的。"② 未成年人是一个独特的社会群体，未成年人犯罪也是一个特殊的社会问题，关乎家庭的希望、国家的稳定和民族的未来。由于未成年人犯罪的动机相对简单，有些是因感情用事或者一时情绪冲动或者意志薄弱或者遇到了特殊的环境等所酿成的，对他们的诉讼程序不仅应当坚持教育为主，更应注重和强调教育、感化的方针，还应当遵循普通程序基本的原则如"无罪推定原则"，充分体现任何人在法院没有以确实、充分的证据证明其有罪之前不得认为其有罪的精神，即使是对其附条件不起诉考察期间也不能将其作为罪犯对待，不能采用一些带有惩罚性的所谓的"挽救措施"。由于我国在此方面的立法经验不成熟，在 2012 年的《刑事诉讼法》修改中曾出现未成年人附条件不起诉的救济程序依照普通程序进行的规定，2014 年全国人大常务委员会《关于〈中华人民共和国刑事诉讼法〉第二百七十一条第二款的解释》对此进行纠正。该解释针对《刑事诉讼法》第 271 条第 2 款规定的"对附条件不起诉的决定，被害人申诉的，适用第一百七十六条的规定"进行更正。在一定意

---

① 有关解释和规定还包括 2001 年最高人民法院《关于审理未成年人刑事案件具体应用法律若干问题的解释》、《公安机关办理未成年人违法犯罪案件的规定》以及 2010 年中央综合治理委员会预防青少年违法犯罪工作领导小组、最高人民法院、最高人民检察院、公安部、司法部、共青团中央的《关于进一步建立和完善办理未成年人刑事案件配套工作体系的若干意见》等。

② 参见 [美] 吉姆·佩特罗、南希·佩特罗：《冤案何以发生　导致冤假错案的八大司法迷信》，苑宁宁等译，北京大学出版社 2012 年版，第 83 页。

义上说明，2012 年修改的《刑事诉讼法》在此方面存在错误的认识，混淆了特殊程序与普通程序之间的差别，将特殊程序与《刑事诉讼法》"附则"规定混同。对这类问题如果不及时更正，《刑事诉讼法》有关未成年人刑事诉讼程序的实施难以达到立法预期的目标。因此，根据立法的精神与未成年人刑事诉讼程序特点对此进行理论解读，在一定程序上可以暂时弥补上述的不足。在司法实践中，公、检、法三机关组建了侦查、检察、审判和帮教转化阶段的专门机构与办案人员的专门化。推进法治专门队伍正规化、专业化、职业化。有些检察机关严格把好审查批捕关，降低对涉罪未成年人的批捕率，建立羁押必要性"动态评估审查工作办法"。[①] 多数法院不仅设立了少年法庭，而且在庭审中，承办法官采用了审判人员、公诉人员、未成年人围坐在同一张圆桌的所谓"圆桌审判"的方式，形成了不同于普通案件的庭审格局。据统计，2012 年最高人民法院在原来 17 个试点中院的基础上，选择了 32 个符合条件的中级法院开展未成年人案件综合审判庭试点工作。尽管这种方式适合未成年人的语言表达方式及心理状态，有助于营造比较宽松的庭审环境，能够有效地减少未成年被告人的压力，使庭审教育与庭后矫治有效衔接，但在设置上如何保障法庭审判的规范性需要进一步研究。尤其是对司法实践出现的一些大胆尝试或者机制创新需要理论予以解读，以免实践走出制度而又逃逸原则成为影响法治权威的影子。尽管我国《刑事诉讼法》专章设定的未成年人刑事案件诉讼程序特别程序比较宏观和粗放，但完善未成年人刑事诉讼程序，推进公正司法，体现对未成年人的特殊保护则不能因此而不予展开。因为"未成年人刑事诉讼程序还应更'特殊'"，[②] 充分体现其特殊保护的"儿童最大利益原则"。

　　未成年人刑事检察的临沂模式作为临沂市检察系统探索新时期检察工作创新道路，既是临沂市检察系统在办理未成年人刑事案件的经验总结，也是其在办理未成年人刑事案件维护未成年人合法权益的有益尝试。尤其是这种以"捕、诉、监、防"四位一体为路径，探索捕诉合一的专业化办案机制，附条件不起诉轻微犯罪未成年人、涉罪未成年人犯罪记录封存、刑事司法救助困难涉案未成年人、对未涉罪人员开展心理辅导等工作，形成了独特的未检工作"临沂模式"，具有总结提升的制度意义。在本书中，我们在解释有关制度时主要基于存在的"问题"和司法实践的"需求"作为导向，还结合国外以及我国港澳台地区的相关制度以及规定作为解读的参考理由。但其解释不同于基

---

① 参见杨文萍："务实创新　推动未成年人刑事检察工作健康发展"，载《检察日报》2014 年 4 月 28 日。

②·参见李艳丽、徐改青："未成年人刑事诉讼程序还应更'特殊'"，载《检察日报》2014 年 4 月 9 日。

于完善未成年人案件诉讼程序立法的探讨，不再是仅仅为了修改法律，而是旨在为未成年人案件诉讼程序的实施提出可供启发以及机制创新的资料与观念，从而保证未成年人案件诉讼程序中的未成年人能够得到优质的特殊保护与程序的特别关爱。

　　基于此，我们在本书中以经验、模式与专题的形式对"未成年人案件诉讼程序"确立的制度、程序以及相关规定进行分析与解读，以期在已有经验的基础上推动对未成年人案件诉讼程序"临沂模式"不断完善并得以向前发展，达到《刑事诉讼法》对未成年人的特殊保护的目的。

　　在现代刑事诉讼中，如何最大限度保护未成年人合法权益，最大限度挽救涉罪未成年人，是检察机关必须面对且应当解决好的问题之一。同时，如何让全社会都来关心失足未成年人，帮助他们在生活上解困、思想上解惑、行为上纠偏，让他们与普通公民平等享有学习、工作的成长、发展机会，也成为检察机关创新社会治理并服务于国家治理体系和治理能力现代化的责任。因为未成年人的健康成长关系着国家的未来和民族的希望，关系着亿万家庭幸福安宁和社会和谐稳定。进一步加强未成年人刑事检察工作，是抓根本、固基础、强民族的需要，是贯彻落实党和国家有关方针、原则和法律、政策的需要，是维护社会和谐稳定的需要。因此，需要更多的检察机关为发展中国特色社会主义未成年人刑事检察制度、保障未成年人健康成长、维护社会和谐稳定积极探索未检工作机制，推动未成年人刑事检察工作向科学的方向不断发展，使之成为更符合本地特点并能够更好地促进未成年人成长的未检工作的现代模式。

附录一：未成年人刑事司法保护
研讨会的基本内容

研讨主题一：未成年人刑事案件附条件不起诉制度

主题发言：实践中附条件不起诉的困惑①

很感谢领导和专家能够给我这次机会。今天我把在基层院遇到的问题和亟须解决的困难汇报给有关专家，希望大家批评指正。

《刑事诉讼法》修改之后，赋予检察机关一项重要的权力——附条件不起诉。这是恢复性司法理念的重要实践，同时也是宽严相济刑事政策的继续深化。我和浙江省人民检察院童丽君在住宿期间进行了沟通，她在附条件不起诉这方面曾经做了两个月的专门调研。我发现尽管一南一北、一个是省院一个是基层院，但是我们所面临的问题很多都是相同的。

首先说一下基层院针对修改后《刑事诉讼法》第271条规定，对于未成年人涉嫌刑法分则第四章、第五章、第六章规定的犯罪、可能要判处1年以下有期徒刑的，符合起诉条件但有悔罪表现，人民检察院可以作出附条件不起诉的决定。这个在人民检察院作出附条件不起诉决定以前应当听取公安机关、被害人的意见。规定包含了主体要件、罪名要件和罪责要件，对于这项规定我认为有以下几个方面需要进行相关的探讨：

关于罪名条件，犯罪主体所涉嫌的罪名为第四章至第六章规定的侵犯人身权利、民主权利和侵财犯罪以及妨害社会管理罪这三大类，对基层院困扰最大的就是程序非常繁琐，能不能有所简化？

根据相关规定以及我们借鉴了北京、河南省管城回族自治县等一些基层院的做法，制定了《叶县人民检察院未成年人附条件不起诉规则》，在第三章中规定了附条件不起诉审查决定的程序。也就是说，应作附条件不起诉处理的案

---

① 发言人：河南省叶县人民检察院未检科科长陈金荣。

件承办人应当在审查起诉期限界满前的 15 日内提出建议，经部门负责人审核再报检察长决定，必要时经过检委会决定。目前的程序一方面是人民检察院在作出附条件不起诉决定以前应当听取公安机关、被害人的意见，公安机关要求复议、提请复核或者被害人申诉的，适用《刑事诉讼法》第 175 条、176 条的规定。

在实践中，原则上要主管检察长同意，只有当公安机关和被害人作出异议或者有重大影响案件，而这个未成年人又需要作出附条件不起诉的情况下，应当上检委会，而且必要时要举行听证。但是目前立法没有对是否必须进行听证做出详细规定，以至于我们在操作过程中，还是有些困难的。

在公诉程序中，对于检察官的起诉权司法制约相对较为薄弱，它没有法定公开审查的程序，而且听证程序还有一项是涉及对未成年人的权益保护，也就是在审查起诉以及我们在进行审判过程中，程序严格限定不能公开审判。那么公开听证会的方式要达到广泛听取社会各方意见的程序，是不是会损害到未成年人的权益保护？我觉得是需要各位老师给我们指点。

另外一方面是程序简化的问题。按照《刑事诉讼法》规定，应当是在 1 个月之内审查起诉，而且要听取公安机关、被害人的意见，同时进行必要的社会调查，我们在县区院没有委托相关的社会部门进行调查，也就是说所有工作都要亲力亲为，而在队伍建设尚未健全的情况下，我们的工作任务非常繁重。以前也曾经考虑到，是否要会签文件委托司法局、关工委去做，但是目前就叶县基层院来说，开展得不够理想。我们进行了三项附条件不起诉，每一项要做完相关调查，听取相关方的意见，一般情况下需要 40 天左右，这就违反了未成年人要求快速处理的原则。在这方面，我不知道各位老师有没有什么良方，可以有效地解决我们所面临的困惑。

在快速办理的情况下，有时因为牵扯到适用，会听取法院意见，我和童丽君沟通时，她说"其实没有必要听取法院意见"，所以我们在进行附条件不起诉之前，都私下地和法院沟通，听取他们的意见。我不知道这是否合适？

叶县现在所出现的情况，应当说各地也都存在。

我们的原则是要求大胆地适用附条件不起诉，但是在实践过程中遇到了很大的困难，来自怎么帮教。现在把犯了罪的、应当量刑定罪的未成年人流放到社会上，我们要求的帮教条件设定非常严格。我们进行社会调查过程中，他们的监护人表态都是非常诚恳。被害人的社会包容性，应该说还是比较强的，他们基本没有什么意见。

比如，2013 年 4 月，我们对一个涉嫌盗窃的 16 岁孩子，作了附条件不起诉。当时他母亲向我们保证"一定要监管好孩子"。她们家在许昌地区，我们到当地走访，当地人说这个孩子平时表现、品格非常不错。于是，我们作了附条件不起诉。但是很遗憾，他的母亲为了养活他外出打工，就在 6 月份，他又重新犯罪。

我们面临的最大问题是——如何对孩子进行有效帮教。

主题发言：兰陵县人民检察院在未检工作中的释法说理①

能有这样的机会向全国业务专家学习，我感到非常荣幸。我在基层院做未检工作，只就办案当中我们的做法和想法向各位汇报。

刚才陈科长在作附条件不起诉过程面临的困惑做了详细介绍，下一步结合在办案过程中遇到的案例，说说我们的做法和想法。

附条件不起诉制度是检察系统研究时间最长，并且得到《刑事诉讼法》高度认可的制度，非常成功地在《刑事诉讼法》好几个条款中予以显现。检察机关对附条件不起诉职权是可以充分行使的，行使这项权力遇到困惑的地方如果能以司法解释的方式予以明确，下一步将非常有利于指导我们基层办案。

有这样一个案例，今年 1 月 25 日，我们受理了 3 个未成年人寻衅滋事的案子，3 个学生和一个女同学在县城 KTV 包间过生日时，和女同学的另一个男同学发生了冲突，把这个男同学打成轻微伤，并且损坏了 KTV 电梯。我们在审查过程中，认为这 3 个未成年在校学生，符合附条件不起诉程序设置，在 4 月 2 日作出了附条件不起诉决定。现在还处于监督考察期，一直到 10 月 2 日。

这个案子的附条件不起诉决定作出之后，严格按照我们制定的对未成年犯罪嫌疑人附条件不起诉的规定，我们做了以下工作：

一是强化释法说理。最初接触这个案子需要对未成年人进行讯问时，他们的法定代理人——他们的父母到场了，我们认为是取保候审的案件并且双方也调解了，矛盾应该不太大。

当我们跟未成年人的父母接触时，对方态度非常强硬。我们觉得不可思议。他们之所以接受调解，是因为只有经过调解，孩子才能从看守所放出来。认为调解完就结案了，现在为什么还要到检察环节，怀疑有人从中作梗。

当我们慢慢地深入交谈时才发现，其实因为被害人的父亲正好是我们县公安局刑警队的一名干警，他们认为是刑警队干涉了办案，因此态度不好。

我们制定了详细的释法说理程序，从几个方面阐明这件事，依照《刑事诉讼法》的相关规定，行使未成年人相关职权作附条件不起诉，同时强调侦

① 发言人：兰陵县人民检察院原未检科科长刘琛。

查环节取保候审并不意味着结案，下一步还要继续走程序。同时还提出，现在作附条件不起诉是征询未成年犯罪嫌疑人法定代理人的意见，如果说您认为不合适，我们就依法提起公诉。如果孩子判刑，父母就有一定责任。当时把释法说理和我们的征求意见函给了他们，限 3 天之内给予答复，如果不同意就直接提起公诉。

3 个孩子的父母上午听取意见，下午就把"同意检察院处理意见"回复函给我们了。针对这个案件，同时也听取了公安机关和被害人的意见，公安机关非常赞同我们的做法。被害人亲属，就是公安干警，他说不能因为孩子受到伤害就影响其他 3 个孩子的前途。

因为 3 个孩子都是在校学生，作附条件不起诉时涉及到记录封存。事情发生在 2012 年，当时秋季征兵时其中一名未成年人上高一，16 岁左右，当时想当兵，但因为在 2012 年发生了这事之后，他去调户籍资料时说他有违法犯罪记录不予证明，所以就没有当成兵。后来他给我们反映了，我们作出附条件不起诉决定的同时发出了犯罪记录封存通知书，让公安部门户政室予以配合。

再就是监督考察。附条件不起诉决定容易做，但是监督考察的 6 个月帮教工作，工作量非常大，这也是我们基层检察院感觉力不从心的地方。我们从 4 月 2 日作出附条件不起诉，当时按照每半个月监督考察一次，他们的父母负责帮教，最初几个月监督考察，未检科干警每半个月还可以去一次，但是后来发现力量实在不行。所以就借助派驻检察室的干警跟我们共同完成工作。

我们一直在跟孩子接触，3 个孩子其中一个在临沂上学、两个在兰陵读高中，所以每半个月的监督考察基本都要占用一天的时间。

去年想当兵的孩子，今年通过跟我们接触半年之后，他的想法变了，原先成绩是在 30 名开外，现在已经进入班级前 10 名，他的愿望是上大学。他也希望我们跟他们保持联系，他说跟我们在一起做什么心里都有底。

虽然监督考察期限还没到期，但是通过这个案子可以充分说明，附条件不起诉制度是非常有必要的。

专家点评 （中央财经大学教授、博士生导师郭华）

首先感谢主办方邀请我参加这次会议。前面两位同志对附条件不起诉做了论述。法学问题，实践出真知，所以她们表达的是真知，我的表达是从理想的状况和法律规定来说这个问题，与实践有分歧，也供大家批判。

未成年人附条件不起诉作为一项诉讼制度，历经了实践的尝试成为一项法定程序，将其放在世界的诉讼制度背景下，尽管不属于一种创新型制度，但在我国作为特别程序保障未成年人权利仍具有时代的进步价值。

最早是上海长宁区检察院实施的，经过实践以后转向为法律问题，曾经和北京海淀区检察院搞过，海淀区检察院搞出规定以后事实上一直没有实行，其原因就是在《刑事诉讼法》没有颁布之前，大家认为检察机关实行制度内部改革与法律规定有冲突。这次《刑事诉讼法》修改对于附条件不起诉作出了规定，作为一个特别程序规定了三条，这三条规定本身还存在许多问题。因为立法不成熟、实践执行困难以及认识和理解过程中的偏差，导致程序在执行的过程中仍然存在许多需要认识、理解、解读的各项问题。基于这种情况，我想从三个方面把问题介绍一下：

一、未成年人附条件不起诉制度的基本理念

对于附条件不起诉，为什么要说对程序的理解呢？我国在规定未成年人程序时，实质上在原则把握上是有问题的，原则上提出"教育、感化、挽救"，事实上这三个词语是来源于立法和未成年人保护法，这是一个实体法原则。为什么要说这个原则？实体法规定作为未成年人程序来说，它是个程序性规定，把实体法的原则应用于程序，所以就产生了一些不好的认识。在这条中，未成年人程序中也有一个规定，最后一条规定，"本节没有规定的适用前面规定"。

对于程序的规定，我想还是要贯彻无罪推定原则。所以检察机关作出附条件不起诉是个不定罪权。最终作出附条件不起诉以后，就不是犯罪。关于这个问题，它是个不定罪权，它与审判权没有关系。刑诉法规定"未经人民法院依法判决对任何人不得确定有罪"，这规定的是定罪权。不定罪权是都有的，不光你有，公安也有，检察院更有。所以这与审判是没有关系的。

这个权力是检察院的权力，检察院作出了附条件不起诉以后，对待未成年人一定不要像罪犯一样对待他。因为你作出附条件不起诉，虽然前面讲了它有实体条件，一年以下有期徒刑，但是你作出附条件不起诉时，还是认为他程序上的无罪，但现在的理念上还是认为他有罪。其实他是无罪的，因为我们作出附条件不起诉，程序上认为他无罪，就是无罪。

另外，设定附条件不起诉时，一定不要仅仅认为是教育、感化和挽救，更重要的是体现在两个方面：保护和帮助。设定附条件不起诉时，一定体现保护和帮助他，使他不出现违反附条件不起诉的一些设定条件。不能像对待罪犯一样监管他、处理他。

还有一个理念，作出附条件不起诉决定以后，这个人以后又出现问题了，但这与附条件不起诉关系不大。像在看守所里，经过法院判决改造出来以后重新犯罪的人仍然存在，不能说他没改造好。改造好了以后，好人他就是要犯

罪，为什么犯罪？好人才犯罪。坏人已经被关起来了。所以对这个问题，我觉得从理念上要改变三个方面：第一要遵循无罪推定原则，对未成年人还是认为他无罪；第二检察权是不受审判权干涉的；第三更应当体现在帮助和保护方面。

同时我还想提，在这个理念里还有一个问题，作出附条件不起诉决定的同时，如果这个案件是公安机关侦查，对侦查行为要充分监督。在讯问未成年犯罪嫌疑人时，是不是有法定代表人在场？是不是听取律师意见？是不是有委托律师？没有律师的话，是不是有法律援助律师？这些问题都要审查。所以不仅仅是作附条件不起诉，还要对侦查行为进行监督。

二、未成年人附条件不起诉程序应当充分尊重未成年人的合理意愿

我们说未成年人程序不是创新制度，因为国外早就存在，在中国只是确立的问题。这里规定了一个是听取公安机关和被害人的意见。这个听取意见只是听取，你的意见合理我接受，不合理我不接受，最终决定权是检察机关，与公安机关、被害人之间没有多少关系。因为我们体现的是对未成年人的特别保护，既然是特别保护、优先保护，与公安机关、被害人没有关系。

公安机关之所以立案侦查移送检察机关，就是认为符合起诉条件，公安机关认为他是有罪的，被害人也认为他有罪，只是到了检察机关作出附条件不起诉，不作为犯罪处理，所以检察机关和公安机关、被害人的观念是有冲突的。

在立法上只是规定了听取意见。在听取意见时，我们对公安机关的意见可以忽视，但对被害人的意见还是要听取的，如果作出附条件不起诉，被害人不同意可以直接向人民法院起诉。所以当时立法说，检察院作出的不起诉是检察院的权力，一旦作出附条件不起诉，附条件不起诉生效了，已经发生法律效力了，怎么能向法院起诉呢？但是既然规定了，那么怎么改革这就是下面的问题了。

被害人如果向法院起诉也可以，法院在审查过程中发现检察机关附条件不起诉符合法律规定，法院不应该接着审判。为什么？你再接着审判的话，检察官那里已经发生效力了。所以在这个情况下，法院应该是维护检察权的。否则，两个生效的东西怎么执行？

因此对这个问题，法、检两家需要研究的就是被害人起诉应当怎么解决。

第二个方面，要听取法定代理人、辩护律师和附条件不起诉未成年人的意见。《刑事诉讼法》规定听取法定代理人和未成年人的意见，但是最高人民检察院也规定听取律师意见。因为未成年人必须要有辩护律师，或者是指定的辩护人。对于这个问题，检察官还要探讨，他这个意见是对什么来的。我们前面规定适用附条件不起诉是有两个条件的，一个条件是1年以下有期徒刑，另外一个条件是有悔罪表现。1年以下有期徒刑这个实体刑怎么判断？量刑时有考虑，检察机关有量刑建议权。量刑建议权，对于可能判1年、1年以上或者1年以下有分歧的，应当按1年以下处理，存疑有利于被告人就是个原则。如果公安机关说这符合1年以上，被害人说理由不充分，我们检察院就按照1年以下标准处理。

现在往往把对于一些案子的问题都归结为，对任何问题都能解决，没有解决不了的。实际上有些案子确实解决不了，怎么办？也就是对案件事实认定存疑。存疑有它的解决方式。当认识论解决不了问题时，就不能再认识了，因为强行认识只能是一种虚假的认识，只能需要超越认识论转化为价值论。根据价值来取舍，但是价值不包括对错。这个东西对我有用、对你没用，不能说它是对是错。

我的意思是，法定代理人、辩护律师和未成年人有异议就要起诉，要看是对什么异议，他是对你不起诉有异议还是对你设定的条件有异议，或者还有其他异议，这个异议是什么？要分清楚。如果他认为自己没犯罪，还对我不起诉，说我1年以下有期徒刑。本来是证据不足，证据不足按照存疑不起诉处理，你给我设定一些条件、期限让我完成，我认为是不可以的，那么我有接受审判的权利。所以这时检察官应该起诉。如果他说你设定的条件太苛刻了，对于这种情况不能说他有异议。我觉得对"有异议"应当怎么正确理解？分多少情况来解决这个问题？还需要检察机关细化。不要他一提意见，你就认为是有异议了，这需要考虑。

当然，有的说只要提异议就是没有悔罪表现，悔罪表现不是对附条件不起诉，而是对原来的犯罪悔罪不悔罪。我这里特别强调，要听取辩护人的意见。因为有些工作，检察院工作太多，实质上完全可以把辩护人作为一个重要的利用资源。高检院孙谦副检察长也说，律师是挑错的。你要防止错误很困难，别人给他钱让他挑错，为什么不让他挑？应该让他挑，挑了以后对我们有好处。但是说是这样说，问题是他挑的是不是错。

确定不起诉要规定期限，一般是6个月到1年，但是期限决定时间，按照公诉时间是1个月，1个月以后再作出附条件不起诉，不能太长了。比如这个人要判拘役6个月，在公安机关待了好几个月，检察机关1个月，再加上附条件1年，其实这样惩罚得更厉害，所以期限要考虑，不能把期限拉得太长。

三、关于未成年人附条件不起诉权利保障的问题

保障的问题有三个方面：一是附条件不起诉的决定公开范围要考虑。前面规定了不起诉决定要公开，对于未成年人附条件不起诉是不是也要向社会公开？我的理解，这个规定仅限于送达人员，其他人不需要知道。对于未成年人

保护隐私，有同志说"犯罪还有什么隐私啊"？但是从社会学角度来讲，他完全没有脱离动物性，他犯罪、违法是可以原谅的。

二是在共同犯罪里，我来之前这个星期死刑复核好多案子比较头疼。什么原因？共同犯罪中一部分人起诉了，剩下的未成年人不起诉。有的说这种情况一起起诉就算了，但是涉及保护未成年人。担心什么情况呢？未成年人作出了不起诉，成年人起诉了，成年人涉及好几个罪，其中有未成年人共同犯罪的，如果成年人那个罪没有被认定，不起诉就麻烦了。原来探讨问题时有的检察院说，凡是涉及共同犯罪干脆一起处理完了。但是保护未成年人的利益也可以，附条件不起诉如果出现错误了，确实认为不是犯罪了，能不能再次重新向法院再审，再作出决定？这说明什么问题？附条件不起诉如果出现错误怎么办？有两种错误，一种错误为不是犯罪的作出了附条件不起诉，另一种错误为超出1年有期徒刑作出附条件不起诉。对于超过条件的作出了附条件不起诉，即使后来认为应该判3年或2年，但是这个决定也不能改。确实不是犯罪的作出了附条件不起诉，这个问题还是值得注意的。

第三个问题，《刑事诉讼法》第276条规定，除本法规定外按照本法其他规定处理。如果说本章没有规定，按照前面总的来规定，这是说在考虑未成年人犯罪时，把前面的普通程序和特别程序要结合起来。实质上未成年人程序就有一个错误，你说没有规定的按前面的规定，对于被害人起诉方式，前面有规定了，为什么这里还规定？这一章说没有规定的按照前面规定，还有说这个按前面规定，实质上本身就不应该规定。所以未成年人程序，我为什么说规定的共11个条款，你把每个条款真正分析起来，几乎每个条款多多少少都存在问题。这也为我们检察机关、立法机关为实践、为学术界作出贡献提供了空间，因为不完善才能进一步改革。不完善为研讨提供了条件、为法治文明提供了空间。

基于这种情况我对它的解读就说这么多，有些说得不对的地方，理解偏差的地方请各位检察官和学者、领导批评指正，谢谢大家！

专家点评（山东省人民检察院公诉一处负责人孔繁润）

针对刚才三位谈的具体问题，我简单谈一下自己的看法。

叶县陈科长讲到附条件不起诉的案件决定程序比较复杂，必要时要开听证会。因为听证会就是要听取诉讼各方参与人的意见，作为未检案件，是不是适合未成年人？值得商榷。我个人意见是，不要举办听证会了。道理和未成年人案件不公开审理是一样的。当然征询各方面诉讼参与人的意见，这个工作要进行，但不要采取大家当面互相质证的方式。这里有对未成年人隐私权的保护问题。

另外一个争议的问题——附条件不起诉的案件：一上检委会还是两上检委会的问题。在案件审查结束之后，公诉科提出了对未成年人进行附条件不起诉的意见，是不是需要上检委会？考察结束之后，6个月或者1年之后，真要对未成年人作不起诉决定了，是不是还要上一次检委会？我认为上第一次的检委会即可，第二次检委会就不用再往上报了。主要道理是，第一次检委会就要研究对他实行附条件不起诉考察之后的情况，考察的情况符合法律规定的情况、符合设定条件就可以对他作出不起诉，如果不符合，就应该提起公诉。所以第二次检委会如果再要上的话还是贯彻第一次检委会的决议，因此第二次没有必要，可以直接由公诉科看一看，附条件考察人未成年人是不是符合第一次检委会研究的情况，根据检委会研究的不同情况做出相应的处理，等于是执行第一次检委会的决议。

程序如何简化的问题，如何调查取证以及品行调查，这些工作都比较多。这和未成年人程序快速处理有点矛盾和冲突。我个人的意见是，为什么未检工作要成立专门部门、专人办理？这里的要求是要把未检案件办成精品案件，不得等同于一般案件处理。因为在所有基层院中，未检这块人员配备少，但仍然要求成立专门机构、分出专门人员办理，言下之意就是要把这些案件办成精品案件。精品案件评价标准不是说快速就好，而是强调效果。就像监狱服刑，再犯率有多少。办了未检案件之后，未成年人都没有再犯罪的，说明办案效果特别好。在实践中，往往是办得快的反而不一定效果好。因为未成年人对社会的感受能力、体会有一个成长经历，时间长了感悟会更深，对犯罪性质、后果、危害会认识更清楚一些，所以不能要求未成年人案件一定要快速处理。

再就是考察帮教的问题，兰陵刘科长提到，对附条件考察人每半个月考察一次，我觉得在考察时间安排上以及考察方式上一定要照顾到未成年人成长的环境，以尽量减少对他的影响为原则，不一定非得限定每半个月考察一次。因为犯罪记录本身都是要求封存的，就是不想让其他无关人员知道，如果考察得太多，反而会对未成年人造成不好的影响。不了解具体内情的人也不知道这人犯了多大的罪，为什么检察院三天两头来找。所以考察方式也要讲究。比如可以找他的法定代理人定期汇报一下，当然这个要做记录，作为以后对他处理的依据。

我非常赞同郭教授讲的，在附条件考察时不能是监管他、限定他的内容，而是要怎么帮助他。

郭教授刚才提了一个具体问题，不起诉后出了问题也不能说明附条件是有问题的，我非常赞同。

还有一个具体问题是，附条件的期限要考虑。刚才郭教授提了，如果牵扯到法院，法院判个两三个月的拘役或者更少的刑罚。我认为，公安侦查期限和检察院审查起诉期限，对于未成年人肯定有一定影响，如果设定期限要考察的话，还是以作出的决定为起始时间作出 6 个月到 1 年的考察期，我觉得这有利于司法实践中统一标准。如果要是考虑公安的时间、考虑审查起诉的时间，那么就容易在司法实践中造成混乱。

另外，对郭教授的观点，不能以法院该判多少刑来说检察院考察期应该缩短。我觉得这个论断非常正确，检察院作附条件不起诉是宣布他无罪，等同于无罪的处理决定，这和起诉到法院，法院判管制、拘役或者两三个月是不能同等对待的，我觉得还是应该统一时间。当然，法律规定是附条件不起诉，不是叫附期限不起诉，所以条件是不是也可以琢磨一下，不一定仅仅是时间的条件，还可以设立其他的条件，类似于法律禁止令的东西。比如禁止 6 个月之内到网吧之类的，以这样的条件就更加符合"附条件"的意思，而不是单纯地"附期限"。

对于共同犯罪中是否需要把未成年人摘出来的问题，我认为，既然法律在这方面分案处理有明确的规定，就应该把未成年人从中间摘出来，而且案件从公安环节就应该把未成年人摘出来。至于成年人起诉到法院，法院不认可或者对犯罪没有认定，那是另外一个评价的标准。不能以法院对未成年人不好认定，而把未成年人也一起起诉到法院去，这有违对未成年人保护的立法原意。

我就谈到这里，不当之处请批评指正。

专家点评（最高人民法院研究室法官喻海松）

作为一名法官，很珍惜能够有机会参加这个会议。听完点评，听完各位检察官、教授发言之后，谈一点感受。

两位检察官谈到实践中的成功典型案例、成功经验，同时也提到了在办理附条件不起诉案件过程中所存在的一些实务困惑。而财经大学郭华教授谈到了修改后《刑事诉讼法》关于附条件不起诉三个条文存在的一些立法方面的瑕疵，以及我们的应对。理论与实务在里面体现得非常之充分。

由此我想到一个问题，就是与人民法院审判工作相关的问题，郭华老师刚才也提到了，就是人民检察院在作出附条件不起诉决定，特别是在考察期满作出不起诉决定之后，被害人如果提起自诉的问题。这个问题牵扯到检、法两家的协调问题，牵扯到起诉工作、不起诉工作与审判工作衔接、协调问题。我认为对于这个问题的解决恐怕也得从两个角度来解决这个问题。

一是在目前有关方面没有做出明确规定的情况下，立足于目前的立法框架，人民检察院在决定是否作出附条件不起诉时，是不是应充分听取被害人一方的意见，做好被害人一方的赔偿工作以及最好能促进双方和解，就是争取不要发生在作出附条件不起诉之后，结果又到人民法院提起自诉的问题。

二是从立法或者有关部门的规范性文件来解决问题。为什么要充分听取被害人的意见？实际上也就是要充分保护被害人的权益。修改后的《刑事诉讼法》第 271 条明确规定人民检察院在作出附条件不起诉时，要听取公安机关、被害人的意见。这个法条暗含的意思是：人民检察院在决定是否附条件不起诉时，对于被害人的利益是不能忽视的，要充分听取他的意见。

另一个角度，从实践操作的层面来讲，如果我们在这个阶段没有充分听取被害人的意见，没有把被害人的工作做好，可能会出现检、法工作不协调的地方。根据现行法律的规定，修改后《刑事诉讼法》第 204 条规定了三类自诉案件，第三类自诉案件就是被害人有证据证明对被告人侵犯自己人身、财产权利的行为应依法受到追究，而公安机关或者人民检察院不予追究被告人刑事责任的案件，也就是公诉转自诉的案件。我认为，至少在目前的法律框架下，人民法院无权不予受理。如果还在作出附条件不起诉决定之后考验期之内提起自诉的，人民法院可以不予受理。这就是说，目前因为人民检察院没有作出最终的决定。根据最高法司法解释的《刑事诉讼法》的规定，对于公诉转自诉第三类自诉案件，恐怕要在有关部门已经作出依法有效确定的决定之后才能受理。

如果考验期满之后再提起自诉的，它完全符合《刑事诉讼法》第 204 条的规定，人民法院如果不予受理，依据在哪里？而受理之后，之前检察院作出的决定，从未成年人刑事案件特别程序而言，又是依法做出的，最后法院的判决与检察院的决定之间有冲突的地方，所以这个问题确实需要注意。

从另一层面来看，在起草最高人民法院司法解释的过程中，曾经也注意到这个问题，但是我觉得恐怕不是最高法院一家司法解释就能解决的问题。因为它既涉及法院审判工作，也跟检察院的不起诉工作是密切相关的。因此，比较妥当的就是通过类似于《关于实施刑事诉讼法若干问题的规定》这样六部门的规定联合文件的方式，把这个问题明确下来。这类案件如果是人民检察院依法作出的附条件不起诉决定之后，人民法院就不应当再受理，如果有这样的明确规定的话，这个问题也迎刃而解了。

我就谈这点学习体会，谢谢大家！

专家点评（最高人民检察院公诉厅未检处处长张寒玉）

非常感谢山东省临沂市院、兰陵县院给我们这样一个机会。我想对前面几位同志提的问题回应一下，另外也跟大家汇报一下。因为《刑事诉讼法》规定的未成年人刑事诉讼程序目前还是比较笼统和原则的，我们厅就这个问题从去年年初就开始着手在修订2006年制定下发的《人民检察院办理未成年人刑事案件的规定》（以下简称《规定》），想通过全面修订这个《规定》，把《刑事诉讼法》规定的特殊程序中的相关制度细化，尤其是附条件不起诉制度，根据《刑事诉讼法》的规定以及《人民检察院刑事诉讼规则》的规定又增加了10多条，这可能解决大家说的一些程序上的问题。但是今天通过听大家说，可能有些问题我们还没有完全涉及。

一、不起诉听证能不能公开

检察机关未成年人案子都是不公开的，因为有不公开的原则，我们在规则中也涉及这个程序——不起诉不公开听证的程序。虽然《刑事诉讼法》在一般的规定中规定了人民检察院不起诉都要公开宣布，但是我认为它和后面的特殊程序是一般规定和特殊规定的关系，按照特殊优于一般的执行，特殊程序明确规定18周岁以下的都是不能公开审判的。

还有一个犯罪记录封存的问题，即使法院不公开审理之后，要宣判，涉及犯罪记录封存的，宣判也是不能公开的。涉及的听证，在一定范围内的，比如公安机关、诉讼参与人、律师或者未成年人保护组织，这样的人员可以参加，主要是考虑到兼听则明的效果。因为对一些公安机关、被害人有意见，或者是案件本身比较复杂有争议的案件，如果作出附条件不起诉决定之后，再去复议复核，有可能申诉、自诉，这样的效果也不好，我们准备在《规定》之中设定针对特殊条件的案件采取不公开听证的程序。

二、关于迅速办理的问题

我们准备在《规定》中规定一个原则，就是未成年人案件要在法定办案的程序和保证办案质量效果的前提下迅速办理。《北京规则》有要求，就是未成年人案件从一开始不能拖延，是为了避免拖延对未成年人的伤害。但是，"迅速办理"当然是要保障办案质量和效果的。像对未成年人教育挽救、寓教于审、社会调查是不能简化的，否则就达不到法律要求的效果。

三、关于帮教的问题

这个问题刚才兰陵县院也具体介绍了案件附条件不起诉之后帮教考察之间存在的困难和障碍。应该说是附条件不起诉程序中最重要的程序，或者说核心环节就是帮教考察。帮教考察做不好，相当于立法的本意没有达到。立法的本意就是要给未成年人一个机会，既然给他机会，比如我们说相对不诉也是个机会，迅速脱离刑事诉讼环节回归到社会，但为什么设计附条件不起诉？我们认为想在刑事诉讼环节再停留半年到一年的时间，考察一下。

一般来说，觉得直接作相对不诉可能是不那么放心，因为附条件不起诉和相对不诉虽然条件是不一样的，附条件不起诉比相对不诉条件更宽一点，1年以下，哪个是不需要判处刑罚或免除刑罚的，但实践中不好把握这个界限，尤其是这两个条件之间有交叉环节。

所以我们去年下发的《关于进一步加强人民检察院未成年人检察工作的决定》明确指出，对于既可以附条件不起诉也可以相对不诉，原则上优先适用相对不诉。只有需要考察6个月到1年时间的案件，才作附条件不起诉。所以，附条件不起诉中的考察是非常重要的问题。大家都知道，教育、感化、挽救，说着容易，但实际上是非常艰难的工作。

我是这样的考虑的：《刑事诉讼法》明确规定考察帮教的主体是检察机关，这是你义不容辞的责任。但是光凭检察机关的一家之力肯定有限，因为目前的司法配置中，我们不能像公安派出所、社区、居委会可以全面考察，我们存在人力不足、专业不足等困难，但是法律规定，你是考察主体，这是明确的。监护人只是配合检察机关考察，所以不能指着监护人。

那么监护人不成怎么办？看来异地考察协助机制恐怕要建立起来。异地协助，在检察环节也有这样的问题。像社会调查等，都存在异地协助的问题。现在有很多地方创建帮教组织，这些也是解决外来未成年人考察的比较重要的问题。

刚才刘科长提到的案例，我觉得其中还有一个问题，反映出前期在公安机关的和解，对于犯罪嫌疑人的家长是有误解的，以为这样调解就算是完事儿了，这说明公安机关的司法处理还不够到位。所以我想，未成年人刑事诉讼程序必须要几家相互配合，互相之间的纠错也是很必要的。到检察环节发现问题肯定要说清楚，进行释法说理。而且要适当和公安机关联系。因为公安机关是最先接触案件的，这些工作对最后能不能达到教育挽救的效果也非常重要。

刚才郭教授提的几个问题，好像涉及很多方面。第一个问题，教育感化挽救，这个原则是实体法的原则，作为程序法原则是不是适合？我之前的确没有想过。第二个问题，无罪推定。不起诉是无罪的认可，因为不起诉，未经法律审判对任何公民不能定罪，因此就是无罪的法律后果，无论是附条件不起诉还是相对不诉，都不能把未成年人当作罪犯对待。这点我是认可的，从法律规定上讲也是没有问题的。因此，我们工作中要注意的是附条件不起诉，不能把他当罪犯对待。所附的条件不把他当罪犯对待。怎么对待呢？附条件不起诉，应该有保护、帮助的态度。

我们对未成年人都是教育、感化、挽救，但是附条件不起诉还有警示的作用，带有一定惩罚作用。检察机关的考察，如果仅是所附条件的制约作用，可能和取保候审制约作用相比，没有取保候审制约作用大。我们觉得考察、帮教在这里，一个是带有一定的惩罚性质。另外《人民检察院刑事诉讼规则（试行）》对所附条件明确规定了，这个恐怕就不会在规定中和它有什么冲突。因为这里所附的条件前三项跟取保候审的条件基本一致，第四项按照考察机关所设的条件要遵守，考察机关的条件包括：修复类、矫正类、保护观察类、禁止类。因此还是有一定的警示作用，这样也是为了达到帮教的效果。

另外还提到听取辩护人意见。这点的确应该引起重视。因为《刑事诉讼法》明确规定，对未成年人的案件无论审查逮捕还是审查起诉，这是必经的程序。当时制定强制辩护制度时有的地方就提出审查逮捕时限比较短，是不是公诉之后再请律师。研究室最后下发的规定，检察机关哪个环节都必须有律师，时限短怎么办？我们考虑还是加强跟公安机关的联系，侦查环节就要有律师，我们要推动这个工作。而且今年年初下发的两高两部关于法律援助的规定第16条明确规定，人民检察院审查批准逮捕时认为犯罪嫌疑人具有应当通知辩护的情形，公安机关未通知法律援助机构及律师的，应当通知公安机关予以纠正，公安机关应当将情况通知检察院。在侦查环节应当通知辩护的，就都要通知。像未成年人强制辩护，公安机关是必须有的，这样的话就能听取辩护律师的意见，而且听取辩护律师的意见非常重要，因为律师是经过专业训练的，尤其是站在不同角度对问题会有不同看法，检察机关听取他的意见就有利于全面认识问题，避免工作出现失误和偏差。

关于附条件不起诉时间多长的问题，郭教授的讲话也对我有启发。原来我们想所附的条件，考察的期限是在6个月到1年之间，检察机关有裁量权，选择多长时间。我们考虑根据犯罪嫌疑人犯罪情节、主观恶性、帮教条件，感觉多长时间可以挽救回来或者顺利回归社会考虑时间的设置，我们也想设置一个弹性，就在法定时间内，如果他表现好，就缩短一些；表现差，就延长一些，利用奖罚机制。

刚才提到前期的时间，比如拘留了，是不是要考虑。这是我今天第一次听到，我们下去还得继续研究。

关于附条件不起诉纠错的问题，郭教授提得非常有道理。因为检察机关附条件不起诉是不可能不出错的，发现不起诉错了，是要纠正的。那么附条件不起诉恐怕也存在这个问题，程序怎么设置，是和不起诉纠错程序一样？我也是今天才考虑这个问题。原来想有不起诉的纠错程序就可以了，但是看来可能还有一些不完全一样的东西，尤其是共同犯罪案件，未成年人和成年人共同犯罪案件，原则上适用分案起诉，只有4种情况不分案。分案以后也是要求成年人和未成年人的事实、证据认定、审查还得关注。如果是成年人，法院有不同的认定，人家是无罪的，恐怕这里涉及未成年人附条件不起诉是不是要纠正的问题。这个问题还得继续研究。

关于附条件不起诉的自诉问题，现在争议非常大。被害人对检察机关不起诉决定可不可以自诉？从高检院刑事诉讼规则以及高检院制定的附条件不起诉决定书样本来看，高检院的意见说，被害人对附条件不起诉不服的是可以自诉的。因为附条件不起诉决定书规定得非常明确，要告知他有异议可以向检察机关申诉，也可以不经申诉向法院起诉，这是我们下发的文书，非常明确。但是就这个问题，目前争议非常大，在此我也想给各位专家提问题，能不能就这个问题帮我们论证清楚，因为这涉及规定到底应该怎么设置的问题。

我们也认为，被害人作为犯罪行为受侵害的一方，作为当事人是有诉权的，被害人的意见我们还是要采纳的。因此实践中一般不会出现比较多的自诉，但这的确是一个理论问题，而且也涉及司法解释问题。

除了以上的问题，目前我们在修订《规定》时还有几个问题。

第一个问题，"1年以下"到底如何理解？相对不诉不需要判处刑罚或者免除刑罚，附条件不起诉是1年以下，但是我们在制度确立之前，各地探索都是3年以下，到底怎么把握？目前还存在困惑。人大法工委王主任曾经对立法没有把附条件不起诉的条件设置为3年以下，而是设置为1年以下，他解释说未成年人犯罪根据刑法总则第17条都是要从轻、减轻处罚的，如果未成年人犯罪减轻处罚之后，可能判处3年，那他犯罪原本所对应的刑罚是7年以上，那就比较重了，所以会引起争议。那么反推所谓的"1年以下"，就是经过减轻处罚后1年以下，往上推，他本来的犯罪在3年或者是7年以下。总之，我国实体法采取的是小而逐减的立法方式，那么我们往下减，逐减，往上推附条件不起诉犯罪情节到底怎么推？往上推，是不是3年以下就没什么问题，3到5年是不是也可以，7年以下是不是也可以？有这个问题。因为实践当中抢劫案件、重伤害案件也有附条件不起诉，当然这些案件都是达成和解、暴力都比较轻的案件。具体怎么把握？是目前存在的问题。

第二个问题，相对不诉和附条件不起诉到底如何区分？目前能想到的，相对不诉是犯罪情节轻微，不需要判处刑罚或者免除刑罚。而附条件不起诉，可以说是犯罪情节较轻，并且确有长期考察必要。这两个制度如何区分？目前没有特别好的想法。

第三个问题，附条件不起诉做出不起诉之后，到底是不是还要采取强制措施，还是一律都解除？

第四个问题，关于附条件不起诉帮教考察，还有哪些办法能够使检察机关的帮教考察具体落实到位？恐怕还得请大家研究。因为朱孝清副检察长在未检会议上的讲话说，要把教育、感化、挽救贯穿到未检工作的始终。但是教育手段、方式、内容，从目前法律规定上看还只是原则性、授权性、倡导性规定，具体规定不是很多，我们希望能在司法解释当中做一些工作，但是现在也没有特别成熟的意见。这方面也没有涉及。

我要说的就是这些。谢谢大家！

研讨主题二：未成年人刑事案件犯罪记录封存制度

主题发言：未成年人轻罪封存制度与开具刑事处罚记录证明的关系[①]

我汇报的主要内容是"未成年人轻罪封存制度与公安机关开具刑事处罚记录证明工作的关系"。

关于《刑事诉讼法》第 275 条对公安机关开具有无刑事犯罪记录证明工作是否适用？应当如何适用？我们在实践中碰到过这样的问题，就是有未成年轻罪处罚的人员到公安机关要求开具有无刑事犯罪记录证明时，出现过多种情况。有的直接开具无刑事处罚记录，有的不给予开具，有的开具有刑事处罚记录，各种情况都出现过。

有一次开会听法院的同志说，福建南平地区出现了给人家开具有刑事处罚记录的事情。当事人起诉到法院，当时并没有说法院怎么判，但是我们想肯定要判公安败诉。我们福鼎市检察院按照法律规定想在福鼎范围内，比如福鼎的公安局开具有无刑事犯罪记录证明，如果出现违法，那么检察机关要予以监督，防止在执行这项工作中间出现侵犯未成年人权益的问题。我们对福鼎市公安局这项工作进行了调查研究，跟他们共同探讨。他们提出对这种情况应否出具证明、如何出具证明，感到很为难。如果出具无刑事犯罪证明，他们把这个证明拿去了以后，有关单位会说，福鼎市公安局没有尽客观义务，他确实有犯罪而你却证明他没有犯罪。《刑事诉讼法》第 275 条显然又不允许他这样去开，所以他们很为难。

我们经过研究探讨沟通后，给他们发了一份检察建议书，其中包括两方面

---

① 发言人：福建省福鼎市人民检察院检委会专职委员徐晖。

的内容：一是认为对于未成年轻罪记录人员，应予开具无刑事处罚记录证明；二是建议福鼎市公安局可否对他们的《有无刑事处罚记录证明书》有所改进，避免他们在开具证明时感到左右为难。

关于第一个方面，《刑事诉讼法》第 275 条规定，对有轻罪封存记录的人员，在他们回归社会上，应当给予与无任何犯罪记录的公民同等待遇和权利。这个问题，《刑事诉讼法》第 275 条的规定还是比较宏观的。高法的解释并没有涉及我们所要探讨的问题，公安部的规定也没有涉及。我们认真读了高检的规则第 505 条，除司法机关为办案需要或者有关单位根据国家规定进行查询的以外，人民检察院不得向任何单位和个人提供封存的犯罪记录，并不得提供未成年人有犯罪记录的证明。对照这 3 个解释，基层检察院肯定不会去做这事。公安部的规定，没有这一项。公安刑事诉讼文书里也未涉及。福鼎市公安局开展这项工作是根据福建省公安厅 2010 年的一份文件《福建公安机关关于开展开具有无刑事犯罪处罚记录证明工作》，也未涉及这个问题。同时 2010 年的格式文书就是《有无刑事犯罪记录证明书》。文书要求经查姓名、性别、民族、身份证号码、出生年月日、户籍地、从什么年月日到什么年月日有无刑事犯罪处罚记录。这样的开具，我们福建公安机关都是从他出生那一天到来申报开具证明那一天的时间段，有没有刑事处罚记录，是这样的一个格式。

这样的格式，就要求办理这项工作的公安民警，对于你这个人从出生到开具这一天，有没有都给写出来。白纸黑字写着，他就很为难，如何说你无犯罪记录，现在对有轻罪封存的对象，我如何说你无犯罪记录，这个恐怕他没有尽客观义务。我们探讨以后认为新修改的《刑事诉讼法》实施以来，有必要做一些改进。一个是前面已经解决了，认为应该给他开具"无"。但到后面的"附注"栏了，怎么填？我们只附注了《刑事诉讼法》第 275 条。我们跟公安机关的同志商量，他们说这个好。附注在这里以后，上级规定，他没有违法。另外附注的是国家大法，谁都不会有意见。附注的第 275 条条文是很明确的，被判处 5 年以下未成年人犯罪记录封存的，不得向任何单位和个人提供，但司法机关办案需要或者有关单位根据国家规定进行查询的除外。这纸证明书成为了载体，既宣传刑诉法犯罪记录封存，保护未成年人的精神，也给公安机关开具证明提供了一个依据。这件事情我们还跟福鼎公安商量了一些配套工作，配套的工作包括以下几项。

一是很明确的，就是所有人来开，全部带附注。不管是无任何犯罪记录的普通公民还是有轻罪封存的，除非有犯罪记录的就开"有"。统一这样开以后，我们有几项配套措施，一个是对于这种证明书，当事人可能拿去以后跟其他地方不一样，比如浙江的没有，而福建的就有，有关单位招人会提出疑问。

我们福鼎市公安局会根据具体实施情况，人家有疑问、不一致的，我们会解释。而且也跟他们说明，我们福鼎市公安局从 2013 年 8 月 1 日开始统一使用这样的文书。

二是 8 月 1 日前后，福鼎市公安局在 7 月 20 日出了一种，8 月 1 日后又出了一种，可能这几个人都去一个单位报名了，人家一看怎么有两种，是不是这人有犯罪记录？我们也会统一给说明，说明两种格式文书具有同等效力。

三是司法机关办案需要或者有关单位根据国家规定查询的，我们认为这个跟开具有无刑事犯罪记录证明工作是两码事。另一个进行查询的有相关法律程序规定，比如高检规则对这块有程序性的规定，这是另外一回事，与这项工作并不矛盾。比如征兵，当地都有政审委员会，我们福鼎市公安局局长就是政审委员会的主要成员，他们会背后去查询这个事。

我们这项工作是这么做的。第一，就我刚才汇报的这些到底是否正确，也请各位专家、领导、同仁给予我们指点。第二，对于这项工作，我们也在考虑，在《刑事诉讼法》修改实施的一段时间，可能很多人并不知道这个事，我们认为这个改进有它当下的意义，那么今后大家都知道了也没有必要再加附注，当然这是福建省公安厅下发的文书，我们把国家大法加进去，不敢做任何改变。但毕竟没有自上而下的统一规定，我们在想实施一段时间之后大家理解了，也没有必要添加附注，或者统一添加附注。

我就说这些，谢谢大家！

主题发言：未成年人犯罪记录封存制度试点问题[①]

首先向各位汇报一下临沂罗庄区院关于未成年人犯罪记录封存制度的试点工作开展情况。

自 2012 年 4 月起，我们院开始了未成年人犯罪记录封存制度的探索试点工作，按照修改的《刑事诉讼法》相关规定，我院牵头与公、检、法、司四家单位召开了专题研讨会，并且联合会签了《关于建立涉罪未成年人犯罪记录封存制度实施办法》，同时制定了《未成年人犯罪记录封存流程图》、《犯罪记录封存决定书》以及《许可查询犯罪记录封存决定书》等相关文书 5 份，为犯罪记录封存的试点工作提供了制度保障。

截至目前，我院已经封存了未成年人犯罪记录 18 件 19 人。

我分别将我院在试点过程中对该制度的理解以及遇到的困难、问题做逐一

汇报。

第一，封存对象。犯罪记录封存制度针对的是发生犯罪行为时不满 18 周岁的未成年人，因此只要是在犯罪行为发生时不满 18 周岁，即使被发现了犯罪行为或者是在判决时已经满 18 周岁，也不能改变对犯罪记录封存的决定。这个要件，我们在试点上基本都能把握住。

第二，封存条件。根据《刑事诉讼法》规定，未成年人的犯罪记录封存适用于被判处 5 年有期徒刑以下刑罚的情形。刚才也有同志提到这条规定，说规定得比较宏观，因此导致在试点当中执行起来不是很统一。例如我院在会签《关于建立未成年人犯罪记录封存制度实施办法》中，规定了几种情形作为封存条件：被判处 5 年以下有期徒刑、管制、拘役、单处罚金以及免予刑事处罚的《刑事诉讼法》明确规定的情形；另外将我们院作出的相对不诉、附条件不起诉情形纳入封存范畴，同时通过跟其他地市相关单位进行交流，还有的单位将公安机关对未成年人做出的行政治安处罚作为封存要件。这点是根据举证责任原则在试点中做出的探索。因此对封存的范围以及条件，在试点过程当中还存在很多争议，是否可以作统一的规范和规定。

第三，封存内容。在试点中我院现在对封存的内容，一是将档案室未检刑事卷宗进行加密，并且专档专人保管。除了法律规定的特殊情况之外，任何单位和个人对相关的情况进行调查时，不得透露未成年人曾经犯罪的信息。但是目前出现的问题是，仅能对纸质卷宗采取形式上的封存。关于网上办案的电子卷宗进行加密封存保管，目前还存在一定的困难，因此可能会导致封存记录不彻底的状况。

第四，封存效力。未成年人的犯罪记录封存制度，封存效力也是这一制度实现的关键点。我们在办理一个涉嫌盗窃罪的一起附条件不起诉的未成年人王某案时，对他作出了封存决定之后，今年征兵，武装部上我们院调查情况，遇到了两大困难：一个是武装部是否属于国家规定的有权进行查询的单位？另一个是我们给武装部出具的证明应该是有犯罪记录的证明还是无犯罪记录的证明？在前一个阶段，争议也非常大。最后我们查找了相关法律条例，认为他属于《刑事诉讼法》第 275 条所规定的有关单位查询规定，便允许他查询。现在也想请教一下各位专家领导，这样答复是否合适？最后给他出具的是无犯罪记录证明。我们认为查询归查询、出具归出具，我们赋予了他查询资格，他查询了，虽然他确有犯罪记录，但是我们不一定出具有犯罪记录的证明。根据《刑事诉讼法》第 275 条的规定，查询单位负有保密义务。最后这个孩子在今年征兵时也顺利通过了考核。

第五，封存启动。关于犯罪记录封存制度不像附条件不起诉制度，还有三四个法条，相对详细一些。而封存就一个条款，具体规定也非常模糊。关于启动的方式，法律也没有作明确规定，因此是需要司法机关作正式的封存决定还是无须作封存决定直接自动启动，我们目前存在疑惑。

目前罗庄区公、检、法、司四家单位经过商讨之后，初步定在属于法院判决的案件在法院送达判决书生效之日起，向公安局、检察院、司法局送达未成年人犯罪记录封存决定书，同时也送达给院内相关部门以及未成年人及其法定代理人，其他单位执行之日起自动执行。

关于检察院作出的相对不诉和附条件不起诉的案件，也是给相关的单位、部门送达了关于未成年人犯罪记录封存决定书。形式上还是在自动执行封存决定，只是以决定书的形式执行的。

第六，封存的查询、审核以及解除。关于查询的主体，法律规定是司法机关为办案需要或者有关单位根据国家规定的，"有关单位"说得非常笼统，需要司法解释或者中央各个部门联合作决定，明确审核查询主体要件。另外就是审核主体，未成年人犯罪记录在刑事诉讼的各个环节，法院判了缓刑，司法机关还要介入进行社区矫正。所以在各个环节都有留存。那封存的主体也就是公、检、法机关，但是对于犯罪记录进行查询的审核主体没有作详细规定。是否都审核，还是统一由一个机关进行审核？目前也没有详细规定。

我认为，关于审核程序由检察机关来担当统一审核任务，更加有利于封存之后的效力监督，并且能够保证记录封存后的效力。

封存效力的解除，在我们办案子的过程当中也遇到了一个案例：李某因为盗窃罪被法院判二缓三，犯罪记录根据《刑事诉讼法》第 275 条规定进行了犯罪记录封存。但是他在缓刑执行期间又重新犯罪，犯了故意伤害罪，属于重伤害。前段时间，这个案子以故意伤害罪移送到我们检察院，起诉书中是否应当写明盗窃罪的前科行为？当时我们办案人员进行了讨论，因为有些法律规定不明确的问题。记录的封存是否能够影响到他的前科陈述以及叙述。因为起诉书是对外文书，需要向社会公布，当时讨论意见也不一致，有人认为应该撤销封存决定，应当写明前科行为；也有人认为既然作了封存决定，那前科就不应当在起诉书中写。最后我们也提交给检委会研究，领导经研究认为李某前科行为应当认定，所以起诉书中明确提出了撤销缓刑数罪并罚的起诉意见。不知道这样做对不对，所以也想求教。

第七，封存的监督。检察机关是国家法律监督机关，对于犯罪记录封存启动查询单位是否对被封存的犯罪记录的情况予以保密，以及查询后对于相关信息的使用是否超出了法律规定的范围，咱们有法律监督的义务，违反了上述具体情况规定，检察机关依法是可以监督的，但是法律也没有对这块儿进行详细规定。

目前我们采用的方式，是发送检察建议的形式。但是我们感觉，是不是不能以这种唯一的方式监督所有的封存效力、封存的负面后果。因为封存后出现的问题有轻有重，是不是还有其他监督方式？这里也向各位专家求教。

我就汇报这些，有不当之处请批评指正。

主题发言：未成年人犯罪记录封存制度重在落实[①]

我们为了贯彻修改后《刑事诉讼法》和刑事诉讼规则关于对未成年人犯罪记录封存制度的规定，于今年1月17日公布实施了《未成年人轻罪犯罪记录封存规定》，从实体上明确了封存对象、封存条件、封存内容、封存效力，程序上明确了封存主体、封存启动、封存查询、封存记录审核、封存监督等，以此为基础，我们对近3年来符合封存条件的未成年人犯罪档案材料全部封存保管。

下面我将我们的一些做法作简要汇报。

第一，我们认为犯罪记录封存启动应是依职权而非申请。《刑法》上有规定，依法受到刑事处罚的人在入伍、就业时应当如实向有关单位报告自己曾受过刑事处罚，不得隐瞒。犯罪时不满18周岁，被判处有期徒刑5年以下刑罚的人，免除前款规定的报告义务。这次新的《刑事诉讼法》也有对相关犯罪记录予以封存的规定，因此犯罪记录封存启动应当是法定而非酌定。我们在执行中，只要是法院的判决书一经送达或者是我们在作出附条件不起诉或直接作出不起诉决定时，就直接启动封存程序。

第二，强化封存措施，严格限制犯罪记录查询。作出封存决定后，对决定封存的文书及相关材料实行专柜放置、专人管理，严格限制他人接触案件资料。今年5月，我们对2010年以来不捕、不诉及判处5年有期徒刑以下刑罚的48本卷宗所涉的72名未成年人的相关信息进行了全面封存，并且采取双向封存法，先在档案室档案卷宗目录中未成年人犯罪信息所在位置封存一张标注，后查到相关卷宗再在其右上角上以"犯罪记录封存专用章"予以明确标志。同时附有未成年人犯罪记录封存决定书，明确未经批准任何人不得查阅。

第三，加入对案件的预测性审查，确保记录封存社会效果。我们在进行卷宗、法律文书封存的同时，也注重对社会信息的控制。比如我们在对未成年犯罪嫌疑人开展社会调查时，其所在的村委、学校、老师或多或少会知悉未成年

人犯罪的情况，在要求其对知悉的信息进行保密的同时，也要求办案人员在审查未成年人犯罪案件时对可能判处的刑期进行预测，对可能会符合封存条件的案件在办案或者调查时尽量语气委婉，降低其影响力，这样既有利于增强犯罪记录封存的社会效果，也可以减少对未成年犯重返社会的消极影响。

第四，强化法律监督职能，确保犯罪记录封存制度落实到位。检察机关应当对于犯罪记录封存的启动、查询单位履行保密情况、查询所在信息使用是否在规定范围内等情况进行监督。违反上述情况的，除了发送检察建议或者纠正违法通知书制止违规行为外，对于违反规定的单位也可以在一定的惩罚期限内限制其对其他封存信息的查询。这些具体的处理性措施在文件当中都有明确规定。

犯罪记录封存制度也会引起相关法律的冲突，刚才两位也说了征兵的问题，就是公安机关开具有无犯罪记录证明的问题，但我说的这个有些不同。比如，公务员法等法律规定，有犯罪前科的人员在一定期限内不得从事公务员、检察官、法官、律师、教师这些职业。原则上来说，轻罪犯罪记录封存是实则存在、对外充无的一种方式，就这方面来讲，上面的例子就会出现困惑。比如存在不能从事以上的行业，那么实施的封存就没有意义可谈了。也希望各位领导、学者对犯罪记录封存工作提出宝贵意见，并对下一步的工作作出指导。

专家点评（中国政法大学青少年犯罪与少年司法研究中心主任、教授皮艺军）

首先声明一下我的专业不是法律，也不是刑法、刑诉法，而是犯罪学、犯罪心理学领域。我的角度跟大家不一样，是从外面看待法律。首先，讨论这个问题非常重要。因为轻罪封存触及我国最基本的价值判断。

我国一直是讲究敌我分明、非黑即白，所以当你历史上有污点以后，社会是不会原谅的，在我们的社会里没有共生概念。所以我提一个问题：当我们对判5年以下有期徒刑的未成年人进行犯罪记录封存时，他跟谁有区别？是跟一般未成年人有区别，还是跟重罪未成年人或者跟成年罪犯有区别？

这是一种特殊隐私，由法律规定的，规定了5年，那么6年的呢？6年的未成年人就要被曝光、背着历史污点？法律给切了一刀。所以这种特殊隐私是跟重罪未成年人、成年人的区别，而不是跟一般未成年人的区别。因为法律规定，给他还原为清白少年，让他以清白之身面对社会，这就是一种保护。所以这里有一种基本的理念。当法律尽最大努力对他们进行保护时，要注意到他已经是一个一般的、从对外来说是没有污点的未成年人。

再有，这5年是根据什么规定的？我们没有独立的少年刑法，最大的进步是把少年司法的条款放到了《刑事诉讼法》里，可是放进去以后我们认为是一个伟大的胜利，其实并不见得多么伟大。因为《刑事诉讼法》是成人司法，是以理性人为基点制定的法律，里面对未成年人有从轻、减轻。这就像在成人医院里治孩子，这药成人吃一片、你吃半片。我的观点是，少年司法是非常重要的，需要完全地将观念更新。所以这"5年"是成人司法当中的5年，而不是少年司法。我觉得这些罪犯在有少年法的国家里根本不会进监狱。所以我们首先应注意到这个问题。

我们为什么保护他们？国家有责任。我们要为这些未成年人，为他掩埋历史污点，要付出代价且承担历史风险。因为这些孩子他们有劣迹，让他以清白之身面对社会是有风险的，还他一个同等待遇，社会是要为此做出牺牲的。

至于刚才提到当兵服役的问题，我认为是不是应该和军队做沟通，军队应该在预防未成年人或者矫正未成年人方面承担义务。有些孩子，特别是顽劣的孩子，最适合去的地方就是军队。

在美国把这些孩子就送到"皮靴营"里面是可以适当体罚的，因为这些孩子是需要严管的，如果放在宽松的环境里是比较麻烦的。所以说犯罪的孩子就是失控的孩子，当这个孩子失控时，当他成为留守儿童时就很危险。所以我认为在轻罪封存这块儿我们是不是真正地从保护理念出发，我不知道大家能不能解放到这种程度。

少年司法里有一个基本原则叫"教育为主、惩罚为辅"。刚才谈到了惩罚，少年司法里面有没有惩罚？其中没有单纯的报应型的惩罚，如果有惩罚，也是监禁型，这是保护性惩罚。保护性惩罚的意义是什么？是这个孩子需要关押，这个关押是对他的成长有好处，而不是社会防卫。

刚才说到社会责任，社会必须要负责任。我认为有两种孩子需要关押：具有人身危险性和主观恶性。除此之外没有什么关押必要。

福鼎检察院做得非常好，因为我国的法律是粗放型的，只是规定原则，未成年人保护法包括一些条款都是这样。所以我们要尽最大努力弥补粗放型法律所产生的负作用。福鼎加了附注以后，人家说这不是"此地无银三百两吗"？只要看了附注就知道这孩子有问题。

少年司法有着非常巨大的创造性空间，根本出发点就是为了保护未成年人。公、检、法、司是不是能够统一到这个角度上面来。有些时候，作附条件不起诉，公安非常恼火。为了少年团伙蹲守、追捕，费这么大劲，到了检察院来个"附条件不起诉"。公安机关希望关起来，如果我们放回去，他们会非常恼火。

最后我们的终极理念就是怎么样做对孩子有好处，而不是对社会有好处。

因为基本原则是儿童利益优先，社会必须为儿童的后果负责。你怎么样对他好、怎么有利于他发展就怎么做。我们是不是有这种概念？我们所谓的"共生"，不是同事之间的共生，而是跟有劣迹、有意见、有各种各样不满的人，跟他们共生，这个社会和谐才是真正的和谐。

专家点评（清华大学法学院副院长、教授、博士生导师张建伟）

在临沂召开关于未成年人司法程序方面的研讨，很有意思。我想到小时候曾经看过一个电影《沂蒙颂》，一个女性救助战士，整个电影贯穿着母爱主义。那么今天探讨的未成年人司法程序当中也洋溢着母爱主义。未检部门也是以女性居多，这使司法柔化，当然里面也多多少少呈现着母爱主义。是不是成年司法要贯彻父爱主义呢？这不一定很贴切。但是跟敌人司法、司法当中的敌人意识明显不同。

我们中国的司法长期以来都是在一种困境之下存在的，那就是受制于立法。而我们的立法是立法简约主义，它就像一个雕塑，只是建立一些孤零零的骨架，立法同时就已经在期待着司法解释来加以修补。司法解释的弥补作用是最后形成的也还是相当粗陋的。所以又需要司法实践来加以弥补，司法实践对于现在制度当中的不足加以精致化的修补。司法实践带来了很多问题，未成年人犯罪记录封存制度在刑诉法上就那么一条。我们仔细阅读这条，仍然感觉还有许多追问的空间。

比如《刑事诉讼法》第275条当中，应当对相关犯罪记录予以封存，里面没有主语，那么谁应当对相关犯罪记录予以封存？另外，犯罪记录又该如何作解释？是否可以宽泛地理解为有关犯罪的信息，还是负载这些信息的有严格程式要求的法律文书以及相应的案卷材料？法律上"犯罪记录"这个词，让我们看到它有进一步的解释空间。但是我们应该作宽泛理解。那么谁应该对犯罪记录加以封存呢？我们现在所关注到的通常是公、检、法机关，其实还包括公、检、法机关以外的其他部门和个人，包括辩护律师办案时，手上也掌握着犯罪记录。判决书送达范围，可能涉及这个范围之内，也可能都是前科记录的封存范围，那么被害人这一方，他们手上也有判决书，也应该属于这个范围。还有就是相关的媒体，媒体现在暂时手上没有有关犯罪记录，但是有掌握着犯罪记录的人员，他们可能借助媒体给发布出去。像这样的范围就涉及未来媒体规则的确立。

我们知道，关于犯罪记录的封存和前科消灭制度，在制度的表述上有明显的差异。我注意到检察方面的制度设计，犯罪记录封存制度是一种"洗白制度",因为这个人有犯罪污点,我们给他洗白、掩盖。但是和前科消灭制度不一样,它是完全视同无的。我注意到制度设计中有什么问题呢?我看配套的司法文书,未成年人犯罪记录封存决定书,也就是说,是不是我们在案件当中,公、检、法机关甚至包括律师,他们都是各自决定自己的封存问题,为什么不是由法院作统一决定来对所有需要封存的机构和个人进行告知呢?我们检察机关的决定,它的对外效力范围究竟应该是什么?我们的文书设计看起来还要向相关部门进行送达,那么法院是不是也是在那个送达范围呢?为什么不是在法院作出裁判的同时由它作出相应决定并且由它告知,而检察院只采取监督的立场?检察院在这个问题上采取监督者定位还是包揽者的定位?这是需要进一步思考的。

相应配套的制度当中,其中有一个文书《不予许可查询犯罪记录决定书》,这里面可能会产生什么问题呢?它是针对特定的个人来进行查询。按照现在这个决定书的内容设计,是针对个人,那么你来查询,我是不允许查询的。但不允许查询的文书本身就已经昭示了好像有犯罪记录存在。实际上人家查询,只是了解他有没有犯罪记录。你说不允许查询,那其实就是昭然若揭了——已经在暗示人家有。所以我觉得都需要进一步周严地设计。

刚才也讲到,违背这个制度侵犯了未成年人隐私权、信息保密的制度安排。那么侵犯之后,后续的救济手段是什么?有哪些救济手段可以弥补?这些都是空白。所以我觉得这需要具体的司法实践来加以探索,甚至未来的司法解释要加以弥补的。实际上在《刑事诉讼法》修改之前,一些检察机关在这方面是轰轰烈烈地做了一些试点。我参加的学术研讨会也有好多期,当时有一些非常细致的制度安排,但是非常遗憾的是,它并没有呈现在相应的司法解释中。像我提到的这些问题,可能都是在未来的司法实践当中会发现制度设计还是个"漏勺",有太多的漏洞,像这些问题需要把握未成年人司法制度的精神来加以及时地修补。

我就讲这么多。谢谢!

专家点评(山东省人民检察院党组成员、检委会专职委员于晓晴)

本来我是来学习的,大家谈了很多,我觉得非常好。我只提一个问题,也是解决不了的问题,希望能够引起大家的讨论。

大家都知道李某某案,这是一个未成年人的案子,在这个案件刑事审理过程当中,案件大量的案情被媒体披露,而且不仅仅是在侦查阶段,不是公安机关披露或者检察院披露的。在这些阶段被披露，包括不公开审理过程的内容，甚至包括证据都在不断地被媒体披露。今天正好跟我们讨论的问题有关系，我不是说李某某是否有罪，而是讨论这样一个现象，这个现象已经不是发生在哪个县里、哪个市里，现在全世界都知道中国出现了一个未成年人的审理案件的案情被披露，包括不公开审理的所有案情被披露，而且这个现象不是披露了一次就被制止，而是在被陆续披露。

人们的焦点在于讨论披露内容，但是很少有人讨论披露这个现象应当如何评价它？这种披露的行为本身是否侵犯未成年人的合法权益？是否违背我国有关法律、法规的规定？对这种行为应当如何进行法律评价？如果这是一种不规范的行为，那么是否需要法律来进行规制？根据我国现行法律、法规，应如何规制？这种披露行为触犯的是什么样的法律、法规？是刑事法律进行调整，还是行政法规进行调整？调整的国家机关是哪个？其中是否存在国家机关的失职、不作为？

我只是提出这些问题，没有答案，我也不知道准确的结论是什么。这些都是实践当中遇到的，立法时可能不一定想得这么细。所以我今天也提出个问题供大家讨论。谢谢！

专家点评（最高人民检察院公诉厅未检处处长张寒玉）

关于犯罪记录封存，刚才福建的同志提到这个问题，就是封存的目的，到底怎么叫封存。上海也出现这个问题了。人家要求你出具无犯罪记录的证明，能不能出？我们认为你要是不出的话，那么封存效力就没有意义，恐怕得出，但怎么出？出具以后，附注一条。这个孩子还比较聪明，没有直接拿过去，找检察院了。检察院和公安机关又协调，把这条拿掉了。所以我们认为该出，这个效力是消极的还是主动的，我们主动封存的要出具无犯罪记录证明。为了达到实际效果或者真正实现立法的目的，还是要出具无犯罪记录的证明。

关于封存到底是主动封存还是法院给我们通知书然后再封存？现在来看，兰陵和罗庄区还不大一致。刑诉规则明确规定了，检察机关只要接到法院判决是 5 年以下就主动封存。

关于封存的效力问题，关于再犯罪之后数罪并罚是不是解除封存的问题，目前刑诉规则没有规定。有规定的是有漏罪的情况，数罪并罚以后 5 年以上是要解除封存的。如果发生新罪，数罪并罚 5 年以上了，我当时问过研究室的同志，他们说本来也有这一条，发生新罪 5 年以上也要解除封存，但法工委的意见是漏罪解除封存是说明你原来封存错了，没发现漏罪。新罪就不用解除了，因为你原来的封存是没有错的，所以就不解除了。所以这条就拿掉了。

但是也的确有这个问题，因为要数罪并罚，已经 5 年了，这是要公开的，这里实际就是公开了。当时高法也问这个问题，判决书要公开么？5 年以上可以公开，这实际上也解除了，但是规则这块儿没有规定。

还有一点要强调，就是不起诉记录的封存。封存是根据六部门的意见当中，包括行政、行政处罚，不起诉他，都要封存的，这是六部门的意见。高检规则明确规定所有的不起诉都要封存，这是有利于被告人原则。但是不起诉出具的记录，因为未经人民法院判决，所有不起诉都是无罪法律后果，所以对这个应当一律出具无犯罪记录证明。人家没有经过法院审判，本来就无罪。但是在查询方面的确出现问题，不起诉的允不允许查询？这个恐怕要在司法解释当中解决。允许查询，就看见了，是不是不允许查询。因为他说的是犯罪记录，而所有的不起诉是属于涉罪记录的封存。

还有查询。现在规定了司法机关办案，这没什么争议，但是有关单位根据国家规定可以查询，这个"国家规定"到底是指哪些？是不是检察官法、法官法，这就算国家规定。就这个问题学界也有争议，一种意见认为根据检察官法、法官法，就可以查；另一种意见认为"国家规定"应该是国家专门的授权性规定。国家专门有规定哪些单位根据什么就可以查，或者哪些单位可以查，而目前没有。总之，国家规定查询，法律是明确规定了，单位查询也负有保密义务。所以查询和公开是两回事。另外，不起诉的记录和真正判了 5 年以下，也是两回事。

我就说这些。谢谢大家！

研讨主题三：未成年人刑事案件社会调查制度

主题发言：社会调查的主体与调查报告性质[①]

我不从事检察工作，所以只能从审判角度、从审判与检察工作相衔接的角度谈一谈未成年人社会调查的有关问题。

公、检、法机关在刑事诉讼程序中都是彼此相连的环节，但是联系最为紧密的应当是检察公诉工作与法院审判工作，二者联系最为紧密，从社会调查报

---

① 发言人：最高人民法院研究室法官喻海松。

告以及社会调查情况来看，怎么实现检、法两家在社会调查报告中进行采信等方面的协调，确实值得重视。最高人民法院司法解释起草过程中对于社会调查的问题曾经存在两个疑惑：第一是调查主体的问题，今天在讨论附条件不起诉时，对于调查开展感觉有点力不从心、人手不够，这实际上跟调查主体有一定关系；第二是调查报告的性质。

第一，社会调查的主体。这次《刑事诉讼法》规定了公、检、法机关有权开展社会调查。大家会发现，这实际上跟修改《刑事诉讼法》之前，社会调查开展的局面不是相吻合。之前主体范围比这个要宽。我们最后做了研究还是统一了这个问题。我个人认为有三个小问题：

一是从适宜性角度来看，宜由检察机关或者公安机关在审判之前开展社会调查。未成年人案件一般适用简易程序，简易程序在 20 天之内要审结，如果到了法院阶段再开展社会调查，时间明显不够。另外，检察机关要提出量刑建议，社会调查是量刑建议的重要参考之一，所以比较适宜的做法是，由检察机关在审判之前作出社会调查。高检刑事诉讼规则第 486 条对此基本持肯定态度，要求我们作出社会调查之后，将社会调查报告及时移送法院。

二是辩护人到底有没有权进行社会调查？法律没有明确规定。在修改后《刑事诉讼法》中第 41 条对辩护律师、辩护人取证作了规定，我认为社会调查是取证的应有之义。所以最高人民法院司法解释也明确规定，对于辩护律师、辩护人提交的相关材料，人民法院应当予以接受。但是为了同人民检察院移送过去的调查报告有所区别，我们用了一个不同的表述，一个叫"报告"、一个叫"材料"，但实质上没有太大区别。

三是关于调查主体委托调查问题。2010 年中央综治政委、两高、两部以及团中央六部门曾经出了《办理未成年人刑事案件配套工作体系的意见》，在《意见》中曾规定，由未成年犯罪嫌疑人、被告人户籍所在地或者居住地的司法行政机关、社区矫正部门进行社会调查。但是从实际情况来看，当前社区矫正任务非常繁重，由其进行社会调查几乎不太现实。所以实践之中一般很多都是一些社区矫正组织以外的组织或者人员来承担调查职责。所以，最高人民法院司法解释也肯定了，必要时人民法院可以委托司法行政机关、团组织或者其他社会团体进行调查。同样，高检刑事诉讼规则也有相应的规定，人民检察院开展社会调查可以委托有关组织和机关进行。针对检察机关和人民法院存在的社会调查，由于资源有限，可以进行适量的委托调查。借助外力帮我们检、法干活，这对节约资源还是有一定帮助。

第二，社会调查报告或者材料的性质。也就是说，它是不是证据？在起草过程中有比较大的争议。如果是证据就要质证，如果不是证据，那它在里面又起什么作用？最高人民法院司法解释第 484 条所作的规定明确了一个原则：调查报告不是证据。因为它不是直接反映案件事实的材料，所以不是证据。但是我们对它的审查要按照证据一样对待。一是人民法院要审查这个材料，二是充分听取控辩双方的意见，对于有异议的要组织法庭进行质证辩论，而如果在量刑时以调查报告反映的内容作为参考的，裁判文书中要对报告情况、理由做出回应、说明。这就是说，它虽然在属性上很难符合修改后《刑事诉讼法》第48 条第 1 款关于证据的规定，但是我们对它的审查要按照证据的标准进行，因为它对于定罪量刑起到了比较重要的作用。因此，检察机关在庭审时是不是对于调查报告、法庭上的展示的东西等有适当的应对。

总之，以上我是作为一名法官对社会调查一些问题的粗浅认识。顺带提一句，我们认为社会调查，如果有形成规范性文件的话，特别是如何开展社会调查、委托调查怎么操作等，有统一的规定，可能对于这项工作的开展有帮助。希望检察机关和人民法院按照《刑事诉讼法》的分工，紧密配合、相互制约，共同做好社会调查工作，共同维护好未成年被告人的合法权益。

我的汇报就到这里，谢谢大家！

主题发言：社会调查"品行调查 18 问"①

刚才喻老师说了社会调查在运行过程中存在的问题和法律没有明确的一些做法。针对社会调查报告制作形式，兰陵县人民检察院根据自身的特点与公安、法院协商之后，以"品行调查 18 问"的形式开展未成年人社会调查工作。下面我简要介绍一下。

《刑事诉讼法》第 268 条规定，公安机关、人民检察院、人民法院办理未成年人案件，根据情况可以对未成年犯罪嫌疑人、被告人的成长经历、犯罪原因、监护教育等情况进行调查。

《刑事诉讼法》一个"可以"，就意味着公安机关、法院、检察院哪一家做都可以，哪一家不做也可以。针对这种不明确的现象，我们公、检、法三家在 2013 年的 1 月共同会签了一个文件——《对未成年犯罪嫌疑人、被告人实行社会调查的规定》，这个《规定》明确了由公安机关启动社会调查程序。之所以这样做，公安机关具备的优势是不言自明的。同时针对主体确定之后选择制作调查报告的时间结点，选择在对未成年犯罪嫌疑人作出批捕或者不捕决定之后，案件移送到公安机关，让公安机关利用这两个月的侦查期限来完成社会

---

① 发言人：山东省兰陵县人民检察院原未检科科长刘琛。

调查报告的制作。

调查报告的制作形式，是以制式文书为主，同时兼顾着灵活性。今天我拿了一份兰陵统一适用的《兰陵县未成年人案件品行调查18问社会调查报告》文件，内容分成了针对未成年犯罪嫌疑人选择的自省篇，针对法定代理人选择的家长篇，对他邻居的调查有邻居篇，还有师生篇，同时在检察环节、法院环节、公安机关在调查过程中可能还有追问，所以我们以灵活的形式选择了追问篇。最后，这个文书会呈送到承办法官那里。

每一篇的设置在18个问题之内，并不是说只有18个问题，因为每个问题也有追问，设置18个问题，取自对未成年人18岁特殊照顾之意，同时是以问卷形式出现的。之所以选择问卷形式，就是便于制式设置，便于询问，还能层层引导，解决了现实中调取社会调查时不知道该怎么问、不知道问什么的问题。还有的邻居、老师只想着往孩子好的方面说，想反映的问题反映不出来，所以采用制式文书的形式。如果孩子有特殊情况，针对此再追加询问。

同时还有注意事项，公安机关调查人要如实反映未成年人的基本信息，在调查人和被调查人一栏里必须签字、按手印。在调查过程中也强调对相关情况保密。开展社会调查，为孩子下一步的教育改造提供了参考。其实调查报告中设置的问题有70多个，真正用意是要通过逐一汇总每一个涉案未成年人个性和共性的问题，真正为预防和减少未成年人犯罪提供第一手资料。这是我们的真正用意。

我的介绍就到这里。谢谢。

主题发言：社会调查的主要方式及突出问题[①]

我结合临沂检察机关社会调查主要方式、基本情况，介绍一下我们在未成年人社会调查的主要方式和在工作中遇到的突出问题。

修改后的《刑事诉讼法》专门增加了"特别程序"，设置了未成年人刑事案件诉讼程序，规定了社会调查等制度，更加注重对涉罪未成年人的司法保护，这也是对过去机械执法的反思和纠正。

一、临沂检察机关未检社会调查的方式

目前，我们临沂检察机关在社会调查的主体、调查形式等方面进行了多项探索，根据调查主体的不同，介绍三种模式：

第一种，委托公安机关调查，采用表格式文书。如兰陵县院主要由公安机关办案人员调查，调查内容根据兰陵县检察院设计制作的"品行调查18问"，这种

---

① 发言人：山东省临沂市检察院公诉一处检察员杨玮玮。

模式具有先天优势，但也导致侦查办案人员工作量的大幅增加。在案多人少、司法资源不足的现实条件制约下，办案人员社会调查压力大，取证积极性不高。

第二种，委托司法行政机关调查。由司法行政机关调查，这种模式虽然有助于减轻办案人员的压力，但实践中存在两个问题：一是基层司法行政机关工作人员配置不足，造成调查不及时或内容欠缺；二是调查人员仅依靠公安机关提供的案情简介，调查重点不突出、针对性不强。

第三种，以检察院未检工作人员为主，其他刑检部门协同配合的调查模式。随着检察机关派驻检察室的设立和使用，全市公诉、未检部门更加注重依托检察室接地气的优势，设立"未成年人帮教考察点"，由未检科、检察室联合街镇司法所、派出所、学校、村（居）委会共同组成帮教考察小组，详细了解被帮教人的家庭、性格、背景等情况，为他们建立跟踪帮教档案，撰写帮教日志，量身制定帮教计划或方案。

二、当前未检工作开展存在的突出问题

（一）当前社会调查的主体各异，调查质量参差不齐

实践中，有的是公安机关、检察院调查，有的是司法行政机关调查，有的辩护人也提供社会调查材料。不同的调查主体人员年龄、文化、阅历、思想素质、调查能力、方法、水平参差不齐，主体混乱造成有些社会调查的质量不高。

（二）社会调查的具体程序待规范，社会调查的时限无规定

目前《刑事诉讼法》对社会调查的方式、步骤等具体程序没有规定，实践中各地的做法也不甚相同。如调查方式，有书面调查，也有直接调查。此外，检察机关何时启动社会调查，在批捕阶段还是公诉阶段？社会调查需要在多长时间内完成？都是实践中遇到的问题。

（三）社会调查报告形式不统一，调查结果的可信性不强

修改后的《刑事诉讼法》及以往的司法解释对社会调查的内容仅作了原则性列举，实践中各地会签文件明确的调查内容、标准也不尽一致，难以体现社会调查的权威性，不便于司法机关参考，不利于减少个案的差异。此外，调查材料证实的关于涉罪未成年人的品格材料之间发生矛盾时，采信哪些材料，舍弃哪些材料，没有明确标准，导致社会调查报告的客观性存有疑问。

（四）筛选调查，部分调查

实践中，侦监、公诉部门本身工作任务十分繁重，案多人少，在社会调查、回访帮教等工作上，往往显得力不从心，只能对拟作不起诉、建议判处缓刑或者少数可塑性强的未成年犯罪人进行社会调查、回访帮教。但涉嫌重罪可能被判处较重刑罚的未成年人更需要调查其成长经历、犯罪原因，以便于有针对性地教育、改造，防止其再犯罪。

（五）广泛社会调查与犯罪记录封存、严格保障未成年人合法权益之间存在矛盾

社会调查时，需要深入到村居社区邻居朋友、学校老师、同学间调查了解涉罪未成年人的成长经历及一贯表现，上述人员在调查过程中已经知道或者意识到被调查人的涉罪信息，如何要求知情人员严格保密？有何具体措施防止涉罪信息传播？也是我们遇到的问题。

专家点评

郭华：对于以上各位的发言，我用三句话概括：第一，社会调查权是什么权？如果是侦查权和司法权的话，这是不能委托的。第二，为什么法律规定三机关的权力，委托其他人调查时，其他人能不能获得这个权力？就是他在调查时受到阻碍时，他没有权力解决这个问题。第三，调查结果的性质是什么？是证据还是公文书，我觉得需要分清楚。

皮艺军：第一，社会调查是犯罪原因调查，而不是收集定罪证据，它是针对被告人的品格、主观恶意、是否教唆、是否存在其他问题进行调查。第二，它的功能不是为了定罪，而是为了司法处遇，为了矫正，为了少年犯的前途而进行调查，而且这个调查应该针对的是犯罪原因而不是犯罪结果，这是跟成人司法最大的区别。第三，社会调查制度应该是由专业的体制内的力量，借助社会工作者，他们对于罪因系统、致罪因子及相关因子方面的科学调查，而不是随意性的调查。

张寒玉：以上说到几个问题，我的看法在这里也表达一下，请专家给我们指点。第一，调查在什么时候启动？我们倾向于在侦查阶段启动社会调查。主要考虑到社会调查，法律确定的是帮教和办案的参考。公安机关移送审查逮捕、提请逮捕、提请起诉，是作为一个参考的内容，因此我们提倡尽可能地和公安机关协调，由公安机关在侦查阶段启动社会调查。第二，目前社会调查的问题主要包括两个问题：务实性问题和保密性问题，这两者都要注意。"品行调查18问"就比一些简单的调查表好得多，它很细致。但是保密性问题恐怕还得注意。目前社会调查更注重负面东西的调查，但是一个人的优势调查也很重要，优势才能使他发展成为有用的人，可以顺利回归社会。第三，对"可以"怎么理解？法律规定是"可以"，我们认为立法既然建立这样一个制度，觉得它还是倾向于一般应当。法律中的"可以"是指引性的，一般应当进行社会调查，那么不调查应当是例外。

张建伟：第一，为什么调查？调查是属于选择性调查而不是强制性程序。

为什么调查？我的理解，审判阶段是服务于量刑的，跟定罪没有关系。很多国家是定罪之后的量刑程序当中才委托缓刑执行官进行调查。另外在审查起诉阶段有异议，服务于要不要决定起诉。这是检察机关在行使自由裁量权方面需要注意的问题。第二，社会调查一词是需要厘清的，我们现在用的"社会调查"一词有问题。检察机关规则当中第486条规定，检察机关进行调查形成社会调查报告，委托其他的有关组织和机构进行。后面由谁形成调查报告？没有下文，一脚踩空。当然我们理解是由有关组织和机构形成社会调查报告。但是有个问题，如果检察机关进行调查，这个社会调查的"社会"指的是主体性，那么检察机关的调查就不应该叫社会调查，而是司法调查。但是这个社会调查如果理解为调查的场域，比如"社会调查"当中的"社会"指的是到社会去，社会实践这个词指的是实践的场域是社会的，如果这样理解，那么检察机关形成的也可以说是社会调查，因为调查场域是诉讼法、司法外。第三，规则当中"其他组织和机构"定义不清，需要通过司法解释予以明确。

刚才听到大家讲公安机关好像是比较合适的调查主体，但我觉得调查主体的设定要考虑两个方面：专业性、中立性。公安机关有他的专业性，但是他取得调查报告的中立性会深受质疑。检察院、法院都可以调查形成报告，我觉得比较适合于进行调查形成报告的是司法行政机关，尤其是下面的社区矫正机构，其他团体组织也是适合主体，但是有的专业性不足。

王守安：大家已经对问题达成共识，我对调查报告的性质简单说一点。其实我和张建伟教授的观点基本一样，认为社会调查对案件事实的认定应该没有任何价值，因为案件事实只能根据案发过程中形成的信息材料认定，社会调查报告对案件事实认定没有意义。它只对案件处理、裁决措施有意义。比如是不是裁决强制措施？是否起诉？对量刑轻重有意义，同时对定罪也有意义。比如通过社会调查报告，感觉这个人危险性特别小，可以不作为犯罪处理的一个重要参考根据。

研讨主题四：未成年人刑事司法保护体系建设

主题发言：关爱未成年刑事被害人需从四个方面发力[①]

大家好！非常荣幸能够承办这次研讨会。下面我针对司法实务中遇到的实际问题谈一下未成年刑事被害人的关爱救助问题。

---

① 发言人：兰陵县人民检察院党组书记、检察长王纪起。

在平等保护和双向保护的执法理念下，未成年刑事被害人的关爱救助需要注重四个方面的问题。

一是需要整合内部力量。如果仅靠未检科或公诉科的办案人员，在当前工作压力较大的情况下，会力不从心，难以达到帮教的效果。在这方面，我们坚持眼睛向内，发动女干警自发成立了"春蕾团队"。随着近年来招录干警的增加，团队人数已由当初的 23 人扩充到现在的 35 人。团队按照"二对一"、"三对一"的方式，相继帮教了 18 名未成年刑事被害人，较好地解决了帮扶救助人员不足的问题。

二是需要争取外部支持。关爱救助未成年人是全社会的责任，检察机关开展司法救助离不开各部门的支持，特别是在人才和资金保障方面。2010 年 5 月，我们与财政、民政、慈善总会会签文件，将司法救助纳入社会大救助系统当中，保证了救助的及时性与公平性；今年 7 月，我院在教育、民政、财政等部门选聘了 33 名在社会上口碑比较好的女青年加入"春蕾团队"，其中教育系统的 16 名女教师同时具备心理咨询师资质，增强了救助的专业性和针对性。

三是需要培养专业人才。对未成年刑事被害人来说，心理抚慰、心理排解是很重要的。正是基于这一实际，我院除聘请具备心理咨询师资质的教师外，鼓励全体女干警参加心理咨询师培训，目前未检科的女干警全部取得了心理咨询师资质。同时院里规定，未成年人犯罪案件及被害人系未成年人的刑事案件，均由未检科办理。办案中，要求她们第一时间介入案件，量身定做心理咨询调查问卷，提前掌握未成年人刑事被害人的心理状况，采取有针对性的心理跟踪救助。如 2011 年 9 月，在办理未成年人孙某受性侵害案中，发现受害人精神恍惚，并伴有重度头痛症状，随即女检察官们将抚慰孙某的心理创伤摆上重要位置，先是对其进行了心理疏导，然后将其转入县城的一所中学读书，经过半年多持续不断地努力，终于让其走出心理阴影，恢复了正常的生活。

四是需要拓宽关爱范围。我们在办案中发现，服刑人员子女违法犯罪率比正常家庭高出许多，对于此类未成年人应给予更多关注。自 2011 年起，我院开展了与服刑人员子女的结对帮扶工程，坚持经常性地跟踪回访，当他们遇到困难或有违法犯罪倾向时跟进工作，预防和减少了辖区服刑人员子女违法犯罪。如 2012 年 3 月，服刑人员子女小龙的老师向我们反映，一段时间以来，小龙与社会上的一些不良青年来往密切。得此信息后，负责与小龙结对帮扶的女检察官及时与其促膝交流，肯定了他独立生活的优点，指出了家长对他的殷切期望，分析了问题的严重危害，使其真正认识到自己的错误，回归到正常的轨道上。

主题发言："水杉成长计划"及法制副校长[①]

今天能够在这里参加未成年人刑事司法保护工作研讨会学习和交流未检工作的方法和经验，我感到非常幸运。下面我把我们在未成年人刑事司法保护体系建设上的做法和遇到的困难，向各位汇报。

我们的未成年人刑事司法保护体系的名字叫"水杉成长计划"，因为在我们邳州最多的树就是水杉树，邳州精神就是水杉精神，寓意昂扬向上、坚韧挺拔、心无旁骛、精诚团结。我们希望通过未成年人刑事司法保护体系的建立，让孩子们像水杉树一样挺拔向上。

"水杉成长计划"是 2013 年 4 月联合公安机关、法院、司法局、妇联、团委等 10 家单位共同签署的，希望通过 10 家单位相互协作、资源共享，有步骤地在全市构建起未成年人犯罪社会化预防体系和涉罪未成年人社会化帮教体系。

今年以来，我们主要将探索校园预防体系构建和校园帮教体系的构建作为工作重点，这是因为在去年我们受理在校生犯罪的案件比以往同期比率大幅度上升，而且出现两件恶性在校生犯罪案件：刘某故意伤害致死案和李某故意杀人案。

刘某是我市某中学初二学生，因为参与家庭纠纷、殴打他人，将被害人故意伤害致死。李某是我市某小学六年级学生，作案时刚满 14 周岁。因盗窃时被被害人发现，害怕被害人认出来，用残忍的手段将被害人杀害。

这两起案件的发生引起了社会高度关注，为了建立起有效的校园犯罪预防体系，我们与公安机关、法院、司法部门、教育局共同开展了"百校法律讲堂"活动，由公、检、法为教育局推荐 8 名法制副校长，成立"法制副校长宣讲团"，由教育局按照学校顺序排出宣讲时间，"法制副校长宣讲团"以宣讲时间表的顺序按时到每所学校开展案例宣讲，通过生动的案例再现，让孩子们入心、入脑。同时教育局在每所学校内确立一名校园法制辅导员，进行日常的法律教学，以主题班会、知识竞赛等孩子们喜闻乐见的方式开设法律课堂，从而降低在校生犯罪率。

另外，为了保护在校生的权益，我们建立了联席会议与检察建议并用的制度。今年 5 月海南校长带六年级女生开房事件，造成了极为恶劣的社会影响。为了保护未成年人学生身心健康的发展，我们对近 3 年来办理的在校老师强奸猥亵儿童案进行了专题调研。发现自 2010 年以来共办理此类案件 4 件 4 人，

---

① 发言人：江苏省邳州市人民检察院检委会专职委员李全红。

涉案在校被害学生达到 23 名。我们及时向教育局发出了检察建议。由于检察建议缺少刚性手段，能否得到采纳主要依靠被监督者的认识能力和执行能力，因此我们同时积极地与教育局召开了联席会议，商讨解决方案。在我们的监督和努力下，教育局开展了专项行动。此外又开展了加强学校的安全措施建设、建立法制宣传长效机制、加强学生生理、心理健康教育等专题活动，排除了此类案件发生的隐患。在校生犯罪预防体系逐步建立，运行效果良好。今年在校生犯罪率比去年同期下降了 23.7%。

但是我们也发现，在未成年人犯罪预防社会化体系建立上的困难，主要在于不上学的孩子们的预防体系如何建立，特别是 14 至 16 周岁不上学的孩子，家庭监管不力。我们在今年办理了一起张某盗窃案。张某刚满 16 周岁，之前曾经因为盗窃行为被行政拘留 22 次，每次都是不执行。因为公安治安处罚条例规定，不满 16 周岁被行政拘留是不执行的。

由于公安机关没有未成年人案件办理的专门机构，所以对这些孩子的犯罪预防工作遇到了很大的困难。

我们的附条件不起诉案件采用了人民监督员听证会程序，在聘任人民监督员时，专门从教育局、妇联聘用了熟悉未成年人特点的。人民监督员不仅对附条件不起诉案件适用条件、适用程序进行听证和监督，在附条件不起诉帮教中也起了很大作用。比如在今年办理的张某盗窃案件里，张某 17 岁，案发时是师范学校的学生。案发当晚见隔壁宿舍无人，把同班同学的银行卡及密码单盗走，后托其朋友谎称是自己银行卡，取出现金 2000 多元。我们在对张某进行社会调查时发现，张某家庭贫困、父母离异，母亲带着他再婚，父亲对他不管不问，家里供他上学非常不容易，案发后学校对于张某采取了劝退处分。案件移送到检察机关时，张某已经在美容院打工。另外，由于侦查阶段张某的盗窃行为知晓面过大，张某也不好意思再回到学校继续读书。我们在教育部门的人民监督员了解到这个情况之后，专门就该案向徐州市教育局汇报，把张某转入徐州其他高等职业技术学校继续读书。妇联部门的人民监督员了解到张某家庭贫困情况后，还专门拿出专项资金救助他。

另外在校园帮教体系的构建上，我们 52 名校园法制辅导员也发挥了重要作用。校园法制辅导员在确立时，都是已具有心理咨询师资格的作为先决条件，她们不仅负责法制课堂的开设，还负责对犯罪的在校学生帮教工作，现在 7 名涉罪未成年人在校园法制辅导员的帮助下，生活学习稳定。

在帮教过程当中发现几个困难：一是帮教工作确实需要专项资金。有些孩子家庭对其不管不问，又不符合民政局救助要求，他们想上学、想学技术，如果仅仅靠检察机关干警的捐助，只能解决一时之需。二是公安机关需要建立未成年人案件专门办理机构，这样能使帮教形成连续性。三是预防体系和帮教体系的建立是一项长期又复杂的工程，需要长期不懈地努力。

请各位给予批评指正。谢谢！

主题发言：完善合适成年人到场制度①

很荣幸有机会参加这次研讨会，向在座的领导、专家、同仁们学习，同时把我们未检科的工作向大家汇报一下。

为有效对接修改后的《刑事诉讼法》，全面推行合适成年人制度，大港人民检察院未检科于2012年10月起便积极筹备，大胆创新，完善了合适成年人到场制度。

我们草拟了《合适成年人参与刑事诉讼程序的相关规定》，提交天津市滨海新区大港工委政法办协调。政法办组织滨海新区人民法院大港审判区、大港分局、港南治安分局、港中治安分局、南港治安分局、大港管委会司法局经多次研究，于2012年联合会签了《合适成年人参与刑事诉讼程序的相关规定》，统一规范了合适成年人制度的操作流程。

在天津市滨海新区大港工委政法办的协调组织下，选任组成了以大港团委、工会、妇联、教育局、关心下一代工作委员等单位人员为成员的大约80人的合适成年人队伍。选任的基本条件为：具有政治权利能力及民事行为能力；热心社会工作和未成年人保护工作，且品德良好。在以上条件的基础上，优先考虑具有心理学、社会学、法学等基础知识的人员。其次，考虑到公安机关侦查工作的特殊性及合适成年人参与诉讼的便利性，人员组成以街镇为区域划分，即确保每个街镇都有上述单位人员组成的合适成年人队伍，在司法机关需要时，可以就近、及时聘请合适成年人参与诉讼。同时，为了保障上述合适成年人的稳定性和工作积极性，在大港人民检察院未检科的建议下，大港工委政法办还向财政部门争取专项经费，对参与诉讼的合适成年人给予每人每次200元补助。

为了提高合适成年人参与刑事诉讼的能力，大港地区公、检、法三部门多次联合举办了"合适成年人参与刑事诉讼业务培训"活动，并安排专人为合适成年人答疑解惑。合适成年人队伍素质明显提高。

为了保证合适成年人合法适当地参与刑事诉讼，维护未成年犯罪嫌疑人权利，大港人民检察院未检科在保证合适成年人到场制度价值实现的同时，切实

---

① 发言人：天津市滨海新区大港人民检察院未检科科长齐星。

履行法律监督职责。一是对公安机关在询问未成年被害人、证人时，在法定代理人无法到场时，没有通知合适成年人到场的予以纠正，确保平等保护。二是监督通知法定代理人与合适成年人参与诉讼的顺序，避免出现因合适成年人到场方便、快捷而依赖合适成年人，剥夺法定代理人到场权利的现象发生。三是监督防止合适成年人走过场现象，避免合适成年人角色异化。一方面，尊重未成年人的意愿，选择能给未成年人带来关心和帮助的成年人到场，并赋予其更换合适成年人的权利；另一方面，避免同一办案单位长期只通知同一合适成年人到场，防止办案单位与合适成年人"熟人化"和"合作化"，影响监督作用的发挥。

定期召开联席会议，对于合适成年人适用过程中出现的问题及时发现解决，并视情况邀请合适成年人列席会议，听取其意见建议，避免出现对法律规定理解不准确、执行法律规定不统一等问题。

大港地区合适成年人制度实施以来，逐渐显现成效。首先，保证了讯问或询问未成年人时法定代理人或合适成年人到场率为100%。其次，合适成年人参与刑事诉讼有效缓解了未成年人的紧张、恐惧等情绪，帮助其正确认识自己行为造成的危害，避免诉讼对其身心造成的不利影响，确保刑事诉讼的顺利进行。

我的汇报完毕，谢谢！

专家点评

郭华：第一，关于司法保护体系有两个方面：一个是机制的完善；一个是制度的创新。事实上前面的阶段主要是机制完善，体系的建构主要是制度完善。在制度完善中，兰陵县检察院和上海市检察院联合协议具有典型意义。跨省都能联合，省内联合的怎么样？我觉得还是要考虑的。

第二，检察机关作为国家机关体系的一部分，要参与社会的创新管理，特别是现在习总书记提出来建立中国梦的问题。各个检察院也有创新问题，比如"水杉成长计划"等这都属于参与社会管理。

第三，在制度创新的方面，不仅靠着检察官能力、智慧来解决问题，更要靠检察机关负责人的魄力。一旦这个制度创新以后，像兰陵县检察院走在全国前列，怎么保证全国前列的位置恐怕比创新还要难。我希望下一次可以看到兰陵县检察院更多的创新。

皮艺军：第一，少年保护。在现实中实现应该具有可操作性，不应该像过去那样只是装潢，因为少年的权利只有在今天实现，少年才会有明天。

第二，少年保护不仅仅需要情感的投入。情感式投入的关爱是前一个阶段，而现在的阶段应该有科学的支持，应该有心理学、社会学、教育学的基本支持。

第三，少年保护不再是体制内的小众行为，而应该成为大众行为。只有大众参与、多机构的参与，少年保护才有可能成为全方位的保护。

喻海松：无论是兰陵的体系建设，还是邳州的"水杉成长计划"以及合适成年人到场制度，我觉得都道出了检察系统未成年人刑事司法保护体系建设的三个典型特征。

第一个特征，刑事司法保护体系建设是一个综合化的体系，它不是检察机关就办案而办案，而是与之相延伸的综合性地、多角度地参与到未成年人帮教之中去，这就对检察官自身提出了比较高的要求。比如"水杉成长计划"组织之中，女检察官们本身都懂得心理咨询，这是非常难能可贵的。

第二个特征，未成年人刑事司法保护体系具有双向化的特征，它不仅仅强调对未成年被告人、犯罪嫌疑人的保护，同时也强调了对于未成年被害人的保护。当前特别是在留守儿童的案件中，留守儿童自身成为被害人的案件也并不少见，因此加强对于未成年被害人的保护，同样是我们应当关注的问题。

第三个特征，未成年人刑事司法保护体系建设是一个社会化的体系，这个体系不是检察机关一家在单打独斗、孤军奋战，而是要依靠社会方面面有关部门积极参与，但在这样的过程中，重要的是制度化的建设。刚才有同志也讲到了，有很多救助，如果说仅仅依靠检察官捐一点钱出来，力量有限，这需要社会救助体系相关配套制度的建设。

张寒玉：检察机关建设少年司法体系化，就是致力于少年司法"两条龙建设"：政法办案配套体系、社会体系。从以上几位同志介绍的经验来看，检察机关是有优势的。因为我国刑事程序和国外不一样，国外以审判为中心，我国是流水性的：公安、侦查、检察在中间，后面是审判。很多学者认为，以检察机关为中心向前、向后延伸，检察机关是一个脊梁骨的地位。

第一个问题，落实相关制度时怎么统筹考虑。比如合适成年人到场制度、社会调查制度以及附条件不起诉帮教考察制度，仅凭检察机关一家之力肯定不行。要使政法机关达成共识，有社会力量介入，尤其让专业化的社会工作介入司法当中，包括心理咨询、心理测试，要利用科学的方式提高帮教效果。我觉得兰陵院做得很好！"春蕾团队"是不是还能吸纳些社会工作者、心理咨询专家等，那样会更专业。

第二个问题，关于完善少年司法体系，我觉得检察机关应该有首当其冲的职责。另外就是怎么适当延伸检察机关的职能，比如对未成年被害人的保护。

前段时间，法院开了关于性侵未成年人的会议，两高、司法部、公安部可能要出台司法解释，也许以后这类的案件直接就纳入未检的受案范围了。

张建伟：第一，合适成年人到场制度当中"合适成年人"，是对英文的生硬翻译，现在被广泛接受了。开始接触这个词时非常别扭，更适合的词是"适合成年人"。

第二，少年关护制度需要做统筹设计。现在看守所中未成年人的羁押，应该单独专门设置少年关护所。我曾参观过台北看守所、台北女子看守所、少年关护所，少年关护所除了不能够出关护所之外，被羁押未成年人都分班，安排上课。里面的自由度还是相当高的，真正体现了关护精神。最理想的看守所，或者单独拉出来女子看守所、少年关护所，最好是都归司法行政机关管。

第三，刚刚看了兰陵的片子之后感觉很不错，做得很用心。但美中不足，镜头中出现两次一个未成年犯罪嫌疑人赤膊、剃着光头、戴着戒具、穿着号坎，我觉得这两个镜头是不太符合关护精神的，会给社会造成很大的疑虑。

专家点评（清华大学法学院副院长、教授、博士生导师张建伟）

从李某某案中的网络浪潮，可以看得出来，对于未成年犯罪嫌疑人、被告人的特别程序保障，还没有从精英话语转向大众意识，甚至没有成为媒体意识。这暴露了司法人权保障的进步与社会认知的脱节，也暴露出司法公正的社会关切压倒了对于个案未成年犯罪嫌疑人、被告人的权利保障，未成年犯罪嫌疑人、被告人权利在社会仇官、仇富意识下和对于"星二代"的不良观感下的无视。让我们思考：大众意识中并没有确立对于未成年犯罪嫌疑人、被告人的权利的共识，不仅如此，在精英话语中，也没有完成对于少年刑事司法制度的完美建构。

一、精英话语中的少年刑事司法保障

对于未成年人违法犯罪的研究，过去大多局限在犯罪学和社会学领域。连篇累牍的研究论文在探讨同一问题：未成年人违法犯罪的原因与预防。

对未成年人违法犯罪的研究，看似偶然形成的突破点，是对于这些案件在诉讼中给予未成年人特殊保护，这种保护体现了对未成年人的特殊关爱，因此有人称这体现了司法中的"母爱主义"；人们也期待这种特殊关爱使他们不致在迷途上越走越远，社会准备随时接纳迷途知返的少年。

近年来，未成年案件的司法保障成为法学研究的热点之一。围绕这个主题阐述的学术论文和召开的学术会议多起来，坊间专论少年司法的著作和翻译的论著也都多起来。追溯其源头，可以了解到，这种学术研究上的热闹，源于一些法院率先建立少年法庭后又在全国法院加以推广。近几年检察机关接踵其后，纷纷建立未成年人案件检察处。这都刺激了对于未成年人司法保障的研究兴趣。2012 年 3 月 14 日通过的《刑事诉讼法》修正案，还增设了未成年人诉讼程序，包括必要在场人制度、附条件不起诉制度和未成年人犯罪记录封存制度，都可圈可点，满足了学者的期盼和实践部门率先进行的相关试验成果转化的愿望。

不过，我注意到一种现象，尽管人们对少年司法的谈兴很高，注意到与这一话题密切相关的联合国《少年司法最低限度标准规则》的联系不多。这一规则又称《北京规则》，是 1985 年 11 月 29 日在联合国大会通过的，距今已经 27 年了。这一规则开宗明义，强调"努力按照总的利益来促进少年及其家庭的幸福"，"应努力创造条件确保少年在社会上能过有意义的生活，并在一生中最易沾染不良行为的时期使其成长和受教育的过程尽可能不受犯罪和不法行为的影响"。在少年司法方面的总的要求，是"应逐步建立和协调少年司法机关，以便提高和保持这些机关工作人员的能力，包括他们的方法、着手办法和态度"。该规则有许多具体的规则，统称为"最低标准规则"。意思很明确，满足这些要求只是达到了联合国所要求的最低标准，达不到这些标准，简直就无足论了。

我国司法有些制度、做法符合《北京规则》的要求，如注重对未成年人隐私权保障，实行审判不公开原则，如今通过刑诉法再修改又增设了未成年人犯罪记录封存制度，都与《北京规则》中"保护隐私"的基本要求相一致。

在《北京规则》中，第七部分"少年的权利"总的要求是"在诉讼的各个阶段，应保证基本程序方面的保障措施，诸如假定无罪、指控罪状通知本人的权利、保持沉默的权利、请律师的权利、要求父亲或母亲或监护人在场的权利、与证人对质的权利和向上级机关上诉的权利"。规则中具体规定了各种权利的保障标准。对照这些权利，可以看到，我国起诉后向被告人送达起诉书副本的规定，符合"指控罪状通知本人的权利"的要求，将指定辩护涵盖在从侦查到审判的各个诉讼阶段，符合"请律师的权利"的要求、必要在场制度，也符合"要求父亲或母亲或监护人在场的权利"的要求，具体程序设计也能够满足"与证人对质的权利"和"向上级机关上诉的权利"。

不过，毋庸讳言，我国《刑事诉讼法》至今没有正式认同无罪推定（即"假定无罪"）原则，尽管刚刚新增了"不得强迫任何人证实自己有罪"的特权规则，却没有明确犯罪嫌疑人、被告人享有沉默权。对于少年司法案件来说，也是如此。自 1985 年到现在，我国《刑事诉讼法》经过两次修改，但都没有顾及《北京规则》中要求的无罪推定和沉默权这两项最低标准。依这两项权利来衡量，我国少年刑事司法还不能说已经达到了联合国少年司法"最低限度标准"规则的要求了。显然，我们以《北京规则》对此我国刑事司法，可以看出我们仍有进一步改良我国司法的空间。

当然，对于未成年人来说，更为坚实的保障是，刑事司法在整体上改善人权保障状况。未成年司法案件是整个刑事司法这棵大树上的重要枝权，但不可能脱离这棵大树总体人权保障状况而一枝独秀。不努力提升成年人的司法人权保障水准，所谓改善未成年人的司法人权状况，便有可能流为一种伪善。

二、李某某案件折射的媒体规则与社会意识的不足

无论如何，有关未成年犯罪嫌疑人、被告人刑事司法人权方面取得的进步还是在《刑事诉讼法》中得到了一定体现。对于一般未成年犯罪嫌疑人、被告人来说，由于案件及其当事人缺乏足够的社会关注，社会意识与精英话语在少年司法人权问题上存在的落差没有展现出来，李某某案件成为难得地观察这种落差的指标性案件。

当初因气盛而挥拳打人，李某某已惹得社会议论鼎沸，让其父李某江一时陷入舆论漩涡难以自拔。被劳动教养一年以后，李公子稍稍淡出公众视野，名字也悄悄改过，不料又陷入更为劲爆的轮奸门，社会舆论的干柴又一次被浇了汽油点燃。

社会意识本来既仇官又仇富，对于"官二代"、"富二代"的劣行，人们口诛笔伐，恶骂滔天。恰当地归类，李公子算是"星二代"，不过，以其父亲的军衔，大概也算得上"官二代"，富是没疑问的，再加上其父以唱《红星照我去战斗》等革命歌曲名世，这些都拨动了社会的敏感神经，点燃本来很低的舆论就熊熊燃烧起来。

由于社会意识存在高度的反理性成分，人们对于司法公正的关注压倒了对少年司法人权的关注，个案少年刑事司法中未成年人的身心健康发展的社会环境变得严重恶化。人们肆无忌惮地谈论这一个案件和当事人的姓名以及基本情况，使得网络上的讨论成为一种没有节制的情绪挥霍和充满敌意的群体狂欢，受伤的不仅是作为当事人的未成年人，还包括他们的父母。舆论早就给李某某定罪，因此极力为其子翻盘的母亲在网上受尽了谩骂与围攻。

按照官方至今认定的年龄，李某某属于未成年人，对于未成年人犯罪案件，诉讼过程要给予特殊保护，他们的名字与形象应当禁止广泛披露，侦查过程中的案件内情也应当避免付诸社会讨论，《刑事诉讼法》为保护未成年人的身心发展，还增设了"犯罪记录封存制度"。但在李公子的案件中，这一切都被打破了，社会以极大的好奇心关注案件的每一个情节，李公子的名字满天飞，形象也早已家喻户晓。至于后来媒体注意到自己逾矩，改称李公子为

"李某某"，这李某某是谁，早已遮掩不得了，用"李某某"反而显得格外矫情。

网络对此案情有独钟，最初是对李某某不利的。社会舆论紧咬住不放，多少含有对司法不放心的意味。当社会舆论一边倒而且李某某已经被披露得几近透明的情况下，李家便努力挽回舆论，至少改变舆论一律的局面。辩护律师恰恰利用这种力量惊人但由于信息不足、理性匮乏而高度情绪化的网络舆论，试图为自己谋得人望并影响诉讼结果。他们无意于引导人们向理性思考，或者无法成功地扭转舆论为自己服务，于是案件在网上不断得到发酵。

法治成熟的社会，案件一旦进入诉讼轨道，不允许媒体进行大肆渲染、报道和议论，以便给司法提供一个理性处理案件和民众尊重、信任司法的社会氛围。我们这里似乎毫无章法，司法也显然不是在社会普遍信任的气氛中进行的。由此暴露出来的媒体规则和社会意识的不成熟，值得深思与反省。

专家点评（中国政法大学青少年犯罪与少年司法研究中心主任皮艺军）

我不是研究司法的，不研究法律，所以我更多想从犯罪学角度、犯罪学基本理念开始讲起。

在少年司法中，我今天提交了一个讲话提纲：特殊保护应该呼唤特别的司法。

一、少年司法客体的特殊性

我们现在基本上属于少年司法是用司法实践来推动立法的。全国人大曾经有一个相当高级别的官员问过尚秀云法官："少年司法独立立法，或者少年司法的好处我们已经知道了，那么不立法的坏处是什么？"尚法官想了半天也不知道怎么回答。

官员为什么这么提问？因为这里有责任的问题。在少年司法中的基本理念是观念先行的，对于孩子的看法，对于少年保护的看法应该重于法条。我们可能没有法条也能把孩子保护得很好，但法律是保护中最有力的保障。所以少年司法中最基本的特征是柔性司法。各个国家都可以用自己的形式保护孩子，"保护"是核心词，所以引导司法的只是一个词——"保护"。

我们这里没有惩罚为辅，我觉得惩罚一定要有定语，应该是保护性惩罚，而不是报复性惩罚。我们今天讨论的附条件不起诉、轻罪封存一系列的东西，都是保护的问题。

我们怎么样理解孩子？第一点就是保护客体的特殊性。少年身心特点到底是什么？要理解少年司法其实就是理解孩子。

世界上只有两种人：大人、孩子。法律必须要为孩子有一个单独的规则。也就是说，孩子病了必须到儿童医院看病。所以少年司法保护每做的一步都要和成人司法相区别，否则做不到对于少年司法的儿童利益最大化。

应不应该羁押、取保候审、判刑、假释等，这里面都是另外一套标准。所以司法保护特殊性在于保护客体的特殊性。少年司法不属于法学，它是包括法学在内的多学科的关照，包括少年预防、少年教育、少年矫正，这不是法学问题。

社会调查是法学问题么？社会调查关注的核心是犯罪原因，它不是执法调查、司法调查，我认为还是社会调查。就是这个人在社会中间如何在特殊人生轨迹中间触犯了法律，被法律制裁。

二、少年司法中的概念解读

国外少年司法不属于刑法学，而属于刑事司法学。刑事司法学在美国是以用犯罪学为指导执法、司法的一门学问。所以，本质上它的社会学、心理学内容是非常丰富的。

所谓少年犯罪，它的最根本的区别不是年龄的大小，年龄的大小是生物学意义上的，所以少年和成人的区别是生理学、生物学上的区别。生物学上的特质，决定了心理学和行为上的特征。少年向成人转化是生物人向社会人的转化。我曾经写过一本书叫《青春期危机》，提到了青少年和成年人的基本区别。

为什么监狱里面关的有一半是青少年？1983 年"严打"，监狱里关的70% 是 25 岁以下青少年，青少年在改革开放中最敏感，他们对个性解放和对外界的易感性，使得他们在青春期危机中间触犯了法律。青春期危机中孩子一系列的做法，包括自我意识、反叛、闭锁性、开放性、自尊、自卑、性意识，其实是全部少年行为方式的一个基础。

有句话我觉得是对孩子越轨行为的概括：青春期孩子是一辆方向盘不灵敏、制动器不灵敏的汽车。方向盘是他的认知、经验，制动器是自我控制能力，虽然不灵敏但是马力强劲。十五六岁的孩子基本能干所有成年人干的事，甚至登高爬树比成年人还厉害。这样一辆汽车上路肯定会出事。

少年犯罪不是道德问题，也不是环境问题，而是生理学上的问题。为什么在同样环境中间有人干了，有人不干？我们成年人的环境比他要复杂得多，为什么成年人能够守住自己？所以我觉得未成年人的心理问题在青春期没有得到妥善解决。

我们中学同学 20 年后再见面，发现当初很多要进公安局的那些人，今天变得很有出息。

青春期就是躁动时期，躁动时期有一个自然治愈的方式。他结婚生子就业以后，自然就安静下来，但社会总是给他过度干预。

三、少年司法的处遇原则

我不喜欢谈定罪、量刑，就是运用司法处遇，在国外很重的犯罪结果也给他送福利，让他上学，而不是非要像我们这里用成人刑法量刑审判。我想应该保证他们健康、正常、持续不断的社会化，这种社会化包括再社会化，这就要求我们有零度容忍。

有孩子说他在看守所里只关了两天，出来之后感觉那里像地狱一样。这就是一个孩子的想法。可是我们觉得：拘留所算什么，你这个行为还得判大刑呢！我们能不能用零度容忍，从他的身心发展角度对他们进行考察。所以我认为少年和成年人在法律上讲，应该是两种衡量标准。当然现在没有标准，最起码有两套理念或者两套观念。

刚才张教授谈到少年司法不可能先行，在我们成人人权保障还没有完善时，少年保护不可能做到前面。但是反过来说，少年权利的保障状况是可以考察出我国人权状况的。我们总是把孩子放到明天，为什么不放到今天？关注今天的少年状况是我们应该做的。新《刑事诉讼法》虽然是一个进步，但是没有一个理念、司法原则来对待这批人。这是一个特殊群体，检察官、法官不知道怎么对他们特殊。为什么先出台的是预防未成年人犯罪法？把这群孩子看作一个什么样的对象？

所谓的少年司法是双重被害，有少年被害人，还有一个犯罪少年，他也是被害人，是这个社会的牺牲品。这里有一系列的概念都是和成人不一样的。比如动机，有时只是游戏的动机，结果拿着刀子打架觉得冒险刺激，这些都是按照成人理性人对他判断。一个女孩儿为了得到化妆品，携带"摇头丸"从甲地送到乙地。最后定罪"明知是毒品还携带毒品"。可是15岁的女孩儿只是图虚荣。这个"明知"的性质和成年人的"明知"是不一样的。少年犯罪里面最基本犯罪原因就是不计后果，因为他没经历过，没有被水淹过，没有被火烧过，所以他不计后果。可我们认为他是属于主观恶性。

另外，少年司法应该有独立的处遇原则。少年司法中没有罪责自负，因为他的大部分责任或者相当一部分责任应该被社会、家庭、学校分担。社会调查就是要区分这种责任。

儿童利益优先，现在能够真正理解这个原则的意义吗？儿童利益优先就是儿童利益高于社会利益，社会利益必须为儿童后果做出牺牲、让度。在任何成人利益前面，儿童利益应该在前面。我们之所以做不到这点，就是还没有理解这一点。

关于少年自愿的性行为。我曾经处理过一起发生在我们邻居身上的事，最后说要告。我说："别告，私了！"这种未成年人自愿性行为，为什么要用公权力来干预？最后把少女、少年两个人全部都糟蹋了，我们能不能做到对他们的保护。少管所里有大量的少年轮奸犯，一群男孩儿轮奸一个女孩儿。那个女孩儿就是另外一个少年犯的长期女朋友，早就有性关系了。他们喝醉酒后一块儿上，最后成了一群强奸犯、轮奸犯。我们有必要这么做吗？他们都是未成年人，他们不知道这个行为后果。我们成年人特别义正言辞地说"这是轮奸！"所以在这里面，柔性司法是不拘一格的，就是要用一系列保护原则，比如拘禁。拘禁是迫不得已的最后手段，我们能怎么做的呢？可能孩子一构罪就抓。检察官很看重的就是批捕率。现在少年批捕率和成年人有多大的区别呢？没有多大区别。还有法院对于少年假释率好像不如贪官假释率高。

在少年司法中，同样一个案件可能作出不同样的结果。有一个孩子是被一个成年人教唆的，另外一个孩子是主观恶性很大。于是少年司法中的社会调查，是给我们一个对他进行处遇时，犯罪原因方面的依据，而不是定罪量刑的依据。所以依照原因，而不更多决定性地依照结果，我认为是最基本的。

立法价值权衡。立法价值权衡是为了社会安全。今天也谈到了，我们到底要真正处罚的是哪些孩子？只有主观恶性大的和危害性大的，只有这类孩子才应该关起来。对于其他犯错的孩子，社会确实需要承担责任，这里包括很重大的社会风险，社会资源福利向他们的倾斜。还是那句话，在少年司法当中观念应该先行，有了观念才能做得更好。

专家点评（中央财经大学教授、博士生导师郭华）

我从三个方面来谈。第一，2012 年《刑事诉讼法》修改和 1996 年《刑事诉讼法》修改有重大区别，区别不是在于增加了多少条款，核心是立法机关全国人大法工委的坚守比 1996 年差，导致很多东西不好执行。比如保密条款，未成年人犯罪封存这个问题，原来不想规定，刑法学者和其他人建议规定。类似的条款还包括刑事和解，本来不愿意规定，因为在特别程序里它不特别。

什么意思呢？我们对于条款的理解有个更深层次的把握。对于附条件不起诉，实质上涉及我们需要讨论的是三个方面：

第一个方面，附条件不起诉是不是检察机关的公诉权？现在的规定要征求被害人的意见，如果被害人不同意，你这个决定就不存在，这就是一个大的问题。附条件不起诉能不能决定，取决于被害人。那这个还是公诉权吗？另外一个方面，未成年人如果作为犯罪嫌疑人的话，那么被害人有过错的话怎么办？由于被害人过错导致他犯罪，犯罪比较轻，本身被害人有过错，他就坚持不需要，所以你不能附条件不起诉，怎么解决？我们做工作，那是工作机制，但不是制度上的意义。同时还有一种情况可以避免的，就是被害人开始同意了，给他钱就同意，结果作出不起诉决定，决定执行完之后他照样起诉，法院应不应该审理？只要没有超出追诉时效，那完全可以起诉。所以对于被害人的问题还是要考虑。为什么要提这个问题？以前就探讨过，被害人作为当事人，目前在中国还是比较特殊的。这是一个方面需要说清楚的。

第二个方面，三个机关：公安机关、检察机关、审判机关在规定时，三个解释是有冲突的。举个例子，法院刑诉法解释里第583条规定，控辩双方对于未成年被告人要宣告管制的，要提供材料。我们说这个本来就不存在啊，量刑时量个管制刑本来就应该作出不起诉，不起诉1年有期徒刑以下都可以，管制刑还要诉到法庭去吗？我认为这个问题大家要考虑。

不起诉里还要把握不起诉在执行过程当中，作出不起诉，不起诉人违反规定，要撤销，这时要给未成年不起诉人有复议的权利。他符合条件，可以决定不起诉。撤销不起诉，决定起诉时，撤销的问题还要充分地保护被不起诉人的权利。你决定撤销就撤销了？撤销时要不要给他复议的权利？我觉得这是一个问题。

第三个方面，社会调查。法条明确是公安机关、人民检察院、人民法院根据案情可以进行社会调查。为什么这么规定？"可以"是一般情况下都必须调查。这是什么意思呢？前面有主语，是三个机关哪个机关都可以，还是每个机关都可以？怎么理解？公安机关、检察院、法院都行，这是"可以"。要么是三个机关每个机关都可以，就像取保候审一样，最长不超过一年，公安机关一年、检察院一年、法院一年，加起来三年。这个"可以"怎么理解？

另外，社会调查权为什么规定是三个机关？这个权是什么权？侦查权、司法权还是证据调查权？这里涉及社会调查是作为证据还是作为公文书？如果作为公文书的话，不是证据调查权，那么就是侦查权和司法权，只有这三个机关能行使，就不能委托。因为司法权是不允许委托的。所以法院、公安机关都没规定可以委托，就检察院规定了委托，检察院可以委托谁呢？可以委托公安机关，是不是可以交给法院、司法行政部门？有的说交给社区矫正机构。社区矫正法已经提交给国务院了，明年还通过不了，只能后年通过。因为司法部正在让我们写释义。社区矫正制定组织人员还是警察，就是还得建立警察队伍。所以对于这个能不能委托行政司法机关？为什么不能委托？因为司法行政机关去进行社会调查时，人家不给他说，他有什么权利强制别人。他不像公安机关、检察院，你不能说我要强制你，因为社会调查不是涉及涉案人员而是涉及其他部门，比如团委，司法行政部门说"团委，你给我说说这个人怎么样？"他会说吗？如果是检察院去说，他不会不说。所以还要考虑到权力行使受到阻碍时有什么解决方法。

对于社会调查的问题，下一步还要继续深入研究。

专家点评（最高人民检察院公诉厅未检处处长张寒玉）

刚才皮艺军教授说，我们不能只为了孩子的明天，更要关注孩子的今天。我们觉得目前的考评机制是以成人模式为主导的司法制度下的检察官评价体系，不仅不能全面涵盖未检工作的特殊职能，甚至还存在一些冲突。

去年下发的《最高人民检察院关于进一步加强未成年人刑事检察工作的决定》，明确要求抓紧构建以办案质量和帮教效果为核心，涵盖少捕慎诉、帮教挽救、落实特殊制度开展犯罪预防等内容的考评机制，改变单纯以办案数量为标准的考核模式，科学全面地评价未成年人刑事检察工作。

在制定独立的考评机制过程当中，我们遇到了很多困难。目前我们设计的考评指标主要分5个部分，办案当中包括诉讼监督、特殊制度的落实、犯罪预防、队伍建设、其他的兜底部分。

第一个指标是诉讼监督的指标。关于办案，我们主要想贯彻少捕慎诉少监禁的原则，这个原则在决定当中已经旗帜鲜明地提出了。正如皮教授说的，不能一构罪就捕。怎么办呢？怎么在考评当中体现这个原则，我们设置了少捕慎诉少监禁的内容。原来都看批捕率、起诉率，那么现在不批捕、不起诉工作怎么体现？

因此第一个就考虑考核这样两个指标：一个是捕后轻刑率。就是逮捕了之后，法院判处的是免除处罚、单处罚金、管制拘役、1年有期徒刑以下刑罚、缓刑等，这样逮捕比例大了就侧面表明这些案件本来是可以不逮捕的，那我们逮捕了，说明有问题。所以会考虑这个比率。但是检察机关批捕，刚审查逮捕时没有存在和解，以后可能有变化了，证据发生变化等，我们就考虑调解的机制，就想把捕后羁押必要性审查作为一个调节捕后轻刑率的指标。如果批捕了之后，随着案件的进展继续审查，认为羁押必要性没有了，我们能够马上变更强制措施或者释放，捕后轻刑了，是不是比例会小一些或者不减分，作为一个调节，也把《刑事诉讼法》关于继续侦查必要性这项制度纳入进来。

另外一个就是诉后的法院轻刑判决率。比如我们诉了，法院判决免除刑罚、单处罚金、管制等，这样我们也认为从侧面考虑起诉是有问题的。为什么不把1年有期徒刑以下纳入，或者缓刑，因为作附条件不起诉是人家犯罪嫌疑人不同意就必须得起诉了，这样诉后轻刑率分母和分子稍微还有点区别。

第三个是无罪判决率。第四个是诉讼监督数量，包括立案、撤案、追捕、追诉、抗诉。第五个是纠正违法数量，并且取得监督效果的。这是考虑诉讼监督的问题。

第二个大的指标是特殊制度落实的指标。其中包括《刑事诉讼法》规定的一系列制度，也包括人民检察院办理未成年人刑事案件规定当中涉及的特殊的、针对未成年人的宽缓化、轻刑式、感召式的制度，包括法律援助、强制辩护制度、合适成年人到场制度、亲情会见、社会调查、刑事和解、分案起诉、关护帮教、附条件不起诉、心理测评、心理疏导、进展情况告知、犯罪记录封存等。我们初步考虑，《刑事诉讼法》要求应当做的，我们不做，是要减分的。要是《刑事诉讼法》没有要求必须做的，做了的就要考虑加分。这是一个比较粗浅的设置。

第三个指标就是关于犯罪预防的指标。包括普法宣传教育，比如进学校、进机关、进乡村、进社区的法制宣传，还有检察建议。

第四个指标就是队伍建设的指标。专门机构成立的情况、专门干警配备的情况。

第五个指标就是其他。我这里没有完全想好。因为未检工作目前在全国大部分地方是处于起步阶段，发展得非常不平衡，好的非常先进，比如上海，差的就是还不知道怎么做呢。所以要是这样考核，可能先进总先进、落后会不会有情绪。我们考虑纵向比较——进步了的指标。还有就是制度创新。我们也认为未检、少年司法制度，其实我们这些目前规定的制度能落实到位需要机制创新，还有一些制度有很大创新空间。总体上，初步有这样一个考虑。这里面我们不满意的主要有几个问题，也请大家为我们考虑：

第一，怎么把教育感化挽救原则贯穿到办案始终。就是怎么能通过指标的设置，能引导大家在各个环节都注重帮教，并且鼓励用科学的方法提高帮教效果。这个问题就是郭华老师说的"帮助教育"。惩罚也应该是保护性的惩罚。这个观念要贯穿到办案的始终，但从考评上，是不是完全体现出来？我觉得可以完全体现。

第二，怎么统筹考虑的问题。上一节我也谈到兰陵"春蕾团队"，我在想，类似于这样的组织能不能作为帮教的载体把所有制度串联起来。

第三，目前来看，考评当中还有一些缺陷。首先是受案数没有放进去。

第四，每项工作权重也没完全想好。

所以这里也求教于大家。谢谢大家！

总结发言：

机制创新与程序正义
——在全国未成年人刑事司法保护研讨会上的总结发言[①]

今天的会议开了一整天，到现在大家还精神饱满的在会场，而且是抢着提问、争着回答，这就说明会议很成功。

首先，要感谢会议主办方邀请我参加这样一个高水准的研讨会。我感觉这个研讨会组织安排得非常好，而且参加会议的人员也很有代表性：有具有丰富实务经验的检察官，有具有深厚学术造诣的全国著名法学家，更有来自最高人民法院的专家、兰陵人民法院、公安、司法行政部门以及政法委的领导。

今天的会议既有经验交流，又有理论升华；既有问题探讨，又有观点碰撞。我感觉在很多问题上大家基本上已经形成了共识，所以说今天的会议成果很丰硕。

下面我谈谈自己参加会议的感受和对一些问题的浅见。

一、探索推进未成年人司法制度完善意义非常重大

今天会议的主题是未成年人刑事检察制度，根据我国目前社会、文化、制度情况，积极探索、大力推进未成年人刑事检察制度乃至司法制度的完善，有非常深远的意义，同时有利于司法解释和立法的完善。今天在会议上，兰陵县检察院和其他来自全国各地检察院的同志都介绍了本院在未成年人检察制度方面的机制创新，这些机制方面的创新，经过一段时间的实践和完善，能够为司法解释、立法完善提供有益的实践基础。

在未成年人检察制度方面，可以把一些地方的成功做法上升为全国统一适用的制度。在这个方面，我们有很多先例。比如附条件不起诉制度，2000 年前后一些地方检察机关陆续开始探索，但是 2004 年有一位全国人大常委会的领导跟我们高检院的一把手说"法律监督机关不守法，有的叫附条件不起诉，有的叫暂缓起诉，法律监督机关不遵守法律，这个很严重"。高检院 2004 年专门发了文件，把暂缓起诉和附条件不起诉明令禁止了。但是禁止以后，很多地方还在探索。上海把附条件不起诉改成了"诉前考察"，比如准备起诉你，但

---

① 发言人：最高人民检察院检察理论研究所所长王守安。

是给你 3 个月考察时间，如果这 3 个月表现好就不起诉了。所以换了名字，但是实质没有改。尽管后来高检院对这个东西形式上禁止，但是引起了理论界、立法界的高度重视。后来有关附条件不起诉和暂缓起诉的理论研究如火如荼，理论上成熟了。所以在 2012 年将附条件不起诉制度明确写入《刑事诉讼法》。

但是有一个问题，《刑事诉讼法》规定的条件、范围太严而且程序也太多。公安机关不同意不行、被害人不同意也不行。我们从 2002 年，特别是高检、高法一直参与《刑事诉讼法》的修改工作，我们知道立法意图在什么地方。有一次我们专门和法工委说，附条件不起诉实际上扩大了检察机关的裁量权。从一定意义上说，是新的不起诉制度。这种制度，因为检察权的滥用是有先例的，就说以前免予起诉滥用很严重，如果再给你们一个一般的不起诉，中间加个附条件不起诉，这样上下其手，以后法院会感觉审判权被侵犯，公安也会觉得自己的功绩被抹杀掉。所以附条件不起诉，由于方方面面的原因必须得严格限制。附条件不起诉制度，是检察机关实践探索上升为立法的非常好的典型经验。

另外，刑事和解制度。2006 年前后，各地已经探索得很成熟了。但主要用于未成年人、交通肇事和轻伤害几类案件。刑事和解，高检院力主推进，后来写入改革方案，所以这项制度纳入立法，主要是检察机关在进行这方面的探索。

合适成年人到场制度。2006 年在修改检察机关办理未成年人案件规定时，当时有很多新的做法。合适成年人到场制度，法律规定的是法定代理人、近亲属。我们规定说，因为有的家人不愿意去，比说继母、继父还说狠话，一点作用起不了，所以不适合。因此规定可以让学校、公益组织代表、工会代表参加。

羁押必要性审查。2006 年未成年人办案规定当中已经规定，对未成年人刑事案件逮捕羁押以后要定期进行羁押必要性审查。

我们规定所有这些内容都不是凭空而来，都是在调研、总结地方探索的基础上提出立法建议，后来被立法机关所吸收。地方检察机关，包括法院、公安机关的探索，对今后立法机关工作的推进、对完善高检院的司法解释，都非常有意义。高检院明年的司法解释肯定要修改，否则不会加"试行"。

应当说我国立法和司法解释已经有很大发展了，《刑事诉讼法》增加了很多条，规则也增加了很多条，现在规则有 708 条，这是个什么概念呢？我们的规则是条文最多、字数最多，708 条，达 8 万字。关于《刑事诉讼法》的司法解释，公、检、法、司加在一起，两千条。国际上也没有这么多条文的。现在法律、司法解释加在一起规定的已经相对比较完备了，但是再完备也不能完全适应复杂的、不断变化的实践情况，总会有发展的空间。现在法律、司法解释有问题，这是肯定的，因为没有完美的。所以基层检察院在这个方面大有可为，在立法的框架下，甚至在不违背立法精神的情况下，基于社会主义法制理念原则的要求进行机制的探索，我们是非常鼓励的。

二、机制创新有利于程序正义的实现

刑事诉讼不单追求实体正义，而且也追求程序正义。通俗地讲，程序正义就是程序的设计正当、合理、科学。西方讲的正当法律程序，实际上可以说是程序正义的最低标准。今天建伟教授说最低标准：你说你的程序很好，很正当，实际上就是正义，最低标准达不到怎么能说程序正义呢！

近年来我们有很大进步，当然还有很大的发展空间。之所以有未成年人刑事诉讼程序，正是基于未成年人的特点和社会发展的需要，这实际上是在一定的理念、价值观的指导下，使未成年人的刑事诉讼程序更加合理，是对程序正义的追求。这种追求不单对未成年人诉讼程序有意义，也会引发人们对程序正义的思考和追求，进而从整体上推动刑事诉讼制度的完善。

刚才建伟教授讲的观点我非常同意，一般的诉讼程序不合理、不完善，然后单独讲未成年人怎么样，这就是伪善。但是从反面来说，未成年人制度如果是很合理的，符合程序正义的标准，肯定会对一般的诉讼程序具有很大的促进和影响。

三、基层探索有利于社会理性对待犯罪的宽容心态养成

诉讼制度与社会心理、文化传统关系密切，而且诉讼制度受社会心理、文化传统的制约很大。就是社会公众从整体上对犯罪嫌疑人、被告人充满仇恨，有很大的偏见。我感觉我们传统上缺乏宽容文化的熏陶。有一次开会有个专家说，中国文化就是复仇文化。不信就看民间的俗语，比如"君子报仇十年不晚"。所以我们现在很多的原则和制度会遇到观念上的阻力。比如律师辩护，为什么这个制度很难执行？因为律师是给坏人说话的。坏人，人人恨而诛之。所以保障人权制度为什么执行不好？好人的人权还保障不了，你保障这帮人的人权！这都与缺乏宽容的心态有关。而未成年人案件，由于被追溯人的特殊性，容易为社会所宽容。正如建伟教授所说的，我们都有为父、为母之心，如果有这样的心态，未成年人司法制度在进一步改进方面有很大的优势。未成年人制度的完善，充分凸显了司法人文关怀，可以培育社会对未成年人犯罪的宽容之心。

宽容是一个人、一个社会文明进步、胸襟广阔的重要方面。通过未成年人司法制度的不断完善，可以引导社会公众正确看待犯罪，理性对待犯罪人，养成宽容的文化氛围。将对整个司法刑事制度，乃至社会进步都非常有价值。

针对研讨会涉及的几个问题，我简单谈一点看法。

第一个问题，关于检委会附条件不起诉、相对不诉讨论问题。今天叶县的同志提出来的。我不知道大家有没有注意，这次人民检察院刑事诉讼规则修改，有一个非常大的变化，就是检委会讨论案件的范围。以前刑事诉讼规则有很多上检委会的规定，根据以前的规定，相对不起诉应当经过检委会讨论，但是这次规则的修改有很大变化，必须上检委会讨论的只有两种情形：公安局长、检察长需要回避的；重大案件的审查批准逮捕。只有这两种案件是刑诉法明确要求上检委会的，其他的都改成检察长或者检委会研究决定。

为什么有这个变化？这次在刑事诉讼规则修改过程当中，有人提出来要对检察机关的办案机制、办案模式进行修改。什么意思呢？我们现在是承办人承办、部门负责人审核、检察长或检委会决定这种办案模式，大家认为这不符合司法规律，应当赋予承办人、检察官更多的权利、职责。所以这次规则修改，有人提出借鉴主诉检察官办案责任制的经验，把这个写进去，就是把现在三级决定模式完全打破。但是经过很多次的论证，高检院还是没有采取这种措施，认为现在贸然这样做在实践中也执行不通，因为检察官的级别待遇没有解决。现在主诉检察官办案责任制之所以往后缩，也是因为这个，现在条件不成熟。所以规则没有修改，但是为了体现执法办案的司法属性，把检委会讨论案件的范围限制了。

根据规则，这次修改的精神，我认为相对不起诉、附条件不起诉完全可以不上检委会。规则修改的精神就是这样，鼓励你不用上检委会。检察长可以定，副检察长一签字就可以了。所以说上一次检委会就不错了，更不要说上好几次检委会了。这是我个人的理解。

另外就是未成年人和解案件的范围。因为这次《刑事诉讼法》修改时，把当事人达成和解的刑事案件办案程序所适用的范围限定于轻微案件。对于轻微案件，法律、司法解释规定是3年有期徒刑以下刑罚的案件，在理论上一直有争论，要不要刑事和解是一个争论；还有一个是对刑事和解案件要不要从案情轻重上划定标准。一种观点认为是划定标准，另一种观点是不能划定标准。哪怕是杀人案件，当事人达成和解了，你不让达成和解，人家两家就达成和解了，你非得不让人家达成和解。真的达成和解，互相谅解了，把这个情况反映到检察机关、法院，你不考虑行吗？所以这个东西一直是有争论的。

为什么提出这个问题？我看兰陵县检察院在未成年人和解里面，没有3年有期徒刑以下的限制，我感觉不违背立法的精神。因为法律规定3年有期徒刑以下适用本章规定，如果当事人没有达成和解，建议和解。超过3年就不建议了。如果达成和解在执法办案过程当中，必须要予以考虑。兰陵县检察院里面是没有限定案件范围，我认为这样探索是可以的，而且很有价值。

四、相对不诉和附条件不起诉怎么把握

这个问题很多人也都提出来了，张处长是专家。我认为，现在从可能判处的刑罚标准上或者从案情轻重上已经在两者当中很难找到区别了。为什么很难找到区别？如果是相对不诉适用范围窄，为什么窄？因为是不需要判处刑罚，可以免除刑罚的。犯罪行为情节轻微，不需要判处刑罚、免除刑罚的，是这种情况。是1年有期徒刑以下的，所以附条件不起诉比它范围宽。但是也要考虑，和解的不起诉就不是这样了，和解不起诉司法解释规定是3年有期徒刑以下的都可以归到轻微案件范围里面，如果3年有期徒刑以下的轻微刑事案件达成和解了就可以认为他不需要判处刑罚或者免除刑罚。所以单从可能判处的刑罚或者量刑的轻重上，已经把相对不起诉和附条件不起诉的区分标准变得很难了。

结合方方面面的理解，我认为相对不诉和附条件不起诉的标准已经很难区分，我感觉在这种情况下只有一个标准，因为当时设计附条件不起诉，就是要在不起诉和起诉之间加一个缓冲地带，就是不能进行不起诉、也不能进行起诉，有的是符合什么条件，稍微做点工作矫正一下，就没有必要起诉了。在这种情况下，如果你感觉到也可以适用附条件不起诉，也可以适用相对不诉，从有利于被追溯人的角度，我认为优先考虑用相对不诉。选择标准是什么？看这个人悔罪态度和人身危险性。我们把他分开评估一下，如果直接作不起诉，他会不会不赔偿，会不会出现其他情况？如果这种风险非常小，毕竟这两者就剩这一点区别了。附条件不起诉，直接放了，就是有点不放心。在这种情况下如果感觉他没有风险，就优先适用相对不诉，这对他更有利，对我们工作也更有利。

附条件不起诉是新制度，如果不用也不行。最近我们进行全国性调研，特别是孙检察长调研了好多省，有的反映新制度如果说检察机关不去用的话，会影响今后的发展和立法上的完善，立法机关一看这个制度给你们了，你们都不用，所以相对不诉应该和起诉比。当你感觉这个案件是起诉好还是不起诉好时，确实产生犹豫了，那就毫不犹豫采用附条件不起诉。

今天来也主要是学习，每次参加研讨会也很有收获，特别是这次一天的会议认真听下来，各位专家发言点评很精彩，很受益。

附录二：临沂检察机关有关未成年人诉讼程序的规定

一、预防与减少未成年人犯罪工作细则

预防与减少未成年人犯罪工作细则

第一条（目的依据）

为贯彻落实修改后《刑事诉讼法》对未成年人刑事案件诉讼程序的新要求，进一步探索完善符合未成年人身心特点、有利于回归社会的"捕、诉、监、防、助"五位一体未成年人犯罪检察工作机制，制定本细则。

第二条（基本要求）

贯彻"教育、感化、挽救"方针和"教育为主，惩罚为辅"原则，坚持"少捕慎诉，寓教于审"的基本要求，积极构建和依托未成年人司法和社会支持体系，推进未成年人司法专业化和预防矫正社会化。

第三条（机构体系）

坚持专业化发展方向，"未检科"人员由女检察官组成，具体负责办理未成年人刑事案件，即犯罪嫌疑人实施犯罪时系未成年人，以及被侵害对象为未成年人的刑事案件。

第四条（工作模式）

坚持和深化"捕、诉、监、防、助"五位一体未成年人犯罪工作机制，加强内部监督制约和协调配合；实行捕（批捕）、诉（起诉）、监（诉讼监督）"三责合一"，具体工作由"未检科"负责，建立符合未成年人检察工作特点的检察官办案责任制；"防（预防）、助（帮助）"由"未检科"提出具体意见，由以女检察官为主体的"检察官春蕾团队"负责落实，探索建立预防、减少、矫正未成年犯的特殊检察工作机制。

第五条（分案处理）

对未成年人与成年人共同犯罪案件实行分案处理，以分案提起公诉为主，分案移送审查起诉为辅，分案提请批准逮捕为例外。做好分案后的沟通协调工

作，确保事实认定及法律适用的准确和统一。

第六条（羁押审查）

完善未成年人羁押审查制度，从严把握羁押条件，降低批捕率，坚持"不捕为原则，逮捕为例外"，先考虑适用取保候审、监视居住等非羁押性强制措施；落实并规范逮捕必要性双向说理、非羁押措施可行性评估、审查逮捕听取律师意见、在押未成年人取保候审申请审查等机制；严格羁押期限，加强对公安机关延长刑事拘留和侦查羁押期限的监督。

第七条（到场监护）

落实未成年人接受讯（询）问或审判时法定代理人到场监护制度；法定代理人无法到场或不宜到场的，应当通知合适成年人到场，并至少保证一名合适成年人全程参与案件办理，保障未成年人诉讼权利；加强合适成年人的选聘、管理与培训工作。

第八条（刑事和解）

对于符合和解条件的未成年人案件，努力创造条件促使当事人双方自行和解，积极引导并会同人民调解委员会等组织开展刑事和解工作，并将刑事和解作为不予批准逮捕、不起诉或建议从轻量刑的重要依据，规范诉讼退出机制。

第九条（法律援助）

全面维护未成年人获得法律援助的权利，健全未成年被害人法律援助机制；推动未成年人法律援助的专业化；以刑事拘留阶段为重点，推动公安机关落实侦查阶段的未成年人法律援助工作；切实保障法律援助律师依法开展执业活动。

第十条（社会调查）

立案侦查之日起启动调查程序，社会调查和侦查同步进行，加强对社会调查报告的审核，健全检察机关补充社会调查机制；配合法院建立社会调查报告庭审调查和采信规则；积极探索与有关专业机构开展未成年人心理测试工作。

第十一条（出庭公诉）

坚持未成年人案件全面出庭制度；积极探索检察机关在未成年人案件庭审中的作用，依法维护未成年人合法权益，充分发挥庭审的法制教育和警示功能。

第十二条（量刑建议）

会同法院开展未成年人量刑规范化改革，探索符合未成年人特点的量刑基准和量刑程序；对符合法定条件的未成年人，应当提出适用缓刑的量刑建议；准确把握建议对未成年人判处禁止令的必要性、针对性和可行性；提高量刑建议书的质量，强化文书说理性和教育功能。

第十三条（附条件不起诉）

实行附条件不起诉制度，依法把握附条件不起诉适用条件，确定考察期限和内容，降低起诉率。落实附条件不起诉审查听取意见制度；规范附条件不起诉决定宣告程序；完善被不起诉未成年人的法制教育和跟踪回访机制。

第十四条（简案快审）

会同公安、审判机关建立全程化的未成年人案件快审机制，严格控制补充侦查和延长审查起诉期限，在确保办案质量和落实特殊政策的前提下，缩短诉讼时间。

第十五条（轻罪封存）

继续开展未成年人不起诉记录封存工作；协调法院落实未成年人轻罪前科报告义务免除制度，并探索未成年人轻罪记录封存制度；督促公安机关加强未成年人刑事记录管理；积极推动建立由综治、政法、教育、劳动等职能部门参与的未成年人刑事记录限制公开配套工作制度。

第十六条（法律监督）

通过诉讼监督落实未成年人特殊刑事司法政策，保障其合法权益。通过立案监督、侦查监督和审判监督，严厉打击侵害未成年人权益的犯罪和教唆、引诱、胁迫、组织未成年人犯罪的幕后成年人，及时纠正对未成年人不当的刑事追究、不必要的羁押和过重的量刑以及侵犯其诉讼权利的情形。

第十七条（司法联动）

发挥未成年人刑事司法联席会议功能，统一执法标准，规范执法行为；推动公安机关建立未成年人案件专办机制；督促法院落实未成年人特殊保护政策；加强与社区矫正机构的配合，开展涉罪未成年人社会调查、社区矫正等工作。

第十八条（观护帮教）

规范和深化未成年人社会观护工作，逐步向侦查、审判和刑罚执行阶段延伸；以无监护条件、无固定住所、无经济来源的未成年人和相关人员管教无效的未成年人为重点，发挥"春蕾志愿者联系点"作用，推动建立特殊观护机制。

第十九条（犯罪预防）

以预防涉罪未成年人重新犯罪为重点，积极参与"失学、失业、失管"及有严重不良行为的未成年人的犯罪预防工作，提高未成年人法制意识和自我保护意识；积极配合有关部门开展对网吧、游戏机房等娱乐场所以及校园周边治安环境的综合治理活动；对办案中发现的青少年教育、保护和管理制度中存在的问题，提出有针对性和可行性的检察建议。

第二十条（全面帮助）

与高等院校、社会公益组织等加强协作，与有心理问题的不捕、不诉和受伤害的涉案未成年人结成心理帮扶对子，将帮教从案中延伸到案后，直到帮他们重树生活的信心；对于案件中家境困难的受害留守儿童，及时启动刑事被害人救助程序，全力解决其生活、就学困难。

第二十一条

本细则由兰陵县人民检察院负责解释，自公布之日起实施。

二、明确办理未成年人刑事案件工作机构和专业人员的规定

明确办理未成年人刑事案件工作机构和专业人员的规定

第一条　为正确理解和适用《中华人民共和国刑法》、《中华人民共和国刑事诉讼法》等法律法规关于对涉案未成人和未成年刑事被害人司法保护的一系列规定，完善我县未成年人司法工作机制，制定本规定。

第二条　兰陵县公安局、兰陵县人民检察院、兰陵县人民法院应当设置专门机构和配备专职人员办理未成年人刑事案件，明确未成年人刑事案件分案办理，建立相互协调与配合的工作机制。

第三条　兰陵县公安局、兰陵县人民检察院、兰陵县人民法院应当由熟悉未成年人身心特点，善于做未成年人思想教育工作，具有一定办案经验的人员办理未成年人刑事案件，加强培训、指导，提高相关人员的专业水平。

第四条　兰陵县公安局应当在派出所和刑侦部门设立办理未成年人刑事案件的专门小组，未成年人刑事案件数量较少的，应当指定专人办理。

第五条　兰陵县人民检察院由预防和减少未成年人犯罪检察科负责未成年人刑事案件的批准逮捕和审查起诉工作。

第六条　兰陵县人民法院充分发挥少年法庭的作用，指定专人办理未成年人刑事案件。

第七条　兰陵县公安局、兰陵县人民检察院、兰陵县人民法院办理未成年人和成年人共同犯罪案件，应以分案提起公诉为主，分案移送审查起诉为辅，分案提请批准逮捕为例外。

第八条　未成年人与成年人共同犯罪案件，一般应当将未成年人与成年人分案处理。但是具有下列情形之一的，可以不分案：

（一）未成年人系犯罪集团的组织者或者其他共同犯罪中的主犯的；

（二）案件重大、疑难、复杂，分案起诉可能妨碍案件审理的；

（三）涉及刑事附带民事诉讼，分案起诉妨碍附带民事诉讼部分审理的；

（四）具有其他不宜分案起诉情形的。

第九条 兰陵县公安局办理未成年人和成年人共同犯罪案件，根据办案需要可一并提请批准逮捕，分案移送审查起诉，且在移送的起诉意见书作出区分于一般刑事案件的标注。

第十条 兰陵县人民检察院应当分案起诉，并制作以"未"字号标注的起诉书，情况特殊不宜分案起诉的案件，对未成年人应当采取适当的保护措施。

第十一条 兰陵县人民法院应当分案审理，并制作以"少"字号标注的判决书和立卷号，特殊情况不宜分案审理的案件，对未成年人应当采取适当的保护措施。

第十二条 办理未成年人与成年人共同犯罪案件，若分案后不利于维护未成年人合法权益的，可一并由未成年人办案机构办理。

第十三条 本规定自公布之日起实施。

三、对未成年犯罪嫌疑人、被告人委托辩护人办法

对未成年犯罪嫌疑人、被告人委托辩护人办法

第一条 为最大限度维护未成年人合法权益，提升办理未成年人刑事案件规范化水平，根据《中华人民共和国刑事诉讼法》、《中华人民共和国未成年人保护法》等法律规定，制定本办法。

第二条 公安机关、人民检察院、人民法院办理未成年人刑事案件，应当依法保障未成年人行使其诉讼权利。

第三条 未成年犯罪嫌疑人、被告人除自己行使辩护权以外，还可以委托一至二人作为辩护人。下列的人可以被委托为辩护人：

（一）律师；

（二）人民团体或者犯罪嫌疑人、被告人所在单位推荐的人；

（三）犯罪嫌疑人、被告人的监护人、亲友。

正在被执行刑罚或者依法被剥夺、限制人身自由的人，不得担任辩护人。

第四条 未成年犯罪嫌疑人自被公安机关第一次讯问或者采取强制措施之日起，有权委托辩护人；在侦查期间，只能委托律师作为辩护人。未成年被告人有权随时委托辩护人。

第五条 公安机关在第一次讯问未成年犯罪嫌疑人或者对未成年犯罪嫌疑人采取强制措施的时候，应当告知未成年犯罪嫌疑人及其法定代理人有权委托

辩护人。

第六条 人民检察院自收到移送审查起诉的案件之日起三日以内，应当向未成年犯罪嫌疑人及其法定代理人了解其委托辩护人的情况，并告知其有权委托辩护人。

第七条 人民法院自受理案件之日起三日以内，应当告知未成年被告人及其法定代理人有权随时委托辩护人。

第八条 未成年犯罪嫌疑人、被告人在押期间要求委托辩护人的，人民法院、人民检察院和公安机关应当及时转达其要求。

第九条 辩护人接受未成年犯罪嫌疑人、被告人或其法定代理人委托后，应当及时告知办理案件的机关。

第十条 辩护人的责任是根据事实和法律，提出未成年犯罪嫌疑人、被告人无罪、罪轻或者减轻、免除其刑事责任的材料和意见，维护未成年犯罪嫌疑人、被告人的诉讼权利和其他合法权益。

第十一条 辩护律师在侦查期间可以为未成年犯罪嫌疑人提供法律帮助；代理申诉、控告；申请变更强制措施；向侦查机关了解未成年犯罪嫌疑人涉嫌的罪名和案件有关情况，提出意见。

第十二条 辩护律师可以同在押的未成年犯罪嫌疑人、被告人会见和通信。其他辩护人经人民法院、人民检察院许可，也可以同在押的未成年犯罪嫌疑人、被告人会见和通信。

辩护律师持律师执业证书、律师事务所证明和委托书或者法律援助公函要求会见在押的未成年犯罪嫌疑人、被告人的，看守所应当及时安排会见，至迟不得超过四十八小时。

辩护律师会见在押的未成年犯罪嫌疑人、被告人，可以了解案件有关情况，提供法律咨询等；自案件移送审查起诉之日起，可以向未成年犯罪嫌疑人、被告人核实有关证据。

辩护律师会见未成年犯罪嫌疑人、被告人时不被监听。

辩护律师同被监视居住的未成年犯罪嫌疑人、被告人会见、通信，适用第一款、第三款、第四款的规定。

第十三条 辩护律师自人民检察院对案件审查起诉之日起，可以查阅、摘抄、复制本案的案卷材料。其他辩护人经人民法院、人民检察院许可，也可以查阅、摘抄、复制上述材料。

第十四条 辩护人认为在侦查、审查起诉期间公安机关、人民检察院收集的证明未成年犯罪嫌疑人、被告人无罪或者罪轻的证据材料未提交的，有权申请人民检察院、人民法院调取。

第十五条　辩护人收集的有关未成年犯罪嫌疑人不在犯罪现场、未达到刑事责任年龄、属于依法不负刑事责任的精神病人的证据，应当及时告知公安机关、人民检察院。

第十六条　辩护人或者其他任何人，不得帮助未成年犯罪嫌疑人、被告人隐匿、毁灭、伪造证据或者串供，不得威胁、引诱证人作伪证以及进行其他干扰司法机关诉讼活动的行为。

第十七条　在审判过程中，未成年被告人可以拒绝辩护人继续为他辩护，也可以另行委托辩护人辩护。

第十八条　辩护律师对在执业活动中知悉的未成年犯罪嫌疑人、被告人的有关情况和信息，应当予以保密。

第十九条　辩护人认为公安机关、人民检察院、人民法院及其工作人员阻碍其依法行使诉讼权利的，有权向同级或者上一级人民检察院申诉或者控告。人民检察院对申诉或者控告应当及时进行审查，情况属实的，通知有关机关予以纠正。

第二十条　本办法自公布之日起实施。

四、对未成年犯罪嫌疑人、被告人提供法律援助办法

对未成年犯罪嫌疑人、被告人提供法律援助办法

第一条　为进一步加强和规范未成年人刑事法律援助工作，最大限度维护未成年人合法权益，根据《中华人民共和国刑事诉讼法》和山东省高级人民法院、山东省人民检察院、山东省公安厅、山东省司法厅《关于加强刑事法律援助工作的意见》，制定本办法。

第二条　兰陵县公安局、兰陵县人民检察院、兰陵县人民法院办理未成年人刑事案件，应当依法保障未成年人行使其诉讼权利并得到法律帮助。

第三条　未成年犯罪嫌疑人、被告人没有委托辩护人的，兰陵县公安局、兰陵县人民检察院、兰陵县人民法院作为办案机关应当通知法律援助机构指派律师为其提供辩护。

第四条　本办法所称未成年人法律援助，是指兰陵县司法局根据办案机关指派法律援助通知，对未成年犯罪嫌疑人、被告人提供减免收费等法律帮助的司法保障制度。

第五条　兰陵县司法局成立未成年人法律援助中心，指导、协调并具体负责实施本县的未成年人法律援助工作。根据本县实际情况制定具体实施计划，明确工作重点，完善有关规章制度。

第六条　兰陵县公安局在第一次讯问未成年犯罪嫌疑人或者对未成年犯罪嫌疑人采取强制措施的时候，应当告知未成年犯罪嫌疑人及其法定代理人可以申请法律援助。

第七条　兰陵县人民检察院自收到移送审查起诉的案件材料之日起三日内，应当告知未成年犯罪嫌疑人及其法定代理人可以申请法律援助。

第八条　兰陵县人民法院自受理案件之日起三日以内，应当告知未成年被告人及其法定代理人可以申请法律援助。

第九条　未成年犯罪嫌疑人、被告人没有委托辩护人，未成年犯罪嫌疑人、被告人的法定代理人、近亲属也不为其委托辩护人的，办案机关应制作《法律援助指派函》，在三日内送交未成年人法律援助中心。

第十条　未成年人法律援助中心收到通知后，应当在三日内指派律师为未成年犯罪嫌疑人、被告人提供法律援助，并及时向办案机关回复。

第十一条　承担法律援助的律师在接到法律援助指派通知书后，应当在三日内持相关证件到办案机关递交接受法律援助的相关手续。

第十二条　承担法律援助的律师依法行使辩护人在侦查、审查起诉、审判阶段享有的一切诉讼权利。办案机关为承担法律援助的律师依法、正确行使职权提供便利条件。

第十三条　未成年犯罪嫌疑人、被告人拒绝未成年人法律援助中心指派的律师作为辩护人并另行聘请辩护人的，应予准许；未成年犯罪嫌疑人、被告人明确拒绝又不另行聘请辩护人的，应当通知未成年人法律援助中心为其另行指定辩护律师，未成年犯罪嫌疑人、被告人再次拒绝的，不予准许。

第十四条　承担法律援助的律师，不得疏于应履行的职责，无正当理由不得拒绝、延迟或终止所承办的未成年人法律援助事项。

第十五条　办案机关发现承担法律援助的律师违反职业道德和执业纪律，损害未成年人或他人权益的，应及时向兰陵县司法局书面通报有关情况，并要求书面回复调查处理结果。

第十六条　本办法自公布之日起实施。

五、对未成年犯罪嫌疑人、被告人实行社会调查的规定

对未成年犯罪嫌疑人、被告人实行社会调查的规定

第一条　为切实维护未成年人合法权益，更有针对性地对未成年犯罪嫌疑人、被告人开展教育挽救等帮教工作，以便为决定不起诉、适用非监禁刑及后期跟踪帮教提供参考依据，特制定本规定。

第二条 公安机关、人民检察院、人民法院办理未成年人犯罪案件，应对未成年犯罪嫌疑人、被告人开展社会调查，由公安机关启动调查程序。

第三条 进行社会调查应全面、具体、客观地反映未成年犯罪嫌疑人、被告人所处的家庭、学校和社会环境对其造成的影响。通过学校、家庭等有关组织和人员，了解未成年犯罪嫌疑人、被告人成长经历、家庭情况、社会活动、个性特点、兴趣爱好等情况。

第四条 社会调查应包括未成年犯罪嫌疑人、被告人的以下情况：

（一）家庭结构、在家庭中的地位、与家庭成员的感情和关系、家庭对其教育和管理方法；

（二）性格特点、道德品行、智力结构、身心状况、精神状态（必要时可以进行鉴定）、成长经历（有无犯罪前科）；

（三）在校表现、师生关系及同学关系；

（四）日常表现及社会交往情况；

（五）就业情况及在单位的工作表现情况；

（六）案发后的悔罪表现及对自身行为的思想认识。

第五条 社会调查可以采用访谈、函调等方式，在进行调查时，调查人员不得少于二人。

调查人员可以根据案件的不同情况分别采取多种方式进行调查，可深入未成年人的家庭、学校、社区、工作单位、曾经刑罚执行单位等地，通过会见未成年人、走访家长、邻居、老师、同事等方式展开调查；对不在本辖区或外出务工人员还可以采取电话、书信、委托等方式。

第六条 开展社会调查应做好调查记录并署名。调查工作结束后，应由承办人根据调查情况提出综合意见。在提请批准逮捕、移送审查起诉、提起公诉时，应将社会调查报告移送人民检察院、人民法院。

第七条 调查人员在法庭调查时可出庭宣读该报告并接受控辩双方和审判人员的询问，针对未成年被告人的"闪光点"、"敏感点"、"薄弱点"做好对未成年被告人的教育工作，参与对未成年犯的后期教育和矫治工作。

第八条 社会调查报告应予保密，并归入案件档案。未经批准，其他人员不得查询、摘录和公开传播。

第九条 本规定自公布之日起实施。

六、对未成年犯罪嫌疑人、被告人限制适用逮捕措施规定

对未成年犯罪嫌疑人、被告人限制适用逮捕措施规定

第一条 为认真贯彻落实宽严相济刑事司法政策，依法保护未成年犯罪嫌疑人、被告人合法权益，控制和减少对未成年犯罪嫌疑人、被告人的羁押，根据《中华人民共和国刑事诉讼法》、《中华人民共和国未成年人保护法》及相关规定，制定本规定。

第二条 公安机关、人民检察院、人民法院对未成年犯罪嫌疑人、被告人应当严格限制适用逮捕措施，全程进行逮捕必要性审查。

第三条 人民检察院办理未成年犯罪嫌疑人审查逮捕案件，应当根据未成年犯罪嫌疑人涉嫌犯罪的事实、主观恶性、有无监护与社会帮教条件等，综合衡量其社会危险性，严格限制适用逮捕措施。

第四条 人民检察院对于罪行较轻，具备有效监护条件或者社会帮教措施，没有社会危险性或者社会危险性较小，不逮捕不致妨害诉讼正常进行的未成年犯罪嫌疑人，应当不批准逮捕。

第五条 人民检察院对于罪行比较严重，但主观恶性不大，有悔罪表现，具备有效监护条件或者社会帮教措施，具有下列情形之一，不逮捕不致妨害诉讼正常进行的未成年犯罪嫌疑人，可以不批准逮捕：

（一）初次犯罪、过失犯罪的；

（二）犯罪预备、中止、未遂的；

（三）有自首或者立功表现的；

（四）犯罪后如实交代罪行，真诚悔罪，积极退赃，尽力减少和赔偿损失，被害人谅解的；

（五）不属于共同犯罪的主犯或者集团犯罪中的首要分子的；

（六）属于已满十四周岁不满十六周岁的未成年人或者系在校学生的；

（七）其他可以不批准逮捕的情形。

第六条 人民检察院审查逮捕未成年犯罪嫌疑人，应当重点查清其是否已满十四、十六、十八周岁。

对犯罪嫌疑人实际年龄难以判断，影响对该犯罪嫌疑人是否应当负刑事责任认定的，应当不批准逮捕。需要补充侦查的，同时通知公安机关。

第七条 公安机关、人民检察院、人民法院对下列事项可以启动对未成年犯罪嫌疑人、被告人的逮捕必要性审查：

（一）办案机关在诉讼活动中发现在押未成年犯罪嫌疑人、被告人已没有

继续羁押必要的。

（二）未成年犯罪嫌疑人、被告人及其法定代理人、近亲属、辩护人向办案机关提出申请，说明不需要继续羁押理由或提供不适宜羁押的相关证据或者其他材料的。

（三）看守所在工作中发现不需要继续羁押，提出释放未成年犯罪嫌疑人、被告人或者变更强制措施建议的。

第八条　逮捕后出现下列情形之一的未成年犯罪嫌疑人、被告人，可以视为无羁押必要：

（一）犯罪事实清楚，证据确实、充分，未成年犯罪嫌疑人、被告人如实供述犯罪事实，采用取保候审、监视居住等措施不致发生社会危险性的；

（二）案件证据发生重大变化，不足以证明有犯罪事实或者不足以证明犯罪行为系未成年犯罪嫌疑人、被告人所为的；

（三）案件定性存在争议或者法律、司法解释、刑事政策等发生变化，导致未成年犯罪嫌疑人、被告人不应继续羁押的；

（四）案件事实或者情节发生变化，未成年犯罪嫌疑人、被告人可能被判处管制、拘役、独立适用附加刑、免予刑事处罚或者判决无罪的；

（五）未成年犯罪嫌疑人、被告人有不适于羁押的疾病的；

（六）因为案件的特殊情况或者办理案件的需要，变更强制措施更为适宜的；

（七）其他不需要继续羁押未成年犯罪嫌疑人、被告人的情形。

第九条　公安机关、人民检察院、人民法院案件承办人应随时对未成年犯罪嫌疑人、被告人逮捕必要性进行审查。

第十条　公安机关、人民检察院、人民法院办案人员审查后认为无继续羁押必要性的，层报单位负责人同意，制作《无继续羁押必要性建议书》，依法变更强制措施或者释放未成年犯罪嫌疑人、被告人。

公安机关释放被逮捕的未成年犯罪嫌疑人、被告人或者变更强制措施的，应当通知原批准逮捕的人民检察院。

第十一条　人民检察院认为对已提起公诉的未成年被告人无继续羁押必要性的，应当建议人民法院予以释放或变更强制措施，人民法院应当在十日以内将处理情况书面通知人民检察院。

第十二条　人民检察院对执法活动实行法律监督。

第十三条　本规定自公布之日起实施。

七、刑事案件中讯问（询问）未成年人办法

刑事案件中讯问（询问）未成年人办法

第一条 公安机关、人民检察院在侦查、审查逮捕、审查起诉中，应当讯问未成年犯罪嫌疑人。人民法院作出逮捕决定，应当讯问未成年被告人。

第二条 讯问未成年犯罪嫌疑人、被告人，应当根据该未成年人的智力发育程度、心理状态和案件情况，制定详细的讯问计划，采取适宜该未成年人的方式进行，讯问语言应当准确易懂。

第三条 讯问未成年犯罪嫌疑人、被告人，应当告知其依法享有的诉讼权利，告知其如实供述案件事实的法律规定和意义，核实其是否有自首、立功、检举揭发等表现，听取其有罪的供述或者无罪、罪轻的辩解。在讯问过程中根据情况，可以对未成年人进行心理疏导。

第四条 讯问女性未成年犯罪嫌疑人、被告人，应当有女工作人员参加。

第五条 讯问未成年犯罪嫌疑人、被告人一般不得使用戒具。对于确有人身危险性，必须使用戒具的，在现实危险消除后，应当立即停止使用。

第六条 讯问未成年犯罪嫌疑人、被告人，应当通知未成年犯罪嫌疑人、被告人的法定代理人到场，无法通知、法定代理人不能到场或法定代理人是共犯的，应当通知合适成年人到场。

第七条 办案人员应当于讯问前一天通知未成年犯罪嫌疑人、被告人的法定代理人或合适成年人，告知拟讯问时间、地点，并由其在《未成年人法定代理人、合适成年人到场通知书》上签字。

第八条 到场的未成年犯罪嫌疑人、被告人的法定代理人、合适成年人应服从办案人员的安排，准时在指定的地点等候。

第九条 讯问开始前，办案人员应当对未成年犯罪嫌疑人、被告人法定代理人、合适成年人宣读《未成年人法定代理人、合适成年人权利义务告知书》。

第十条 到场的未成年犯罪嫌疑人、被告人的法定代理人、合适成年人应当遵守办案机关和监管场所关于讯问犯罪嫌疑人、被告人的有关规定。

第十一条 未成年犯罪嫌疑人、被告人的法定代理人、合适成年人应听从办案人员的安排，不得以语言、动作等干扰讯问进行。

第十二条 到场的未成年犯罪嫌疑人、被告人的法定代理人有协助办案人员对未成年犯罪嫌疑人、被告人开展教育感化工作的义务。

第十三条 未成年犯罪嫌疑人、被告人的法定代理人、合适成年人到场的案件，办案人员应当在讯问笔录中体现，旁听讯问的未成年犯罪嫌疑人、被告

人的法定代理人、合适成年人应按照办案人员的要求在讯问笔录上签字、捺手印。

第十四条　到场的未成年犯罪嫌疑人、被告人的法定代理人、合适成年人不得与证人串通作假证或向其他犯罪嫌疑人、被告人通风报信，否则将依法追究其相关法律责任。

第十五条　讯问结束，办案人员应当将未成年犯罪嫌疑人、被告人的法定代理人、合适成年人带离讯问场所。

第十六条　未成年犯罪嫌疑人、被告人的法定代理人是指被代理人的父母、养父母、监护人和负有保护责任的机关、团体的代表。

合适成年人是指未成年犯罪嫌疑人的其他成年亲属，所在学校、单位或者居住地的村民委员会、居民委员会的代表，或者由兰陵县关心下一代工作委员会、兰陵县妇女联合会、共青团兰陵县委、兰陵县教育体育局等组成的协助司法机关开展心理安抚、思想帮教未成年人工作的人员。

第十七条　本办法所称未成年犯罪嫌疑人、被告人，是指在公安机关、人民检察院、人民法院讯问时不满十八周岁的犯罪嫌疑人、被告人。

第十八条　询问未成年被害人、证人适用上述规定。

第十九条　本办法自公布之日起实施。

八、未成年人羁押场所管理办法

未成年人羁押场所管理办法

第一条　（目的依据）

为了规范兰陵县看守所对未成年在押人员的管理，做好未成年人教育感化工作，根据《中华人民共和国刑事诉讼法》、《中华人民共和国看守所条例》、《中华人民共和国未成年人保护法》等有关法律、法规，结合县域实际，制定本办法。

第二条　（管理部门）

对被拘留、逮捕和执行刑罚的未成年人由兰陵县看守所负责管理，兰陵县人民检察院驻看守所检察室协助做好未成年在押人员管教工作。

第三条　（原则要求）

对未成年在押人员，应当坚持惩罚与感化相结合、教育和劳动相结合的原则，充分照顾其身心发育特点，尊重其人格尊严，保障其合法权益。

第四条　（基本要求）

对被拘留、逮捕和执行刑罚的未成年人与成年人应当分别关押、分别管理、分别教育。

第五条 （分押分管）

根据未成年在押人员可塑性强、自控能力差、意志薄弱等特点，看守所应设立专门未成年管理教育监室，将未成年在押人员与成年在押人员严格分押分管。

第六条 （过渡管理）

看守所应当确定一名责任心强、经验丰富的管教民警负责对新收押未成年人的过渡管理工作，过渡管理时间不得少于七日。

第七条 （生活保障）

根据未成年在押人员的生理发育特点，改善、调剂未成年在押人员伙食，给足分量，保证有充足的用水供应，满足其基本生长需求。

第八条 （卫生保障）

高度重视未成年在押人员监室的卫生管理，加强健康教育和青春期生理卫生教育，预防各类疾病发生。定期为未成年在押人员进行体检、巡诊，保证未成年在押人员身体健康。

第九条 （文化教育）

根据未成年在押人员的生理和心理特点，开展内容丰富的文化教育活动，学习科学文化知识，帮助其树立正确的人生观、价值观。

第十条 （心理干预）

定期对未成年在押人员进行心理疏导和矫治，疏缓紧张、压抑心理，使之更好地进行自我反省。

第十一条 （法制教育）

通过放风、训练、讲评、上大课、读书读报、观看有教育意义的电视节目、举办知识讲座和法制讲座等形式，增强未成年在押人员的学习兴趣和法律意识。

第十二条 （亲情教育）

举办未成年在押人员亲情规劝会，同未成年在押人员深入交流，倾听心声，帮助解决实际问题，促使其思想转化。

第十三条 （建章立制）

建立健全规章制度，制定科学合理的管理教育计划，使未成年在押人员养成良好的生活制度，使其从起床、训练、学习、劳动、就寝等各个环节都有规可依，有章可循，逐步实现生活劳动军事化、集体活动规范化、言行举止文明化。

第十四条 （法律监督）

兰陵县人民检察院对看守所管理教育未成年在押人员情况进行法律监督。

第十五条（实施情况）

本办法自公布之日起实施。

九、合适成年人参与未成年人刑事诉讼办法

合适成年人参与未成年人刑事诉讼办法

第一章　基本原则

第一条　为切实保障未成年人的合法权益，保障涉案未成年人充分行使其诉讼权利，根据《中华人民共和国刑事诉讼法》、《中华人民共和国未成年人保护法》等法律、法规的规定，结合县域实际，制定本办法。

第二条　合适成年人参与制度是指公安机关、人民检察院、人民法院讯问、询问或审判时，法定代理人不能到场的涉案未成年人，依法由办案机关通知合适成年人到场参与刑事诉讼活动及协助开展心理安抚、思想帮教的工作制度。

第三条　涉案未成年人是指在公安机关、人民检察院、人民法院讯问、询问时不满十八周岁的犯罪嫌疑人、被告人、被害人。

涉案时不满十八周岁，但讯问、询问时已满十八周岁的，可参照本规定执行。

第二章　资格与管理

第四条　合适成年人是指未成年犯罪嫌疑人的其他成年亲属，所在学校、单位或者居住地的村民委员会、居民委员会、未成年人保护组织的代表。由兰陵县关心下一代工作委员会、兰陵县妇女联合会、共青团兰陵县委、兰陵县教育体育局等单位选派十二人组成合适成年人团队。

第五条　合适成年人应具备下列条件：

（一）具有良好道德品质，身心健康；

（二）具有较高政治素质和较强社会责任感，热爱未成年人工作；

（三）具有较强的人际沟通能力、一定的社会阅历和较强的思想教育工作能力；

（四）具有一定的法学、心理学、教育学等相关知识。

涉案未成年人为女性的，合适成年人应优先从女性中选择。

第六条　有下列情形之一的，不得担任合适成年人：

（一）正在被执行刑罚或者处于缓刑、假释考验期间的；

（二）依法被剥夺、限制人身自由的；

（三）无行为能力人或者限制行为能力人的；

（四）已接受案件当事人委托的诉讼代理人、辩护人，案件的证人、鉴定人员，相关部门的办案人员及与案件处理结果有利害关系的；

（五）其他不适宜担任合适成年人的人员。

第七条　合适成年人由单位推荐，公安机关、人民检察院、人民法院组成审核小组进行审核，召开聘任大会后产生。合适成年人聘任大会应邀请兰陵县人大、政协、政法委及本单位相关领导参加，当场颁发聘书。

第八条　合适成年人的聘任期限为一年。由聘任单位组织培训并统一管理。

第三章　合适成年人的权利义务

第九条　合适成年人享有下列权利：

（一）了解所帮助的涉案未成年人的自然情况、涉案罪名等基本信息；

（二）在办案人员的陪同下与所帮助的涉案未成年人当面会谈，了解其健康状况、权利义务知晓情况、合法权益有无遭受侵犯等情况；

（三）阅读其到场参与的讯问、询问笔录或者庭审笔录，对笔录记载内容的准确性、完整性提出意见和建议，并将合适成年人到场情况在笔录上确认及签字；

（四）对讯问、询问过程中发生的不当、违法行为提出意见。

第十条　合适成年人履行下列义务：

（一）帮助涉案未成年人正确理解讯问、询问的含义，不得以诱导、误导等行为妨碍司法活动；

（二）保守国家秘密及涉案未成年人的个人隐私；

（三）在案件办理结束后，应积极配合、协助有关部门对涉案未成年人开展回访、帮教工作；

（四）在参与涉案未成年人刑事诉讼过程中，遵守法律、法规的其他规定。

第四章　工作程序

第十一条　公安机关、人民检察院、人民法院办案人员在讯问、询问和审判的时候，发现涉案未成年人的法定代理人无法通知、有碍侦查、身份不明、已亡故或下落不明、监护能力丧失或不足、无法及时到场等情形，应当向涉案未成年人送达《合适成年人参与刑事诉讼征求意见书》。

第十二条　涉案未成年人明确拒绝合适成年人参与刑事诉讼的，办案人员应当向其作必要的解释，但其仍然坚持拒绝的，可以准许，并记录在案。

同一涉案未成年人，在讯问和审判环节，原则上应选择同一合适成年人参与诉讼。

涉案未成年人提出更换合适成年人的，应予准许，但更换次数以两次为限。

第十三条　办案机关确定合适成年人后，在讯问或审判前向其送达《合适成年人参与刑事诉讼通知书》，保证合适成年人按时参与诉讼。

合适成年人应持身份证、聘书按时到场。参与诉讼后，合适成年人填写《合适成年人参与诉讼情况表》，记录参与诉讼过程中的情况，由办案部门附卷。

第五章　监督与保障

第十四条　公安机关、人民检察院、人民法院办案部门对合适成年人参与诉讼的相关活动进行监督，对不履行或不正确履行义务的合适成年人及时予以纠正，情节严重的，经原聘任单位领导批准，予以解聘。

第十五条　合适成年人因参与诉讼支出的交通、就餐等相关费用列入司法机关业务经费，由政府财政予以保障。

第十六条　合适成年人所在单位应积极配合，不得给合适成年人参与诉讼制造障碍，保证合适成年人及时参与诉讼活动。

第十七条　本办法自公布之日起实施。

十、对未成年犯罪嫌疑人附条件不起诉规定

对未成年犯罪嫌疑人附条件不起诉规定

第一章　总则

第一条（制定依据）

为进一步贯彻宽严相济的刑事政策，切实保障未成年人合法权益，推进未成年人刑事检察工作的开展，根据《中华人民共和国刑法》、《中华人民共和国刑事诉讼法》、《中华人民共和国未成年人保护法》、《人民检察院刑事诉讼规则》等法律、法规的规定，结合县域实际，制定本规定。

第二条（定义）

附条件不起诉是人民检察院对符合起诉条件的未成年犯罪嫌疑人，暂时不作出起诉决定，同时设立一定期限、一定条件进行考察，期限届满时根据其悔罪表现作出最后处理决定的刑事处理措施。

第三条 （基本原则）

附条件不起诉工作坚持"教育感化为主，有效化解矛盾为主，经济补偿为主"的方针，体现"依法从宽、注重自愿、减少诉累、有序开展"的原则。

第四条 （适用规制）

附条件不起诉的案件应报请检察长或检察委员会批准决定。

第二章　适用范围及条件

第五条 （适用对象）

涉嫌刑法分则第四章、第五章、第六章规定的未成年犯罪嫌疑人，可能判处一年有期徒刑以下刑罚，符合起诉条件，但有悔罪表现的，可适用本规定。

本规定所称未成年犯罪嫌疑人，是指犯罪时不满十八周岁的犯罪嫌疑人。

第六条 （适用条件）

适用附条件不起诉处理的案件应符合下列条件：

（一）案件事实清楚，证据确实、充分，符合起诉条件且犯罪嫌疑人对犯罪事实及罪名均无异议；

（二）系初犯、偶犯，且犯罪情节较轻；

（三）主观方面恶性不大，社会危害程度较小且平常表现较好，适用附条件不起诉不会重新危害社会或者串供、毁证、妨碍作证等妨害诉讼进行；

（四）有悔罪表现，如实交待犯罪事实，深刻反省犯罪原因；

（五）未成年犯罪嫌疑人本人及其法定代理人同意作附条件不起诉处理；

（六）具备较好的帮教条件；

（七）无其他不适合作附条件不起诉处理的情况。

检察机关应对符合适用条件的未成年犯罪嫌疑人平等适用附条件不起诉处理决定。

第三章　附条件不起诉启动程序

第七条 （适案调查）

承办案件的检察人员对拟作附条件不起诉的案件进行适案调查，调查内容包括：

（一）案件的事实、证据调查。调查案件事实是否清楚，证据是否确实充分，对未成年犯罪嫌疑人采取非羁押性质的强制措施能否保证诉讼活动正常进行，以及附条件不起诉考验期内的相关监管规定能否切实执行等。

（二）犯罪的成因调查。调查未成年犯罪嫌疑人犯罪的动机、目的以及成长环境。详细了解未成年犯罪嫌疑人的家庭背景、生活工作情况和一贯表现，充分掌握未成年犯罪嫌疑人主观恶性和思想品行等情况。

（三）帮教条件调查。调查未成年犯罪嫌疑人是否具备帮教条件，是否有人监管，帮教措施能否落实等情况。

（四）听取未成年犯罪嫌疑人及其法定代理人、公安机关、被害人（单位）及其代理人的意见。

（五）征求相关办案部门和办案人员的意见。

经调查后认为符合条件，并拟作附条件不起诉处理的案件，承办案件的检察人员应当在审查起诉期限届满前十五日内提出意见，经案件承办部门集体讨论，并层报检察长审批，必要时须提交本院检察委员会讨论决定。决定适用附条件不起诉处理的案件，由承办案件的检察人员制作附条件不起诉决定书。

第八条 （帮教条件）

人民检察院在作出附条件不起诉决定前，应确定未成年犯罪嫌疑人在考验期内的帮教人，帮教人可以是个人或者单位。帮教人为单位时，帮教单位应指定专人负责。帮教人或者帮教单位指定负责人员应具备下列条件：

（一）与本案无牵连；

（二）具有帮教能力，能履行帮教义务，人身自由未受限制；

（三）未受过刑事处罚；

（四）有固定的住所和收入。

第九条 （帮教内容）

帮教人应与人民检察院、未成年犯罪嫌疑人及其法定代理人签订附条件不起诉案件帮教书，帮教书中应包括下列内容：

（一）认真履行帮教职责，教育、帮助未成年犯罪嫌疑人真诚悔罪，鼓励其积极参与社会公益活动；

（二）每半个月与未成年犯罪嫌疑人进行一次教育谈话，并制作谈话记录；

（三）每一个月向检察机关通报未成年犯罪嫌疑人的思想状况和表现情况，并向人民检察院提交其与未成年犯罪嫌疑人的教育谈话记录；

（四）督促未成年犯罪嫌疑人遵守国家的法律、法规、相关强制措施的有关规定以及本规定所要求未成年犯罪嫌疑人应履行的义务，如发现未成年犯罪嫌疑人存在可能或者已经发生违反规定的行为，及时向人民检察院报告；

（五）附条件不起诉考察期届满七日内向人民检察院提交帮教情况评价报告，作为人民检察院对未成年犯罪嫌疑人在考验期内的表现进行评判的依据。

第十条 （保证书）

未成年犯罪嫌疑人应在其保证书中保证在考验期内遵守相关监管规定、履行相关法律义务，并配合帮教人的帮教工作，诚心悔罪，积极改造；未成年犯罪嫌疑人的法定代理人（或近亲属）应在其承诺书中承诺对犯罪嫌疑人加强管教，并积极配合人民检察院和帮教人做好监督考察和帮教工作。

第十一条（告知程序）

承办案件的检察人员应当通知拟附条件不起诉未成年犯罪嫌疑人及其法定代理人、帮教人到场，在未成年犯罪嫌疑人及其法定代理人（或近亲属）分别出具保证书、承诺书，帮教人与未成年犯罪嫌疑人及其法定代理人（或近亲属）签订附条件不起诉帮教书后，承办案件的检察人员公开宣布附条件不起诉决定，并制作宣布笔录。

第十二条（附条件不起诉决定书）

承办人对符合附条件不起诉条件的案件要制作附条件不起诉决定书。附条件不起诉决定书应包括以下内容：未成年犯罪嫌疑人的身份情况和所采取的强制措施；案件的诉讼经过；审查认定的事实和证据；适用附条件不起诉的理由和相关依据；附条件不起诉的附加条件及考验期等内容。

承办案件的检察人员应在附条件不起诉决定公开宣布后三日内向未成年犯罪嫌疑人及其法定代理人、被害人或其近亲属、相关办案机关送达附条件不起诉决定书。

第十三条（法律救济）

对附条件不起诉的决定，公安机关要求复议、提请复核或者被害人申诉的，适用《中华人民共和国刑事诉讼法》第一百七十五条、第一百七十六条的规定。

第四章　监督考察程序

第十四条（考验期）

人民检察院决定对未成年犯罪嫌疑人附条件不起诉的，应根据未成年犯罪嫌疑人的犯罪动机、情节、手段、悔罪表现等具体情况确定六个月以上一年以下的考验期，从人民检察院作出附条件不起诉决定之日起计算。考验期不计入办案期限，审查起诉期限自决定附条件不起诉之日起中止。

第十五条（变更强制措施）

被决定作附条件不起诉的未成年犯罪嫌疑人被采取羁押性强制措施的，由人民检察院在附条件不起诉决定宣布之日对其变更强制措施。附条件不起诉决定作出后，对于没有必要继续扣押、查封、冻结的财产，应当立即解除扣押、查封、冻结，属于被害人的财产应立即返还被害人。

第十六条（考察主体责任）

在附条件不起诉考验期内，由人民检察院负责对被附条件不起诉的未成年犯罪嫌疑人进行监管考察。人民检察院可以会同未成年犯罪嫌疑人的监护人、所在社区、学校、单位等有关人员成立考察小组，负责对被附条件不起诉的未成年犯罪嫌疑人进行监管考察。负责监督考察的检察人员每月应分别听取帮教人和犯罪嫌疑人的法定代理人（或其近亲属）的帮教情况汇报以及犯罪嫌疑人本人的思想汇报各一次，及时了解、掌握犯罪嫌疑人的情况，考察帮教效果。

第十七条（考察规定）

附条件不起诉考验期内，未成年犯罪嫌疑人应当遵守下列规定：

（一）遵守法律法规、服从监督；

（二）按照监管考察机关的规定报告自己的活动情况；

（三）离开所居住的市、县或者迁居，应当报经监管考察机关批准；

（四）按照监管考察机关的要求接受矫治和教育；

（五）诚意接受帮教，严格履行附条件不起诉帮教书所规定的义务。

第十八条（接受矫治和教育）

考察机关可以要求被附条件不起诉的未成年犯罪嫌疑人遵守或履行如下一项或几项矫治和教育义务：

（一）接受教育或心理咨询；

（二）向指定的公益团体或社区提供公益劳动；

（三）根据案情，责令其不得进入特定的场所，接触特定的人员，从事特定的活动；

（四）其他保护被害人安全以及预防再犯行为的禁止性规定。

第五章　终结程序

第十九条（表现鉴定）

考察期间届满，由负责监督考察的检察人员听取被附条件不起诉的犯罪嫌疑人思想汇报、考察帮教人或相关责任人的意见，对犯罪嫌疑人在考验期内的表现作出评价，根据犯罪嫌疑人的情况作出起诉或不起诉决定。

第二十条（提起公诉的情形）

被附条件不起诉的未成年犯罪嫌疑人，在考验期内有下列情形之一的，应当撤销附条件不起诉的决定，并制作撤销附条件不起诉决定书，提起公诉：

（一）实施新的犯罪或者发现决定附条件不起诉以前还有其他犯罪需要追诉的；

（二）违反治安管理规定或者考察机关有关附条件不起诉的监督管理规定，情节严重的。

审查起诉期限从作出撤销附条件不起诉决定之日起恢复。

第二十一条（不起诉决定）

被附条件不起诉的未成年犯罪嫌疑人，在考验期内没有本规定第二十条情形的，考验期满的，人民检察院应当作出不起诉的决定。对未成年犯罪嫌疑人作出不起诉决定后，应立即解除强制措施；交付保证金的，应立即退还保证金。

对于侦查中查封、扣押、冻结的财物应当解除查封、扣押、冻结。需要没收其违法所得的，提出检察建议并移送有关主管机关处理。

第二十二条（最终决定）

对犯罪嫌疑人作出最终的起诉或者不起诉决定，报请检察长决定。对作出不起诉决定的案件，应制作不起诉决定书并公开宣布，但应尽量缩小知情面。

第六章　附则

第二十三条（实施时间）

本规定由兰陵县人民检察院负责解释，自公布之日起实施。

十一、适用刑事和解办理未成年人刑事案件规定

适用刑事和解办理未成年人刑事案件规定

第一条　为切实保障未成年人合法权益，正确履行职责，根据《中华人民共和国刑法》、《中华人民共和国刑事诉讼法》、《中华人民共和国未成年人保护法》等法律规定和有关刑事政策，结合县域实际，制定本规定。

第二条　本规定所称刑事和解，是指未成年犯罪嫌疑人、被告人真诚悔罪，以赔礼道歉、赔偿损失等方式得到被害人的谅解，被害人要求或者同意司法机关对未成年犯罪嫌疑人、被告人依法从宽处理而达成的协议。

第三条　达成刑事和解协议的案件，公安机关可以向人民检察院提出从宽处理的建议。人民检察院可以向人民法院提出从宽处罚的建议；对于犯罪情节轻微，不需要判处刑罚的，可以作出不批准逮捕、不起诉的决定。人民法院可以依法对未成年被告人从宽处罚。

第四条　刑事和解应当坚持当事人自愿和公平公正的原则。

刑事和解不得损害国家、集体和其他公民的合法权益，不得损害社会公共利益，不得违反法律和社会公德。

经济赔偿数额和其他补救办法应当与被害人受犯罪损害而造成的实际损失及未成年犯罪嫌疑人、被告人应当承担的责任相适应，并且应当考虑未成年犯罪嫌疑人、被告人及其法定代理人的赔偿、补救能力。

第五条　依照本规定处理的未成年人刑事案件应同时具备以下条件：

（一）案件事实清楚，证据确实、充分；

（二）涉嫌刑法分则第四章、第五章规定的犯罪，可能判处三年有期徒刑以下刑罚的；除渎职犯罪以外的可能判处七年有期徒刑以下刑罚的过失犯罪案件；

（三）真诚悔罪，并且对主要事实没有异议。

第六条 公安机关、人民检察院、人民法院对以下列方式达成的刑事和解承认其效力：

（一）当事人双方及其法定代理人自行达成的和解；

（二）人民调解委员会或者其他基层组织主持调解达成的和解；

（三）公安机关、人民检察院、人民法院主持达成的和解。

第七条 未成年犯罪嫌疑人、被告人及其法定代理人、辩护人提请公安机关、人民检察院、人民法院对未成年人刑事案件从宽处理时，应当提交刑事和解协议书。公安机关、人民检察院、人民法院主持和解的除外。

第八条 双方当事人和解的，公安机关、人民检察院、人民法院应当听取当事人和其他有关人员的意见，对和解的自愿性、合法性进行审查，并主持制作和解协议书。

第九条 同时具备以下情形，可认定双方已达成刑事和解：

（一）未成年犯罪嫌疑人、被告人真诚悔过，并向被害人赔礼道歉；

（二）未成年犯罪嫌疑人、被告人与被害人及其法定代理人就赔偿、补偿等事项协商一致，并且已经按照刑事和解协议书实际履行，或者提供有效的履行担保；

（三）被害人明确表示对未成年犯罪嫌疑人、被告人给予谅解，要求或者同意司法机关对未成年犯罪嫌疑人、被告人从宽处理或者不追究刑事责任。

第十条 公安机关、人民检察院、人民法院认为符合本规定第五条的情形且在案件受理前没有达成刑事和解的，可以告知未成年犯罪嫌疑人、被告人及其法定代理人、辩护人依照本规定第六条规定的方式达成刑事和解。

第十一条 公安机关、人民检察院、人民法院经过审查，认为已达成的刑事和解合法、真实、有效，对案件可以分不同情况依法处理：

（一）公安机关提请批准逮捕的未成年人犯罪案件，可以不批准逮捕；已经批准逮捕的，如果不妨碍诉讼的顺利进行，可以变更强制措施；

（二）公安机关移送审查起诉的未成年犯罪案件，可以作出附条件不起诉处理决定，责令他的家长或者监护人加以管教，或者交由所在社区和有关单位进行矫治；

（三）对犯罪情节较重，需要提起公诉的，将刑事和解的有关材料移送人民法院，人民法院可以作出从轻或者减轻处罚的决定。

第十二条 因达成刑事和解拟作不批准逮捕、不起诉处理的案件，由检察长或检察委员会决定。

第十三条 本规定自公布之日起实施。

十二、未成年人轻罪犯罪记录封存规定

未成年人轻罪犯罪记录封存规定

第一条（基本原则）

为进一步贯彻宽严相济的刑事政策，切实保护未成年人合法权益，严格限制轻罪犯罪记录被查阅，帮助轻罪未成年人顺利回归社会，根据《中华人民共和国刑法》、《中华人民共和国刑事诉讼法》、《中华人民共和国未成年人保护法》、《人民检察院刑事诉讼规则》等法律、法规的规定，结合县域实际，制定本规定。

第二条（封存定义）

未成年人轻罪犯罪记录封存制度，是指对有轻罪犯罪行为的未成年人，在法律规定的范围内，依照设定的条件和程序，严格限制其犯罪记录被查阅的制度。

第三条（适用对象）

未成年人轻罪犯罪记录封存，适用于犯罪时不满十八周岁的未成年人。

第四条（适用条件）

未成年人具有下列情形之一的，应当对其犯罪记录予以封存：

（一）被判处五年以下有期徒刑、拘役、管制、单处罚金、没收财产或免予刑事处罚的；

（二）被作出不起诉处理决定的；

（三）法律规定的其他情形。

前款规定适用于先期作出附条件不起诉决定的未成年人。

第五条（封存内容）

未成年人犯罪记录，包括在侦查、审查逮捕与起诉、审判环节形成的记录未成年人犯罪信息的卷宗与相关法律文书，以及网上办案系统、档案查询系统形成的电子档案材料。

第六条（原则限制）

犯罪记录被封存后，非经批准，任何人不得查阅未成年人刑事犯罪的案件卷宗及相关资料，但司法机关为办案需要或者有关单位根据国家规定进行查询的除外。

第七条（封存效力）

犯罪记录被封存后，未成年人或有关单位申请为其出具犯罪记录证明文件的，应当出具无犯罪记录证明文件。在入学、就业时免除报告义务，任何单位和个人不得歧视。

第八条（启动主体）

人民检察院对未成年人轻罪犯罪记录应当作出封存决定。

第九条（封存程序）

对符合封存条件的未成年人，在收到判决书十日后、作出不起诉决定之日作出封存决定，同时制作《未成年人犯罪记录封存决定书》，送达公安机关、法律援助机构、所在学校和居住地基层组织等相关单位及个人。

第十条（封存义务）

有关机关和单位收到封存决定书后，应当根据档案管理制度对未成年人轻罪犯罪记录密封保存；有关个人应当对涉及未成年人犯罪记录的诉讼文书及相关材料予以保密。

第十一条（细化分工）

由本院预防和减少未成年人犯罪检察科作出未成年人犯罪记录封存决定书，案件管理部门负责纸质档案文书、电子档案材料的加密保管。

第十二条（封存方式）

对封存的未成年人犯罪记录、卷宗等相关材料装订成册，以专门标识予以封存，存入未成年人犯罪档案库，执行严格的保管制度。

第十三条（查询规制）

司法机关为办案需要或有关单位根据国家规定向本院申请查询未成年人犯罪记录的，先由预防和减少未成年人犯罪检察科对查询单位、对象和理由等予以审查，经分管检察长批准后，对符合查询条件的，七日内查询并告知结果，同时告知查询单位应履行的保密义务。对不符合查询条件的，书面答复不予查询理由。

第十四条（法律救济）

有关机关、单位和个人未依法封存未成年人犯罪记录，或在其入学、就业受到不公正待遇时，未成年人及其法定代理人可以向人民检察院申诉、控告。

第十五条（法律监督）

人民检察院对未成年人轻罪犯罪记录封存制度的决定及执行依法进行监督，对违反规定的单位或个人发送检察建议书或纠正违法通知书，对其违反规定的行为进行制止并限期纠正。

第十六条 （解封条件）

对被封存犯罪记录的未成年人，符合下列条件之一的，应当对其犯罪记录解除封存：

（一）实施新的犯罪，且新罪与封存记录之罪数罪并罚后被决定执行五年有期徒刑以上刑罚的；

（二）发现漏罪，且漏罪与封存记录之罪数罪并罚后被决定执行五年有期徒刑以上刑罚的。

第十七条 （实施时间）

本规定由兰陵县人民检察院负责解释，自公布之日起实施。

十三、对涉案未成年人帮教细则

对涉案未成年人帮教细则

第一条 为进一步贯彻执行《中华人民共和国刑法》、《中华人民共和国刑事诉讼法》、《中华人民共和国未成年人保护法》和《人民检察院刑事诉讼规则》的规定，在未成年人刑事检察中，切实做好预防、帮教、感化、挽救工作，特制定本细则。

第二条 帮教对象

（一）属本院管辖的未成年犯罪嫌疑人；

（二）属本院管辖的涉案未成年被害人；

（三）属本院管辖的其他涉案未成年人。

第三条 帮教原则

（一）教育保护原则。立足于教育和保护，以教育未成年人遵纪守法、维护合法权益、保护身心健康为出发点来开展各项工作。

（二）科学有效原则。要结合未成年人心理、生理等特点，有针对性、有区别性地开展帮教，力求实效。

（三）综合治理原则。积极参与未成年人的社会综合治理，充分利用各方力量，为打造适合未成年人成长、改过自新的良好社会、家庭、学校环境而努力。

第四条 案前帮教指在受理案件前的帮教，以及参与对未成年人的社会综合帮教。

（一）与侦查机关建立案件联系制度，对影响重大的未成年人犯罪案件，经检察长批准，可在受案前适时介入侦查活动，先行了解案情及涉案未成年人的一贯表现，确定帮教重点。受案后，帮教同期开展。

（二）依托"检察官春蕾团队"，内外结合，开展形式多样、务求实效的未成年人犯罪帮教工作和研究。

（三）开设"法制夜校"、"法制教育大课堂"、"女生大课堂"。不定期开展送"法制课"进学校，增强未成年学生的维权意识和法制观念；利用担任法制副校长、法制辅导员的便利，加强与学校的联系。

（四）深入村居社区，共建"未成年监护人讲堂"，对未成年人的监护人以案释法，引导其自觉遵守未成年人保护等法律法规。

第五条 案中帮教指在本院审查逮捕、审查起诉及庭审阶段，对涉案未成年人的帮教工作。

（一）受案后，应当向未成年犯罪嫌疑人、被害人送达权利义务告知书，解释相关权利、义务内涵。

（二）提审未成年犯罪嫌疑人时，应认真听取其辩解，充分了解违法犯罪原因。并保证未成年人法定代理人、合适成年人参与，促使涉案未成年人进一步认识犯罪行为的危害性，稳定情绪，认罪服法。

（三）在办案过程中，承办人应当注重刑事和解，努力恢复被破坏的社会关系。

（四）对未成年人犯罪嫌疑人，实行社会调查制度，就其成长经历、性格特点、一贯表现、家庭情况等进行调查，提交调查报告，作为处理参考。

（五）聘请具有专业职称的人员，对有心理问题的涉案未成年人进行心理咨询、疏导，矫治其不健康的心理。

（六）公诉人在出庭前，可以就庭审中其他参与人员对未成年被告人的教育内容与审判人员沟通。

（七）法庭开庭审理未成年人刑事案件时，在法庭调查阶段，由公诉人、审判人员和其他参与人共同对未成年被告人进行教育，促使其接受刑事处罚，早日回归社会。

第六条 案后帮教指本院受理案件办结后的帮教工作。

（一）对未成年被不起诉人，应当进行谈话，由承办人负责。谈话内容重点是：

1. 决定不起诉依据，违法犯罪行为的危害、原因，应吸取的教训，促其珍惜机会，重新做人；

2. 要求被不起诉人定期汇报遵纪守法等情况。

（二）未成年被不起诉人的监护人，应当签订《帮教承诺书》，承诺认真履行监护、帮教职责。

（三）作出不起诉决定的案件，公开宣布时，应限制一定范围，注意保护涉案未成年人的隐私。

（四）不起诉案件宣布后，应当建立帮教小组，由被不起诉人监护人、村居、学校等相关人员组成，制定帮教措施。由承办人负责落实、监督。

（五）对作出不起诉决定的被不起诉人，承办人应与相关村居、社区矫正机构联系，送达不起诉决定书，将其纳入社区矫正之中。

（六）对本院作出不批准逮捕、不起诉决定的未成年犯罪嫌疑人，应逐一建立档案，以备回访考察需要。

（七）对不批准逮捕、被不起诉未成年犯罪嫌疑人，承办人应当进行回访考察，了解其行为表现、思想动态等情况，有针对性采取帮教措施。

（八）因学校、监护人未能很好遵守未成年人保护和义务教育的法律法规，履行应尽职责，致使涉案未成年人辍学的，应与学校、监护人、相关部门联系沟通，督促解决。

（九）对在办案中发现的有违法行为的未成年人予以关注，联系和敦促相关监护人、单位对其不良行为进行矫治，使其健康成长。

（十）利用典型案例，以案释法，运用调研成果，加大宣传教育的力度，努力扩大受教育面。

第七条　本细则自公布之日起实施。

十四、违法犯罪未成年人跨区域观护帮教协作协议

违法犯罪未成年人跨区域观护帮教协作协议

为加强上海市浦东新区人民检察院与山东省兰陵县人民检察院在办理未成年人犯罪案件工作中的协调配合，切实做好涉案未成年人的观护帮教工作，根据《预防未成年人犯罪法》、《中华人民共和国刑事诉讼法》的规定，特制定本协议。

第一条　协作观护帮教人员的范围为：在两地检察机关管辖区域流动的需要观护帮教的未成年人。

第二条　协作观护帮教的目的：两地检察机关对需要观护帮教的未成年人实现无缝衔接，在规定考验期内对其进行教育、感化和挽救，使其在社会、家庭等的共同关心帮助下，增强法制观念，提高遵纪守法、遵守社会公德的意识。

第三条　协作观护帮教的启动：对于涉罪未成年人采取非羁押强制措施或附条件不起诉决定后，需要启动跨区域观护帮教程序的，自作出决定后三日内，由委托院制作（跨区）《观护帮教工作委托函》，连同《涉罪未成年人观

护情况表》函告被委托院，被委托院确定专门未检办案人员负责观护帮教工作，并将回执函告委托院。

第四条　协作观护帮教的运行：

（一）受委托院未检办案人员应择优确定观护人员，并与观护人员、被观护人及其法定代理人签订《观护帮教协议书》。协议书一式四份，由被观护人、被观护人的监护人、观护人员、受委托院未检科办案人员各执一份，协议自签字之日起生效。

（二）对被采取非羁押强制措施或作出附条件不起诉决定的未成年犯罪嫌疑人的观护帮教期限，由两地检察机关在法律规定的范围内酌情决定。

（三）观护帮教期间，被委托院办案人员每半个月对被观护人进行实地考察一次，并形成《观护帮教笔记》。若发现被观护人存在可能或已经发生违反《刑事诉讼法》或本协议规定的行为，及时汇报给院分管领导，并告知委托院。

（四）观护帮教期届满前三日内，被委托院应根据被观护人在观护帮教期间的综合表现，制作《涉罪未成年人观护情况报告》，连同其他材料移送至委托院，作为其对未成年犯罪嫌疑人在考验期内的表现进行评判的依据。

（五）委托院作出处理决定后，应及时将结果反馈给被委托院，便于进一步跟进观护工作。被附条件不起诉的未成年犯罪嫌疑人，应由原观护人员继续开展跟进观护工作。

第五条　协作观护帮教的职责：

（一）委托院具体职责

1. 在作出观护帮教决定前，应对未成年犯罪嫌疑人进行非羁押必要性评估，审查其条件是否具备。

2. 要对决定观护帮教的未成年犯罪嫌疑人进行观护帮教前的训诫教育，向被观护人说明观护的意义和法律后果，提高重视程度。

（二）被委托院具体职责

1. 应认真履行帮教职责，教育、帮助未成年犯罪嫌疑人真诚悔罪，监督未成年犯罪嫌疑人在被观护期间遵守以下规定：（1）认真接受教育，自觉接受考察，并积极参加观护人员安排的各项活动；（2）主动接受监护人及其他帮教人员在生活、交友等方面的管教，防止不良行为发生；（3）不得吸烟酗酒，不得违规进入娱乐场所，不得夜不归宿，不得脱离监护单独居住，不得违反取保候审规定；（4）被观护人应主动接受观护人员的心理矫正，按要求与其交流思想，定期提交书面思想汇报。

2. 被委托院办案人员应与所确定观护人员保持联系沟通，与观护人员、监护人共同考察观护效果，必要时配合观护人员或监护人共同开展工作。

第六条　协作观护帮教的特殊情形：本办法未尽事宜由上海市浦东新区人民检察院与山东省兰陵县人民检察院协商解决。

第七条　协作观护帮教的执行时间：本协议自公布之日起实行。

十五、关于规范询问性侵害未成年被害人同步录音录像会议纪要

关于规范询问性侵害未成年被害人同步录音录像会议纪要

为最大限度保护性侵害未成年被害人合法权益，坚持一次性询问原则，避免在调查取证等环节遭受到"二次伤害"，根据《中华人民共和国刑法》、《中华人民共和国刑事诉讼法》等相关法律规定，县人民检察院、县公安局决定召开单位分管领导同志及机关各部门、派出所负责同志参加的座谈会，研究确定关于规范询问性侵害未成年被害人同步录音录像的问题，现将 2013 年 7 月 10 日座谈会纪要公布如下：

一、关于同步录音录像适用范围界定

（一）同步录音录像适用于遭受性侵害时未满十八周岁的被害人。

（二）性侵害案件范围包括：1. 强奸案；2. 猥亵儿童案；3. 组织卖淫、强迫卖淫案；4. 引诱幼女卖淫案；5. 嫖宿幼女案等。

二、实施同步录音录像前期准备工作

（一）坚持预案在先。详细了解性侵害未成年被害人基本情况，包括性格、身体、心理以及家庭状况等，询问重点突出、具有针对性。

（二）注重环境宽松。设置舒适、放松的询问场所，创造轻松、安静的环境，使性侵害未成年被害人能够自由、全面的陈述。

（三）注重基础保障。保证性侵害未成年被害人的法定代理人或者女性合适成年人到场；询问时侦查人员着便装，应有女工作人员参加。

三、实施同步录音录像期间注意事项

（一）注意消除情绪隔阂。询问前建立友好、信任关系，避免突然、直接询问性侵害未成年被害人，态度应当亲切和蔼耐心，认真倾听，不随便打断其陈述；语气温和适中，使其消除恐惧和不安全感，自由陈述。

（二）注意消除语言障碍。询问语言应当充分考虑到性侵害未成年被害人的理解和认知能力，用符合其年龄且简明、通俗易懂的语言询问，避免使用不易懂的法律和专业术语。

（三）注意掌握身心特点。根据年龄和心理特点突出询问重点，对于询问的具体问题，应当将重点信息突出以引起性侵害未成年被害人的注意。

（四）注意运用有效方式。对于年龄比较小的性侵害未成年被害人，在不能准确、全面表述的情况下，可以通过使用玩具、肢体语言等方式辅助其理解问题并陈述。

四、制作同步录音录像注意事项

（一）注意工作规范。询问同步录音、录像，实行侦查人员与录制人员相分离的原则，侦查人员不得少于二人，录音、录像一般由技术人员负责。

（二）注意问前告知。询问开始时，应当告知性侵害未成年被害人将对询问过程进行同步录音、录像，告知情况应在录音、录像中反映，并记载于询问笔录。

（三）注意客观全面。录像过程中，摄制的图像应当反映性侵害未成年被害人、侦查人员、法定代理人或合适成年人、询问场景等情况，并显示与询问同步的时间数码。

（四）注意及时确认。询问结束后，录制人员应当立即将录音、录像资料复制件及制作说明交给侦查人员，并经侦查人员和性侵害未成年被害人及其法定代理人等签字确认后当场对录音、录像资料原件进行封存，交由技术部门保存。

（五）注意随案移送。同步录音、录像资料复制件应随案移送。

（六）注意保护隐私。参与询问同步录音、录像的人员及检察审查环节案件承办人，应严格遵守保密规定和办案纪律，严禁泄露询问内容。一旦发现依照有关规定追究主要责任者和其他责任人员的责任。

十六、关于建立"未成年人观护帮教基地"的总实施意见

关于建立"未成年人观护帮教基地"的总实施意见

为贯彻"教育、感化、挽救"未成年人的方针和政策，加强对涉罪未成年人的帮教和观护，郯城县人民检察院决定在李庄家电产业园区创建"未成年人观护帮教基地"。具体实施意见如下：

第一条 未检科在办理未成年人刑事案件过程中，要加强与派驻李庄镇检察室沟通协调，利用李庄家电产业园区的优势条件，打造以未检科为主导，以检察室为依托，以企业为平台，家庭密切配合的"四位一体"帮教模式，共同推动涉罪未成年人帮教观护工作的开展。

第二条 由未检科及派驻李庄镇检察室共同负责观护基地的创建工作。李庄家电产业园区确定两个企业作为观护点。

第三条 成立观护帮教小组，由分管检察长担任组长，由未检科科长、派

驻检察室主任担任副组长，未检科、李庄检察室各选派一名、观护点选派两名政治素质高、责任心强，热爱未成年人工作的人员作为小组成员，参与及协助开展对涉罪未成年人的心理疏导和观护、帮教工作。

第四条　帮教对象主要针对检察机关作出附条件不起诉案件中年满十六周岁的"三失"未成年人，即失业、失学、失管人员。

第五条　未检科办理的未成年人刑事案件，每案每人建立一份档案，涉案人员的档案备份给检察室，由检察室对帮教名单进行梳理并予以完善，做好与涉罪未成年人法定代理人的沟通和协调工作。

第六条　对于符合条件的涉罪未成年人，经法定代理人签字同意后，检察室将他们的档案移交帮教观护基地，由帮教观护基地对其是否符合帮教观护条件进行审核，审核后与他们签订帮教观护协议，进入观护点进行观护帮教。

第七条　根据涉罪未成年人的犯罪情节、性质及悔罪表现等情况对其设定六个月以上一年以下的观护帮教期限，期限起止与附条件不起诉考察期限相对应。

第八条　检察室协助观护点开展前期的帮教工作，进行心理疏导、行为引导、经济救助，并对涉罪未成年人考验期内的表现进行考察，形成书面报告及时反馈给未检科。

第九条　对入驻的涉罪未成年人的人身危险性、主观悔过表现进行评估，确保入驻后不致发生社会危险性。同时为入驻人员提供帮教、学习、生活、工作等全方位措施，保障他们安心接受帮教。

第十条　未检科、检察室联合观护点共同制定帮教工作细则，明确帮教措施的种类、帮教的重点等问题，进一步规范观护帮教活动，处理好社会化帮教与隐私保护的关系，加大对观护对象个人及涉罪信息的保护力度。

第十一条　帮教观护基地为涉罪的未成年人具体选派专门的志愿者和联络员，进行"一对一"、"一对多"的帮教活动，在对涉罪未成年人开展观护帮教的同时给予他们行为规范、生存技能、心理疏导等各方面的学习和培训，帮助他们在观护结束后能够实现再就业、再就学等。

第十二条　未检科、检察室要经常加强与观护基地的沟通和交流，配合观护基地为涉罪的未成年人制定个性化的《帮教观护计划》，根据他们犯罪原因、社会危害性、成长经历、性格特点等方面予以完善，促使涉罪未成年人早日融入社会，切实降低重新犯罪率。

第十三条　未检科和检察室定期对进入帮教观护基地的涉罪未成年人开展监督考察，实行谈话、面谈制度，坚持一月两回访，一月一面谈，并形成监督考察情况报告表，实现对帮教工作指导到位、监督到位。

第十四条　全面开展个案跟踪，从个体风险、考察规定执行情况、观护期间表现、奖惩情况、效果反应、外界综合评价六个方面进行测评打分，全面评价对涉罪未成年人在观护期间的自我认知、行为矫正、思想状况、工作情况及社会关系修复等，进而评定观护效果，并作为办案的依据。

第十五条　被附条件不起诉的涉罪未成年人，在观护帮教期限内发现有下列情形之一的，人民检察院应当撤销附条件不起诉的决定，提起公诉：

（一）实施新的犯罪的；

（二）发现决定附条件不起诉以前还有其他犯罪需要追诉的；

（三）违反治安管理规定，造成严重后果，或者多次违反治安管理规定的；

（四）违反考察机关有关附条件不起诉的监督管理规定，造成严重后果，或者多次违反考察机关有关附条件不起诉的监督管理规定的。

第十六条　被附条件不起诉的涉罪未成年人，在观护帮教期限内没有违反上述规定的情形，期限届满的，涉罪未成年人和观护点可以按照自愿原则签订劳动用工合同。

十七、关于聘请手语翻译人员参与刑事诉讼的暂行规定

关于聘请手语翻译人员参与刑事诉讼的暂行规定

第一条　为进一步规范聋、哑人犯罪案件的办理，切实保障聋、哑人在刑事诉讼中享有的合法权益，根据《中华人民共和国刑法》、《中华人民共和国刑事诉讼法》、《最高人民法院关于适用中华人民共和国刑事诉讼法的解释》、《人民检察院刑事诉讼规则（试行）》、《公安机关办理刑事案件程序规定》等相关规定，结合我县办理聋、哑人犯罪案件的实际情况，特制定本《规定》。

第二条　手语翻译人员是指从事以手语、口语为交际手段，为听障人员与健听人员之间进行传译服务的具有专业资质的人员。

第三条　办理聋、哑人犯罪案件，除犯罪嫌疑人自行聘请手语翻译人员的外，办案机关在讯问聋、哑犯罪嫌疑人时，应当聘请手语翻译人员到场。

犯罪嫌疑人有听力障碍或语言障碍，影响沟通交流的，可以聘请手语翻译人员到场。

第四条　手语翻译人员应当具备下列条件：

（一）拥护中华人民共和国宪法，有选举权和被选举权；

（二）年满十八周岁，身体健康，具有良好的政治思想觉悟和道德品质，无不良记录；

（三）具有较好的沟通协调和语言表达能力；

（四）具有基本的法律常识和教育学、心理学、伦理学等相关学科知识；

（五）具备手语翻译的专业能力及相关工作经验。

第五条　下列人员不得担任刑事诉讼手语翻译人员：

（一）受过刑事处罚或者正在受到刑事追究的；

（二）受过劳动教养或者行政拘留处罚的；

（三）被开除公职或者开除留用的；

（四）担任涉罪聋、哑人法律援助律师或辩护人的；

（五）其他不宜担任手语翻译的。

第六条　手语翻译人员享有以下权利：

（一）知情权。有权向办案部门了解同翻译内容有关的案件情况。

（二）解释权。发现聋、哑犯罪嫌疑人不配合讯问，可以向其解释有关法律规定，并阐明相应的法律后果。

（三）查阅权。讯问结束后，有权查看讯问笔录，对记录所记载内容的准确性、完整性提出意见和建议，并在讯问笔录上签字。

（四）其他有利于刑事诉讼正常进行的权利。

第七条　手语翻译人员需履行以下义务：

（一）接到办案人员通知时，及时到场。

（二）向聋、哑犯罪嫌疑人表明身份和承担的职责。

（三）应按犯罪嫌疑人的原意如实进行翻译；不得隐瞒、歪曲或伪造翻译内容。

（四）遵守保密规定，不得以任何形式公开聋、哑犯罪嫌疑人的信息及案件情况。

（五）出现本人不适宜担任手语翻译的情况后，及时告知办案机关。

（六）其他有利于维护聋、哑犯罪嫌疑人合法权益的义务。

第八条　手语翻译人员有下列情形之一的，应当自行回避，当事人及其法定代理人也有权要求回避：

（一）是本案的当事人或者是当事人的近亲属的；

（二）本人或者他的近亲属和本案有利害关系的；

（三）担任过本案的证人、鉴定人、辩护人、诉讼代理人的；

（四）与本案当事人有其他关系，可能影响公正处理案件的。

手语翻译不得接受案件当事人及其委托人的请客送礼。

手语翻译人员违反前款规定的，应当取消其翻译资格，并依法追究责任。

第九条　手语翻译人员由本县特殊教育学校在职教师担任。手语翻译人员的范围确定、资质审查由其所在单位进行。

第十条　需要聘请手语翻译人员到场的案件，办案人员应当填写申请表，由部门负责人、分管领导审批后，提前二日通知手语翻译人员所在单位，由该单位指派翻译人员。

第十一条　手语翻译人员应在指定时间到达指定地点。手语翻译人员参与刑事诉讼时，应当携带身份证、工作证等有效证件。

讯问开始前，手语翻译人员先向聋、哑犯罪嫌疑人作自我介绍，并进行简单沟通和了解。

第十二条　手语翻译人员参与刑事诉讼活动的情况应当记录在案，有翻译人员参与形成的讯问笔录，应当经其审核后签字或盖章。

第十三条　对重特大案件、同一翻译人员参与过同一案件的侦查阶段翻译的案件、同一翻译人员为同一案件两名以上犯罪嫌疑人翻译的案件，需全程录音录像。

第十四条　犯罪嫌疑人对办案机关聘请的手语翻译人员身份、翻译的内容提出异议的，办案人员应予以审查，必要时可以更换翻译人员。

第十五条　手语翻译人员按日计酬，每人每日二百元，由聘用单位依财务程序支出。

第十六条　本《规定》所称聋、哑人是指又聋又哑的人。

第十七条　在刑事诉讼活动中，需要为其他诉讼参与人聘请手语翻译人员时，依照本《规定》执行。

第十八条　在民事诉讼、行政诉讼法律监督过程中，需聘请手语翻译人员的，可以参照本《规定》执行。

第十九条　本《规定》由沂水县人民法院、沂水县人民检察院、沂水县公安局、沂水县特殊教育学校共同解释。

第二十条　本《规定》自会签之日起生效。

十八、平邑县人民检察院未成年人案件阅卷保密暂行办法

平邑县人民检察院未成年人案件阅卷保密暂行办法

为衔接未成年人犯罪记录封存制度，切实保护未成年人的隐私权利，根据《中华人民共和国刑事诉讼法》、《平邑县人民检察院未成年人刑事案件办理办法》等制度，结合本院实际情况，特规定如下：

第一条　以下人员被委托为辩护人或诉讼代理人后，可到案管中心对未成年人案件进行查阅、摘抄或复制：

（一）律师；

（二）未成年人所在社区、未成年人法定代理人所在单位推荐的人；

（三）人民团体或者未成年人保护机构推荐的人；

（四）未成年犯罪嫌疑人、被告人的监护人、亲友。

第二条 辩护律师及其他辩护人应当依法保护未成年人的隐私，尊重其人格尊严。在查阅、摘抄、复制未成年人案件材料中所知悉的情况，不得向无关人员泄露，不得向任何单位和个人提供。

第三条 辩护律师及其他辩护人在阅卷中所了解的案件情况，应当保密，不得公开或传播未成年人的姓名、住所、照片、图像及可能推断出该未成年人的资料。

辩护律师及其他辩护人所制作文书，涉及未成年犯罪嫌疑人、被告人信息的，应当注意避免对外公开。

第四条 律师到本院电子阅卷室申请查阅、摘抄、复制未成年人案件材料，应出示本人律师证、律师事务所介绍信、授权委托书等证件，由案管中心工作人员审核。审核通过后，方可查阅、摘抄、复制案卷材料。

第五条 除律师以外的其他人员担任未成年人辩护人、诉讼代理人的，在案管中心查阅、摘抄、复制未成年人案件材料，应当首先出示本人身份证、授权委托书等证件，由案管中心工作人员审核通过后，经未成年人案件承办人同意，方可查阅、摘抄、复制案卷材料。

第六条 辩护律师或其他辩护人在查阅、摘抄、复制案件材料前，案管中心工作人员应向其出示未成年人保密告知卡。辩护律师或其他辩护人同意并签署保密承诺后，方可查阅、摘抄、复制案卷材料。

第七条 律师或其他辩护人查阅、摘抄、复制未成年人案件材料，应当在案管中心电子阅卷室进行。

第八条 辩护律师及其他辩护人对查阅的案件材料不得涂改、勾画、污损、裁剪、抽取材料和拆封。查阅、摘抄、复制期间，电子阅卷室应当启动全程监控设施，并告知律师及其他辩护人，以确保案件材料的完整和安全。

第九条 辩护律师及其他辩护人复制未成年人案卷材料可以采取复制、拍照等方式，但不得使用手机等可与互联网连接的设备，避免向互联网上传案件信息。

第十条 查阅性侵害未成年人的犯罪案件，律师及其他辩护人对于未成年被害人的身份信息及可能推断出其身份信息的资料和涉及性侵害的细节等内容，应当予以保密。对外公开的诉讼文书，不得披露未成年被害人的身份信息及可能推断出其身份信息的其他资料，对性侵害的事实注意以适当的方式叙述。

　　第十一条　其他被害人、证人为未成年人的案件，辩护律师及其他辩护人在查阅、摘抄、复制过程中所知悉的内容应当参照以上规定予以保密。

　　第十二条　律师及其他辩护人泄露未成年人案件材料的行为，按照相关规定予以追究。

　　第十三条　本规定自制定之日起实施。

后　记

　　本书主要是在总结山东省临沂市人民检察院尤其是临沂市兰陵县人民检察院以及兰山区人民检察院、罗庄区人民检察院、临沭县人民检察院未成年人刑事检察工作取得的经验与成就的基础上，结合中央财经大学法学院教授、研究生的研究成果，同时参考了检察日报社、正义网、公诉人杂志社与临沂市人民检察院主办、兰陵县人民检察院承办的未成年人刑事司法保护研讨会的相关内容，按照办案实例、司法实践操作模式、专家评点和理论探索的结构，深入分析阐述了未成年人刑事检察的司法保护模式、合力帮教模式、抚慰救助模式及有效防范模式。本书既是对实践经验的总结，也是对实践创新机制的升华，更是对目前解决未成年人刑事诉讼程序理念、疑难问题的理论解读与司法改革创新的前沿性的改革成果。

　　在总结与研究该成果的过程中，山东省临沂市人民检察院党组书记鲍峰检察长给予了大力指导与支持；中国社科院法学所王敏远研究员、中国青少年研究中心青少年法律研究所郭开元所长和华东政法大学宋远升教授给予了热情的支持与评点；同时，中央财经大学法学院研究生给予了大力协助；中国检察出版社史朝霞主任对本书的出版给予了热心的支持，在此表示衷心的感谢！

2014 年 9 月

图书在版编目（CIP）数据

未成年人刑事检察的临沂模式/谭长志，郭华，王纪起主编. —北京：中国检察出版社，2014.11

ISBN 978 - 7 - 5102 - 1302 - 1

Ⅰ.①未… Ⅱ.①谭… ②郭… ③王… Ⅲ.①青少年犯罪－刑事诉讼－研究－中国 Ⅳ.①D925.204

中国版本图书馆 CIP 数据核字（2014）第 241401 号

未成年人刑事检察的临沂模式

谭长志 郭 华 王纪起 主编

出版发行：中国检察出版社

社　　址：北京市石景山区香山南路 111 号（100144）

网　　址：中国检察出版社（www.zgjccbs.com）

编辑电话：(010)68630384

发行电话：(010)68650015 68650016 68650029 68686531

经　　销：新华书店

印　　刷：河北省三河市燕山印刷有限公司

开　　本：720 mm×960 mm 16 开

印　　张：18.25 印张 插页6

字　　数：340 千字

版　　次：2014 年 11 月第一版 2014 年 11 月第一次印刷

书　　号：ISBN 978 - 7 - 5102 - 1302 - 1

定　　价：42.00 元